Construindo pontes e estradas no Brasil Império

engenheiros e trabalhadores nas Minas Gerais (1835-1889)

Construindo pontes e estradas no Brasil Império

engenheiros e trabalhadores nas Minas Gerais (1835-1889)

Télio Anísio Cravo

alameda

Grafia atualizada segundo o Acordo Ortográfico da Língua Portuguesa de 1990, que entrou em vigor no Brasil em 2009.

Edição: Haroldo Ceravolo Sereza
Editora assistente: Cristina Terada Tamada
Projeto gráfico, diagramação e capa: Jean Ricardo Freitas
Revisão: José Buarque
Assistente acadêmica: Bruna Marques
Imagem de capa: Thomas Ender, *Ansicht von Rio de Janeiro* (Vista do Rio de Janeiro), 1817.

Este livro foi publicado com o apoio da Fapesp, nº do processo 15/00204-0.

CIP-BRASIL. CATALOGAÇÃO NA PUBLICAÇÃO
SINDICATO NACIONAL DOS EDITORES DE LIVROS, RJ

C931c

Cravo, Télio Anísio
Construindo pontes e estradas no Brasil Império
Télio Anísio Cravo. – 1. ed.
São Paulo : Alameda, 2016.
408 p. : il. ; 23 cm.
Inclui bibliografia

ISBN 978-85-7939-394-5

1. Minas Gerais – História. 2. Brasil – História – Império, 1840-1889.
3. Transportes – Brasil. I. Título

16-33152 CDD: 981.51
CDU: 94(815.1)

ALAMEDA CASA EDITORIAL
Rua Treze de Maio, 353 – Bela Vista
CEP 01327-000 – São Paulo – SP
Tel. (11) 3012-2403
www.alamedaeditorial.com.br

Aos meus pais

SUMÁRIO

LISTAS

LISTA DE MAPAS

LISTA DE FIGURAS

LISTA DE GRÁFICOS

LISTA DE TABELAS

PONTES DE IDEIAS

Neste livro, o jovem historiador Télio Cravo discute a construção de pontes e estradas na província de Minas Gerais durante o período do Segundo Império. O tema geral das obras viárias no Brasil antes do século 20 tem sido pouco frequentado na historiografia. São estradas que no século 19 consolidaram rotas anteriores, da época colonial, que serviram de penetração para o comércio de tropeiros com seus muares, e que por sua vez costumavam ser assentadas sobre caminhos desbravados a pé pelos indígenas, seguidos por bandeirantes em sua expansão territorial.

Já no século 19, essas vias se transformam em estradas, alargadas e melhoradas para escoar um comércio interno intenso, propiciando o tráfego não só de mulas afeitas a terrenos extremamente acidentados e irregulares, mas também de veículos de tração animal. Nesta etapa já se demanda o concurso de conhecimentos da técnica de pontes e estradas, trazida por engenheiros portugueses, brasileiros e outros. É de 1747 a criação na França da *École Nationale de Ponts et Chausseés*, e por volta de 1820 surgem na Inglaterra as estradas macadamizadas, um tipo de pavimentação firme e resistente às chuvas e de larga difusão mundial. Por outro lado, as pontes recebem as inovações como as peças metálicas pré-montadas, das treliças e do cálculo infinitesimal aplicado às fundações. Como eram recebidas essas ideias e novidades no Brasil independente?

É mérito da pesquisa do autor ter adentrado nesse universo tão pouco explorado, graças às fontes contidas no importante banco de dados que vem sendo montado no Cedeplar (Centro de Desenvolvimento e Planejamento Regional) da Universidade Federal de Minas Gerais. Com seu talento para vasculhar essa rica base de informações demográficas e econômicas, aliado a um árduo trabalho de busca no Arquivo Público Mineiro, Télio Cravo esmiuçou estatísticas, contratos, assentamentos de fiscalização de obras, cartas e outros documentos, inclusive uma robusta coleção de mapas e desenhos técnicos de época. Disto resulta um quadro analítico que retrata relacionamentos complexos e por vezes conflituosos entre políticos, engenheiros, artífices, empreiteiros de obras e trabalhadores braçais. Tanto quanto as pessoas e mercadorias, circulava pelas estradas provinciais o conhecimento tecno-científico com o qual se ia modernizando o sistema viário.

Um subproduto destas empreitadas permite o vislumbre de uma atividade pouquíssimo estudada entre nós: o comércio e uso de livros técnicos e instrumentos científicos; estes, na época aqui estudada não eram somente importados de outros países, mas chegaram também a serem fabricados no Rio de Janeiro (Télio Cravo expõe esses resultados num capítulo do livro *Scientific instruments in the History of Science: Studies in transfer, use and preservation*, publicado pelo MAST em 2014).

Se fosse por essa garimpagem de preciosidades, o trabalho aqui apresentado já teria méritos suficientes para inseri-lo no esforço significativo que vem fazendo a História das Ciências e Técnicas para desvendar esse cotidiano que ajudou a formar nosso passado. Mas o autor avança para além, numa direção em que as controvérsias afloram, pois diverge de consensos da historiografia tradicional das vias de comunicação interior, como a construída em torno das interpretações de Caio Prado. É que a historiografia dos transportes no Brasil tem privilegiado o estudo das ferrovias, que são inegavelmente um ponto fulcral mas não único do desenvolvimento econômico a partir da segunda metade do século 19. A junção da engenharia civil com a mecânica, representada pela locomotiva a vapor correndo sobre os trilhos de aço é, de fato, a imagem que se pretendia transmitir de uma nação que se modernizava e permitia a criação e circulação de capitais, a exemplo dos países mais adiantados.

É justamente aí que se adensa a investigação. A novidade avassaladora dos caminhos de ferro eclipsa facilmente o das estradas de rodagem, mas estas já existiam, e cumpriam um papel diverso, fundamentalmente o do suprimento de um mercado interno interregional, que vem paulatinamente se revelando bem mais importante do que se supunha. Precisavam os caminhos viários, portanto, entrarem nos orçamentos e estruturas provinciais. Ora, em contraste afluíam recursos para o modelo ferroviário levado a cabo no Brasil, que no entanto não permitiu criar uma malha abrangente dessa modalidade de transporte. Destinado primordialmente à exportação de produtos agrícolas, resultou em estradas de ferro relativamente isoladas, em geral interligando o sertão com o mar. O grandioso plano de André Rebouças de 1874 propôs eixos ferroviários integradores de leste para oeste e de norte a sul do país, interligados com nossos grandes sistemas fluviais, mas jamais foi posto em prática. Mesmo em São Paulo, onde as linhas férreas atingiram uma extensão inigualada em outros locais do país, a falta de um planejamento diretor se patenteou no uso de bitolas diferentes, que dificultaram a integração dos transportes ferroviários e a realização de uma verdadeira malha de transporte.

A ausência de planos intermodais fez com que basicamente a navegação fluvial, o transporte ferroviário e o sistema viário se tornassem concorrentes e até inimigos ao invés de sistemas colaboradores. A longo prazo, isto foi uma das causas da própria decadência das ferrovias brasileiras, que se acentuou a partir da década de 1950. Isto deve ser contrastado com o modelo pregado com sucesso por Friedrich List para os EUA e também implantado na Alemanha e em outros países europeus: neles a ferrovia realmente alavancou o progresso econômico interno, não se restringindo à função de duto para escoar produtos primários, mas ordenando e engrossando fluxos comerciais e de suprimentos. Esta incumbência foi transferida às rodovias graças à indústria automobilística favorecida pelo governo JK, abandonando-se todas as vantagens de economia de escala e custo para o transporte de maior capacidade para pessoas e cargas pesadas, representadas pelas hidrovias e ferrovias. Não é outra a causa também do caos urbano atual de nossas metrópoles, em que trens e barcos não são prioritários, mas se tornaram secundários com relação aos automóveis e ônibus.

Essas questões surgem em diversos pontos deste livro, obra representativa da revisão historiográfica que vai desvendando o papel de inovação dos engenheiros provinciais. As primeiras escolas de engenharia do país, deram frutos ao formar quadros capazes de melhorias significativas nas pontes e estradas do país e que foram trabalhar como funcionários públicos num esforço desenvolvimentista até hoje pouco reconhecido. Como exemplificado aqui, os choques entre as soluções técnicas e os interesses políticos vêm de longa data toldando o progresso continuado do país. E se a face mais brilhante das ferrovias tem apelado mais para os historiadores, a presente pesquisa evidencia que ela não é a única, e esse apelo é talvez mais um legado da própria opção nacional por um modelo agroexportador, que passa a poder ser discutido pelo ângulo ainda pouco usual da história das ciências e técnicas. Resultado de mestrado defendido na Universidade de São Paulo, esta pesquisa que ganhou o prêmio de melhor dissertação, concedido pela Sociedade Brasileira de História da Ciência, agora se torna disponível para um público mais amplo.

Gildo Magalhães
Professor Livre-docente em História das Ciências na USP

INTRODUÇÃO

A tentativa de construção de pontes e estradas num extenso território, dotado de condições topográficas e hidrográficas, se não adversas, extremamente singulares, é, sem dúvida, fato primordial para compreender os impasses da formação da infraestrutura viária de Minas Gerais.

O tema deste trabalho refere-se aos processos construtivos de pontes e estradas, analisados a partir da perspectiva das técnicas e da engenharia. Procura-se analisar a infraestrutura de transportes, assim como a presença de engenheiros, trabalhadores, instrumentos científicos e ferramentas durante os processos construtivos.

Pretende-se, por um lado, considerar a profissionalização da engenharia no século XIX, e do outro, identificar os instrumentos científicos, materiais e ferramentas empregados pelos engenheiros e artífices. Tenciona-se reconstruir os diferenciados ritmos e alcance dos desenvolvimentos técnicos; analisar as relações e negociações estabelecidas entre os indivíduos com formação em Engenharia e os executores e artífices das obras viárias. Ressaltam-se as inter-relações das técnicas com outras esferas, ou seja, as formas de organização da sociedade, a institucionalização da Engenharia, as práticas dos arrematantes e artífices e a condição financeira da província de Minas Gerais no que tange aos investimentos em infraestrutura viária.

A construção de pontes e estradas abrange o uso e apropriação de procedimentos técnicos advindos das disciplinas da Engenharia, assim como se articulam às condições de fornecimento de matéria-prima (pedra, madeira, cal, cimento, ferro etc.), a disponibilidade de mão de obra, os instrumentos científicos e a habilidade dos artífices.

Tenciona-se compor um quadro mais claro concernente às técnicas, instrumentos, ferramentas e engenheiros. Tentaremos responder as perguntas mais elementares. Questões prosaicas, tais como: quais foram as principais características da hierarquia dos engenheiros que trabalhavam na Diretoria de Obras Públicas de Minas Gerais? Como se elaborava o projeto de construção e conservação de pontes e estradas? Qual o papel dos engenheiros no planejamento e execução das obras viárias? De que modo as novas tecnologias construtivas de pontes e estradas foram introduzidas? Como se assegurava a liberação de verbas para as obras? Para tanto, visa-se descrever e analisar os métodos e técnicas utilizadas na execução das obras viárias; identificar as atividades dos artífices (divisão social do trabalho, dias de trabalho, preço do jornal), as ferramentas e materiais utilizados na edificação de pontes e estradas; esclarecer em que medida a atuação dos engenheiros nacionais e estrangeiros ajuda a explicar o sucesso ou fracasso do desenvolvimento viário através da adoção e difusão de novos métodos e o aperfeiçoamento das técnicas de construção; compreender de que modo o processo de difusão-recepção das estratégias de normalização técnica das práticas construtivas de pontes e estradas foram percebidas pelos engenheiros envolvidos nos empreendimentos viários.

Para tratar das questões apresentadas selecionamos as seguintes fontes: *Banco de Dados dos Processos de Pontes e Estradas*, relatórios de presidentes de província, legislação provincial e diversos documentos administrativos e técnicos relativos aos editais, circulares, projetos, nomeações de funcionários, quadros de pessoal, mapas e plantas, relatórios de engenheiros, construção e fiscalização de obras.

Dentre as fontes analisadas, temos como principal base documental o *Banco de Dados dos Processos de Pontes e Estradas*. Este apresenta amplo recorte temporal (décadas de 1840-1880) e significativo volume documental. Para a criação dessa base de pesquisa foram necessários compilar os processos construtivos de pontes e estradas através de planilhas, cuja formatação permitiu o recolhimento das seguintes informações: identificação da caixa e número do documento; identificação do processo da obra pública; número de páginas; nome da localidade e *status* administrativo; data; nome e função pública do autor e do destinatário; e sinopse do documento. Em 2004, iniciou-se o cotejamento das informações. A coleta das mesmas se prolongou até o ano de 2008 quando foi concluída a etapa de levantamento, catalogação e indexação dos processos construtivos de pontes e estradas. Posteriormente, em 2009, criou-

-se o *Banco de Dados dos Processos de Pontes e Estradas*, iniciando a etapa de codificação dos dados. Tal base de dados é desenvolvida no Núcleo de Pesquisa em História Econômica e Demográfica do Centro de Desenvolvimento e Planejamento Regional da Universidade Federal de Minas Gerais (CEDEPLAR/UFMG).[1]

Parte dos expressivos resultados que serão apresentados foram alcançados mediante o uso e consulta ao *Banco de Dados dos Processos de Pontes e Estradas*. Para utilizá-lo adotamos os seguintes procedimentos: análise da distribuição temporal e espacial das obras (BARBOSA, 2011); seleção dos processos construtivos que permitissem evidenciar os artífices empregados e a condição social dos mesmos (galés, livres, libertos, cativos, indígenas, africanos livres e imigrantes), bem como avaliar os pareceres dos engenheiros sobre o andamento/conclusão das obras; priorizamos a identificação dos processos de difusão do conhecimento técnico estabelecido nos projetos, orçamentos e plantas; privilegiamos a discriminação da circulação geográfica de cada engenheiro pelo território mineiro; optamos pela análise de processos construtivos, que permitiram a identificação da solicitação de instrumentos científicos pelos engenheiros.

No que concerne aos relatórios de presidente de província pautamos o recolhimento de subsídios pelos seguintes aspectos: identificação dos engenheiros, desenhadores e ajudantes de engenheiros em atividade na província (período de permanência e função exercida); exame da distribuição de funções entre os engenheiros para atenderem as demandas de reparos, conservação e construção de estradas e pontes; instruções fornecidas para a elaboração de orçamentos de pontes e estradas. Conjuntamente a essa análise, a partir da legislação provincial reconstruímos a divisão de responsabilidades entre as esferas administrativas provinciais e identificamos os contratos celebrados entre o governo da província de Minas Gerais e os engenheiros nacionais e estrangeiros.

Para tanto, com o intuito analítico adotamos a divisão regional de Minas Gerais, que circunscreve o território mineiro em dezoito regiões (GODOY,

1 O *Banco de Dados dos Processos de Estradas e Pontes* é coordenado pelo professor Marcelo Magalhães Godoy. O recolhimento de dados no Arquivo Público Mineiro foi realizado pelos bolsistas de Iniciação Científica Elaine Costa Aguiar, Wanessa Ferreira de Souza, Phillipe Scherer Mendes e Télio A. Cravo.

1996). A regionalização elaborada para a província de Minas Gerais,[2] resultante da combinação de elementos físicos, humanos, econômicos e histórico-administrativos, será adotada como instrumento auxiliar e fundamental para a investigação sobre os transportes (CARDOSO, 1979, p. 73).[3] A regionalização rejeitou recortes espaciais arquitetados em critérios frágeis e/ou unilaterais de espacialidade (leia-se recortes definidos por fronteiras político-administrativas, ou fenômenos climáticos, ou características da morfologia vegetativa ou geológica, ou critérios da vida econômica, ou critérios culturais, ou distribuição demográfica) que resultam em unidades regionais sem identidade (GODOY, 1996).[4]

---

2 GODOY, Marcelo M. *Intrépidos viajantes e a construção do espaço: uma proposta de regionalização para as Minas Gerais do século XIX*. Texto para discussão n° 109. Belo Horizonte: Cedeplar/UFMG, 1996. Para uma análise de outras propostas de regionalização, por exemplo, para a região da Mata mineira, ver: CARRARA, Angelo Alves. *Estruturas agrárias e capitalismo: contribuição para o estudo de ocupação do solo e de transformação na zona da Mata mineira (séculos XVIII e XIX)*. Núcleo de História Econômica e Demográfica, Série de estudos n° 2, Mariana: Universidade Federal de Ouro Preto, 1999. Sobre uma abordagem metodológica dos conceitos de região, regionalização e espaços econômicos, ver: CUNHA, Alexandre Mendes; SIMÕES, Rogrigo Ferreira; PAULA, João Antônio de Paula. "História econômica e regionalização: contribuição a um desafio teórico-metodológico". *Estudos Econômicos*, São Paulo, v. 38, n. 3, p. 493-524, jul./set. 2008.

3 Para Ciro Flamarion Cardoso, a noção de região deve ser definida e utilizada operacionalmente em face à variáveis e hipóteses. A delimitação espacial é uma simplificação de uma realidade complexa que é aplicada com a finalidade de tornar-se um instrumento e objeto de pesquisa. Em outros termos, as relações entre o homem e o espaço "que em princípio servem de base à definição regional, não são imóveis, modificam-se no tempo conforme os graus variáveis de organização e exploração do meio ambiente pelo grupo humano (...)" (CARDOSO, 1979, p. 73).

4 A regionalização proposta por Marcelo Magalhães Godoy (1996) se baseou nos relatos de viagem da primeira metade do século XIX. A seleção da literatura de viagem resultou na escolha de nove viajantes (Bunbury, D'Orbigny, Freyress, Gardner, Luccock, Mawe, Pohl, Saint-Hillaire, Spix & Martius), contabilizando um total de treze obras.

Mapa 1

Regionalização da Província de Minas Gerais

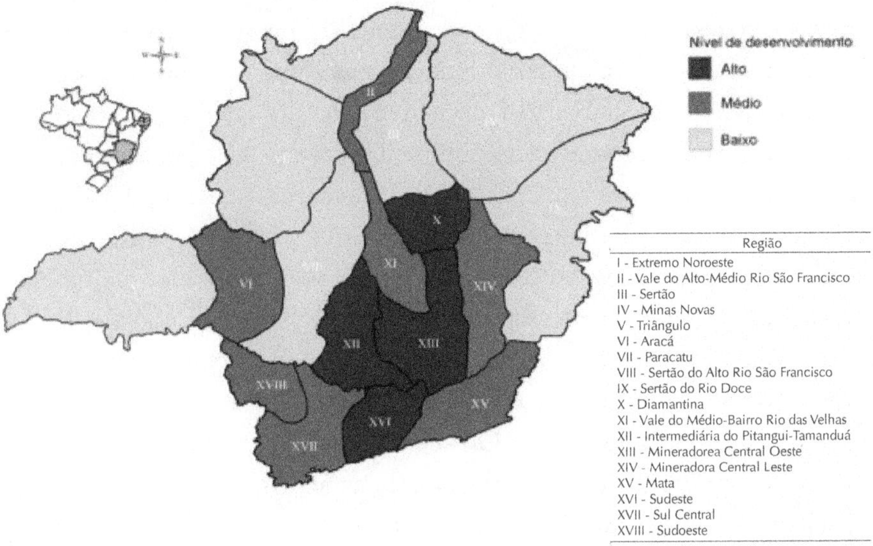

O vasto conjunto documental de estradas e pontes, consubstanciado no *Banco de Dados dos Processos de Pontes e Estradas*, refere-se às práticas construtivas elaboradas pelo poder provincial. Os processos de pontes e estradas não revelam atividades desempenhadas pelas câmaras municipais, isto é, obras públicas financiadas pelos cofres municipais e contratadas pelos órgãos munícipes.

Com base nos processos, realizamos uma abordagem analítica que se debruçará na dinâmica do universo tecnológico e das técnicas construtivas empreendidas em obras públicas viárias provinciais. Se por um lado, a análise das técnicas permite compreender amplos aspectos da edificação viária, por outro, apresenta limites que precisam ser considerados.

Em primeiro plano, foge ao escopo analisar o perfil socioeconômico de arrematantes, conservadores e administradores das obras viárias da província de Minas Gerais.[5] Decorrente desta inviabiliza-se qualquer análise da relação entre o Estado e os indivíduos empenhados nas construções de pontes e estradas, assim como uma análise de eventuais favorecimentos em prol de interesses particularistas. Cabe ressaltar que, em diversos momentos, confrontaremos com fortes indicativos destes favorecimentos no universo construtivo de pontes e estradas. Em terceiro e último plano, não é objetivo se deter nos acalorados debates políticos sobre os projetos ferroviários e dos modais tradicionais (pontes e estradas). Embora reconheça que a dimensão política não deve ser desconsiderada.

A delimitação é extremamente necessária, uma vez que o universo técnico e tecnológico, constantemente, se depara com a política e a economia. Tangenciaremos diversos aspectos da sociedade, o que torna o estudo das técnicas fascinante e, ao mesmo tempo, meticuloso. Defronta-se com o inevitável entrelaçamento da técnica, tecnologia, economia e política, o que torna a tarefa de se embrenhar pela História da Ciência uma "árdua" tentativa. Certamente, iremos inclinar em direção a expressivas temáticas historiográficas, mas que não serão devidamente aprofundadas.

As vias de comunicação na província de Minas Gerais, bem como os meios de transportes que nela circularam, interagiram com as desigualdades das condições naturais do solo, clima, relevo, hidrografia; relação entre a densidade populacional e as estradas; abastecimento; preocupação da estrutura administrativa provincial na conservação, melhoramento e estabeleci-

5 Com base no Banco de Dados de Estradas e Pontes podemos assegurar que o perfil majoritário dos construtores de obras (arrematantes, conservadores e administradores) era constituído por indivíduos locais interessados no melhoramento viário. Portanto, em Minas Gerais, a construção da infraestrutura viária (pontes e estradas) estava pulverizada nas mãos do capital mercantil atuante na província mineira. Salvo as exceções das estradas e pontes construídas pelo capital britânico da Companhia aurífera Saint John Del Rey e da proposição de construção de uma ponte metálica sobre o Rio Pomba pela empresa francesa *Société de construction des Batignolles*. Segundo Frédéric Mauro, a *Société de construction des Batignolles* atuou em trabalhos de saneamento na cidade de Santiago, no aperfeiçoamento do porto de Recife, porto de Montevidéu e na construção de pontes metálicas na Guatemala e outras localidades da América do Sul. Cf. MAURO, Frédéric. "Las empresas francesas y América latina, 1850-1930". In: MARICHAL, Carlos (org). *Las inversiones extranjeras en América Latina, 1850-1930: nuevos debates y problemas en historia economica comparada*. México: Fondo de Cultura Economica, 1995.

mento de uma infraestrutura viária eficiente; os iminentes riscos e despesas dos transportes em uma região no interior do continente.

As primeiras décadas do século XIX trouxeram mudanças substanciais nos aspectos administrativos, políticos e econômicos. Segundo Maria Odila Silva Dias, o processo de emancipação do país enraizou interesses portugueses, assim como proporcionou a interiorização da metrópole na região Centro-Sul. O processo de enraizamento daria início à transformação da colônia em metrópole interiorizada, abrangendo a organização de abastecimento para o Rio de Janeiro, a integração da região Centro-Sul, o incremento das inter-relações comerciais e agrárias, os casamentos com famílias locais, os investimentos em obras públicas (DIAS, 1972, p. 171). Um dos pilares do processo de interiorização da metrópole assentava-se no estabelecimento de uma administração capaz de articular os interesses locais com a Corte através da abertura de estradas, aumento das relações comerciais e exploração do interior do Brasil por viajantes, estrangeiros e engenheiros (*Ibidem*, 1972, p. 183):

> Além dos estrangeiros, continuaram os viajantes e engenheiros nacionais a explorar o interior do país, a realizar levantamentos e mapas topográficos para o que foi especialmente criada uma repartição no Rio. Levantou-se uma carta hidrográfica das capitanias compreendidas entre o Maranhão e o Pará; foram enviadas expedições para examinar os rios tributários do Amazonas. Tentaram acesso ao comércio de Mato Grosso pelos rios Arinos, Cuiabá e Tapajós, ligando Mato Grosso por via fluvial terrestre com São Paulo. Através do Guaporé, Mármore e Madeira encontraram o caminho que poria em contato o Amazonas com o interior do país. (*Idem*)

Os estudos sobre o desenvolvimento dos transportes no século XIX se voltam preponderantemente para a expansão ferroviária. Relegam-se ao silêncio indagações sobre a diversidade da infraestrutura viária brasileira. A incidência de pesquisas sobre a História dos Transportes revela a concentração de abordagens sobre o avanço ferroviário:

> (...) a partir de um exaustivo levantamento, realizada por iniciativa da ANPUH e que faz o inventário das várias centenas de teses e dissertações defendidas em programas de pós-graduação em História de todo o Brasil, no período de 1985 a 1994. Por esse levantamento notamos que, dentre 29 estudos mais diretamente relacionados com meios de transporte e comunicação, nada menos que onze referem-se a ferrovias. Notamos também a quase completa ausência de estudos referentes aos transportes rodoviários (...). Com efeito dos estudos acima mencionados, os 18 restantes podem ser assim distribuídos: tropas coloniais, três; rádio, três; navegação fluvial, dois; navegação de cabotagem, dois; construção naval, dois; portos, dois; aviação, dois; telefonia, um; rodovia, um. (QUEIROZ, 2000, p. 133)

A supremacia de estudos do processo de modernização com base no desenvolvimento ferroviário indica a tendência historiográfica em desconsiderar a experiência dos circuitos mercantis internos e não exportadores como objeto de indagações e pesquisas aprofundadas (BARBOSA; GODOY, 2008). Considerar os circuitos mercantis internos leva a constatação de aspectos emblemáticos: a desigualdade na distribuição de recursos para o processo de modernização dos transportes (BARBOSA; GODOY; MENDES, 2011), a necessidade de melhoramentos em vista dos fluxos comerciais internos e externos da província, a relação entre as condições de trânsito das vias e o abastecimento (ZEMELLA, 1951; GUIMARÃES; REIS, 1986 e 1987).

O Estado foi fundamental para implementações de investimentos no setor de transporte (execução de planos viários, construção de pontes, estradas, ferrovias), sejam estes realizados na esfera regional pelos cofres da província de Minas Gerais, sejam no âmbito nacional pelo Governo Imperial. Entre as décadas de 1870 e 1930, os planos viários nacionais apresentaram as vias férreas como principal instrumento para integração (GALVÃO, 1996, p. 187).[6]

---

6 Dentre os planos viários nacionais que argumentavam o papel das ferrovias como a principal modalidade para interligar o país, destaca-se o de Rebouças (1874), Ramos de Queiroz (1874 e 1886), Bicalho (1881), Bulhões (1882), Rodrigo da Silva (1886), o da Comissão República (1890), o da Viação Férrea (1912) e o de Paulo Frontim (1927) (GALVÃO, 1996, p. 189).

Pouco se conhece acerca da construção de pontes e estradas. Segundo Milton Vargas, na segunda metade do século XIX, a adoção de novas técnicas construtivas permitira a construção de cinco estradas macadamizadas no país, totalizando 400 quilômetros aptos para o tráfego de diligências: 1) estrada do Vergueiro, de São Paulo a Santos (1862); 2) estrada da Graciosa, de Antonina a Curitiba (1873); 3) estrada Dona Francisca, de Joinville a Rio Negro, construída entre 1867 a 1885; 4) estrada real do Rio de Janeiro a Santa Cruz; 5) a estrada União e Indústria (1861).[7] Na historiografia são majoritárias as informações sobre a construção de estradas, mormente para aquelas que adotaram o sistema construtivo MacAdam. Sobre a edificação de pontes o silêncio é quase absoluto, salvo esparsas menções (FREYRE, 1960, t. 1).

Amenizar os obstáculos à circulação de curta, média e longa distância de bens e pessoas e solucionar o isolamento de determinadas regiões do país tornaram-se preocupações que culminaram na elaboração de planos viários nacionais e regionais. No âmbito regional, significativos traços dos transportes estão consubstanciados nos três planos viários promulgados em Minas Gerais. O primeiro, em 1835, esboçado pela Inspetoria de Obras Públicas; o segundo, em 1864, de autoria do engenheiro Henrique Gerber; o terceiro, no ano de 1871, proposto pelo engenheiro Modesto de Faria Bello. A postulação dos projetos viários são indícios da tentativa de introdução de procedimentos técnicos provenientes da Engenharia, assim como diferenciadas percepções no tempo sobre a integração das diferentes modalidades de transporte (rodovia, navegação e ferrovia). A adoção de procedimentos técnicos define padrões relativos ao uso das matérias-primas, processo de cálculo e projetos, garantindo a qualidade mínima para as obras, aprimorar a qualidade e reduzir custos.

---

7 Observa-se que 48 quilômetros da estrada encontravam-se na província de Minas Gerais. Além disso, aumentou a velocidade da circulação de bens e pessoas: "As mercadorias – na maior parte café para exportação e manufaturas europeias como importação – são transportadas em carros solidamente construídos. O trânsito de passageiros é feito por ônibus do tipo norte-americano, puxados por robustas mulas, que em geral, no entanto, trafegam com um excesso considerável de peso. A viagem se dá a bom passo, e deixa-se para trás, em média, um quilômetro a cada cinco minutos (ou uma légua em trinta minutos)" (HALFELD; TSCHUDI, 1998, p. 127).

Infelizmente, não encontramos estimativas da quilometragem de estradas de rodagem para Minas Gerais no século XIX. Com a finalidade de preencher essa lacuna empreendemos esforços para além do recorte temporal.

Em 1930, Minas Gerais apresentava a segunda maior malha rodoviária do Brasil, correspondendo, em termos percentuais, 11% das estradas de rodagem existentes no país. Em Minas Gerais, prevalecia a extensão de mais de 9.000 quilômetros em estradas de *"terra não melhorada"*, perfazendo 75,4% das estradas existentes em Minas Gerais. O restante das estradas mineiras se subdividia em 23,0 quilômetros de estrada macadamizada, 500,0 quilômetros de estrada de pedra britada, e 2.525,8 quilômetros de estrada de terra *"melhorada"*. Em conjunto, as referidas tipologias de estradas totalizavam no território mineiro a extensão exata de 12.408,7 quilômetros.

Tabela 1 – Extensão das estradas de rodagem existentes no Brasil (1930)

Estado	Estradas (Km)	%	Trechos rodoviários, segundo a tipologia construtiva (km)					
			Concreto	Concreto Asfaltado	Macadame	Pedra Britada	Terra Melhorada	Terra não melhorada
Amazonas	315,5	0,2					77,5	238,0
Sergipe	328,5	0,3				40,0	128,8	159,7
Pará	355,5	0,3					105,0	250,5
Distrito Federal	548,4	0,5	0,2	18,2	253,1		230,4	46,5
Espírito Santo	1.134,5	1,0	0,5		38,1		468,9	627,0
Alagoas	1.571,2	1,4				95,0	49,2	1.427,0
Piauí	3.014,0	2,6					181,5	2.832,5
Maranhão	3.128,0	2,8					479,0	2.649,0
Ceará	3.567,2	3,1					635,0	2.932,2
Paraíba	3.812,8	3,4					750,2	3.062,6
Rio de Janeiro	3.890,0	3,5	23,0		158,0		622,0	3.087,0
Rio Grande do Norte	3.972,5	3,5				30,0	516,0	3.426,0

Goiás	4.420,8	4,0					589,5	3.831,3
Bahia	4.891,4	4,3	9,0			146,0	1.234,4	3.502,0
Pernambuco	4.902,9	4,3			100,0	120,0	956,9	3.726,0
Mato Grosso	5.840,0	5,1					994,0	4.846,0
Santa Catarina	7.049,0	6,2				370,0	557,0	6.122,0
Paraná	8.488,0	7,5		10,0	90,0	279,5	351,3	7.757,2
Rio Grande do Sul	11.542,0	10,2			70,0	278,0	2.020,0	9.174,0
Minas Gerais	12.408,7	11,0			23,0	500,0	2.525,8	9.359,9
São Paulo	28.062,0	24,8	12,7	31,0	73,4	2.364,1	2.674,8	22.906,0
Total	113.242,9	100,0	45,4	59,2	805,6	4.222,6	16.147,2	91.962,4

Fonte: Departamento Nacional de Estatística. *Estatística dos meios de transporte no Brasil.* Rio de Janeiro: Tipografia do Departamento Nacional de Estatística, 1933.

Considerando, em conjunto, apenas as estradas de concreto, concreto asfaltado, macadame e pedra britada, o Estado de São Paulo concentra a maior extensão das referidas tipologias de estradas, totalizando 2.481,2 quilômetros. Em seguida, Minas Gerais com 523 quilômetros, Paraná (379,5 quilômetros), Santa Catarina (370 quilômetros), Rio Grande do Sul (348 quilômetros), Distrito Federal (271,5 quilômetros) e Pernambuco (220 quilômetros) (DEPARTAMENTO NACIONAL DE ESTATÍSTICA, 1933, p. 20).

Tabela 2 – Extensão das estradas de rodagem no Brasil, segundo a técnica construtiva (1930)

	Km	%
Concreto	45,479	0,04
Concreto asfaltado	59,151	0,05
Macadame	805,629	0,71
Pedra Britada	4.222,565	3,73
Terra melhorada	16.157,096	14,27
Terra não melhorada	91.962,499	81,2
Total	113.252,419	100.0

Fonte: Departamento Nacional de Estatística. *Estatística dos meios de transporte no Brasil.* Rio de Janeiro: Tipografia do Departamento Nacional de Estatística, 1933, p. 19.

No ano de 1930, as estradas, que adotaram a técnica Macadam no Brasil, totalizavam a extensão de 805,6 quilômetros, sendo Minas Gerais a região com a menor extensão construída, apenas 23,0 quilômetros, em comparação aos 253,1 quilômetros edificados no Distrito Federal, 158,0 quilômetros no Estado do Rio de Janeiro, 100,0 quilômetros em Pernambuco, 90,0 quilômetros no Paraná, 73,4 quilômetros no Estado de São Paulo e 70,0 quilômetros no Rio Grande do Sul. Verifica-se que, em Minas Gerais, a técnica Macadam para a construção de estradas não se disseminou como se observou em outros Estados.

Por outro lado, Minas Gerais contabilizava a segunda maior extensão de estradas construídas com pedras britadas, alcançando 500,0 quilômetros de estrada de rodagem. E, portanto, perdia apenas para o Estado de São Paulo, que somava 2.364,1 quilômetros de estradas com pedras britadas. Ainda em Minas Gerais, as estradas de "terra melhorada" apresentavam uma extensão de 2.525,8 quilômetros. Uma quilometragem quase semelhante era encontrada no Estado de São Paulo para as estradas de "terra melhorada": 2.674,8 quilômetros.

Se, em São Paulo já existiam 43,7 quilômetros de estradas construídas por concreto e concreto asfaltado, por outro, até 1930, em Minas Gerais não havia nenhum quilômetro de estrada de concreto e concreto asfaltado.

Esse relativo "atraso" técnico permite a seguinte hipótese no que tange à extensão das estradas de Minas Gerais no período oitocentista: provavelmente, a extensão rodoviária de Minas Gerais totalizava, no ano de 1889, aproximadamente, 9.000 quilômetros de estradas. A referida hipótese torna-se necessária em vista da ausência de dados estatísticos acerca da extensão das estradas da província de Minas Gerais.

Em 1867, a Diretoria de Obras Públicas da província mineira forneceu dados significativos sobre os trechos aptos para a navegação em Minas Gerais. A província possuía mais de 3.600 quilômetros de rios navegáveis (APM, SPOP 3-3 Caixa 4, doc. 04). Os dados da expansão ferroviária atestam que os trilhos férreos mineiros alcançavam 1.803,203 quilômetros no ano de 1889 (IGLÉSIAS, 1958, p. 165/167).

Se considerarmos os dados acima, uma análise comparativa, em termos quilométricos, das três modalidades de transporte (ferrovia, navegação e estrada), revela-se a proeminência das estradas de rodagem com 9.000 quilômetros, em segundo plano, da navegação fluvial, contabilizando 3.600 quilômetros e, por último, das ferrovias, totalizando pouco mais de 1.800 quilômetros.

Além disso, em Minas Gerais, segundo dados da década de 1920, havia mais de 600 pontes. A administração estadual pronunciava a existência de 682 pontes, excluindo do cálculo os pontilhões de vão livre inferior a 4 metros. Predominavam as pontes de madeira, bem como se observava o crescente número de pontes de concreto armado e a existência de pontes metálicas e de alvenaria. Assim, o Estado de Minas Gerais divulgou, segundo os materiais construtivos, o número total de pontes: 60 pontes de alvenaria, 27 pontes metálicas, 183 pontes de concreto armado, 412 pontes de madeira (SANT'ANNA, 1929).[8]

Tendo como base somente a extensão quilométrica, a pretensa importância das estradas de rodagem é facilmente desconstruída pelas simples afirmações: os caminhos mineiros foram herdados do período aurífero colonial e não apresentaram modificações técnicas durante todo o século dezenove e, muito menos, receberam suporte financeiro da província de Minas Gerais para investimentos no setor construtivo de pontes e estradas.

De fato, é impossível comprovar a veracidade numérica de pontes e a quilometragem exata das estradas com base nos dados da década de 1920 e 1930. Por outro lado, as condições geográficas, o relevo acidentado, as bacias hidrográficas e os seus respectivos afluentes podem sustentar a hipótese de que um elevado número de pontes e milhares de quilômetros de estradas compusesse a paisagem da província de Minas Gerais. Com exceção da navegação fluvial, que alcançava mais de 3.000 quilômetros de extensão, e do delimitado alcance do desenvolvimento ferroviário até 1889, a circulação de bens, pessoas e informações foi predominantemente terrestre. Em um território com grande extensão territorial e diversidade regional foram constantes as relações recíprocas entre o homem e a heterogeneidade geográfica de Minas Gerais.

Em relação aos investimentos em estradas, o brasilianista Nathaniel Leff, no artigo "A emergência do Estado desenvolvimentista brasileiro: o final do século 19" (1983), afirmou a restrição das finanças públicas do governo central na promoção de investimentos para o desenvolvimento econômico, o baixo ní-

8 Deve-se considerar a hipótese de que o número de pontes edificadas teria sofrido sensível aumento entre o ano de 1889 e a década de 1920.

vel de dispêndio em infraestrutura e o alto grau de dependência das províncias para com os cofres do poder central.[9] Nathaniel Leff tem como tese central a presença no Brasil Império de uma estrutura política centralizada, que afetava diretamente o dispêndio monetário em setores, como a saúde, educação, navegação a vapor e estradas de ferro (LEFF, 1983, p. 632/634):

> Até as últimas décadas do século, os recursos fiscais disponíveis para investimento em infraestrutura e programas de subsídios por parte do Estado brasileiro eram pequenos relativamente às necessidades que o desenvolvimento do país impunha. (...) Dado que durante a maior parte desse século o sistema fiscal do País encontrava-se altamente centralizado (...). (...) os recursos financeiros disponíveis para o governo central brasileiro revelam-se ainda mais escassos quando tomados relativamente ao tamanho da população (...) para as quatro primeiras décadas após a independência o dispêndio governamental per capita ficou bem abaixo de 1 libra esterlina, vindo a superar este nível apenas com a Guerra do Paraguai. (...) Esta estrutura política centralizada não pode ser ignorada como um importante epifenômeno legal, pois os arranjos constitucionais afetavam de duas formas as finanças públicas e o nível de dispêndio agregado com o desenvolvimento. Em primeiro lugar, os governos provinciais brasileiros não eram capazes de assumir o grande papel de promotores do investimento público que os estados desempenharam nos Estados Unidos. (*Ibidem*, 1983, p. 631 e 640)

Se aceita a consideração de Nathaniel Leff, os argumentos tanto da ausência de aperfeiçoamento técnico quanto da vitalidade dos caminhos coloniais herdados do ciclo aurífero ganham robustez para o caso da província de Minas Gerais.

Entretanto, em recente artigo, "Transporte e finanças públicas: contribuição para o estudo do lugar do dispêndio em infraestrutura nos orçamentos provinciais e municipais de Minas Gerais, 1835-1889" (2011), os autores, Li-

---

9 LEFF, Nathaniel H. "A emergência do Estado desenvolvimentista brasileiro: o final do século 19". *Estudos Econômicos*. São Paulo, v. 13, n° 3, p. 629-645, 1983.

diany S. Barbosa, Marcelo M. Godoy e Philipe S. Mendes, apresentaram novas evidências no que concerne à evolução da receita e despesa do orçamento provincial. Os resultados revelam que os gastos provinciais com obras públicas oscilaram em torno de 20% do orçamento provincial entre a década de 1830 até meados da década de 1860; se situaram na margem de 15% da década de 1860 até o início da década de 1880; e declinaram para o montante de 10% da despesa total na década de 1880 (BARBOSA; GODOY; MENDES, 2011, p. 239/248).[10] Atribui-se a queda percentual na década de 1880 à reorientação dos investimentos provinciais para a expansão ferroviária. Em outras palavras, a ampliação ferroviária significava para o cofre provincial elevação da receita via cobrança fiscal da circulação mercantil interprovincial, justificando os investimentos para o desenvolvimento do setor ferroviário (*Ibidem*, 2011, p. 249).

Se, por um lado, os autores demonstram a existência de uma estrutura tributária baseada na arrecadação proveniente da circulação mercantil de Minas Gerais com outras províncias e exterior, por outro, atestam a capacidade de financiamento do cofre provincial para o aperfeiçoamento técnico da construção e/ou conservação de estradas e pontes.[11]

10 Houve um crescimento progressivo das despesas entre 1835 e 1889. A análise da distribuição das despesas foi subdividida em oito grupos: despesas administrativas, obras públicas, segurança pública, educação, saúde, igreja, despesas financeiras e diversos. O agrupamento das obras públicas considerou os gastos em engenharia, estradas, pontes, construção e reparos de cadeias, desenhadores. No que se refere às despesas, uma média de 85% eram destinadas a quatro grupos específicos: segurança pública (23,34%), educação (22,27%), administração provincial (21,13%) e obras públicas (18,41%). Nota-se um crescimento da participação relativa das despesas com educação no final do período e perda de participação relativa dos gastos com obras públicas. Cf. BARBOSA, Lidiany S.; GODOY, Marcelo M.; MENDES, Philipe. "Transporte e finanças públicas". In: FILHO, Alcides G.; CIMÓ, Paulo Roberto (org). *Transporte e formação regional: contribuições à história dos transportes no Brasil*. Dourados: Ed UFGD, 2011.

11 Sobre os orçamentos municipais, ver a avaliação da participação do gasto em obras públicas nos orçamentos municipais, ao longo do século XIX, presente no segundo capítulo "A imperativa infraestrutura de transportes tradicionais. A percepção e propostas de intervenção na rede viária das localidades mineiras", Tese de Doutorado de Lidiany S. Barbosa. Cf. BARBOSA, Lidiany S. *Tropas e ferrovias em uma província não-exportadora. Estado, elites regionais e as contradições da política de transportes no início da modernização – Minas Gerais, 1835-1889*. Rio de Janeiro: IFCS/UFRJ. Tese de Doutorado, 2011, p. 81- 141.

Gráfico 1

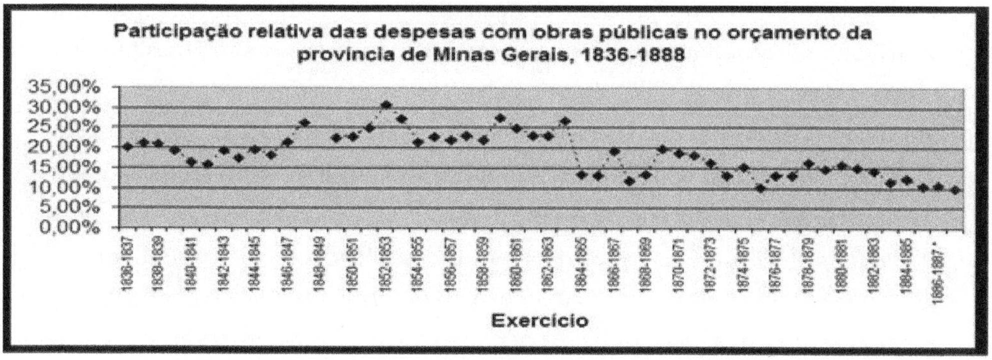

Fonte: BARBOSA, Lidiany S.; GODOY, Marcelo M.; MENDES, Philipe. "Transporte e finanças públicas". In: FILHO, Alcides G.; CIMÓ, Paulo Roberto (org). *Transporte e formação regional: contribuições à história dos transportes no Brasil*. Dourados: Ed UFGD, 2011, p. 248.

A adoção de novas abordagens e critérios de seleção permitem redimensionar a percepção dos transportes modernos e tradicionais na província de Minas Gerais. Revisitar as assertivas que consideram os empreendimentos viários (pontes e estradas) contraproducentes, construídos aos "azares da natureza" (PRADO Jr., 1970; 1973), e/ou limitados à incorporação da técnica macadam (VARGAS, In: MOTOYAMA, 1994; REIS FILHO, 2000).

O primeiro capítulo tem por objetivo analisar as questões concernentes ao universo das técnicas construtivas de pontes e estradas. Para tanto, dimensiona-se a participação de diversos engenheiros, ressaltando a heterogeneidade dos mesmos, bem como os mecanismos institucionais que nortearam as atividades de Engenharia na província de Minas Gerais entre 1835 a 1889. Além disso, examina-se a relação entre o processo de formalização da Engenharia e a prática. Considera-se que a organização administrativa inclui elementos heterogêneos, regras formais, práticas que podem violar as regras da organização, divisões de funções, hierarquias, distribuição de problemas e demandas.

Ao longo do segundo capítulo, colocar-se-á em evidência a fase de planejamento da construção e conservação de pontes e estradas, inclinando especial atenção para as plantas, orçamentos e editais. Atenta-se para os deslocamentos geográficos dos engenheiros para o levantamento topográfico, assim como os usos de instrumentos científicos. Para tanto, apresenta-se uma lista discriminativa dos instrumentos científicos sob a posse da Secretaria de Obras Públicas. Identifica-se a demanda por instrumentos de precisão, demonstrando indícios da aplicação de métodos investigativos da cultura científica dos engenheiros. Conjuntamente a isso, nota-se a formação de relações comerciais e científicas entre uma oficina de instrumentos na cidade do Rio de Janeiro e a Secretaria de Obras Públicas no que tange às atividades de compra e reparo dos instrumentos científicos. Analisam-se também como os manuais e tratados técnicos expressaram a valorização do conhecimento científico e técnico. Criaram métodos de investigação e uma relativa unidade do conhecimento, padronizando termos, medidas e procedimentos a fim de facilitar a compreensão de experiências, reprodução e aperfeiçoamentos. A crescente presença de engenheiros no corpo administrativo provincial repercutiu nas técnicas construtivas tanto na organização de projetos, orçamentos, editais e plantas quanto na sistematização de aperfeiçoamentos ou na busca de princípios reguladores.

O último capítulo trata dos cenários construtivos de pontes e estradas, reconstituindo os processos de difusão de tecnologia (patentes das pontes lattice e pênsil); o universo cotidiano do trabalho, isto é, os artífices e ferramentas; a participação dos engenheiros na construção da infraestrutura viária mineira. Considera-se que a ciência não se faz somente com descobertas, inovações, experiências, conceitos e explicações, mas também com negociações, padronizações de objetivos e critérios e com a institucionalização de habilidades e discursos, que se desdobram em complexo processo histórico. Uma singular trama, na qual se visualiza processos sociais e culturais específicos, tendo os engenheiros como atores fundamentais na dinâmica construtiva de pontes e estradas, revelando a racionalidade técnica da época. Em outros termos, as negociações e percepções dos problemas viários envolvem atores que utilizam critérios distintos e validam seus resultados e procedimentos de formas diferenciadas (OLIVEIRA, 2000). De um lado, temos na rotina de trabalho dos artífices o universo da técnica, que se vale da eficiência e habilidade de desempenhar uma tarefa, cuja finalidade é a utilidade, e, por outro lado, a ciência baseada em um discurso assentado em um saber teórico e científico que é postulado por meio de critérios de verdade ou falsidade, assentado na cultura científica dos engenheiros (VARGAS, 1994, p. 180/183). Ressalta-se que, até meados do século XIX, houve uma fraca interação entre ciência e técnica. Ruy Gama apresenta uma proposta sobre a constituição da tecnologia. Segundo o autor, o desenvolvimento tecnológico, por um lado, segue desde o século XVII *pari passu* ao desenvolvimento do capitalismo e à substituição do modo de produção feudal/corporativo e abandono do sistema de transmissão do conhecimento apoiado na aprendizagem e, por outro, pelo aumento do trabalho assalariado e a institucionalização educacional da transmissão do conhecimento. Todos esses elementos imbricados convergem para o que se denomina tecnologia:[12]

> (...) estudo e conhecimento científico das operações técnicas ou da técnica. Compreende o estudo sistemático dos instrumentos, ferramentas e das máquinas empregadas nos diversos ramos da técnica,

12 O termo tecnologia é tratado, em alguns estudos, como sinônimo de tecnologia aplicada, ou seja, pressupõe uma polêmica precedência da ciência em relação à técnica. Portanto, uma relação de subordinação da técnica à ciência. A palavra tecnologia também adquire amplo uso, notadamente nos textos de língua inglesa, incluindo o produto material das técnicas, deslocando-se para o campo de estudo das técnicas ou para as invenções (GAMA, 1986). Segundo Eric Schatzberg, no século XIX a palavra "technology" foi pouco usual na língua inglesa até a fundação, em 1861, do M.I.T (Massachusetts Institute of Technology). Isto é, foi amplamente limitada ao ensino técnico e utilizada poucas vezes, por exemplo, nas ciências sociais surgidas no final do século XIX. Em outros termos, o significado hoje dominante de tecnologia simplesmente não existia (SCHATZBERG, 2006, p. 489). Com base nas definições do termo *technology* nos dicionários do século XIX, o autor sugere que a caracterização da tecnologia como método e equipamento material não existia no referido século: "A distinção é relativamente clara: técnica se refere aos métodos e procedimentos da cultura material, especialmente na engenharia e indústria, enquanto a tecnologia está correlacionada com o estudo dessas atividades e seus princípios. Ambos os termos são geralmente traduzidos como tecnologia na lingua inglesa, o que causa uma importante perda da distinção. Embora historiadores europeus sobre a tecnologia tenham sido influenciados pelo inglês desde a década de 1960, o termo técnica permanence dominante, como no alemão technikgeschichte, francês l'histoire des techniques, holandês techniekgeschiedenis, italiano storia della tecnica, sueco tecknihistoria" (*Ibidem*, 2006, p. 489). Cf. SCHATZBERG, Eric. "Technik comes to América: changing meanings of technology before 1930". Technology and culture, v. 47, n. 3, p. 486-512, 2006.

dos gestos e dos tempos de trabalho e dos custos, dos materiais e da energia empregada. A tecnologia implica na aplicação dos métodos das ciências físicas e naturais. (GAMA, 1986, p. 30/31)

CAPÍTULO 1

Sobre pontes e estradas: técnicas construtivas e a engenharia em uma província no interior do Brasil (1835-1889)

Introdução

Este trabalho tem por objetivo sair das generalizações – que mais ocultam do que esclarecem acerca da construção da infraestrutura viária do país – ao afirmarem a ausência de aperfeiçoamento, construção e conservação em estradas e pontes no Brasil, especificamente, na província de Minas Gerais. Pretende-se revelar os atores, os contatos, os confrontos, as disputas, os modos de execução, e, sobretudo, a singular participação de engenheiros, ao longo do século XIX, no interior da administração provincial no âmbito das edificações de pontes e estradas.

Com o presente trabalho propõe-se demonstrar o papel dos engenheiros na evolução dos saberes científicos e técnicos do século XIX. Os estudos precedentes deixaram em aberto inúmeros problemas e os resultados alcançados por esses trabalhos não oferecem respostas adequadas sobre o universo construtivo de pontes e estradas. Portanto, o estudo das origens dos formados, das modalidades de recrutamento, as carreiras, a análise do discurso dos engenheiros e as estratégias profissionais são abordagens sociológicas importantes, mas ainda insuficientes para reconhecer a utilização da matemática, instrumentos científicos e reconstituir os critérios de racionalidade, tendo em vista que a racionalidade dos engenheiros e da engenharia não é monolítica e é comandada pelas contradições que a própria engenharia tenta ultrapassar (PICON, 1992, p. 19).

No primeiro capítulo tenta-se estabelecer novas perspectivas para o estudo da Engenharia e dos engenheiros a partir de uma abordagem que privilegia o aspecto técnico e tecnológico inerente às atividades de construção, projeção orçamentária e conservação de pontes e estradas em Minas Gerais. Ou seja, as seções do primeiro capítulo visam abordar (I) a tecnologia dos transportes de pontes e estradas no século XIX, tendo como foco mensurar a participação de engenheiros na administração provincial; (II) os limites da política pública dos transportes em Minas Gerais no século XIX; (III) mensurar a atuação de engenheiros na identificação de rotas comerciais em diferentes regiões e na formação de uma "hierarquia" de estradas e pontes.

Deve-se ter presente que o trabalho tem como recorte temporal o período de 1835 a 1889. A seleção do marco inicial é justificada pelo surgimento e a definição das atribuições técnicas e administrativas da Inspetoria Geral de Estradas dentro da estrutura organizacional da província de Minas Gerais, bem como a promulgação das diretrizes do plano viário regional de 1835 e o marco final pela desagregação do Império e o advento da República:

> As decisões em engenharia sofrem influência das condições políticas e sociais vigentes em cada época. Assim, elas não se diferenciam de decisões tomadas em outras áreas, dentro de um determinado contexto histórico, social e econômico. Embora os engenheiros conheçam bem os aspectos técnicos que devem nortear um projeto, eles não estão livres de outros fatores externos à engenharia e que também influenciam projetos. Dessa forma, todas as obras de engenharia são influenciadas pela história, cultura, política e outros aspectos humanos, além daqueles puramente técnicos. (PETROSKI, 2008, p. 157)

A documentação acumulada pela província de Minas Gerais referente aos processos de pontes e estradas, que se encontra sob a guarda do Arquivo Público Mineiro, constitui uma riquíssima fonte para a análise das práticas de construção, conservação e reparos.

Tabela 3 – Distribuição de caixas e documentos, segundo os processos construtivos (1840-1889)

Tipo de Processo	Total (inventariados)			
	Caixas		Documentos	
	N°	%	N°	%
Estrada	27	50,9	8.979	37,3
Ponte	26	49,1	15.084	62,7
Total	53	100	24.063	100

Fonte: Banco de dados dos processos de construção de pontes, 1840-1889.

Levando em consideração os aspectos técnicos e tecnológicos que envolveram tais práticas, acredita-se que esta documentação traz à tona elementos-chave do papel da engenharia e dos engenheiros na formação da infraestrutura viária. Ora aperfeiçoando-a e, em outros momentos, revelando suas fragilidades e limites no século XIX.

Tais processos de pontes e estradas abrangem 49 anos do período imperial e foram consubstanciados em uma base de dados desenvolvida pelo Centro de Desenvolvimento e Planejamento Regional da Universidade Federal de Minas Gerais (UFMG/Cedeplar) no Núcleo de Pesquisa em História Econômica e Demográfica.

A pioneira tese, *Tropas e ferrovias em uma província não-exportadora* (2011), defendida pela historiadora Lidiany Silva Barbosa, lançou as bases metodológicas para a abordagem dos *Processos de Construção de Estradas* e os *Processos de Construção de Pontes.* Barbosa, através de um extenso levantamento crítico e quantitativo, analisou os seguintes itens: I) perfil da documentação; II) perfil regional das obras viárias provinciais (pontes e estradas); III) evolução das intervenções públicas viárias; IV) tipos de intervenções públicas viárias (BARBOSA, 2011, p. 211).[1] Os *Processos de Construção de Estradas e Pontes* estão distribuídos em 53 caixas no Arquivo Público Mineiro. Deste montante, 27 caixas remetem a estradas (Caixa 2 a 28), e o restante, 26 caixas, referem a pontes (Caixas 32 a 57). As 53 caixas abrangem o impressionante universo de 24.063 documentos, que abarcam o período de 1840 a 1889. Uma média anual de 500 documentos (*Ibidem*, 2011, p. 213).

1 BARBOSA, Lidiany S. *Tropas e ferrovias em uma província não-exportadora. Estado, elites regionais e as contradições da política de transportes no início da modernização – Minas Gerais, 1835-1889*. Tese de doutorado – IFCS/UFRJ – Rio de Janeiro, 2001, p. 258.

Tabela 4 – Distribuição quinquenal e decenal dos documentos dos Processos de Construção de Estradas e Pontes, Minas Gerais, 1840-1889

<table>
<tr><th rowspan="2">Quinquênio</th><th colspan="2">Documentos</th><th rowspan="2"></th><th rowspan="2">Decênio</th><th colspan="2">Documentos</th></tr>
<tr><th>N°</th><th>%</th><th>N°</th><th>%</th></tr>
<tr><td>1840-1844</td><td>109</td><td>0,5</td><td rowspan="11"></td><td rowspan="2">1840-1849</td><td rowspan="2">285</td><td rowspan="2">1,3</td></tr>
<tr><td>1845-1849</td><td>176</td><td>0,8</td></tr>
<tr><td>1850-1854</td><td>1.496</td><td>6,6</td><td rowspan="2">1850-1859</td><td rowspan="2">5.088</td><td rowspan="2">22,4</td></tr>
<tr><td>1855-1859</td><td>3.592</td><td>15,8</td></tr>
<tr><td>1860-1864</td><td>2.432</td><td>10,7</td><td rowspan="2">1860-1869</td><td rowspan="2">4.525</td><td rowspan="2">19,9</td></tr>
<tr><td>1865-1869</td><td>2.093</td><td>9,2</td></tr>
<tr><td>1870-1874</td><td>3.731</td><td>16,4</td><td rowspan="2">1870-1879</td><td rowspan="2">6.623</td><td rowspan="2">29,1</td></tr>
<tr><td>1875-1879</td><td>2.892</td><td>12,7</td></tr>
<tr><td>1880-1884</td><td>3.418</td><td>15,0</td><td rowspan="2">1880-1889</td><td rowspan="2">6.224</td><td rowspan="2">27,4</td></tr>
<tr><td>1885-1889</td><td>2.806</td><td>12,3</td></tr>
<tr><td>Total</td><td>22.745</td><td>100,0</td><td>Total</td><td>22.745</td><td>100,0</td></tr>
</table>

Fonte: BARBOSA, Lidiany S. *Tropas e ferrovias em uma província não-exportadora. Estado, elites regionais e as contradições da política de transportes no início da modernização – Minas Gerais, 1835-1889*. Rio de Janeiro: IFCS/UFRJ. Tese de Doutorado, 2011, p. 243.

O estudo se debruçou sobre a execução de pontes e estradas, a evolução orçamentária dos cofres municipais e do governo provincial e as proposições elaboradas pelos deputados provinciais sobre os modais ferroviário e rodoviário. Segundo Lidiany S. Barbosa, a elite provincial, atuante na Assembleia de Minas Gerais, promoveu uma relativa desarticulação dos transportes tanto pela presença de fortes apelos regionalistas quanto pela opção ferroviarista, revelando "incapacidade de pensar a província como unidade e, também, de estabelecer infra-estrutura de transportes funcional às necessidades da economia mineira. Aqueles que discordaram, realizaram prognósticos negativos sobre o desenvolvimento ferroviário (...)" (*Idem*, p. 305).

A tese se baseia em uma análise amostral da documentação, já que a codificação do *Banco de Dados dos Processos de Pontes e Estradas* alcança cerca de 40% dos mais de 24.000 documentos.

O universo amostral de 9.386 documentos revelam que mais de um terço da autoria da documentação foi postulada pela Secretaria de Obras Públicas, a Fazenda e a Presidência, ambas vinculadas ao poder provincial. Outros 19,9% das missivas remetem à autoria de representantes municipais (câmara municipal, vereadores e secretários da câmara). Os arrematantes e congêneres (procuradores e fiadores) conjugam 16,8% da documentação amostral analisada. Nota-se a presença como autores das missivas de juízes de paz, juízes municipais, delegados e subdelegados de polícia, párocos e vigários. Os engenheiros provinciais contabilizavam participação autoral, em termos percentuais, de 20,4% das correspondências. O referido percentual equivale a 2.089 documentos da totalidade da referida amostragem:

> A história da Secretária de Obras Públicas da província e a história da atuação dos engenheiros no século XIX em Minas Gerais estão enfeixadas. Como demonstra a legislação exposta e analisada (...), a neófita estrutura administrativa voltada para as obras públicas não ficou imune à presença dos engenheiros. A atuação desses profissionais incrementou-se no transcurso do século XIX e refletiu-se em tentativas de normatização dos aspectos técnicos das construções públicas, bem como no ganho de prestígio social por parte do engenheiro. Os Processos mostram que, no cotidiano das intervenções, esses profissionais foram bastante atuantes no cumprimento de suas funções. A institucionalização da instância responsável pelas obras públicas provinciais e o concomitante processo de profissionalização dos engenheiros provinciais estão espelhados na tendência de crescimento da correspondência da agência e de seus agentes. Estes que, juntos, respondiam entre as décadas de 1850 e 1880 por, respectivamente: 36,4%, 29,8%, 42,5% e 46,8%. No último decênio do período imperial, a Repartição e seus engenheiros enfeixavam a autoria de quase que metade de toda correspondência, com a concomitante redução da participação de outros autores-atores. (BARBOSA, 2011, p. 270)

Tabela 5 – Distribuição decenal, segundo a autoria da correspondência dos Processos de Construção de Estradas e Pontes, Minas Gerais, 1840-1889

Grupos	1840-1849		1850-1859		1860-1869		1870-1879		1880-1889		Total	
	N°	%	N°	%	N°	%	N°	%	N°	%	N°	%
Engenheiros provinciais	7	8,6	336	18,8	316	18,3	540	21,4	509	22,4	1.708	20,4
Arrematantes e congêneres	23	28,4	265	14,8	298	17,3	341	13,5	451	19,9	1.378	16,4
Autoridades municipais	5	6,2	423	23,7	477	27,6	512	20,3	272	12	1.689	20,1
Repartição de Obras Públicas	6	7,4	315	17,6	198	11,5	532	21,1	554	24,4	1.605	19,1
Fazenda Provincial	2	2,5	210	11,7	224	13,0	263	10,4	246	10,8	945	11,3
Presidência da Província	0	0,0	101	5,6	68	3,9	149	5,9	52	2,3	370	4,4
Outras funções públicas	21	25,9	22	1,2	28	1,6	42	1,7	67	2,9	180	2,1
Outras autorias	10	12,3	11	0,6	33	1,9	11	0,4	11	0,5	76	0,9
Outros atores em obras viárias	7	8,6	105	5,9	84	4,9	129	5,1	110	4,8	435	5,2
Total	81	100	1.788	100	1726	100	2.519	100	2.272	100	8.386	100

Fonte: BARBOSA, Lidiany S. *Tropas e ferrovias em uma província não-exportadora. Estado, elites regionais e as contradições da política de transportes no início da modernização – Minas Gerais, 1835-1889*. Rio de Janeiro: IFCS/UFRJ. Tese de Doutorado, 2011, p. 272.

A autoria reflete o lugar proeminente alcançado pelos engenheiros provinciais na dinâmica dos processos construtivos de pontes e estradas (*Ibidem*, 2011, p. 256/257). Com base no universo amostral, dentre os inúmeros engenheiros, que ocuparam o cargo de engenheiro provincial, se destaca Bruno Von Sperling (autor de 462 correspondências), Modesto de Faria Bello (149 missivas), Francisco Eduardo de Paula Aroeira (117 documentos), Antonio Olinto de Almeida Gomes (110 correspondências) e Cândido José Coelho (99 documentos).[2] A participação quantitativa de determinados engenheiros relaciona-se com o período de permanência na função de engenheiro da província de Minas Gerais, como se verificará adiante (*Idem*, p. 294-295).

Analisar a construção de pontes e estradas é um esforço em redefinir a correlação das atividades produtivas e a circulação de mercadorias e pessoas; as transformações técnicas empreendidas na construção das vias; compreender como e quando foram construídas as estradas e pontes, assim como perceber os problemas relacionados à escolha do traçado, conservação e administração das vias de comunicação (*Idem*, p. 303).

Gráfico 2

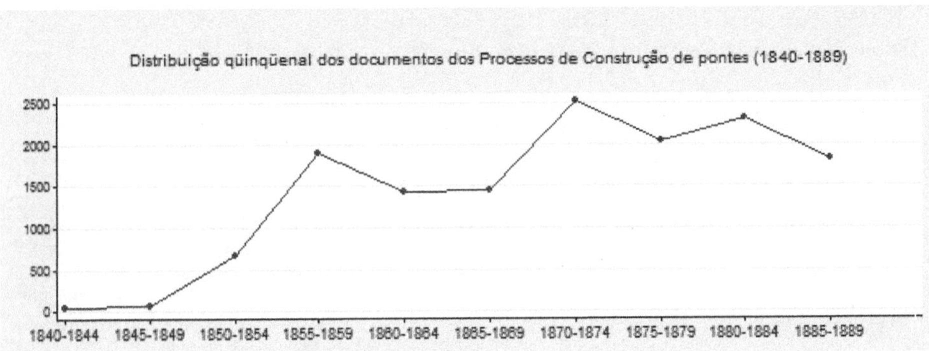

Fonte: Banco de dados dos processos de construção de pontes, 1840-1889.

2 Segundo Lidiany Silva Barbosa, com base na análise amostral (39% da documentação total), o elevado fluxo de correspondências remetidas à Presidência da província (56,8%) era resultante do alto grau de centralização administrativa. Outros 32,6% da documentação eram endereçados à Secretaria de Obras Públicas. Somados as respectivas missivas remetidas às duas instâncias provinciais totalizavam um percentual de 89,5% (*Idem*, p. 258).

Gráfico 3

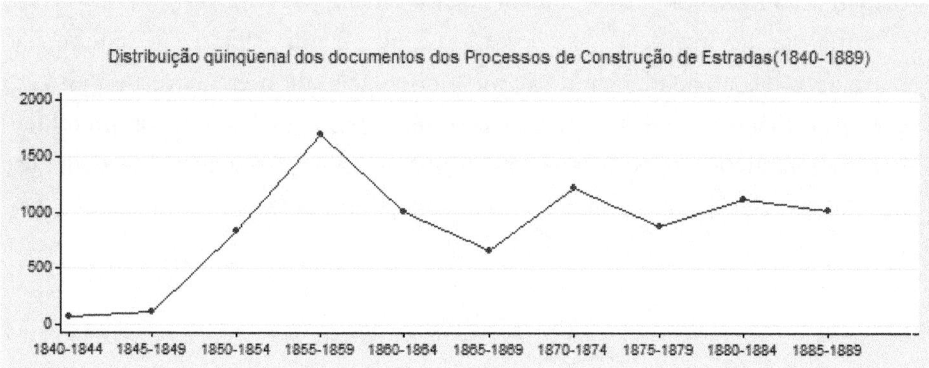

Fonte: Banco de dados dos processos de construção de estradas, 1840-1889.

Gráfico 4

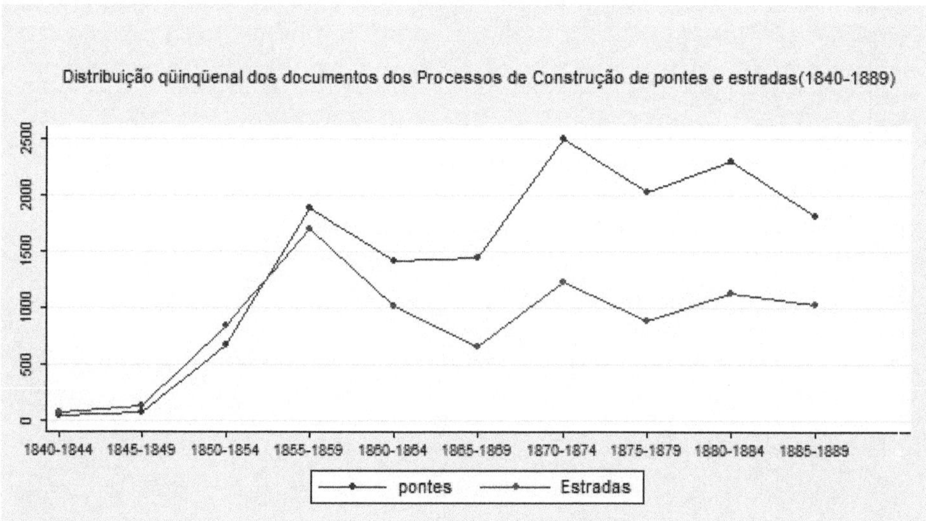

Fonte: Banco de dados dos processos de construção de pontes e estradas, 1840-1889.

Através dos gráficos 2, 3 e 4, nota-se uma sincronia nos movimentos de ascensão e queda da produção de documentos de pontes e estradas. Embora seja perceptível a superioridade dos documentos concernentes às pontes, mormente a partir de meados da década de 1850 até 1889. Diante disso, cabe o seguinte questionamento: o que a superioridade quantitativa de pontes em relação às estradas revela sobre a infraestrutura viária de Minas Gerais? Pode-se afirmar que tal superioridade demonstra que, provavelmente, as dificuldades e os custos de construção e conservação de estradas oneravam sobremaneira os cofres provinciais e, em momentos em que a província se encontrava em dificuldades orçamentárias, as pontes eram as primeiras a terem suas construções e/ou conservações realizadas em vista do menor custo em comparação com as estradas. Decorrente de tal argumentação, alcança-se outra assertiva: existiam em Minas Gerais pontes sem estradas. Acrescenta-se a este argumento o fato de que a hidrografia e o relevo de Minas Gerais, com extensas bacias e seus respectivos afluentes, certamente tornaram as pontes imprescindíveis para a circulação de bens e pessoas, tornando-as prioridade perante as estradas. Além disso, vale destacar que outros fatores contribuíram para a preponderância de pontes em detrimento das estradas. Os gráficos, contudo, permitem apenas valores comparativos sobre os quais devemos debruçar para evitar a ilusão dos números e matizar outras relações sociais (SOBOUL, 1968, p. 182).

O século XIX encadeou significativas modificações nas relações entre o desenvolvimento técnico, o científico e o econômico. A singularidade desse século está na consolidação e gênese de uma nova forma de produção e interação entre os conhecimentos científicos e técnicos. Transformações nos planos institucionais, notadamente no papel das universidades, que tornaram engenheiros em profissionais com relativo grau de aperfeiçoamento técnico e profissional, repercutiram nas práticas de leitura e da escrita científica, que adotou formas distintas de divulgação como os periódicos especializados, os manuais e as obras de vulgarização (SZMRECSÁNYI, 2001):

> Se as relações entre ciência, tecnologia e economia tornaram-se finalmente visíveis no decorrer do século XIX, isto decorreu, em parte, da transformação das ciências e das técnicas em atividades sociais autônomas e diferenciadas, exercidas de maneira cada vez mais integrada e contínua por agentes devidamente especializados – os cientistas e os engenheiros – cujas funções passam a ser socialmente reconhecidas e remuneradas. É claro que este fenômeno

> não teve a mesma amplitude, as mesmas características, o mesmo ritmo em cada país ou, no interior de um mesmo país, em cada disciplina científica ou tecnológica. (*Ibidem*, 2001, p. 171)

Novos vínculos foram criados entre o desenvolvimento técnico e o científico, como se evidencia no desenvolvimento do telégrafo elétrico decorrente dos conhecimentos da física sobre a eletricidade e nas experiências eletromagnéticas de Michael Faraday (1791-1867), que possibilitaram o surgimento do dínamo e da indústria de máquinas elétricas. As aplicações práticas resultantes da interação entre a ciência e técnica, por exemplo, a iluminação a gás, o telégrafo e as estradas de ferro, transformaram as ciências e as técnicas em símbolos de poder, de riqueza e de modernidade (*Idem*, 2001, p. 170-174).

Em 1845, Friedrich Engels, ao analisar as transformações ocorridas na primeira metade do século XIX, retratou a ampliação das comunicações no Império Britânico, sobretudo na Inglaterra, com a construção de quilômetros de estradas, canais e pontes em fins do século XVIII e no início da centúria seguinte. Avaliou a importância da construção de canais a partir de 1755, a construção e navegação de barcos a vapor, a restauração de antigas estradas conforme o novo sistema MacAdam, a expansão da produção de ferro, através da técnica denominada "*puddling*" e, conjuntamente, o aumento do uso do ferro nas construções de pontes, sendo a primeira ponte de ferro erguida na década de 1770 (ENGELS, 2010, p. 55-59):

> Foi sobretudo a produção de ferro que cresceu. Até então, as ricas minas de ferro inglesas eram pouco exploradas; o mineral do ferro era sempre fundido com carvão vegetal, que – em virtude da expansão da agricultura e da devastação dos bosques – tornava-se cada vez mais caro e escasso; somente no século passado começou-se a empregar para esse fim o carvão mineral (coke) e em 1780 descobriu-se um novo método para transformar ferro fundido com carvão mineral em ferro também utilizável para a forja (antes só empregado como ferro fundido). Com esse método, que consiste em extrair o carvão misturado com o ferro no processo da fusão e que os ingleses chamam de puddling abriu-se todo um novo campo à produção inglesa

> de ferro. Foram construídos altos-fornos cinquenta vezes maiores que os precedentes, simplificou-se a fusão do mineral com a ajuda de foles de ar quente e assim foi possível produzir ferro a um preço tão baixo que uma grande quantidade de objetos, antes fabricados com madeira ou pedra, passou a ser feita com ferro. Thomas Paine, o celebre democrata, construiu no Yorkshire a primeira ponte de ferro, a que se seguiram inúmeras outras, de tal modo que atualmente quase todas as pontes, sobretudo as ferroviárias, são de ferro fundido e em Londres até existe uma ponte (a de Southwark) sobre o Tâmisa fabricada com esse material; o uso do ferro está se generalizando na produção de pilares e de suportes para máquinas etc. e, com a introdução da iluminação a gás e as ferrovias, abriram-se novos espaços para produção inglesa de ferro (*Ibidem*, 2010, p. 55).[3]

Engels, por sua vez, não tinha por objetivo analisar a infraestrutura viária do seu tempo, uma vez que se interessava em debruçar-se sobre "o fruto mais importante dessa revolução industrial (...) é o proletariado inglês" (*Idem*, p. 59). Contudo, revela a singularidade e importância adquirida dos transportes no século XIX. Diante das transformações econômicas e sociais, demonstra que o pequeno evento de construção de uma ponte ou estrada possui elementos que interagem com novos materiais, a descoberta de novas fontes de energia e o aperfeiçoamento da técnica de produção de ferro.

Nathan Rosenberg e Walter G. Vincenti (1978) analisaram, em *The Britannia Bridge: The generation and diffusion of technological knowledge*, os problemas enfrentados pela Engenharia e engenheiros durante a expansão do sistema ferroviário britânico no século XIX, que empregava, em 1847, 257.000 homens na construção de 6.455 milhas férreas. Construir pontes, certamente, é uma das estruturas mais antigas realizadas pelos homens. No entanto, no segundo quartel do século XIX, a rede ferroviária exigiu a construção de pontes com ex-

3 Segundo a nota da edição do livro, Engels comete um erro factual e de localização geográfica acerca da primeira ponte de ferro: (...) pequeno erro factual de Engels: a ponte projetada por Paine, com elementos fundidos em Rotherham (Yorkshire), não foi construída nessa região; efetivamente, a primeira ponte de ferro do Yorkshire data de 1779 (sobre o Severn, em Coolbrookdale) (*Idem*, p. 55).

tensos vãos e de estruturas com capacidade para suportar o peso e vibrações das mesmas. Nesse sentido, a construção de uma ponte sobre o estreito de Menai, com a finalidade em atender o avanço ferroviário, representou desafio singular para a engenharia e os engenheiros Robert Stephenson e William Fairbairn. A vertiginosa expansão férrea do Império Britânico fez com que problemas sem precedentes surgissem na Engenharia. No caso do estreito de Menai, o descarte da construção de uma ponte com o design tanto em arco quanto em forma estrutural de uma ponte suspensa (figura 1) acentuaram as dificuldades e induziram a procura por uma solução.

Figura 1 – Perfil da Ponte Suspensa de James Finley – 1810

Fonte: *Port Folio*, n.s. 3 (june 1810), p. 441 *apud* KRANAKIS, Eda. *Constructing a bridge: an exploration of engineering culture, design, and research in nineteenth-century France and America*. Cambridge: MIT Press, 1997, p. 35.

Nota-se que, em 1826, no mesmo estreito, Thomas Telford já havia construído uma ponte suspensa para o trânsito viário tradicional. Todavia, a proposta de construção de outra ponte suspensa sobre o mesmo estreito foi excluída, uma vez que se acreditava que o design da ponte não forneceria a rigidez estrutural suficiente para suportar o fluxo ferroviário (Fig. 2):

> Embora algumas pontes suspensas ainda estivessem em bom estado de uso nos anos de 1840, muitas desmoronaram devido aos fortes ventos, ou mesmo decorrentes de oscilações provenientes do impacto da marcha de tropas ou de gados. Capitão Samuel Brown construiu várias delas e muitas tiveram inúmeras falhas, incluindo a ponte com vão de 137 metros sobre o Tweed em Bernick. Esta foi construída no ano de 1820 e apenas seis meses mais tarde sucumbiu. Em 1830,

> ele construiu uma ponte que atravessava o Tees que deu suporte a estrada de ferro Stockton e Darlington Railway, após alguns anos uma onda quebrou a mesma, afundando o trem. (HAMILTON, S.B. *apud* ROSENBERG; VICENTI, 1978, p. 83)[4]

Figura 2 – Em primeiro plano o perfil da Ponte Tubular. Ao fundo, a ponte suspensa de Telford

Fonte: KNIGHT, E.H. *American Mechanical Dictionary*. New York, 1877, v. 3, plate 62 *apud* ROSENBERG, Nathan; VICENTI, Walter G. *The Britannia Bridge: the generation and diffusion of technological knowledge*. Cambridge: MIT Press, 1978, p. 11.

---

4 "Although some suspension bridges were still giving good service in the 1840s, many had collapsed through the buffeting effect of winds, or even through oscillations built up by the impact of marching troops or droves of cattle. Captain Samuel Brown had built many, and had quite a number of failures, including his bridge of 449 ft. span across the Tweed at Bernick; this he completed in 1820, built it was blown down only six months later. In 1830 he had even built one to carry the Stockton and Darlington Railway across the Tees, only to find that train sank down and raised before behind it a wave in the deck, which racked the bridge to pieces in a few years" (HAMILTON, S.B. Building and civil Engineering construction *apud* ROSENBERG; VICENTI, 1978, p. 83).

Ademais, também havia sido desconsiderada a possibilidade de atravessar o estreito sobre uma ponte em arcos de ferro fundido, posto que a construção em arcos sobre o estreito impediria o fluxo de embarcações à vela que ali transitavam (Fig. 3).

Figura 3 – Ponte em arco sobre o Rio Tâmisa – Tela do pintor Antonio Canale, *London: Westminster Bridge from the North Mayor's Day* (1746)

Fonte: LlOYD, Sampson; PAY, I.; WALDEGRAVE, K. *London's bridges: crossing the royal river*. London: Artists' and Photographers' Press, 2009, p. 61.

Tais dificuldades levaram os engenheiros a encontrarem uma solução para os problemas defrontados, uma nova tipologia de ponte então surgira: a Ponte Tubular. Esta, por sua vez, tinha como principal material estrutural placas de ferro forjado. A concepção da referida estrutura em forma retangular com placas de ferro somente se tornou possível em vista da introdução de inovações na indústria, que permitiu, portanto, elevada produtividade, aumento da qualidade e barateamento do produto (Fig. 4 e 5).

Figura 4 – Ponte Tubular sobre o estreito de Menai

Fonte: TOMLINSON, Charles. *Cyclopaedia of useful arts* (London, 1868), 1: 242 *apud* ROSENBERG, Nathan; VICENTI, Walter G. *The Britannia Bridge: the generation and diffusion of technological knowledge*. Cambridge: MIT Press, 1978, p. 10.

Figura 5 – Trabalhadores em processo de fabricação da *Britannia tube*

Fonte: SMILES, S. *The life of George Stephenson and his son Robert Stephenson*, rev. ed. (New York, 1868), p. 450 *apud apud* ROSENBERG, Nathan; VICENTI, Walter G. *The Britannia Bridge: the generation and diffusion of technological knowledge*. Cambridge: MIT Press, 1978, p. 41.

Desconhecia-se à época a resistência estrutural do ferro forjado e o comportamento desta em estrutura de ponte. Diante disso, Rosenberg e Vicenti postulam o seguinte axioma: os conhecimentos da Engenharia não necessariamente requerem ou mesmo implicam em teorias:

> A maneira como o conhecimento exigido foi obtido é interessante mas por outra razão. Há uma ampla tendência em abordar a tecnologia como um processo que envolve essencialmente a aplicação do conhecimento derivado da ciência. Acreditamos que essa abordagem

como modelo da atividade de engenharia é extremamente deficiente em diferentes níves e intentamos tratar essas deficiências. Para tanto, no caso da Britannia Bridge o que está claro é que grande parte do conhecimento requerido não preexistia e tivera de ser produzido no local. Em outros termos, o trabalho do engenheiro civil envolveu não a aplicação de conhecimento teórico existente, mas foi realizado pelo *design* e desenvolvimento de técnicas através de investigações experimentais e do conhecimento empírico, onde o conhecimento teórico não estava e nem poderia estar disponivel. (...) Um ponto adicional redimensiona o trabalho prático dos engenheiros para além da interface entre a disciplina profissional e o domínio da investigação científica: os engenheiros se dedicam a atividade de *design*, na qual eles estão sujeitos a restrições de pouco interesse para os cientistas. Por exemplo, os engenheiros estão necessariamente envolvidos com as condições financeiras e seus trabalhos, nesse aspecto, estão mais relacionados com a economia do que com as ciências físicas. As atividades dos engenheiros também estão atreladas à otimização das atividades que não são de especial relevância para os cientistas: maximização da perfomance de algum componente, minimização da quantidade de material em uma estrutura, redesenhar um processo para substituir um material mais barato por outro mais caro, e assim por diante. (ROSENBERG; VICENTI, 1978, p. 71-73)[5]

5 "The manner in which the requisite knowledge was acquired is interesting for another reason. There is a widespread tendency to regard technology as involving essentially the application of knowledge derived from science. We believe that such a model of engineering activity is seriously deficient on a variety of grounds, and we intend to deal with these deficiencies at a future deal. For present purposes, however, what is clear is that, in the case of Britannia Bridge, much of the requisite knowledge did not preexist and had to be produced on the spot. In other words the work of the civil engineer involved not the application of existing theoretical knowledge but the design and development of techniques that provided, by means of experimental investigations, empirical knowledge where theoretical knowledge was not and could no readily be made available. (...) An additional point removes the work of practicing engineers even more from the interface between the professional discipline and the realm of scientific research: engineers are typically engaged in design activities in which they are subject to constraints of no particular interest to scientists. They are necessarily intensely concerned with financial considerations, for example, and their work in this respect is more clo-

Os autores propõem que o estudo de uma transformação tecnológica específica seja capaz de englobar as diversas interações e apontar a mudança de velhos produtos por novas técnicas. Além disso, argumentam que o conhecimento adquirido na construção da Ponte Tubular foi transferido para outros setores como a construção de navios e guindastes (Fig. 6). Em outros termos, o enfoque de uma mudança tecnológica, por exemplo, o caso da edificação da Ponte Tubular, permite examinar dois aspectos que se tornaram específicos nas sociedades industriais: 1) a ampliação do impacto; 2) a interação com diversos setores produtivos.

No âmbito das técnicas a Ponte Tubular apresentava inovações em relação às pontes em arco e suspensa:[6]

> As pontes de grandes vãos, anteriormente construídas, eram do tipo suspensa ou arco. Ambas exercem forças horizontais e verticais nos seus suportes extremos. Os tubos dessa ponte agiriam como vigas (ou suporte da estrutura), sob os quais atuariam apenas as forças verticais nos suportes. Este aspecto, ao contrário das outras duas, foi uma simplificação. Embora as vigas de ferro fundido estivessem sendo utilizadas em várias aplicações, as vigas de ferro forjado alcançaram apenas um uso limitado, principalmente na construção naval. A *Britannia Bridge* seria construída com essa nova estrutura material. Experiência com feixes fundido e ferro forjado foram limitados a secções transversais de forma I ou T (com um único elemento vertical). Além disso, este e os outros elementos da secção transversal tendiam a ser espessos e pesados. A *Britannia Bridge* seria tubular – com uma secção transversal fechada, como num tubo – e as paredes do tubo seriam finas. (ROSENBERG; VINCENTI, 1978, p. 12).[7]

sely related to economics than to the physical sciences. They are also concerned with optimizing activities that are of no special relevance to the scientist: maximizing the performance characteristics of some component, minimizing the amount of material in a structure, redesigning a process to substitute a cheaper material for a more expensive one, and so forth." (ROSENBERG; VICENTI, 1978, p. 71-73).

6 O vão central da ponte Tubular sobre o estreito de Menai compreendia 140 metros e os outros vãos 70 metros.

7 "Previously built long-span bridges had been of the suspension or arch type, both of

A argumentação dos autores pressupõe nexo causal entre a expansão ferroviária, o aparecimento de problemas no âmbito da engenharia construtiva de pontes e a solução mediada pelos engenheiros através da opção da Ponte Tubular. A perspectiva adotada valoriza a percepção dos efeitos diretos e indiretos da utilização de ferro forjado na construção da dita ponte. Aponta-se que as investigações no campo da Engenharia realizada pelos construtores da Ponte Tubular permitiram maior conhecimento sobre a resistência do ferro forjado como elemento construtivo de vigas e colunas. A referida contribuição representou uma mudança na seleção do material de estruturas em obras de engenharia: a passagem do ferro fundido para o ferro forjado.

Os autores defendem que, embora o *design* da Ponte Tubular tenha alcançado inexpressivo resultado referente à sua aplicação comercial, os benefícios sociais provenientes do conhecimento técnico adquirido e proporcionado a partir da dita ponte foram amplamente disseminados no século XIX.

---

which exert horizont as well as vertical forces at their end supports. The tubes of this bridge would act as simple beams (or girders), which exert only vertical forces on the supports. This aspect, unlike the other two, was a simplification. Although cast-iron beams were being used considerably in various applications, wrought-iron beams had attained only limited utility, mostly in shipbuilding. The Britannia Bridge would be built of this relatively new structural material. Experience with beams of both cast and wrought iron had been limited to cross-sections of I or T shape (with a single vertical element). Moreover this and the other elements of the cross-section tended to be thick and heavy. The Britannia Bridge would be tubular – with a closed cross--section, as in a pipe –and the walls of the tube would be thin." (ROSENBERG; VINCENTI, 1978, p. 12).

Figura 6 – Guindaste Tubular

Fonte: FAIRBAIRN, William. *Useful information for engineers*, Second Series, 2 ed. (London, 1867), p. 151 *apud* ROSENBERG, Nathan; VICENTI, Walter G. *The Britannia Bridge: the generation and diffusion of technological knowledge*. Cambridge: MIT Press, 1978, p. 50.

Fazendo referência à obra de Nathan Rosenberg e Vincenti, Gregory K. Dreicer, em *Building bridges and boundaries. The Lattice and the Tube, 1820-1860*, ressalta-se a interação ocorrida entre o processo de criação do modelo da ponte Tubular e a estrutura Lattice já desenvolvida na construção de pontes nos Estados Unidos.

A estrutura Lattice se caracterizava pelo emprego de ferro e madeira em sua construção, a possibilidade de erguimento de extenso vão e também se diferenciava do modelo construtivo de pontes em arco e suspensa (Fig. 7). A primeira patente da ponte Lattice foi registrada em 1820 por Ithiel Town e, em seguida, outra patente no ano de 1835 também foi inscrita pelo mesmo. Segundo Dreicer, a ponte Lattice tornou-se uma estrutura com alto grau de disseminação entre os engenheiros em França, Irlanda, Prussia, Holanda e Inglaterra nas décadas de 1830 e 1840. Para Gregory K. Dreicer, a história da ponte Lattice e Tubular iluminam um momento chave da engenharia e dos materiais: a emergência de distintas culturas nacionais de engenharia, ou seja, o processo de surgimento de fronteiras identitárias na Engenharia. Atrelado a isso estava a tentativa de forjar os respectivos heróis nacionais e inventores:

> (...) a identidade tubular representava poder, reputação e interesses comerciais de seus criadores. O status de Stephenson era uma questão de importância nacional. Ele, junto com seu pai, pioneiro da ferrovia, George Stephenson, eram (e são) figuras da engenharia britânica e da indústria. Como um herói nacional, "um membro do Parlamento Inglês e poderosamente rico", nas palavras respeitosas de engenheiro August Perdonnet, Stephenson tinha que permanecer contra os gigantes tecnológicos de outras nações. Seu tubo era um símbolo nacional. (DREICER, 2010, p. 158)[8]

Gregory K. Dreicer sustenta que as duas pontes (Lattice e Tubular) representam um caso emblemático de colaboração "multinacional" para o processo de invenção. Para tanto, demonstra que o engenheiro inglês Robert Stephenson buscava desqualificar a Ponte Lattice como categoria construtiva de ponte para longos vãos, considerando-a obsoleta, inflamável e atrasada em vista que a dita ponte empregava madeira nos processos construtivos. O engenheiro inglês intencionava valorizar a Ponte Tubular e desconhecer qualquer contribuição da Ponte Lattice:

8 "(...) the tubular identity was a function of the power, reputation, and business interests of its creators. Stephenson's status was a national matter. He, along with his father, railroad pioneer George Stephenson, were (and are) figureheads of British engineering and industry. As a national hero, "a member of English parliament and powerfully rich," in the respectful words of engineer August Perdonnet, Stephenson had to stand against the technological giants of other nations. His tube was a national symbol." (DREICER, 2010, p. 158).

> Os historiadores têm compartilhado a experiência construtiva dos engenheiros tubulares, tornando a transição da madeira para o ferro – e depois, do ferro para o aço – a espinha dorsal do conto evolutivo do progresso tecnológico e da superioridade do ocidente. *Designers* metálicos foram adotados em pontes, como em navios, relógios, maçanetas e na construção de aviões. Porém, a madeira desempenhou um papel fundamental no desenvolvimento do *design* estrutural e dos métodos industriais de construção, mesmo após o metal se tornar padrão.
>
> No entanto, há um fosso entre a representação da madeira e a sua importância real. Pontes com vigas de madeira continham toneladas de componentes em ferro – tais como parafusos, correias, e hastes de suspensão – mas Stephenson e Brunel empregaram o termo "lattice wooden" para enfatizar seu atraso. Quando Clark afirmou que a "novidade no tubo consiste em seu feixe construído", ele desvinculou a novidade das inúmeras pontes de madeira construídas com feixes (wooden-beam). Como as classificações que se propõem a representar a pureza racial, a designação de "ponte de madeira" se refere a um tipo homogêneo ideal, não a realidade de uma composição mista. A madeira, além disso, tinha uma conotação nacional: cronistas da tecnologia representavam a madeira como abundante nos EUA e a construção em madeira como sendo particularmente americana. (*Ibidem*, 2010, p. 155)[9]

9 "Historians have shared the construction task of the tubular engineers by making the transition from wood to iron—and later, from iron to steel—the backbone of the evolutionary tale of technological progress and the superiority of the West. Designers adopted metal for bridges, as they did in ship, clock, doorknob, and airplane construction. But wood played a fundamental role in the development of structural design and industrial methods of construction, and wood continued to be used after metal became the standard. There is a gap between the portrayal of wood and its actual role, however. Wooden-beam bridges contained tons of iron—critical components such as bolts, straps, and suspension rods that held them together—but Stephenson and Brunel called the lattice "wooden" in order to emphasize its backwardness. When Clark stated that the "novelty in the tube consists of its being a constructed beam," he dismissed the earlier novelty of innumerable constructed wooden-beam bridges. Like classifications purporting to represent racial purity, the "wooden bridge" designation referred to an

Portanto, o estudo de Gregory K. Dreicer enfoca o quão ilusório é o caráter da crença de uma tecnologia local ou estrangeira. As narrativas de transferência de tecnologia transmitem a inexata ideia de que os indivíduos situados e inseridos em uma "cultura nacional" desenvolvem seus processos inventivos, que posteriormente se disseminam dos indivíduos para outras nações.[10]

Se por um lado, Dreicer sublinha as falhas em abordagens que privilegiem uma noção de fronteira nacional em processos de invenção e/ou aperfeiçoamento tecnológico, por outro, Rosenberg e Vicenti afirmam que a seleção dos eventos pelos historiadores não deve restringir-se aos episódios que resultaram na produção de invenções que mais tarde provaram ser de grande importância. Isto é, defendem uma mudança no processo de seleção do objeto histórico, propondo que as investigações devem lançar luz sobre contribuições tecnológicas que permitiram o crescimento de *stock of knowledge* para tornar determinadas invenções possíveis.

Apesar das diferenças, ambos os estudos apresentam uma singular atenção para a circulação do processo tecnológico presente na edificação de pontes no segundo quartel do século XIX, tendo em conta os seguintes elementos: a viabilidade técnica (invento), a exequibilidade comercial (inovação) e a subsequente difusão.

Em Minas Gerais, iniciou-se nas décadas de 1850 e 1860 a construção de pontes que utilizaram o sistema construtivo Lattice. Essas pontes adquiriram entre os engenheiros da província de Minas Gerais a denominação técnica de *Systema Americano*. Os processos de edificação e conservação das pontes em *Systema Americano* serão analisados no terceiro capítulo, conjuntamente com a tentativa de construção de uma ponte pênsil na província de Minas Gerais.

---

ideal homogenous type, not the reality of a mixed composition. Wood, moreover, had a national connotation: technology's chroniclers have presented wood as plentiful in the U.S. and wooden construction as particularly American." (*Ibidem*, 2010, p. 155).

10 Segundo George Basalla, o nacionalismo do século XIX "desempenhou um papel relevante na defesa da teoria de que o desenvolvimento tecnológico era descontínuo" (BASALLA, 2001, p. 62). A exacerbação da descontinuidade tecnológica oculta a presença de artefatos antecedentes e tornam os inventores heróis, além de estabelecerem uma relação confusa entre mudança tecnológica e mudança socioeconômica. Cf. BASALLA, George. A *Evolução da Tecnologia*. Porto: Porto Editora, 2001.

Figura 7 – Perfil das treliças de sustentação da Ponte Lattice

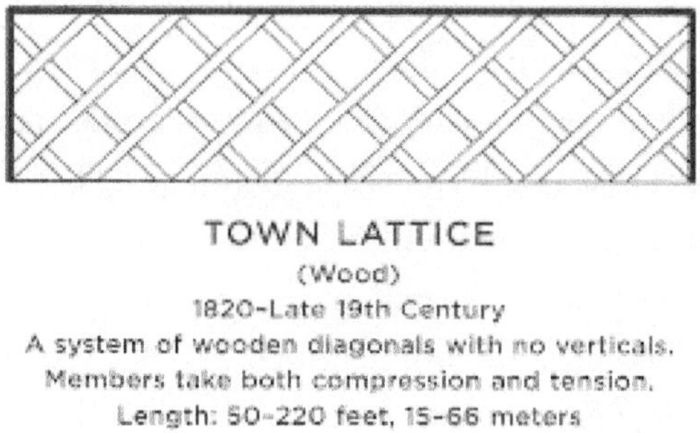

Fonte: GARDNER, Denis P. *Wood, concrete, stone and steel: Minnesota's historic bridges*. Minnesota: University of Minnesota Press, 2008, p. XIII.

Em relação às construções de estradas no século XIX, a historiografia apresenta-se escassa. Poucas obras versam sobre o assunto. Essas quando se debruçam sobre o tema realizam uma investigação superficial e com poucas contribuições no âmbito das técnicas e da economia dos transportes.

As considerações sobre a construção de estradas no Brasil direcionam-se, mormente, para as estradas edificadas que utilizaram a técnica desenvolvida por John McAdam. O uso da referida técnica em estradas do século XIX no Brasil é extensamente citada em diversos trabalhos, como veremos a seguir.

Esboça-se um quadro sombrio das estradas no século XIX, enfatizando particularmente a ineficiência das mesmas. Menciona-se um quadro esparso de estradas em todo o Brasil, citando-as como esforços isolados e com delimitado impacto como, por exemplo, a Estrada Normal da Serra da Estrela na província do Rio de Janeiro, a Estrada União e Indústria em Minas Gerais, a Estrada do Caxangá em Recife, a Estrada da Maioridade em São Paulo e a Estrada Graciosa em Santa Catarina (PRADO JR., 1970, p. 196; REIS, 2000, p. 94).

Em outro trabalho Moacir Silva, em *Kilometro Zero. Caminhos antigos – estradas modernas* (1934) e *Geografia dos transportes no Brasil* (1949), declara a existência de estradas carroçáveis que substituíram os caminhos antigos do século XVIII e que prestaram serviços "às várias regiões do país até o advento das ferrovias" (SILVA, 1949, p. 73). Surgem breves ponderações sobre a Estrada do Comércio, a Estrada União e Indústria, a Estrada Dona Francisca, a Estrada Graciosa e a Estrada do Pé-Leve. Ora, as informações sobre as referidas estradas formulam assertivas sobre o traçado, a extensão, número de pontes e, em outros, sobre a duração das viagens e das marchas (*Ibidem* 1949, p. 73-91).

Embora a obra de Moacir Silva (1949) tenha por objetivo analisar os aspectos do sistema de comunicação do Brasil em face do meio físico; às divisões territoriais do século XX; a produção de mercadorias, privilegiando uma ideia de ciclos econômicos, e em face do aspecto de interiorização dos transportes (*Idem*, p. VII/VIII), evidencia-se a ausência de uma abordagem sobre o processo construtivo das estradas. Por outro lado, nota-se, em *Kilometro zero. Caminhos antigos-estradas modernas*, uma breve passagem sobre as modificações técnicas introduzidas na construção da Estrada União e Indústria no trecho entre Petropólis e Juiz de Fora (6 metros de largura, valetas laterais de alvenaria, revestimento de pedra britada, comprimida e ensaibrada, rampas máximas de 5% e raios de curvas amplos) (SILVA, 1934, p. 106).

No que se refere às estradas edificadas em Minas Gerais pouco se conhece para além da reiterada importância da Estrada União e Indústria. Um dos contributos historiográficos que permitem avançar em considerações sobre a evolução das vias de comunicação em Minas Gerais no século XIX é o estudo de Demerval José Pimenta (1971). Intitulada *Caminhos de Minas Gerais*, a dita obra perpassa os séculos XVIII e XIX, tendo como foco analisar a integração de Minas Gerais através dos transportes. Prevalece uma abordagem, na qual se associam aspectos administrativos, políticos e econômicos, assim como uma trajetória temporal linear da infra-estrutura viária. É neste sentido que atenta para a formulação de três planos viários empreendidos na província de Minas Gerais concernentes aos anos de 1835, 1864 e 1871.[11] Além disso, trata da participação dos engenheiros Bruno Von Sperling, De la Martinière, Fernando Halfeld e Rosele Du Varnay para o alinhamento de estradas e proposições de traçados (PI-

11 Sobre os três planos viários da província de Minas Gerais, ver: GODOY, Marcelo Magalhães; BARBOSA, Lidiany Silva. "Uma outra modernização: transportes em uma província não exportadora – Minas Gerais, 1850-1870". *Economia e Sociedade*, Campinas, v. 17, n. 2, p. 340-345, 2008.

MENTA, 1971, p. 53).[12] Deste modo, a obra tangencia pontos relativos às técnicas construtivas de estradas como, por exemplo, a declividade, a necessidade de muros de arrimo, a construção de bueiros e valas laterais para o escoamento das águas pluviais. Observa-se que o autor privilegia os processos construtivos de duas estradas: 1) Estrada do Paraibuna ou da Corte (*Ibidem*, 1971, p. 43-68)[13]; 2) Estrada União e Indústria (*Ibidem*, 1971, p. 68-73). Entretanto, ao destacar tanto os três planos viários quanto a construção da Estrada da Corte e da Estrada União e Indústria, utiliza-se, preponderantemente, os dados contidos nas leis promulgadas pela província, ou seja, a perspectiva adotada enfoca em demasia a estrutura normativa da província, estando ausente das proposições do autor uma investigação dos usos e da apropriação da norma que, de fato, tornam o ato jurídico em práticas sociais.

Os enfoques sobre o empreendimento de construção da Estrada União e Indústria têm como tendência dois aspectos: 1) tratá-la como esforço representativo de uma tentativa isolada em erguer uma estrada com a adoção da técnica macadam singular à época (VARGAS, In: MOTOYAMA, 1994, p. 139-140; GUIMARÃES, 1916, p. 3); 2) considerá-la e exaltá-la como um investimento empresarial *sui generis*, construindo uma imagem glorificada de Mariano Procópio Ferreira Lage como mentor intelectual e político do projeto da União e Indústria (SILVA, 1934, p. 104-105; ESTEVES, 1921, p. 127-141):

> Mariano Procopio não foi apenas o abridor da estrada União e Industria. Foi muito mais que isso. Em primeiro logar o remodelador da viação rural brasileira, nos moldes mais adeantados paizes do mundo (...). (...) A ex-União e Industria não era apenas uma estrada – era mais do que isso – a solução de difficeis problemas de vida e morte

12 Provavelmente, Demerval José Pimenta (1971) comete um equívoco em relação ao nome do engenheiro Rosele Du Varnay, sendo a grafia correta Rosele Du Vernay.

13 A denominação estrada do Paraibuna prevalece até 1853. A partir da referida data, em vista da concessão dada pelo governo provincial ao empreendedor Mariano Procópio, a antiga estrada do Paraibuna até a cidade de Barbacena passa para o controle da Companhia União e Indústria, sendo denominada estrada União e Indústria. Em 1864, com a estrada União e Indústria foi encampada pelo Estado e o referido trecho viário retornou para a tutela do governo mineiro, tendo o trecho da divisa de Minas com o Rio de Janeiro até cidade de Ouro Preto a designação de estrada da Corte.

> para o Império, cuja expansão estava trancada a sete chaves, por escassez de numerário que integrasse a Minas toda a energia de que eram capazes os seus filhos (...). (ESTEVES,1921, p. 130)

A implicação das assertivas destes trabalhos sobre as estradas no Brasil oitocentista é clara: considera-se que pouco se realizou em termos de construção e de conservação das mesmas. Como extensão direta desta conclusão se estende uma percepção da incapacidade de ações de aperfeiçoamento das vias terrestres para além daquelas que foram capazes de adotar a técnica construtiva denominada madacam:

> Pelo final do século XIX, todo o país tinha apenas cerca de 400 km de estradas de rodagem que pudessem merecer esse nome (União e Indústria, Graciosa, Santa Cruz, Vergueiro, e pouco mais), e, mesmo assim, com pouca conservação ou quase abandonadas. (TELLES, 1994, p. 221)

Em uma abordagem recente sobre a União e Indústria, Patrícia Falco Genovez (1998) analisa a inauguração, em 1861, da Estrada como manifestação do poder do Estado Monárquico. Sob essa perspectiva, visa compreender as características políticas do Império a partir do imponente rito de inauguração da estrada, que contou com a presença de D. Pedro II. Para tanto, atenta para as relações do poder político com a sociedade juiz-forana, o jogo simbólico da política através da concessão de títulos de nobreza e a função de D. Pedro II como elo de união entre o Império e a região: "no discurso dos vereadores (...) fez-se menção à importância da figura imperial servindo de elo entre o progresso e a prosperidade reinantes na Corte e a região atrasada e ainda puramente agrícola" (GENOVEZ, 1998, p. 166). Não obstante a opção de uma perspectiva política para a compreensão da Estrada União e Indústria, Genovez enfatiza os limitados efeitos econômicos da Estrada União e Indústria, a incapacidade desta em promover o desenvolvimento industrial esperado e os constantes déficits que comprometeram o funcionamento da companhia (*Ibidem*, 1998, p. 62).

Alia-se a falta de interesse historiográfico pelas construções de estradas, o fato de que entre a última década do século XVIII e a primeira metade do século XIX apenas duas obras relativas aos métodos construtivos de estradas foram editadas em língua portuguesa (MATOS, 1980, p. 236).[14]

Com o objetivo de contribuir para o debate historiográfico e atenuar a lacuna acerca das edificações de estradas no século XIX, foram selecionadas para análise as duas obras relativas às técnicas construtivas: 1) *Methodo para construir as estradas em Portugal,* cuja publicação é de 1790 e a autoria remete à Joze Diogo Mascarenhas Netto; 2) *Odologia dos Engenheiros Constructores ou Guia para a Construção e Conservação das Estradas em Portugal e no Brasil,* publicada, em Lisboa, no ano de 1843, de autoria de Barão de Eschwege. As respectivas obras assumem um caráter singular em vista da ausência de manuais escritos em língua portuguesa durante o processo de formalização da Engenharia no século XIX. Ambas permitem a identificação das técnicas construtivas de estradas, assim como a investigação das correlações entre a construção de estradas e a circulação de bens e pessoas.

No capítulo 2 é que serão aprofundadas as questões relativas às duas obras citadas. Conquanto seja, por ora, cabível reafirmar que a historiografia social e econômica pouco conhece acerca dos modos de conservação, projeção, construção e das diferentes técnicas construtivas de estradas existentes no século XIX (fig. 8). Cabe reproduzir uma passagem crítica do Barão de Eschewege à adoção da técnica desenvolvida por John MacAdam:

14 O primeiro manual de Engenharia em português e associado ao ensino militar é atribuído à Manuel de Azevedo Fortes (1660-1749) intitulado "O Engenheiro Português (1728)", no qual divulgava um projeto de reforma do ensino da Engenharia Militar, valorizava a racionalidade técnica e científica e idealizava uma unidade formativa entre ciência e ação. Cf. BERNARDO, Luís Manuel. *O projecto cultural de Manuel de Azevedo Fortes. Um caso da recepção do cartesianismo na ilustração portuguesa.* Lisboa: Imprensa Nacional-Casa da Moeda, 2005. Ressalta-se que segundo Beatriz Piccoloto S. Bueno: "(...) inexistia o vocábulo 'engenharia' nos tratados de Azevedo Fortes e precedentes, na medida em que esta só se definiu, na França, a partir da criação do 'Corps des Ponts et Chaussées' (1716) e da 'Ecole des Ponts et Chaussées' (1747) que consagrou a figura do engenheiro civil, em contraste com o militar e os dissociou do âmbito da Arquitetura. Em Azevedo Fortes, toda menção à profissão do engenheiro aparece expressa por 'Architetura Militar'. Também as 'Academias Militares' aparecem denominadas como 'Aula de Fortificação e Architetura', 'Aulas Militares', 'Academias Militares', etc" (BUENO, 2001, p. 275).

> Todos os autores que tem tratado da construcção de estradas, recommendão as convexas ou abauldas, para se não poder ajuntar agua na sua superfície, a qual penetra no interior e destroe o nexo das partes constituintes do material da estrada. A convexidade he pois util não passando de certos limites. Mack-Adam não admitte convexidade alguma, dizendo que os carros de transporte que carregão grandes pesos, causao maior ruina nas estradas convexas, (por não estar, num plano inclinado, o peso da carga igualmente repartido sobre as rodas) do que todas as águas que possao ficar estagnadas nas estradas planas, Mack-Adam, que tambem não admitte solido nas estradas, exagera igualmente sobre este ponto (...). (...)
> O ingles Mack-Adam, como já dissemos, despreza inteiramente este methodo, e dá o seu como invenção nova e mais vantajosa, posto que fosse executado na Alemanha, principalmente nas Provincias Rhemanas, muito antes de Mack-Adam se occupar na construcção de estradas, como se pode ver nas obras de Wesermann e Schemerel. Mas como as chamadas invenções inglesas são logo publicadas e acreditadas, achou este methodo muitos apaixonados, para o que contribuiu muito a sua simplicidade, pois basta estender um pouco de cascalho n'um caminho ligeiramente preparado para isso, e está prompta a estrada mack-adamisada. Com tudo a experiência tem mostrado a pouca solidez de semelhantes estradas principalmente nos terrenos soltos e alagadiços, nos quaes o cascalho se entranha cada vez mais nas terras de pouca consistência, de sorte que sendo necessario levantar a estrada com camada nova de cascalho, adquire por fim um corpo de cascalho tão grosso que com elle se poderião construir e cobrir tres estradas. O methodo de Mack-Adam, que à primeira vista parece o mais barato, vem a ser o mais caro applicando-se em terreno impróprio para isso; e por esse motivo tem sido necessario construir de novo estradas feitas por Mack-Adam: estradas mui frequentadas, que tinhão uma camada de cascalho de 6 pollegadas de grossura se arruinarão no espaço d'um anno. (ESCHWEGE, 1843, p. 17 e 24)

Ao longo do século XIX, pontes e estradas requereram a presença de aptidões mecânicas e intelectuais adequadas para as edificações das mesmas. Em

Minas Gerais, a variação temporal tanto de crescimento quanto de decréscimo quantitativo dos processos construtivos de pontes e estradas evidenciados nos gráficos 2, 3 e 4 se relaciona com diversos fatores. Dentre estes, podemos afirmar que está a habilidade e o número de engenheiros empregados na província de Minas Gerais e, consequentemente, o aumento das atividades inerentes à construção, reparo e conservação de pontes e estradas: abertura de valetas laterais e bueiros para o escoamento das águas, cálculos de aterros e desaterros, estabelecimento de traçados, construção de muros, elaboração de plantas, seleção dos recursos materiais adequados para a construção, projeção orçamentária, fiscalização de obras, usos de instrumentos científicos etc.

Os processos construtivos de pontes e estradas permitem compreender o dinamismo econômico de Minas Gerais e das técnicas construtivas de pontes e estradas. Embora seja possível evidenciar transformações significativas no âmbito da infraestrutura viária do século XIX, por exemplo, a navegação a vapor, as ferrovias, a invenção do macadam para estradas, tenciona-se evitar um enfoque que valoriza a novidade (inovação) e uma análise linear e descontínua das técnicas de pontes e estradas (EDGERTON, 2010).[15]

---

15 No âmbito da economia, enfatiza-se a natureza descontínua do progresso técnico (ROSENBERG, 2006, p. 20): "Para a economia e a história econômica, é tão conhecida quanto óbvia a importância da distinção entre invenção / inovação, difusão. No entanto, na história econômica a tradição dominante para pensar a tecnologia tem inclinação schumpeteriana e, portanto, muito centrada na inovação (...)" (EDGERTON, 2010, p. 689). Segundo Shumpeter, a inovação realiza-se através de novas combinações. Estas revelam as grandes cisões e mudanças. Ressalta as seguintes combinações: 1) introdução de um novo bem (ou seja, um bem com que consumidores não estão familiarizados ou de uma nova qualidade de um bem); 2) introdução de um novo método de produção, ou seja, um método que ainda não tenha sido testado pela experiência no ramo próprio da indústria de transformação, que de modo algum precisa ser baseada numa descoberta científica nova, e pode consistir também em nova maneira de manejar comercialmente uma mercadoria; 3) a abertura de um novo mercado, ou seja, de um mercado em que o ramo particular da indústria de transformação do país em questão não tenha ainda entrado, que esse mercado tenha existido antes ou não; 4) conquista de uma nova fonte de oferta de matérias-primas ou de bens semimanufaturados; 5) estabelecimento de uma nova organização que qualquer indústria, como a criação de uma posição de monopólio ou a fragmentação de uma posição de monopólio (SHUMPETER, 1982, p. 48-49). Além disso, para Shumpeter a lógica econômica prevalece sobre a tecnologia, posto que o ideal tecnológico que não leva em conta as condições

Figura 8 – Perfil de métodos construtivos de estradas

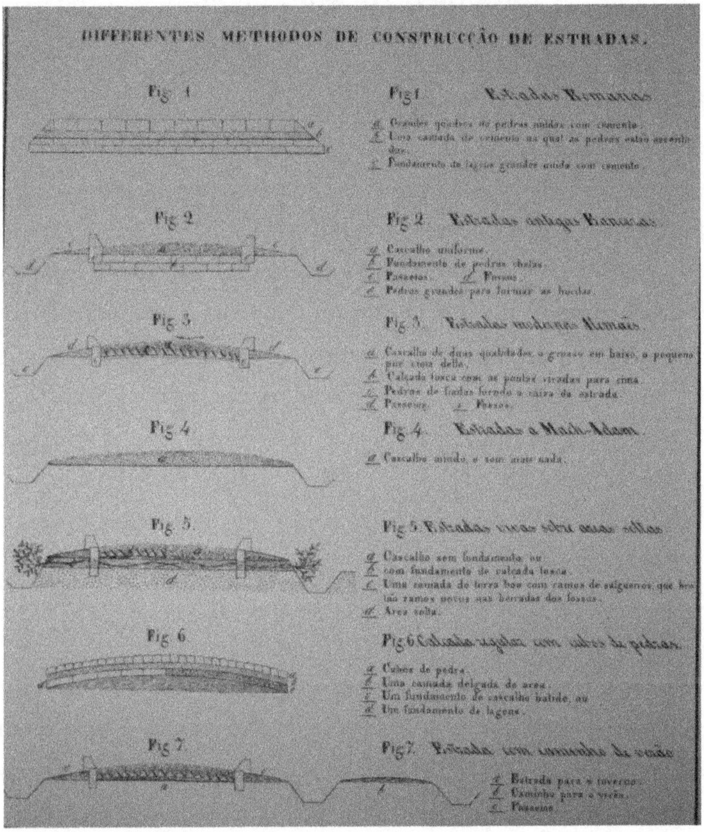

Fonte: ESCHWEGE, Barão d'. *Odologia dos engenheiros constructores ou guia para a construção e conservação das estradas em Portugal e no Brasil*. Lisboa : Typ. da Sociedade Propagadora dos conhecimentos Úteis, 1843.

---

econômicas é modificado: "O objetivo da produção tecnológica é na verdade determinado pelo sistema econômico; a tecnologia só desenvolve métodos produtivos para bens procurados" (SHUMPETER, 1982, p. 16). O autor manifesta, ainda, a crença de que o motor do capitalismo reside no processo inovador. O interesse pela mudança tecnológica como contribuinte para o crescimento econômico resultou no desenvolvimento de duas áreas de investigação: 1) "intentar cuantificar la contribución del cambio tecnológico en el aumento de productividad de recursos a largo plazo"; 2) "intentar estudiar la rapidez con la que los nuevos inventos, una vez realizados, se difundían a través de la economia, ya que claramente los inventos ejercen un impacto sobre la productividad de los recursos solo en la medida em que son de verdad adoptados en el proceso de producción" (ROSENBERG, 1979, p. 285).

Da economia à engenharia: engenheiros na administração da província de Minas Gerais

A economia oitocentista de Minas Gerais tornou-se objeto de estudo de historiadores econômicos e sociais, sobretudo, a partir da década de 1980. Nessa década, iniciou-se um forte revisionismo historiográfico, que teve como ponto de partida o questionamento da tese da decadência econômica de Minas Gerais no século XIX após o fim do "ciclo econômico" do ouro.

É com a publicação de *A economia escravista de Minas Gerais no século XIX* (1980), de Roberto Borges Martins, que se inicia uma significativa reconsideração acerca da dinâmica demográfica e econômica de Minas Gerais. Em seu artigo, Martins descreve a economia mineira como um caso *sui generis* e paradoxal, uma vez que possuía uma alta capacidade de importação líquida de escravos e a economia se pautava pela presença de unidades agrícolas diversificadas, produzindo para o auto-consumo e para a venda em mercados locais. Em Minas, segundo Martins, a economia de exportação, seja a *plantation* agroexportadora ou a mineração, pouco impacto produziu na vida econômica e demográfica.

Para o autor, a monocultura agroexportadora do café era um enclave econômico, fenômeno restrito geograficamente a região da Mata, e com pouco efeito na vida econômica e no comportamento demográfico da escravidão:[16]

---

16 Roberto Martins, em outro trabalho da década de 1990, apresenta uma reconsideração em relação aos efeitos do setor minerador na economia oitocentista de Minas Gerais e reconhece o caráter lacunar de seus trabalhos anteriores: "Nos anos que se seguiram à Independência, a província entrou no seu segundo ciclo do ouro, com o surgimento da primeira geração de companhias inglesas de mineração. Além disso, pesquisas mais recentes têm indicado que o setor aurífero nacional, embora muito menor que no século XVIII, não havia sido reduzido à faiscagem e, manteve, pelo menos até os anos 1850, um nível de atividade e de emprego maior do que havíamos suposto em nossos trabalhos anteriores. No seu conjunto, o setor produtor de ouro parece ter mantido, com sua demanda direta por mão-de-obra e, sobretudo, com a compra de insumos em sua área de influência, um emprego de trabalho cativo algo superior ao que anteriormente supúnhamos" (MARTINS, 1996, p. 109). Cf. MARTINS, Roberto Borges. "Minas e o tráfico de escravos no século XIX, outra vez". In: SZMRECSÁNYI, Tamás; LAPA, José Roberto do Amaral (orgs). *História econômica da independência e do Império*. São Paulo: Hucitec, Fapesp, ABHE, 1996.

> Durante todo o século dezenove a mineração foi um setor de importância menor na economia provincial, especialmente no tocante à sua participação no emprego de escravos. (...) A região cafeeira foi, desde o início um enclave exportador que não teve praticamente nenhum impacto na vida econômica do resto da província. Ela era uma extensão da cafeicultura fluminense e todas as suas ligações eram com o mercado do Rio de Janeiro. (*Ibidem*, 1980, p. 3 e 33)

Para Martins, Minas Gerais conjugava elevado grau de isolamento, auto-suficiência e diversificação econômica. Portanto, o oposto de uma economia voltada para atividades de exportação:

> É portanto, perfeitamente razoável concluir que Minas Gerais importou mais de 400 mil escravos entre 1800-1873, em termos líquidos. Isso coloca a província na posição de maior importador de cativos no período dentre todas as províncias brasileiras, por larga margem. Se, como parece ter sido o caso, a maioria dessas importações ocorreu durante a vigência do tráfico internacional, dentre todas as regiões da América, Minas terá sido superada apenas por Cuba como local de destino dos africanos que cruzaram o Atlântico no século dezenove. (MARTINS, 1980, p. 26-27)

Destaca-se, portanto, a capacidade de unidades agrícolas voltadas para atividades internas em importar escravos. Estabelece-se uma associação entre escravidão e atividades internas, ao sustentar que Minas era o maior importador líquido de escravos do século XIX, com uma dinâmica econômica diversificada internamente e com alto grau de auto-suficiência. Ademais, o autor justifica a prolongada expansão e apego à escravidão em Minas Gerais ao fator Wakefield, ou seja, a existência de terras livres e um campesinato independente, que "implicava que o escravo continuava a ser a única alternativa para todos aqueles – cafeicultores ou não – que não se dispunham a ganhar a vida pelo suor de suas próprias costas" (*Ibidem*, 1980, p. 55).

Fazendo referência ao estudo de Roberto Martins, em artigo publicado pelos autores Wilson Cano e Francisco Vidal de Luna (1983 e 1984), procurarou-se destacar a seguinte contradição presente no estudo do autor: como uma região com baixo grau de mercantilização, em vista do seu caráter não--exportador, obteve "capital-dinheiro necessário para tal maciça importação de escravos, principalmente tendo-se em vista que, após 1856, a tendência dos preços dos escravos é fortemente crescente para todas as províncias do Brasil?" (CANO; LUNA, 2002, p. 36). Como alternativa para a superação da referida contradição, Cano e Luna sugerem a hipótese de reprodução natural de escravos em Minas Gerais, já que "no baixo grau de mercantilização, reside a explicação para o imenso plantel: a grande diminuição da taxa de exploração e o 'relaxamento' dos costumes (mestiçagem e 'casamentos') permitiriam o crescimento demográfico" (*Ibidem*, 2002, p. 43).[17]

Na mesma década, após a publicação dos estudos de Martins, o revisionismo histórico ganhou força com o surgimento de um importante artigo escrito por Robert W. Slenes (1983, 1985 e 1988).[18] Em seus trabalhos, o autor elabora um esboço interpretativo, no qual direciona-se para uma análise das atividades de exportação como o centro dinâmico da economia mineira. É, nessa medida, que afirma que a exportação e os seus efeitos multiplicadores foram os responsáveis pelo apego à escravidão no século XIX (SLENES, 1988, p. 452-453). Afirma, ainda, que a produção voltada para fora resultou em "um impacto sobre a economia interna que não é visível nos dados sobre a exportação" (*Ibi-*

17 Wilson Cano e Francisco Vidal de Luna publicaram, em 1983, a primeira versão de "A reprodução natural de escravos em Minas Gerais (século XIX): uma hipótese". *Cadernos do IFCH*, n° 10. Campinas, Instituto de Filosofia e Ciências Humanas, Unicamp, out., 1983. Em 1984, uma versão em espanhol também foi publicada: "La reprodución natural de esclavos en Minas Gerais: una hipotesis". *HISLA – Revista Latinoamericana de História Económica y Social*, n° IV. Lima, 1984.

18 Robert W. Slenes publicou, em 1985, nos Cadernos do IFCH-Unicamp. E, em 1988, com título quase homônimo, publicou na *Revista Estudos Econômicos*, como se observa, respectivamente: SLENES, Robert W. "Os múltiplos de porcos e diamantes: a economia escravista de Minas Gerais no século XIX". *Cadernos IFCH-Unicamp*, Campinas, n° 17, jun. 1985; SLENES, Robert W. "Os Múltiplos de Porcos e Diamantes: a economia escrava de Minas Gerais no Século XIX". *Estudos Econômicos*. São Paulo, v. 18, n. 3, 1988, p. 449-495. A primeira crítica elaborada por Slenes ao trabalho de Roberto Martins encontra-se publicada na *Hispanic America Review*. Cf. SLENES, Robert Wayne Andrew. "Comments on Slavery in a Nonexport Economy". *Hispanic American Historical Review*, v. 63:3, 1983, p. 569-581.

dem, 1988, p. 482). Diante disso, a economia mineira se apresenta com um importante grau de mercantilização e, consequentemente, com capacidade para a importação de escravos. Dois foram os fatores que contribuíram diretamente para a especificidade da economia mineira e o apego à escravidão em Minas no século XIX: 1- o alto custo dos transportes, que funcionavam como uma barreira protecionista, impedindo a importação de produtos e dinamizando as atividades internas; 2- os efeitos multiplicadores das exportações (exportação de mercadorias e de minérios preciosos) (*Ibidem*, 1988, p. 488):

> (...) o que importa para esta discussão não é a percentagem de trabalhadores diretamente engajada no setor de exportação, mas o tamanho do efeito multiplicador deste setor sobre o resto da economia. Ora, tudo indica que este efeito teria sido proporcionalmente maior em Minas do que em São Paulo ou Rio de Janeiro. Em grande parte de Minas os altos custos do transporte de mercadorias vindas do litoral funcionavam como tarifas protecionistas, permitindo que a agricultura e manufatura doméstica (de produtos metalúrgicos e pano de algodão, por exemplo) expandissem sua produção para o mercado a fim de atender à demanda do setor exportador e das atividades internas ligadas a este. (*Ibidem*, 1988, p. 485)

Em conjunto, os trabalhos de Slenes e Martins mostram que a província de Minas Gerais gozava de um contingente de escravos, que, ao longo do século XIX, apresentou tendência demográfica de crescimento. Os debates entre Martins e Slenes tiveram considerável importância, pois ficava patente tanto a existência de uma economia vicinal e diversificada internamente como a presença de atividades agrícolas e minerais que se dedicavam à exportação.

Os méritos dos avanços da historiografia em relação à economia e demografia residem no conjunto de fontes levantadas, e que demonstravam a larga vigência da escravidão e a singular presença da diversificação das atividades econômicas em Minas Gerais.

Perante tais argumentos, a velha tese da incapacidade produtiva e da decadência de Minas Gerais no século XIX se via destituída de sentido (FURTADO, 1980).

Também na década de 1980, os trabalhos de Douglas Cole Libby contribuíram para os debates historiográficos. Em 1984, em obra intitulada *Trabalho escravo e capital estrangeiro no Brasil: o caso de Morro Velho*, o autor procurou avaliar o impacto do empreendimento aurífero efetuado pela Companhia Britânica St. John d'El Rey em Minas Gerais. Através deste estudo de caso, Libby (1984) revelou o uso de escravos em atividades não-agrícolas e a alta rentabilidade financeira da empresa St. John del Rei. Sua obra foi fundamental para o debate sobre a questão da compatibilidade do trabalho escravo com o progresso técnico-industrial, bem como as relações entre a economia regional e a empresa britânica de mineração "dotada de uma organização administrativa lógica e racional" (LIBBY, 1984, p. 78):

> Durante os 51 anos de plena operação, a Companhia St. John d'El Rey realizou lucros no total de £ 1.667.819, e no mesmo período os dividendos proporcionados aos acionistas da Companhia alcançaram £ 1.454.475. Segundo nossos cálculos, a taxa média do rendimento anual de 1835 a 1886 foi de aproximadamente 18%. (*Ibidem*, 1984, p. 33)

Libby ainda afirma que a empresa St. John, ao utilizar-se do mercado local para o abastecimento, alcançou "uma posição de monopsônio, já que praticamente controlava a procura regional" (*Idem*, p. 78):

> A dependência em relação à Companhia inglesa por parte de vários setores da economia da região, basicamente composta pelas antigas comarcas de Sabará, Ouro Preto e a região sul da Comarca do Rio das Velhas, mas também incluindo municípios em mais cinco comarcas, era muito grande. As elevadas necessidades de suprimento da Minas, em combinação com uma política de compra que visava manter os custos no mais baixo nível possível, fizeram com que a influência da St. John se estendesse muito além da circunvizinhança imediata. No caso das comarcas de Sabará, Ouro Preto e do Rio das Velhas, a Mina aparentemente sustentava sozinha a economia regional, inclusive estimulando maior integração de agricultores de

> subsistência ao mercado monetário. Nos anos em que havia falhas nas colheitas locais, a Companhia nunca hesitou em abastecer-se em mercados bem mais distantes, ao mesmo tempo evitando altos custos e estabelecendo novas ligações comerciais. Os lenhadores da área imediata e os agricultores, pecuaristas, fundidores e mineiros de ferro de regiões mais dispersas dependiam essencialmente da Mina, como o único comprador capaz de absorver seus variados produtos. (*Idem*, p. 64)

Em síntese, buscava compreender os mecanismos de penetração comercial e financeira do capitalismo inglês em uma economia recém-saída da condição colonial, bem como os modos pelo qual a Companhia inglesa se adequou a presença do escravo como principal mão de obra. Para tanto, ressaltou a contribuição do sistema de aluguel de cativos, vigente em Minas Gerais no século XIX, para a composição da força de trabalho da Mina de Morro Velho (*Idem*, p. 135-137). Contribui-se, assim, para a superação da visão do trabalho escravo como deficiente e incompatível com o avanço tecnológico (*Idem*, p. 140-141):

> Nosso propósito neste trabalho foi o de diminuir uma imaginada distância qualitativa entre o trabalho escravo e o trabalho livre que sugere que este é de alguma forma superior àqueles, e que o trabalho escravo teria representado um entrave à industrialização das sociedades escravagistas. (*Idem*, p. 144)

Douglas Cole Libby, em outro trabalho publicado no ano de 1988, abordou os setores de transformação da economia: a indústria têxtil, a siderurgia das pequenas fundições, as empresas estrangeiras de mineração. Um dos objetivos deste trabalho consistia em identificar a forma pela qual a economia mineira oitocentista permanecera com forte presença da mão de obra escrava mesmo após a decadência da economia do ouro. Libby sustenta a hipótese de que houve em Minas Gerais um processo de "acomodação às adversidades" advindas do fim da mineração setecentista. Ou seja, apesar da retração das exportações, manteve-se uma estrutura escravista e, conjuntamente, uma expansão do setor de subsistência (LIBBY, 1988, p. 122-123):

> Os indicadores demográficos gerais nos revelaram uma população mineira, tanto a livre quanto a mancípia, que passava por um processo de estabilização que, grosso modo, reflete a acomodação da economia mineira à continuada decadência da mineração aurífera. Já as evidências conflitantes quanto à origem do "imenso plantel" cativo mineiro, em que pese a predominância de uma economia não ligada à produção para exploração e dos relativamente baixos níveis de mercantilização, mais uma vez indicam que o regime escravista mineiro dos oitocentos é algo singular, ou pelo menos excepcional, no contexto do escravismo moderno. (LIBBY, 1988, p. 64)

Além disso, chama a atenção que, para a vigência do dinamismo econômico dos setores de transformação (têxtil e minerador), foi fundamental o alto custo dos transportes, que exerceu a função de uma barreira protecionista, impossibilitando a importação de determinados produtos (*Ibidem*, 1988, p. 142-143):

> Ora a indústria de transformação provia o mercado mineiro com artigos cuja importação teria custos proibitivos: foi o caso, durante algumas décadas, dos tecidos caseiros, principalmente aqueles destinados a confecção de roupas para os escravos e para as camadas mais pobres da população e, durante todo o nosso período, o dos inúmeros apetrechos e ferramentas de ferro saído das fundições provinciais. (*Idem*, p. 349)

Baseando-se, principalmente, em um conjunto de fontes primárias referentes aos aspectos da demografia mineira dos oitocentos (*mappas de população* da década de 1830 e do ano de 1840) privilegiou uma abordagem do perfil ocupacional da população, da distribuição da propriedade de cativos e do comportamento demográfico da população escrava (*Idem*, p. 28-63). No entanto, Libby, ao se defrontar com a extensa documentação dos *mappas de população*, optou por um levantamento amostral das fontes demográficas: "(...) chegou-se à amostragem, (....), que inclui 26 distritos razoavelmente bem distribuídos pelo território mineiro" (LIBBY, 1988, p. 30-31). Deste modo, tende-se a evidenciar os limites da contribuição dos dados demográficos e populacionais levantados na obra:

> Foi Libby quem primeiro localizou, no Arquivo Público Mineiro, o riquíssimo conjunto de listas nominativas de habitantes de 1831/1832 (...). Ao ser forçado a optar por uma seleção de documentos trouxe para o seu trabalho algumas dificuldades no que diz respeito à avaliação da representatividade da amostra escolhida. Como o próprio autor afirma reiterada vezes, sua base empírica ainda é insuficiente para aprofundar muitas questões dentro desta temática. (PAIVA, 1996, p. 25-26)

Como resultado das pesquisas desenvolvidas por Douglas Cole Libby na década de 1980, o referido historiador publicou, em 1989, na *Revista do Departamento de História da Universidade Federal de Minas Gerais*, um artigo no qual reexaminava o papel desempenhado pelo setor de transformação da economia mineira, mormente o setor da indústria têxtil doméstica. Douglas C. Libby desenvolve o conceito de protoindustrialização definindo-o como "a produção em grande escala de bens industriais destinados a mercados distantes, baseada em mão de obra barata e camponesa" e estabelece uma associação entre os custos de transportes e a protoindustrialização em Minas Gerais (LIBBY, *op. cit.*, p. 152-153):

> Durante todo o período colonial e a maior parte do provincial, Minas permaneceu relativamente isolada devido ao precário sistema viário e de transportes dependente de tropas. Elevados preços de transportes foram o resultado deste isolamento e estes preços ficavam ainda mais altos em função de um complexo sistema fiscal que taxava as mercadorias que entravam e saíam de acordo com sua composição e peso. Enquanto grandes fluxos de ouro continuavam saindo da capitania, o problema dos transportes parece ter constituído um empecilho menor, mas, quando a produção aurífera começou a diminuir, a capacidade de importar declinava proporcionalmente. Uma volta para atividades de subsistência foi a reação

> imediata à retração econômica, reação esta que iria se comprovar profunda e duradoura. No entanto, havia um outro caminho mais gradual que envolvia a produção local de bens antes importados, ou seja, um processo de substituição de importações. Dessa forma, de início, foi o isolamento de Minas que estimulou sua protoindustrialização. (*Ibidem*, 1989, p. 156)

Todavia, parece que o conceito de protoindustrialização falha em pontos essenciais. Primeiramente, pela tentativa de aplicação do modelo interpretativo da transição do feudalismo para o capitalismo na Europa pré-fabril, denominado de protoindustrialização, ao caso de Minas Gerais. Em segundo lugar, nota-se que o conceito de protoindustrialização se sustenta pela exclusão da possibilidade de aperfeiçoamento da infraestrutura viária do século XIX.

Com a aceitação de determinadas premissas levantadas pelos debates da década de 1980, os estudos mais recentes tendem a substanciar a complexidade do comportamento demográfico dos escravos, assim como os vínculos mercantis externos e internos das diversas regiões de Minas Gerais.

É com a tese de doutoramento de Clotilde Andrade Paiva, em 1996, *População e Economia nas Minas Gerais do século* XIX, que a conjunção dos problemas demográficos (sexo, idade, condição social, cor/origem e tamanho da população) e de circulação econômica (interna e externa) ganham maior expressão do que os estudos anteriores. Partindo da tentativa de superação dos modelos interpretativos fornecidos por Roberto Borges Martins e Robert W. Slenes, Clotilde Paiva, através de uma extensa organização de dados demográficos (Listas Nominativas da década de 1830), efetua uma identificação da composição demográfica com maior representatividade do que os autores da década de 1980.[19] Para tanto, procura se valer dos dados contidos nas listas nominativas, nos relatos de viajantes da primeira metade do século XIX e na relação de engenhos e casas de negócio de 1836, o que lhe permitiu identificar "três tipos básicos de comércio coexistindo naquele período: os

19 As listas nominativas foram transcritas para computador e formam uma base de dados digital de natureza censitária. Esse banco de dados, denominado PopLin-Minas 1830, pode ser acessado pelo site do Cedeplar (http://www.poplin.cedeplar.ufmg.br).

fluxos inter-provinciais, os fluxos inter-regionais e os fluxos intra-regionais" (PAIVA, 1996, p. 161).

Em comparação aos trabalhos da década de 1980, Paiva também apresenta um esforço original para o debate historiográfico sobre o século XIX: a proposição de uma divisão regional de Minas Gerais em 18 regiões (GODOY, 1996) (MAPA 1).[20] De fato, a regionalização proposta é uma contribuição fundamental para a análise da economia de Minas Gerais. Ao agrupar as diferentes regiões do estado em níveis de desenvolvimento (baixo, médio e alto), o estudo eleva a capacidade analítica e de síntese. Deve-se atentar que a utilização dos níveis de desenvolvimento se constitui uma categoria analítica fundamental para a análise das distintas características demográficas e econômicas:

> Para analisar os dados econômicos agrupamos as regiões em três categorias segundo o seu desenvolvimento. Estamos usando o termo em seu sentido mais amplo e de forma comparativa, levando em consideração, um conjunto de informações econômicas e sociais. (...) Portanto para identificar as regiões integrantes de cada nível de desenvolvimento usamos informações sobre seu nível de produção e comércio e sobre a presença de intermediários dentro da área. (...)
> É importante lembrar que o agrupamento foi recurso analítico e não desconsiderou as especificidades de cada região. A caracterização econômica das regiões que integravam cada nível apontou para uma certa divisão do trabalho que se revelou mais intensa quando associada ou relacionada a alguma produção voltada para os mercados externos, ou a núcleos urbanos de regiões tidas como desenvolvidas. Os setores mais dinâmicos da economia, encontrados nas regiões de maior desenvolvimento, eram aqueles voltados para os mercados externos à Província. (PAIVA, 1996, p. 113 e 159)

20 "Libby seguindo Martins usou uma divisão regional do século XX, com pequenos ajustamentos, para alocar seus dados no espaço regional. Conforme já mencionamos, nossa proposta de regionalização é estrutura em bases mais sólidas e capta melhor as diferenças regionais uma vez que organiza o espaço segundo critérios de semelhança de vários atributos" (PAIVA, 1996, p. 131).

Clotilde Paiva ratifica a tese da diversificação e do dinamismo da economia mineira. Dinâmica esta manifestada pelo crescimento populacional e pela forte presença de escravos. E, por fim, argumenta que a economia de Minas não poderia ser caracterizada como predominantemente de subsistência mercantilizada e, muito menos, afirmar que o setor exportador era insignificante (*Ibidem*, 1996, p. 164/165). Algumas das proposições da autora foram aprofundadas em um recente artigo, publicado em 2002, em co-autoria com Marcelo Magalhães Godoy, no qual fica evidente o acentuado contraste econômico e demográfico das regiões de Minas Gerais, bem como a tentativa de superação da dicotomia fundada pelos debates entre Roberto Borges Martins e Robert W. Slenes:

> (...) no século XIX consolidou-se divisão regional do trabalho. O principal indicador da posição relativa das regiões na economia provincial era a intensidade e natureza das vinculações com mercados externos. Todavia, a desconcentração espacial da produção, a diversificação econômica das unidades produtivas e a demanda constante de vasto mercado intraprovincial asseguravam grande flexibilidade para os agentes econômicos, facultando-lhes ampla liberdade na determinação da distribuição dos fatores produtivos e do sentido da produção. (...)
>
> Pugnar pela introversão econômica, a produção essencialmente orientada para o mercado interno da Província e a incipiência dos vínculos com o exterior ou, em outro extremo, propor a extroversão, o setor exportador respondendo direta ou indiretamente por todo o dinamismo econômico, são duas formas rigorosamente lícitas, ainda que parciais, de apreender uma mesma realidade. A magnitude e complexidade da economia de Minas Gerais, ao permitir a convivência de sólidas conexões internas com ampla inserção em mercados externos, propulsionou o surgimento de organização econômica original. Seja perscrutando as unidades menores, as fazendas mineiras, seja examinando as grandes entidades, as regiões, constata-se o mesmo padrão. Introvertido e extrovertido ao mesmo tempo. Plural, independente e elástico. (PAIVA; GODOY, 2002, p. 54-55)

Mapa 2

Regionalização da Província de Minas Gerais

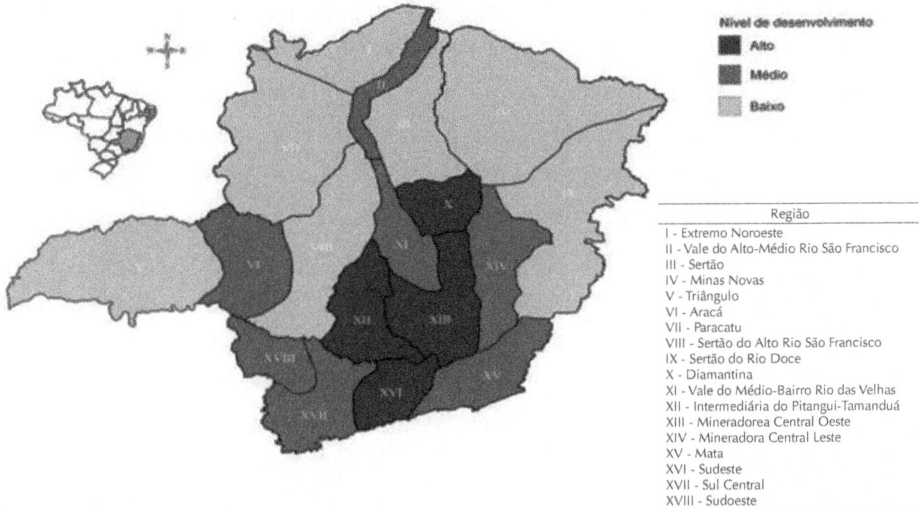

Fonte: PAIVA, Clotilde Andrade; GODOY, Marcelo Magalhães. "Território de contrastes: economia e sociedade das Minas Gerais do século XIX". *Anais do X Seminário sobre Economia Mineira*. Belo Horizonte: Cedeplar, 2002, p. 13.

Em outra perspectiva, o historiador Alcir Lenharo dimensionou os aspectos econômicos e políticos de Minas Gerais logo após a Independência do país. Lenharo se insere na corrente historiográfica denominada *interiorização da metrópole*. Esta, por sua vez, analisava as relações entre o Estado e a sociedade nas primeiras décadas do século XIX:[21]

> Tratava-se de contribuir para o estudo das origens do Estado e da sociedade da Independência, analisando o cunho conservador de que

21 Cf. DIAS, Maria Odila Silva. "A interiorização da metrópole (1808-1853)". In: MOTTA, Carlos G. *1822: Dimensões*. São Paulo: Perspectiva, 1972; GORENSTEIN, Riva. "Comércio e política: o enraizamento de interesses mercantis portugueses no Rio de Janeiro". In: MARTINHO, Lenira Menezes; GORENSTEIN, Riva. *Negociantes e caixeiros na sociedade da Independência*. Rio de Janeiro: Departamento Geral e Informação cultural, 1993.

> se revestiu o processo da Independência no Brasil. (GORENSTEIN, 1993, p. 13)

Os estudos de Lenharo tiveram por objetivo, a partir de uma abordagem política, investigar o desenvolvimento das relações comerciais estabelecidas pelo setor de abastecimento do Sul de Minas Gerais com a Corte.[22] Com efeito, desenvolve-se a problemática do abastecimento urbano e o modo pelo qual o comerciante ligado ao abastecimento adquiriu projeção política em um processo de integração econômica e política "de articulação mercantil desenvolvido entre as áreas produtoras e o mercado consumidor" (LENHARO, 1979, p. 28). Destaca a natureza mercantil da forte produção de gêneros de primeira necessidade do Sul de Minas que se voltou para o abastecimento da Corte, sobretudo as regiões de São João del Rei e Barbacena (*Ibidem*, 1979, p. 75 e 90). Um dos aspectos originais está na percepção das estradas como elemento fundamental para o processo de integração da atividade agrícola-mercantil voltada para o abastecimento da Corte. Desta análise emerge a atuação de particulares na construção e conservação das estradas do Sul de Minas em direção ao Rio de Janeiro:

> Na articulação desses projetos de infra-estrutura de transportes é que se pode notar o modo como certos grupos familiares se aproximaram da Corte e, através da prestação de serviços ao Estado conquistaram uma situação política econômica favorável. Muitos ascenderam já com D. João VI, integrando parte da nobreza que apoiaria a gestão de D. Pedro I. Outros foram se destacando posteriormente, vindo a integrar a vasta galeria da aristocracia do Segundo Reinado. (...) Esse encontro de interesse releva um traço fundamental da formação do Estado nessa etapa de transição. Não sendo capaz de produzir o aparato político-burocrático necessário, viu-se na contingência de lançar mão das iniciativas de setores em-

22 LENHARO, Alcir. *As tropas da moderação: o abastecimento da Corte na formação política do Brasil, 1808-1842*. São Paulo: Símbolo, 1979; LENHARO, Alcir. "Rota menor: o movimento mercantil da economia de subsistência no centro-sul do Brasil (1808-1831)". *Anais do Museu Paulista*. São Paulo, v. XXVIII, p. 29-49, 1977-78.

> presariais nativos de modo a conceder-lhes amplos favores em troca da prestação de serviços necessários à edificação de suas bases materiais. (*Ibidem*, 1979, p. 66-68)

Entretanto, apesar dos contributos de Alcir Lenharo, não houve expressivos avanços na historiografia no que tange à compreensão da função exercida pelas estradas tanto no âmbito político quanto na esfera econômica.[23] O que prevalece são afirmações genéricas sobre a condição viária de Minas Gerais no século XIX, bem como a tendência em considerar as transformações viárias do século em sinônimo da introdução das ferrovias em Minas Gerais (GODOY; BARBOSA, 2008).

Se Minas Gerais durante o século XIX caracterizou-se pela diversidade produtiva, aumento populacional e, consequentemente, expressivo volume de circulação de bens, pessoas e ideias, cabe indagar as seguintes questões: de que modo a província de Minas Gerais procurou diminuir os obstáculos à circulação? Que papel desempenharam os engenheiros empregados na província de Minas Gerais nesse processo? Qual o impacto da institucionalização da Engenharia no Brasil e em outros países no aumento da oferta de competências para o aprimoramento dos aspectos construtivos de pontes e estradas? Quem eram os engenheiros que circularam pelo território da província de Minas Gerais com a finalidade de construir, reparar e conservar as pontes e estradas do estado?

23 A tese de Lidiany S. Barbosa ultrapassa a esfera de generalizações, apresentando um conjunto de nomes de indivíduos pertencentes à elite que edificaram pontes e estradas em Minas Gerais entre 1840 e 1889. Cf. BARBOSA, Lidiany S. *Tropas e ferrovias em uma província não-exportadora. Estado, elites regionais e as contradições da política de transportes no início da modernização – Minas Gerais, 1835-1889*. Tese de doutorado – IFCS-UFRJ, Rio de Janeiro, 2011.

Entre a técnica e a tecnologia: o universo da prática

Direciona-se nesta seção para algumas considerações acerca de dois termos: a técnica e a tecnologia. Em relação aos termos citados, para Ruy Gama, no período anterior ao século XIX, o termo técnica era denominado através da palavra arte, proveniente do latim *ars-artis*, e chegou às línguas europeias modernas com o sentido de habilidade. Na língua portuguesa, a palavra tecnologia surgiu no século XIX:

> A palavra tecnologia (...).Foi usada pela primeira vez em um texto de José Bonifácio de Andrada e Silva, cientista e, mais tarde, político de notável atuação no nascimento do Brasil como um país independente no início do século XIX (1822). Também é usada pelo Português Silvestre Pinheiro Ferreira, professor do Rio de Janeiro, na mesma época, mas José Bonifácio quase não o cita; associa a tecnologia à questão da união de teoria e prática. (GAMA, 1987, p. 110)[24]

Para Ruy Gama, é necessário compreender que a técnica e a tecnologia são processos simultâneos no tempo e espaço. A tecnologia coloca em evidência o universo da prática, das operações técnicas, das ferramentas, dos materiais, dos custos e dos tempos de trabalho. As técnicas, por outro lado, estão associadas à habilidade do executor, transmitidas de forma oral, o uso de instrumentos e ferramentas:

> Resumidamente, as atividades "artesanais" permanecem mesmo após o início da tecnologia, coexistindo com ela. Isto significa que a história que se pretende construir deve notar essa duplicidade. Se deve usar os termos da História da Técnica e da Tecnologia, ou se ajustar para uma denominação mais sintética, mais extensa, como

24 "La palabra tecnología (...). Se utilizó por primera vez en un texto de José Bonifacio de Andrada e Silva, científico y, posteriormente, político de notable actuación en el nacimiento de Brasil como país independiente a comienzos del siglo XIX (1822). También la utiliza el portugués Silvestre Pinheiro Ferreira, profesor en Río de Janeiro en la misma época, pero José Bonifácio casi no la cita; asocia la tecnología a la cuestion de la unión de teoria y práctica" (GAMA, 1987, p. 110).

> seria o título de História da Técnica, considerando a Tecnologia como forma histórica mais recente de sistematização, racionalização, experimentação e, por essa razão, mais científica dos conhecimentos técnicos. (*Ibidem*, 1987, p. 114)[25]

Para Nathan Rosenberg, é errôneo acreditar que a tecnologia é uma mera aplicação do conhecimento científico: "o conhecimento tecnológico foi por muito tempo adquirido e acumulado de modo empírico e rudimentar (...)" (ROSENBERG, 2006, p. 218). Do mesmo modo, George Basalla considera que a utilização do termo tecnologia pode provocar equívocos, por exemplo, a definição, que propõe a tecnologia em total subordinação à ciência:

> Quando colocamos a tecnologia numa posição subordinada à ciência, as revoluções científicas ganham um relevo particular no estudo da mudança tecnológica. Geralmente, esta situação ocorre quando a tecnologia é, erroneamente, definida como a aplicação de uma teoria científica à resolução de problemas de ordem prática. Se a tecnologia não é mais do que um sinônimo de ciência aplicada, e se a mudança científica tem lugar por métodos revolucionários, então, também a mudança tecnológica tem de ser descontínua. É óbvia que a ciência e a tecnologia têm muitos pontos de interacção, e os mais importantes artefactos modernos nunca poderiam ter sido produzidos sem o conhecimento teórico dos materiais e das forças naturais que a ciência oferece. No entanto, a tecnologia não está dependente da ciência. (BASALLA, 2001, p. 28)

Para David Landes, a tecnologia no século XIX apresentou a seguinte característica:

25 "En resumen, las actividades 'artesanas' subsisten incluso después de la aparición de la tecnología, coexistiendo con ella. Estos quiere decir que la historia que se pretende construir debe señalar esa duplicidad. Se deben emplear los términos de Historia de la Técnica y de la Tecnología, o ajustarse a una denominación más sintética, más extensa, como lo sería el título de Historia de la Técnica, considerando la Tecnología como forma histórica más reciente de sistematización, racionalización, experimentación y, por eso mismo, más científica de los conocimientos técnicos". (GAMA, 1987, p. 114).

> Em meados do século, a tecnologia ainda era essencialmente empírica, e o treinamento no exercício da tarefa era, na maioria dos casos, o método mais eficaz de transmitir os conhecimentos. Mas, depois que a ciência começou a se antecipar à técnica – e ela já o estava fazendo, em certa medida, na década de 1850 – a instrução formal tornou-se um grande recurso industrial (...). (LANDES, 1994, p. 158)

De fato, é extremamente difícil estabelecer uma definição acerca dos termos técnica e tecnologia. Contudo, pode-se afirmar que, em diversos casos, a manifestação de ambas se realizou em um espaço coetâneo à medida que se encontram indícios da presença tanto da técnica quanto da tecnologia ao lançar luz sobre as práticas e a multiplicidade de relações dos indivíduos envolvidos na construção de pontes e estradas. Os processos de pontes e estradas são significativos para uma análise da interação entre a experiência prática e a reflexão sobre a experiência.

Engenheiros em uma burocracia imperial

A formalização e a criação de cursos de Engenharia no Brasil apresentou uma estreita relação com o ensino militar. No Brasil a institucionalização da Engenharia se realizou através da criação da Academia Real Militar (1810). Após a Independência o nome foi modificado para Academia Imperial Militar; a fusão da Academia Real Militar com a Academia dos Guardas-Marinhas (1832); a fundação da Escola Central, separando o ensino militar do ensino da Engenharia civil (1858); a posterior transformação da Escola Central em Politécnica do Rio de Janeiro (1874):[26]

26 Em 1858, a retirada da engenharia civil da Academia Militar é um ponto de inflexão. Segundo José Murilo de Carvalho, a Academia abrangia curso completo de ciências matemáticas, física, química, mineralogia, metalurgia e história natural (reino vegetal e animal): "A educação militar no Império foi a que melhor continuou o espírito da reforma pombalina. Na tradição do Colégio dos Nobres, a Real Academia Militar salientava tanto a formação profissional como a formação técnica. O próprio decreto de criação da Academia já lhe dava como objetivo formar oficiais capazes mas também engenheiros que pudessem construir estradas, portos, pontes etc. (...) Mesmo após a separação da

> A Escola Central (...) ficou destinada ao ensino das mathematicas, das sciencias physicas e naturaes e das disciplinas próprias da Engenharia Civil, embora continuassem os militares a fazer nella uma parte do seu curso (...). Accentuava-se, porém, a convicção de que era necessaria a separação dos cursos militares e civil. (JUBILEU DA ESCOLA POLYTECHNICA DO RIO DE JANEIRO, 1926, p. 13)

E, por fim, a fundação da Escola de Minas de Ouro Preto (1876) (PEREIRA, 1994, p. 168-171; TELLES, 1994, p. 100-114). Segundo Antoine Picon, a segunda metade do século XIX foi marcada pelo crescente aumento da diversidade da profissão de engenharia. Apresenta-se como indicativos da referida diversidade a gradual separação entre a engenharia mecânica e a engenharia civil, a emergência da engenharia elétrica e química e a acentuada presença de engenheiros em funções administrativas:

> A partir da década de 1850, a engenharia foi marcada por uma diversidade crescente. Na França, engenheiros civis se desenvolveram ao lado dos engenheiros do Estado. Além disso, a engenharia mecânica gradualmente se separou da engenharia civil. Mais tarde, no século 19, emergiram a engenharia elétrica e química (...). O número crescente de engenheiros que se direcionaram para funções gerenciais acentuaram ainda mais essa diversificação. A aliança entre a engenharia e a responsabilidade gerencial já era perceptível na França em meados do século XIX. Um fenômeno semelhante pôde ser observado nos EUA, onde os engenheiros começaram a exercer funções gerenciais nas grandes empresas ferroviárias. (PICON, 2004, p. 427)[27]

---

engenharia civil, a Escola Militar manteve os traços civis de seu ensino técnico e continuou a conceder diplomas de bacharel em matemática e engenharia. Os oficiais eram frequentemente tratados de doutores: dr. General, dr. Capitão, ou, simplesmente, seu doutor, numa clara busca de compensação simbólica pelo status inferior da educação técnica e/ou militar, em relação à formação jurídica dos políticos" (CARVALHO, 1980, p. 61-62).

27 "From the 1850s on, the engineering profession was marked by an increasing diversity. In France, civil engineers developed beside State engineers. Above all, mechanical

No que se refere à história da Engenharia e dos engenheiros, pode-se afirmar que uma das áreas mais desenvolvidas na historiografia é a perspectiva da institucionalização educacional da Engenharia. Uma das consequências desta abordagem é a valorização do conhecimento como característica principal da profissão. Segundo Picon, essa perspectiva não enfatiza uma questão-chave: a relação entre educação e prática. Ou seja, um balanço do impacto real da formalização educacional na prática. Contudo, pondera que a formalização do ensino não necessariamente produz transformações tecnológicas no âmbito das práticas. Para Picon, deve haver, para além do conhecimento formalizado em cursos e tratados, um tipo intermediário de *know-how* que ainda permanece pouco explorado pelos estudiosos que se dedicam à história da engenharia e dos engenheiros (*Ibidem*, 2004, p. 424):

> Nessa fase, talvez seja necessário examinar as principais articulações que são frequentemente postas para evocar engenheiros e a história da engenharia. Nota-se que algumas dessas articulações, como a tendência no século 18 para a profissionalização não correspondem a uma evidente mudança tecnológica. A natureza indireta dos vínculos entre as transições da engenharia e mudança tecnológica acrescentam um grau de complexidade suplementar para a história dos engenheiros. (*Idem*, 2004, p. 426)[28]

---

engineering gradually separated itself from civil engineering. Later in the 19th century, it was the turn of electrical and chemical engineering to emerge.(...). The growing number of engineers turning towards managerial functions further accentuated such a diversification. The alliance between engineering and managerial responsibility was already discernible in France towards the middle of the nineteenth century. A similar phenomenon could be observed in the USA where engineers began managerial functions in major railways companies." (PICON, 2004, p. 427).

28 "At this stage, it is perhaps necessary to review briefly the major articulations that are currently put forward to evoke engineers and engineering history. Let us note from the start that some of these articulations, like the 18th-century trend towards professionalization do not correspond to a clear-cut technological change. The often-indirect nature of the links between engineering transitions and technological change adds a supplementary degree of complexity to the history of the engineers." (*Ibidem*, 2004, p. 426).

Picon tende a reconhecer que a presença de hierarquia e de protocolos de comando em uma organização industrial fornecem expressivos indícios de que modo o conhecimento de Engenharia se relaciona com a prática, considerando que uma das funções do conhecimento é a produção de uma hierarquia (*Idem*, 2004, p. 425).

Em face à cronologia da formalização da engenharia no Brasil, a estreita relação com a engenharia militar e as mudanças políticas e econômicas na primeira metade do século XIX, torna-se perceptível que o país produziu uma dependência em relação à importação de engenheiros estrangeiros dado à extensão territorial e singularidades provinciais. A necessidade de importação de mão de obra é evidenciada nas décadas de 1830 a 1860. Neste período prevalece na província de Minas Gerais a conjunção de engenheiros militares e estrangeiros.

De fato, já se conhece a presença de engenheiros estrangeiros inseridos na burocracia da província de Minas Gerais. Dentre os engenheiros estrangeiros, a historiografia apresenta tendência em destacar o engenheiro Heirinch Wilhelm Ferdinand Halfeld, nascido na cidade de Clausthal, no Reino de Hanover, em 1797 (MARTINS, 1998; MUNDIM, 2010). Halfeld imigrou para Minas Gerais em meados da década de 1820. Tendo se formado em engenharia na Bergakademie Clausthal, uma das principais escolas de minas da Alemanha, Halfeld exerceu, em 1827 e 1828, a atividade de engenheiro de minas na empresa inglesa de mineração situada em São José del Rei: General Mining Association (MARTINS, 1998, p. 25-26). Posteriormente, entre 1830 e 1832, encontrava-se empregado a serviço de outra mineradora, a Imperial Brazilian Mining Association. Nessa empresa, também situada em Minas Gerais, na localidade de Gongo Soco, consta que o referido engenheiro exerceu "atividades relacionadas com diferentes especialidades da engenharia: como engenheiro de minas (avaliação da mina de Antonio Pereira, que havia sido sinistrada), como engenheiro civil (reforma do antigo sistema de regos condutores de água), como engenheiro mecânico (construtor de uma stamp Mill) e como topógrafo e desenhista" (*Ibidem*, 1998, p. 27-28). Após atuar como engenheiro em empresas do setor mineral, Halfeld foi contratado pela província de Minas Gerais para ocupar a função de engenheiro da província. Iniciou-se em tal função em 1836, a qual exerceu até o ano de 1852, quando foi designado pelo governo imperial para efetuar trabalhos de reconhecimento do Rio São Francisco.[29] Em Minas Gerais, enquanto engenheiro provincial atuou no levantamento de uma carta geográfica e topográfica da região, bem como na construção de estradas (*Idem*, p. 30).

Em estudo recente, Luiz Gustavo Molinari Mundim (2010) traz à tona aspectos do desenhista Friedrich Wagner, outro imigrante de origem germânica, que também se empregou no corpo burocrático da província de Minas Gerais. Mundim ressalta o desempenho das atividades de Wagner como desenhista responsável pela confecção do *Mapa da Província de Minas Gerais* (1855) (MUNDIM, 2010, p. 70-71). Segundo Roberto Borges Martins, Wagner iniciou os trabalhos na província no ano de 1838 e permaneceu no cargo de desenhista até 1860. Para Martins, a elaboração cartográfica do *Mapa da Província de Minas Gerais* (1855) recebeu subsídios de levantamentos realizados pelos seguintes engenheiros que serviram à província entre a década de 1830 e 1850: Pedro Victor Renault, João José da Silva Theodoro, Júlio Borell Du Vernay, E. de la Martinière, Bruno Von Sperling, Francisco Eduardo de Paula Aroeira, Henrique Dumont, L. d'Ordan e os ingleses Thomaz Martins e João Hitchens (*Ibidem*, 1998, p. 37).

Tanto o trabalho de Roberto Borges Martins (1998) como o estudo de Luiz Mundim (2010) revelam a participação de engenheiros estrangeiros, sobretudo, entre as décadas de 1830 a 1850, assim como a trajetória individual de alguns destes. Porém, tais contribuições historiográficas não abordam a produção técnica dos engenheiros concernentes às pontes e estradas. Além disso, ambos os trabalhos possuem um caráter temporal limitado, uma vez que ambos os estudos não avançam para as décadas de 1860, 1870 e 1880.

Em outro trabalho, no âmbito da História da Engenharia, acerca da presença de engenheiros estrangeiros, Gilberto Freyre, em *Um engenheiro francês*

---

29 Como resultado dos trabalhos de Halfeld no Rio São Francisco foi publicado, em 1860, um Atlas acerca do dito rio. Cf. "Atlas e Relatório concernente à Exploração do Rio São Francisco desde a Cachoeira da Pirapora até ao Oceano Atlântico, levantado por ordem do governo de S.M.I o Senhor Dom Pedro II, pelo Engenheiro Civil Henrique Guilherme Fernando Halfeld, em 1852,1853 e 1854, e mandado lithographar na Lithographia Imperial de Eduardo Rensburg". Rio de Janeiro, 1860.

no Brasil, procurou investigar a influência francesa sobre a cultura incipiente do Brasil, tendo como foco a passagem pela província de Pernambuco do engenheiro francês Louis Léger Vauthier, formado pela Escola Politécnica de Paris. Para isso, Freyre seleciona como principal fonte os diários escritos pelo engenheiro Vauthier. Deste modo, afirma que a presença do engenheiro francês ressalta a presença da cultura francesa não somente no universo da ciência e da técnica, como também em aspectos ideológicos e estéticos no Brasil do século XIX (FREYRE, 1960, t. 1, p. 36).

Dentre as atividades exercidas pelo engenheiro Vauthier, destaca-se: o levantamento de um mapa topográfico de Pernambuco, a reorganização da Repartição de Obras Públicas, e a construção de teatro, cadeias, pontes e estradas. De acordo com Freyre, a reorganização da estrutura burocrática da repartição de obras públicas de Pernambuco, através do novo regulamento de junho de 1842, permitiu ao engenheiro-chefe maior liberdade de ação:

> O engenheiro-chefe (...) ficaria com a direção das obras públicas na Província inteira e sob ordens imediatas do presidente. Incumbia-lhe redigir, ou mandar redigir pelos engenheiros auxiliares, os projetos das obras e seus orçamentos, regular as condições especiais das arrematações, submetendo-as à aprovação do presidente, dirigir as obras, vigiar-lhes a execução, dirigir a contabilidade, verificar as contas relativas às obras fornecidas pelos engenheiros. (FREYRE, 1960, t. 1, p. 313)

Ao analisar a estadia do engenheiro Vauthier, observa que, por um lado, o mesmo foi responsável pelo aperfeiçoamento da administração provincial, introdução de orçamentos claros e precisos concernentes aos preços e qualidades empregados em obras, e também pela incorporação de processos científicos. Por outro lado, Vauthier sofria críticas por suas inovações técnicas e administrativas. Tais críticas evidenciavam, segundo Freyre, a manifestação do partidarismo político do Império, já que Vauthier se encontrava empregado a serviço do governo do conservador Francisco do Rego Barros, o Barão da Boa Vista, acusado pelos liberais de privilegiar os artífices e os mecânicos estrangeiros e de demitir injustamente o Coronel Firmino de Morais Ancora da Repartição de

Obras Publicas para elevar ao cargo deste o engenheiro francês (*Ibidem*, 1960, t. 1, p. 324 e 346). Apesar da opção de Freyre em analisar, essencialmente, a trajetória de Vauthier na província de Pernambuco, entre os anos de 1840 e 1846, e em considerá-lo como um "engenheiro mais de campo que de gabinete", ressalta-se que outros engenheiros franceses também compuseram o corpo administrativo da referida província. Freyre destaca, superficialmente, a atuação dos engenheiros franceses Florien Desire Porthier (responsável pela direção das obras das estradas do Norte, do porto e dos reparos da Ponte do Recife), Pierre Victor Bolitreau (designado para as obras do Teatro), Augusto Millet e Louis Florial Buessard (*Ibidem*, 1960, t. 1, p. 299 e 331). Com efeito, pode-se afirmar que uma das lacunas do estudo de Freyre seja uma relativa valorização biográfica de Vauthier em detrimento dos demais engenheiros franceses e, portanto, a ausência de uma análise da relação entre Vauthier e os seus pares.

Segundo Bourdieu, deve-se evitar "a ilusão biográfica" ao se reconstituir a vida de um indivíduo. A denominada "ilusão biográfica" pressupõe uma narrativa linear, unidirecional, dotada de sentido e construída com significado e direção do início ao fim (BORDIEU, 2000, p. 185). Propõe-se, seguindo os pressupostos de Bordieu, dimensionar a capacidade dos indivíduos em agir em uma pluralidade de campos, permitindo caracterizar os indivíduos em posições múltiplas.[30] Em outro estudo, Giovanni Levi (2000), *Usos da biografia*, reitera as proposições de Bourdier e afirma que determinados estudos biográficos apresentam a noção de contexto como algo rígido e coerente, servindo de pano de fundo para explicitar as trajetórias individuais. Levi chama a atenção que nessas abordagens o indivíduo é apresentado como incapaz de agir e modificar o seu "contexto" (LEVI, 2000, p. 176). Segundo o autor, para escapar tanto da formulação de biografia ilustrativa com formas de comportamentos coerentes e cronológicas, quanto da conjugação de trajetórias individuais em um contexto rígido e imóvel, deve-se adotar uma análise da relação entre normas e práticas, entre indivíduo e grupo, entre determinismo e liberdade (*Ibidem*,

30 Cf. BORDIEU, Pierre. "A ilusão biográfica". In: AMADO, Janaína; FERREIRA, Marieta de Moraes (org). *Usos e abusos da história oral*. 3° edição. Editora Fundação Getúlio Vargas, 2000.

2000, p. 179). Ressalta-se uma análise das condições da experiência social e das estratégias desenvolvidas pelos diferentes atores em função de sua posição:

> (...) as distorções mais gritantes se devem ao fato de que nós, como historiadores, imaginamos que os atores históricos obedecem a um modelo de racionalidade anacrônico e limitado. Seguindo uma tradição biográfica estabelecida e a própria retórica de nossa disciplina, contentamo-nos com os modelos que associam uma cronologia ordenada, uma personalidade coerente e estável, ações sem inércia e decisões sem incertezas. (...)
> Na verdade raramente nos afastamos dos esquemas funcionalistas ou da economia neoclássica; e estes supõem atores perfeitamente informados e consideram por convenção, que todos os indivíduos têm as mesmas disposições cognitivas, obedecem aos mesmos mecanismos de decisão e agem em função de um cálculo, socialmente normal, e uniforme de lucros e perdas. Tais esquemas levam pois à construção de um homem inteiramente racional, sem dúvidas, sem incertezas, sem inércia. (LEVI, 2000, p. 169 e 180)

Como se pode vislumbrar, os engenheiros no Brasil tornaram-se indivíduos que ascenderam e tiveram postos de trabalho na burocracia do Estado, sobretudo no âmbito das obras públicas. Tal fato revela o fraco dinamismo econômico dos setores industriais, incapazes de absorver os formandos em Engenharia (ESCOLA DE MINAS, 1922, p. 112-114) (COELHO, 1999; CARVALHO, 2002).[31]

31 A Escola de Minas fundada na cidade de Ouro Preto, em 1876, pelo francês Henri Gorceix, introduziu pelo Decreto n. 8727, de 4 de novembro de 1882, o curso de estradas de ferro, e no Decreto n. 9448, de 27 de junho de 1885, o estudo de pontes, viadutos, estradas ordinárias, assuntos que, juntamente com estradas de ferro, ficaram constituindo a 2° cadeira do 3° ano do curso de Engenharia. A cadeira era lecionada pelo lente francês Arthur Thiré, formado em Engenharia pela Escola de Minas de Paris: "Tendo sido fundada a Escola com o fim exclusivo de preparar engenheiros de minas (...). Dentro em pouco reconheceu-se, porém, a necessidade de ministrar aos alumnos conhecimentos sobre os principaes assumptos da engenharia civil, em virtude do pequeno desenvolvimento que tinham no paiz a industria extractiva mineral e a metallurgia, o que difficultava a collocação dos engenheiros diplomados pela Escola" (ESCOLA DE MINAS, 1922, p. 112).

Durante o período imperial, uma significativa heterogeneidade de engenheiros, com diferentes origens e formações, atuou na esfera administrativa da província de Minas Gerais concernente às obras públicas. Impõe-se assim o problema de como organizá-los sob o poder provincial, delimitando competências e vencimentos.

Lidiany Silva Barbosa, em uma extensa análise da legislação provincial, afirma a existência de dois períodos na formação da Secretaria de Obras Públicas da província de Minas Gerais. O primeiro período abrange os anos de 1835 a 1857, quando se promulga as primeiras leis visando a regulação das atividades de obras públicas. Já o período seguinte, entre 1857 a 1889, predomina uma relativa estabilidade jurídica no funcionamento da estrutura organizacional da província, bem como a predominância e ascensão de engenheiros aos cargos de chefia concernentes às obras públicas (BARBOSA, 2012, p. 19-20).

O quadro sinóptico abaixo apresenta uma breve síntese da evolução de funcionários da província de Minas Gerais que se dedicaram a construir e conservar pontes e estradas. Pode-se afirmar que, além da constante presença da designação ocupacional de engenheiros, estiveram atuantes no corpo burocrático da província indivíduos que exerceram a função de desenhistas. Nota-se a introdução deste cargo a partir da legislação de 1857, e a permanência em todas as leis subsequentes do referido cargo. Todavia, deve-se ressaltar que, anteriormente a vigência na letra da lei da função de desenhista, ao longo das décadas de 1830 e 1860 o cargo de desenhista da província foi ocupado por Friedrich Wagner, como já foi assinalado anteriormente. Apresenta-se a seguir breves considerações acerca do que se estabelecia nas normas legislativas sintetizadas no quadro sinóptico e os indivíduos que, sobretudo, circularam e ocuparam o cargo de engenheiro no século XIX.

Quadro sinóptico da divisão de atividades relativas às obras públicas na província de Minas Gerais (1835-1889)

Inspetoria Geral das Estradas (*)	Repartição das Obras Públicas	Diretoria Geral das Obras Públicas	Diretoria Geral das Obras Públicas	Diretoria Geral das Obras Públicas	Diretoria Geral das Obras Públicas	Diretoria Geral das Obras Públicas
1835	1857	1866	1873	1876	1879	1883
Um Inspetor Geral de Estradas	Um Inspetor Geral	Um Diretor Geral	Um Engenheiro Diretor Geral	Um Diretor Geral	Um Diretor Geral	Um Diretor Geral
Três Engenheiros	Um Adjunto ao Inspetor Geral	Um Secretário	Um Engenheiro 1° Adjunto	Seis Engenheiros de Distrito	Seis Engenheiros de Distrito	Oito Engenheiros de Distrito
Polícia de Estradas (Inspetores e delegados)	Engenheiros, Ajudantes e Desenhadores	Dois Oficiais	Um engenheiro 2° Adjunto	Um Secretário	Um Secretário	Um Secretário
	Um Oficial maior	Quatro Amanuenses	Sete Engenheiros Chefes de Distrito	Dois 1° Oficiais	Dois 1° Oficiais	Dois 1° Oficiais
	Dois 1° Oficiais, sendo um encarregado da contabilidade e do arquivo	Um Desenhador copista	Quatro Ajudantes de Engenheiro	Dois 2° Oficiais	Quatro 2° Oficiais, sendo um arquivista	Quatro 2° Oficiais, sendo um arquivista
	Dois 2° Oficiais	Um Guarda arquivista	Um Secretário	Um Amanuense	Um Desenhista	Um Desenhista

	Um Porteiro	Um Porteiro	Dois 1° Oficiais	Um Desenhista	Um Administrador de Obras	Um Administrador de Obras
		Um Contínuo	Três 2° Oficiais	Um Administrador de Obras	Um Porteiro	Um Porteiro Contínuo
			Quatro Amanuenses	Um porteiro acumulando as funções de contínuo	Um Contínuo	Um Correio servente
			Um Desenhista	Um Correio servente	Um Correio servente	
			Um Administrador de Obras			
			Um Guarda Arquivista			
			Um Porteiro			
			Um Contínuo			

Fonte: Livro da Lei Mineira: 1835, 1857, 1866, 1873, 1876, 1879, 1883.
(*) Em 1839, a função de inspetor geral das estradas foi extinta e suas funções passaram ao exercício presidente da província. Conjuntamente a essa mudança, a estrutura organizacional da Inspetoria foi suprimida. Em 1840, o cargo de inspetor geral das estradas foi recriado e, logo em seguida, em 1842, o cargo foi novamente extinto. Cf. BARBOSA, Lidiany Silva. *Tropas e ferrovias em uma província não-exportadora: Estado, elites regionais e as contradições da política dos transportes no início da modernização – Minas Gerais, 1835-1889*. Tese de Doutorado – Instituto de Filosofia e Ciências Sociais – Universidade Federal do Rio de Janeiro, Rio de Janeiro, 2011, p. 37-65.

O quadro sinóptico acentua a presença de engenheiros e outros funcionários. A legislação é indício de constante mudança, visto que no período de cinquenta e quatro anos foram promulgadas diversas leis que modificaram o funcionamento da Secretaria de Obras Públicas. Tais normas são pontuais e, portanto, permitem situá-las no tempo: 1835, 1857, 1866, 1873, 1876 e 1883.

Diante da iminente instabilidade normativa, em vista do elevado número de leis, visa-se analisar o dinamismo da burocracia. Para tanto, opta-se por identificar os nomes dos funcionários e funções exercidas mediante uma abordagem das folhas mensais de serviços da província, que contém o nome e a função. Selecionam-se, dessa forma, os anos intermediários entre a promulgação de uma lei e a aprovação de outra. Privilegiam-se seis folhas de serviços dos anos de 1859, 1869, 1876, 1877, 1880 e 1887.[32] Obviamente, que essas folhas de serviços são insuficientes para uma dimensão da presença de todos os engenheiros que trabalharam na província de Minas Gerais, uma vez que fazem referências estáticas no tempo, ressaltando os meses e os anos. Daí o limite dessa fonte primária, sendo impossível abarcar os nomes e as atividades de engenheiros que permaneceram por pouquíssimo tempo em serviço na província. O cruzamento desta fonte com o *Banco de Dados dos Processos de Pontes e Estradas* nos permite considerar todos os engenheiros e inseri-los na dinâmica provincial. Por outro lado, as folhas de serviço são fontes primárias que nos ajudam a avaliar a permanência de engenheiros, bem como a presença de funcionários com outras ocupações como, por exemplo, amanuenses, porteiros, oficiais, contínuos, secretários e administradores.

A burocracia manifesta atividades regulares, a distribuição de funções para a execução dos serviços, as qualificações previstas para a ocupação, bem como princípios de hierarquia dos postos e dos níveis de autoridade. Aproxima-se de uma economia monetária a fim de compensar os funcionários e também se integra e depende da eficiência dos meios de comunicação (estradas, pontes, ferrovias, telégrafos, vias fluviais) fundamentais para a possibilidade de uma administração burocrática (WEBER, 1974, p. 248).

32 As pesquisas realizadas no Arquivo Público Mineiro (APM) não permitiram a localização de folhas mensais relativas aos anos de 1835 a 1858.

Contudo, deve-se levar em conta que a burocracia é um instrumento de socialização das relações de poder, na qual o burocrata tende a rejeitar o privilégio e o tratamento diferenciado a casos individuais (WEBER, 1974, p. 264). Visa-se, portanto, a aplicação das normas com fins impessoais e funcionais (*Ibidem*, 1974, p. 232). A burocracia busca eliminar as relações de tipo pessoal e emocionais (hostilidade, ansiedade, vínculos afetivos), bem como evitar as discussões públicas acerca dos seus próprios procedimentos (MERTON, 1966, p. 99). No entanto, a burocracia apresenta imperfeições, disfunções e conflitos, que são realçados pela interação da burocracia com a sociedade. Se por um lado, a burocracia pode ser sinônimo de eficiência, precisão e confiança, de outro, pode revelar-se como uma incapacidade treinada dada a falta de flexibilidade na aplicação das normas em uma sociedade em transformação, tornando o apego às normas mecanismo de conflito em face à inadequação a condições particulares (*Ibidem*, 1966, p. 100-102). Ademais, não se deve excluir que o burocrata em sua rotina diária desenvolve preferências e antipatias (*Ibidem*, 1966, p. 100):

> A incapacidade treinada corresponde à situação em que a preparação pode tornar-se inadequada ao mudar certas condições. A falta de flexibilidade na sua aplicação a um meio em transformação produz desajustes mais ou menos sérios. (...) As particularidades dos casos individuais são, geralmente, ignoradas já que os funcionários reduzem ao mínimo os contatos pessoais e recorrem à categorização. Mas o cliente, que muito compreensivelmente está convencido de que o seu caso é um caso especial, faz, geralmente, objeções a ser tratado como categoria. O tratamento estereotipado não se adapta às exigências dos problemas individuais. (*Idem*, p. 100 e 106)

A legislação, conjuntamente com o aparato burocrático, procura internalizar mecanismos de igualdade jurídica e diminuir possíveis arbitrariedades. Esse esforço traduz em uma estrutura de comando e de funções, que, aparentemente, se mantém autônoma. Todavia, no período imperial o quadro administrativo da província de Minas Gerais, no que tange às obras públicas (estradas e pontes), constituído por engenheiros, desenhistas, amanuenses, interage com o poder político provincial (Presidente de província, Deputados da Assembleia Legislativa Provincial), uma vez que os recursos econômicos, as concessões, estímulos, subsídios e autorizações para a construção, conservação, reparação de pontes e estradas dependiam do poder político provincial. As relações entre os engenheiros, que pertenciam ao quadro administrativo provincial, e o poder político provincial, ocorriam de forma interna através de solicitações, envios de relatórios técnicos acerca da necessidade das viárias da província, projeções orçamentárias, formulações de contrato. No entanto, não se tem como objetivo analisar as relações entre os engenheiros e o poder político provincial (Presidente de Província e Deputados da Assembleia Legislativa).

Argumenta-se que os engenheiros inseridos na dinâmica administrativa da província de Minas Gerais exerceram atividades de mediação entre as necessidades locais das Câmaras Municipais e de determinados indivíduos e interesses do poder político provincial. Em outros termos, para uma análise das atividades dos engenheiros como funcionários da província de Minas Gerais deve-se considerar que os engenheiros compunham os quadros de funcionários das obras públicas (Inspetoria, Repartição e Diretoria), mas que a existência de uma repartição voltada para construir e conservar pontes e estradas não implica diretamente em autonomia e independência. Assim, defronta-se com o entrelaçamento de dois aspectos para a compreensão da atividade de engenharia sob a tutela provincial: 1) a promulgação do Ato Adicional de 1834; 2) os espaços de formalização da Engenharia no século XIX.

Em relação ao Ato Adicional de 1834, evidencia-se a formulação de um arranjo institucional, que garantia às províncias, através da criação de Assembleias Provinciais, autonomia de decisões concernentes à tributação, orçamento (receita e despesa), empregos e obras públicas (DOLHNIKOFF, 2003, p. 117-118). Para Dolhnikoff, a autonomia tributária dotava a elite regional das províncias de instrumentos para elaborar políticas econômicas prioritárias. Desse modo, "a construção e a manutenção das estradas eram de competência das Assembleias provinciais, que consignavam verbas para este fim" (*Ibidem*, 2005, p. 112). Segundo a autora, a autonomia tributária aponta para os seguintes interesses do governo central: I) evitava, assim, o surgimento de movimento separatista; II) transferia para a província os chamados impostos internos, tornando eficiente a arrecadação; III) a autonomia da província na receita e despesa significava a desoneração do tesouro central (*Idem*, p. 171). Além disso, para o Império era primordial ampliar os meios de comunicação entre o governo e as diversas localidades a fim de estender a sua autoridade política (*Idem*, p. 177):

> O investimento na infra-estrutura necessária para permitir a expansão econômica, especialmente a modernização da rede viária, antes da chegada das ferrovias, foi, por exemplo, um item fundamental para várias economias regionais, suprido pelas rendas províncias. (*Ibidem*, 2003, p. 132)

No âmbito das províncias, a construção de estradas e pontes e conservação das já existentes significava tanto a presença de verbas para a realização das tarefas, quanto um quadro administrativo capaz de orçar, projetar, fiscalizar, examinar as obras em andamento e concluídas. Além disso, alterar orçamentos, confeccionar plantas de pontes e estradas, realizar a análise do relevo e da hidrografia, fornecer tabelas de preços de materiais e dos jornaleiros.

Para Dolhnikoff, aperfeiçoar a infraestrutura viária de uma província representava um investimento com garantia de retorno, visto que propiciava o aumento do comércio e, por conseguinte, incrementava as rendas públicas (*Idem*, p. 174):

> O poder provincial, ao se empenhar na construção e manutenção de estradas, servia, ao mesmo tempo e convergentemente, tanto aos fazendeiros como ao governo central, desempenhando dessa forma um papel determinante na viabilização do Estado nacional, pois fornecia-lhe o meio material de chegar às localidades enquanto cooptava fazendeiros ansiosos por mais estradas (*Idem*, p. 178)

Apesar da menção acerca da importância política e econômica da infraestrutura viária no século XIX, Miriam Dolhnikoff não tem por objetivo analisar o papel dos engenheiros e da engenharia nos processos de investimento da infraestrutura viária, assim como a participação dos engenheiros na burocracia provincial. Se, por um lado, Dolhnikoff ressalta a autonomia de grupos regionais e as negociações dessa elite regional com os representantes do governo central, por outro, apresenta uma valorização dos deputados da Assembleia Legislativa como indivíduos conhecedores da realidade provincial e, portanto, aptos a decidir o destino das rendas arrecadadas:

> Em 1844, o Presidente de São Paulo defendia a necessidade de um planejamento, por parte do governo, da construção e manutenção das estradas, de modo a atender as principais autoridades, uma vez que os cofres públicos não se encontravam em condições de atender toda a demanda deste setor. (...) As dificuldades enfrentadas pelo governo provincial, em virtude da desproporção entre os recursos administrativos e a região a ser atendida, dão mostras da impossibilidade de que o governo central assumisse este encargo em relação a todo o território nacional. Nesta questão transparece outro elemento decisivo para compreender o papel que a Assembleia Legislativa desempenhava no sentido de reduzir a distância político-administrativa entre a capital do Império e as províncias: o conhecimento que os deputados provinciais detinham da região, pois, geralmente, eram nela nascidos ou lá tinham seus principais negócios, ao contrário do presidente, indicado pelo governo central, estranho à província e nela permanecendo um período muito curto. Os deputados estavam, portanto, melhor aparelhados para indicar as soluções mais adequadas aos problemas que se apresentavam, para atender às demandas mais prementes da oligarquia regional e, assim, estabelecer uma conciliação que impedisse o surgimento de sentimentos separatistas ou de alguma forma contrários ao Estado Nacional. (DOLHNIKOFF, 1990, p. 86)

A autora estabelece os deputados provinciais como conhecedores do território e das suas necessidades. Mediante essa premissa, ressalta a dependência do presidente de província em relação aos deputados para determinadas decisões:

> (...) sem conhecer o território sob sua administração, o presidente dependia dos deputados para decisões cruciais como o destino dado

> às rendas arrecadadas. Desse modo, alem de ser, por lei, uma função da Assembleia, o seu papel nas decisões orçamentárias era reforçado pelo fato de serem os deputados conhecedores da realidade da província. (*Ibidem*, 2003, p. 122)

Miriam Dolhnikoff pouco considera sobre o papel dos engenheiros como funcionários provinciais capazes de oferecer tanto ao presidente de província e aos deputados provinciais dados fundamentais para a ampliação do conhecimento de determinada localidade em uma província, bem como balizamentos técnicos para a aplicação das rendas arrecadadas na infraestrutura viária oitocentista. A produção técnica desses engenheiros provinciais dimensiona a participação desses indivíduos que, em boa medida, também foram "conhecedores da realidade da província".

Através da legislação provincial, atesta-se a presença de engenheiros na província de Minas Gerais. A função de engenheiro e as atividades de engenharia em Minas Gerais se desenvolveram em perfeita consonância com a oferta de competências que havia nas décadas de 1830 a 1860. Tal oferta de competências se vincula diretamente com o processo de formalização da engenharia do país. Diante disso, a demanda da província, entre as décadas de 1830 a 1860, foram supridas, majoritariamente, pelos engenheiros estrangeiros e pelos engenheiros militares.

O francês Pedro Victor Renault, em 1842, segundo o engenheiro-chefe Fernando Halfeld, desempenhava as "operações geodésicas concernentes a alinhamento da estrada entre Queluz e Barbacena" (APM, SPOP 3-4 Caixa 1, doc. 11).

Além do desempenho de Pedro Victor Renault, nota-se a atuação de outro francês, o engenheiro de La Martinière e do engenheiro prussiano Julio Borell du Vernay.[33] Segundo relatório de 1854, E. de la Martinière e Bruno Von

33 Júlio Borell du Vernay, Tenente de Artilharia Prussiana, se encontrava no Rio Grande do Sul e recebeu convite da província de Minas Gerais para o cargo de engenheiro provincial. O contrato firmado, em dezembro de 1852, entre a província e Julio Borell du Vernay garantia o ordenado fixo de 1:600$00 réis e uma gratificação de 400$00 réis que deveria se elevar a 800$000 réis depois do primeiro ano de trabalho. Além disso, o engenheiro recebeu 400$000 réis para ajuda de custo do seu transporte e de sua

Sperling foram contratados nas mesmas condições do engenheiro Julio Borell du Vernay. Isso implica que ambos foram submetidos ao período mínimo de quatro anos de trabalho como engenheiro provincial e ao ordenado fixo de 1:600$000 réis (Relatório de presidente de província, 1854, p. 24). A permanência de Julio Borell du Vernay como engenheiro da província se estendeu até o ano de 1857. A curta passagem está vinculada a relação conflituosa entre os engenheiros Julio Borell du Vernay e Bruno Von Sperling, conforme nos indica, sem revelar os motivos da desavença, o relatório de 1857:

> Por achar-se o Engenheiro Julio Borell du Vernay, complicado em uma acusação feita ao engenheiro B. de Sperling, constante de um requerimento apresentado à Assembléa Legislativ Provincial na sessão do corrente ano, (...) resolvi (...) dispensal-o do serviço da província, mandando entretanto pagar-lhe três meses de seus vencimentos, como se achava estipulado no respectivo contracto, e recolher à repartição todos os papeis, e, instrumentos em seu poder (...). (Relatório de presidente de província, 1857, p. 20)

Salienta-se também a presença de dois engenheiros ingleses E. Thomas Martins e João Hitchens. O primeiro, E. Thomas Martins, se despediu da função em 1854 (APM, SPOP 3-4, Caixa 2, doc. 12).[34] Ambos os ingleses já esta-

família para a cidade de Ouro Preto. Segundo o contrato estabelecido, o engenheiro não poderia deixar o serviço da província antes do período de quatro anos (Relatório de presidente de província, 1853, p. 14).

34 O engenheiro inglês João Hitchens não firmou nenhum contrato com a província. Em 1853, a província firmou um acordo com o mesmo, no qual Hitchens receberia a quantia de 200$000 réis mensais mediante serviços prestados. Segundo o relatório do presidente de província, era necessário primeiramente observá-lo para depois firmar um contrato com o engenheiro Hitchens: "(...) o engenheiro inglês João Hitchens não o contratei, porém aceitei os seus serviços mediante a quantia de 200$000 réis mensaes, e o incumbi imediatamente de levantar a Planta para uma nova ponte sobre o Rio Preto na Villa deste nome, assim como projectar, e orçar os melhoramentos da Estrada d'ali para São João d'el Rei reservando-me para firmar qualquer contracto se convier depois de observar a maneira por que elle desempenha o serviço" (Relatório de presidente de província, 1853, p. 14). O engenheiro Thomas Martins celebrou contrato com a província, recebendo anualmente a quantia de 3:600$000 réis. O contrato não firmou

vam estabelecidos em Minas Gerais e trabalhavam em companhias britânicas de mineração: "(...) tratei de convidar alguns, que tem servido largos anos em Companhias Inglezas de Mineração, entre nós estabelecidos, exigindo a execução de alguns trabalhos para me convencer de suas habilitações (...)" (Relatório de presidência de província, 1853, p. 13). A procura por engenheiros se embasava na autorização, concedida pelo artigo 5° da lei n° 606 de 1852, para a contratação de três profissionais. Nota-se que a contratação de engenheiros se direcionou para a busca de informações em dois locais. O primeiro local, já acima mencionado, eram as companhias inglesas de mineração estabelecidas em Minas Gerais; o segundo, a cidade do Rio de Janeiro. A estadia na Corte permitia recolher informações sobre a oferta de engenheiros no país e no exterior:

> (...) aproveitei minha estada na Corte para informar-me das condições com que poderíamos obter um engenheiro chefe dentro, ou fora do país. Das informações, que obtive resulta que um Engenheiro Chefe, isto é, que além de se haver distinguido nos estudos theoricos, tenha adquirido prática, e dirigido por si obras de grande porte não virá ao Brasil sem se lhe assegurar vinte mil francos por ano, além de um prêmio, ou porcentagem, relativa ao custo das obras que dirigir, e ajuda de custo para vinda e volta porque assim são eles contractados para a Rússia e outros países. Para se tirar todo o proveito de tal engenheiro seria preciso ainda contractar dois sub-engenheiros, a que se dá o título de – Conductores – e se considerão homens de prática, e execução, destinados a ajudar ao Engenheiro Chefe, e copiar-lhe os trabalhos. Estes conductores podem se obter com ordenado de 5 à 6 mil francos por anno, além dos gastos do transporte, e ajuda de custo para viagem. (Relatório de presidente de província, 1853, p. 13)

Enquanto alguns estrangeiros rapidamente passavam pelo serviço provincial, outros chegaram a estabelecer vínculos familiares, como é o caso de

---

nenhum prazo mínimo para o engenheiro permanecer no cargo e afirmava "durando o contracto o tempo conveniente para ambos" (Relatório de presidente de província, 1853, p. 14).

Fernando Halfeld. Este se inseriu na sociedade mineira e permaneceu na província ao contrair matrimônio com Dona Candida Maria Carlota, filha do importante negociante Antonio Dias Tostes. Este, ao falecer, em 1834, acumulava uma fortuna total de 212:689$206 réis. A inserção de Halfeld na sociedade mineira lhe proporcionou tornar-se membro político da Câmara Municipal de Juiz de Fora e manter atividades econômicas como credor, o que indica relações de amizade e parentesco:[35]

> Outro credor que se incorporava nesse perfil era Henrique Guilherme Fernando Halfeld. Como engenheiro alemão e um vasto currículo de envolvimento em importantes obras públicas, inclusive obras de organização urbana da própria cidade de Santo Antonio do Paraibuna, Halfeld apresentava-se como lavrador de alimentos, mas, suas atividades transcendiam ao âmbito agrário, investindo como capitalista, com 82 devedores à época da morte de sua segunda esposa, a qual inclusive foi responsável pela incorporação dele aos quadros das famílias mais tradicionais da região. As pretensões de Halfeld não se reduziam à preservação e aumento de seu patrimônio. Observamos enormes ganhos políticos com atuações em duas legislaturas da Câmara Municipal, entre 1857-60 e 1861-64. (OLIVEIRA, 2005, p. 244)

No âmbito da engenharia militar, o tenente João José da Silva Teodoro realizou, entre as décadas de 1840 e 1850, obras relativas a pontes e estradas em Minas Gerais. Em 1842, segundo relatório do engenheiro Halfeld, o *alferes de Cavallaria* João José da Silva Teodoro se ocupava da cópia dos mapas geográficos de alguns municípios (APM, SPOP 3-4, Caixa 1, doc. 12).

Outra tipologia de engenheiro que se encontrou sob a gerência do poder provincial são aqueles que podemos denominar de "estrangeirados". Dentre esses engenheiros destacam-se Antonio Maria de Oliveira Bulhões, Henrique

35 Em 1840, após a morte de sua primeira esposa, Halfeld institui matrimônio com Cândida Maria Carlota, integrante da família Tostes. Cf. MARTINS, Roberto Borges. "Tschudi, Halfeld, Wagner e a geografia de Minas Gerais no século XIX". In: HALFELD, H.G.F e TSCHUDI, J.J. Von. A *província brasileira de Minas Gerais*. Belo Horizonte: Fundação João Pinheiro: Centro de Estudos Históricos e Culturais, 1998, p. 30.

Dumont e Honório Henrique Soares do Couto.[36] Todos prestaram serviço à província no âmbito das obras públicas. Bulhões diplomou-se em Engenharia em 1849 pela Escola Militar e, em seguida, viajou para a Europa, onde estudou na *École des Ponts et Chaussées*. Em seu retorno, empregou-se como responsável técnico da estrada União e Indústria na década de 1850 (TELLES, 1994, p. 281). Já Henrique Dumont, natural da cidade do Serro, realizou seus estudos em França. Henrique Dumont se incumbiu, além das atividades de erguer pontes e estradas, da tradução de relatórios técnicos do francês para o português. Relatórios estes emitidos pela Companhia União e Indústria e assinados pelos engenheiros franceses J.R. Vigoroux e Theodore Flajolot (APM, SPOP 3-1, Caixa 1, doc. 4).

Além de Henrique Dumont e Antonio Maria de Oliveira Bulhões, a província de Minas Gerais enviou estudantes mineiros para cursar na Europa engenharia. A legislação n° 791 de 1856 subsidiou os custos dos estudos. A lei exigia o regresso imediato dos dois jovens contemplados pelo subsídio após a conclusão dos estudos e que os mesmos desempenhassem a função de engenheiro provincial (LLM, 1856, Lei n. 791: Art. 9°§38).

Assegurado às bases normativas para auxiliar estudantes na Europa, a província concedeu a dois jovens mineiros a bolsa de estudos: Honório Henrique Soares do Couto e Francisco de Sales Queiroga Junior. Ambos celebraram o contrato com a província, "pelos quaes obrigarão-se elles a ir seguir na Europa o curso de estudos próprios dos Engenheiros Civis, com a condição de regressarem à província logo que se achem habilitados para empregarem-se no seu serviço por espaço não menor de oito anos" (Relatório de presidente de província, 1857, p. 32). Dirigiram-se para Paris, onde estudaram em uma escola preparatória para o curso de engenharia (Relatório de presidente de província, 1858, p. 30). Após três anos, em 1860, o relatório provincial informava que os

36 Henrique Dumont e Antonio Maria de Oliveira Bulhões podem ser caracterizados como "estrangeirados". Essa é uma expressão portuguesa do século XVIII para indicar os profissionais nascidos no país que se formavam no exterior e retornavam para Portugal, trazendo ideias renovadoras. Cf. TOLEDO, Benedito Lima de; BUENO, Beatriz S.; REIS FILHO, Nestor Goulart. "Antes da Politécnica: as aulas de arquitetura e os engenheiros militares". In: REIS FILHO, Nestor Goulart (org). *100 anos de ensino de arquitetura e urbanismo em São Paulo*. São Paulo: Fapesp, 1996, p. 12-21.

jovens não foram aprovados no exame de admissão na Escola Central em Paris e que necessitavam continuar os estudos preparatórios:

> Findo os três anos de que tratam as condições dos contratos celebrados em 9 de outubro de 1856 em virtude da Lei n 791 com os jovens Honório Henrique Soares do Couto e Francisco de Salles Queiroga para frequentarem em Paris os estudos da Escola preparatória, e depois as aulas superiores de engenharia a que se destinão (...) Mas os jovens não passarão no exame para serem admitidos na Escola Central. E para continuar a ter a subvenção da província os jovens teriam de continuar os estudos preparatórios de Mr. Martelet. (Relatório de presidente de província, 1860, p. 26-27)

Honório Henrique prosseguiu os estudos e, em outubro de 1862, foi admitido na Escola de Pontes e Estradas de Paris (APM, PP 1/42, caixa 49, doc. 39). Pode-se afirmar com precisão que o jovem mineiro Honório Henrique Soares do Couto concluiu seus estudos de engenharia, visto que, em meados da década de 1860, passou a ocupar o cargo de engenheiro provincial, conforme trataremos a seguir. Por outro lado, Francisco de Salles Queiroga desistiu dos estudos de Engenharia na França e regressou ao Brasil.

Em face à exígua disponibilidade de engenheiros advindos de escolas de engenharia no Brasil, o problema de recrutamento de engenheiros foi enfrentado pela província. Tais circunstâncias são notórias. Em 1858, o relatório provincial revelava um diálogo efetuado com Christiano Benedicto Ottoni (engenheiro formado pela Escola Militar diplomado no ano de1837) sobre a necessidade da província em contratar engenheiros. Christiano Ottoni sugeriu o recrutamento de engenheiros na Alemanha. Entretanto, a sugestão de Ottoni não foi prontamente aceita. Acreditava-se que os engenheiros formados nos Estados Unidos se adequariam mais rapidamente às condições topográficas e de trabalho vigentes no Brasil (TELLES, 1994, p. 279-280):

> N'este sentido dirigi-me ao cidadão Christianno Benedicto Ottoni para que houvesse de contractar um Engenheiro de superior merecimento, qual exigem as necessidades do serviço, com aquellas

> vantagens que rasoavelmente o remunerassem. Ponderando-me as difficuldades com que lutaria para realisar no Rio de Janeiro o desejado engajamento, lembrou-me o mesmo cidadão a conveniência de obter directamente de Allemanha, onde os ha com abundancia, um Engenheiro do merecimento que eu exigia. Não adoptei o alvitre lembrado; e preferi entender-me com o Exm Sr. Ministro do Imperio á fim de effectuar nos Estados Unidos da America do Norte o engajamento destinado a satisfazer esta a mais instante reclamação das publicas necessidades. A maior similitude dos terrenos, a que estão affeitos, para com os desta Provincia, e a economia com que soem executar os seus trabalhos, explicão a preferência sobre os da Europa dou aos Engenheiros da America, onde as Obras Publicas não offerecem esse caracter de magnificência e de luxo que os caracterisa n'aquelle continente, e que se não compadece com o estado das nossas finanças. Ante as urgências das necessidades da Provincia, que demandão a acquisição e conservação permanente de quatro Engenheiros hábeis, attentas as vantagens que colherá dos seus serviços e a economia que resulta aos Cofres Publicos de trabalhos bem dirigidos, é convicção minha que com usura serão retribuídas as despesas feitas com bons vencimentos, que se lhes houverem de arbitrar. (Relatório de Presidente de Província, 1858, p. 34)

No âmbito das obras públicas não atuaram somente engenheiros. Uma miríade de "anônimos" ocuparam postos, como se pode vislumbrar no quadro abaixo. Além de engenheiros, a Repartição de Obras Públicas era composta por dezesseis funcionários, desempenhando atividades diversas (Inspetor Geral, Oficial Maior, 1° e 2° Oficiais, Amanuense, Almoxarifado, Porteiro, Contínuo e Administrador de obras). Identifica-se uma hierarquia de comando expressa nos ordenados e nas gratificações, no qual o topo é ocupado pelo Inspetor Geral.[37]

37 Tal Inspector Geral das Obras, José Rodrigues Duarte, após quase um ano à frente da Repartição de Obras Públicas, obteve aposentaria no referido cargo em julho de 1859 (LLM, 1859, Lei 1.014, Art. único).

Tabela 6 – Folha dos empregados da Repartição das Obras Publicas, março de 1859

Cargo	Nome	Ordenados	Gratificação	Total	Datas de nomeação
Inspetor Geral	José Rodrigues Duarte	2$400$000	800$000	3$200$000	8 de julho de 1858
Oficial Maior	Anacleto de Magalhães Rodrigues	1$200$00	600$000	1$800$000	23 de agosto de 1858
1° oficial	José João Ferreira de Souza Coutinho	800$000	400$000	1$200$000	29 de abril de 1857
1° oficial	José Rodrigues Duarte Junior	800$000	400$000	1$200$000	14 de novembro de 1857
2° oficial	José Candido Moreira	600$000	300$000	900$000	29 de abril de 1857
2° oficial	José Antonio Tassara de Padua	600$000	300$000	900$000	16 de novembro de 1857
Amanuense titulado	João Francisco de Paula Castro	400$000	200$000	600$000	29 de abril de 1857
Amanuense titulado	Maximiano Bento Machado	400$000	200$000	600$000	27 de fevereiro de 1858
Amanuense extranumerários	Florentino Carlos Prudente	Diária	2$000		6 de julho de 1857
Amanuense extranumerários	Antonio José Ribeiro Bhering	Diária	1$200		13 de novembro de 1858
Porteiro	Lourenço Côrrea de Mello	300$000	150$000	450$000	2 de abril de 1857
Almoxarifado	Agostinho Antonio Tassara de Padua (almoxarife)	400$000	200$000	600$000	4 de junho de 1857

Almoxarifado	Manuel Carlos Xavier de Souza (Fiel)	240$000	80$000	320$000	2 de abril de 1857
Administrador das Obras Públicas	Francisco Xavier de Moura Leitão	800$000	400$000	1$200$000	14 de abril de 1857
Contínuo	Antonio Joaquim de Santa Anna		8$000	96$000	
Contínuo	Manoel Soares Gomes		15$000	180$000	16 de outubro de 1858

Fonte: APM, SPOP 3-4, Caixa 3, doc. 19.

Neste quadro é visível a ausência de engenheiros, porém para o ano de 1859 os seguintes engenheiros estavam a serviço da província: Henrique Gerber, Francisco Mariano Halfeld, Francisco Eduardo de Paula Aroeira, Julio Borell du Vernay, Henrique Dumont, João Alves, João José da Silva Teodoro e o ajudante de engenheiro Gustavo Dodt (APM, SPOP 3-6, Caixa 2 a 28 e 32 a 57). Se somados aos dezesseis funcionários citados acima, temos um total de vinte e quatro funcionários em atividade na Repartição das Obras Públicas da província de Minas Gerais no ano de 1859. Conquanto, observa-se que o cargo de gerência e comando não era ocupado por um engenheiro.

A ascensão dos engenheiros aos cargos de chefia da Secretaria de Obras Públicas se efetuou após a legislação de 1866, no qual o Regulamento instituiu o cargo de engenheiro-chefe. O primeiro a ocupar tal função foi o engenheiro Henrique Gerber. Em 1867, um relatório da Seção Técnica da Diretoria Geral das Obras Públicas manifesta dois aspectos de relevância: I) uma análise dos engenheiros sob a chefia da Seção Técnica; II) a queixa da insuficiência do número de engenheiros para o serviço da província e uma singular proposta de descentralização da atividade dos engenheiros através da autorização das Câmaras Municipais para contratar um engenheiro por Comarca:

> Pessoal da Secção
> 1 Engenheiro Chefe, 5 Engenheiros, 1 Desenhador copista, 2 Amanuenses e 1 Guarda archivista. (...)

> Permitta VS[a] as seguintes observações:
> O numero de Engenheiros de que dispõe a Secção he insufficiente para o serviço da Provincia, como VS[a] já tem reconhecido, bem sei que os cofres Provinciaes não comportão maior despesa, entretanto seria conveniente ou mesmo vantagem que se authorizasse as Camaras Municipaes a contractar por Comarcas 1 Engenheiro que, sugeito a esta Repartição, cuidasse dos trabalhos relativos a obras de Matrizes, Pontes, Pontilhões, concertos de estradas. Um simples calculo bazeado em contas aprovadas das respectivas Camaras, mostrão uma renda media total de 200$000 ou por cada 2 Comarcas de 6 municipios uma media de 20:000 que deverá ser elevada a 25:000 se addicionar-mos os auxílios prestados pelas Assembléa e Cofres Provincial aos diversos Municipios, annualmente: estou certo de que com 10 por % dessa media ou 25:000 annualmente os municipios da Provincia poderão contractar Engenheiros que, como disse, se encarreguem dos planos e orçamentos de todas as obras municipaes enviando-os promptificados a esta Repartição, que terá simplesmente o trabalho de examinar esses projectos, ficando lhe muito mais tempo do que agora dispõe, para cuidar com mais regularidade das Obras Provinciaes. (APM, SPOP 3-1, Caixa 2, doc. 02)

Não temos notícia se a referida proposta foi levada à efetivação. Os resultados alcançados em outras obras historiográficas permitem afirmar que, provavelmente, a proposta de descentralização técnica e administrativa da Seção Técnica da Diretoria de Obras Públicas não se realizou (BARBOSA, 2011).

Manteve-se a presença de um corpo de funcionários heterogêneo com diferentes funções administrativas, como se pode observar na tabela abaixo do ano de 1869. Contabiliza-se do conjunto de dezesseis funcionários, um total de cinco engenheiros e um desenhador copista. Dos funcionários da Repartição de Obras Públicas identifica-se que o Secretário e os dois Oficiais eram oriundos da Mesa das Rendas da província de Minas Gerais, que havia sido extinta em fevereiro de 1866. Acrescenta-se a essa observação, que os cargos de desenhador copista e engenheiro-chefe estavam vagos. A tabela abaixo ressalta dois momentos peculiares: I) fluxo interno de três funcionários dentro de repartições distintas da província, através da transferência de funcionários da Mesa das Rendas para a Repartição de Obras Públicas; II) a saída do desenhador copista e do engenheiro-chefe dos quadros de funcionários da Repartição de Obras Públicas.

Tabela 7 – Funcionários da Repartição de Obras Públicas (1869)

Ocupação[38]	Nome
Diretor Geral	Victor Diniz G.
Secretário	Antonio Luiz M. Soares D'Alvarenga (*)
Oficial	José Marques d'Oliveira (*)
Oficial	Baptista Carlos José de Mello (*)
Amanuense	Camillo da Costa Braga
Amanuense	Lauro Arthur de Lima
Amanuense	Francisco José Bento Soares
Amanuense	Guido Augusto d'Andrada
Engenheiro Chefe (**)	Vago
Engenheiro	Francisco Eduardo de Paula Aroeira
Engenheiro	Modesto de Faria Bello
Engenheiro	Honorio Henrique Soares do Couto
Engenheiro	Bruno Von Sperling
Desenhador copista	Vago
Guarda Arquivo	Francisco Paula Rodriguez Horta
Contínuo	Manuel Vieira

Fonte: APM, SPOP 3-4 Caixa 2 doc. 44; APM, SPOP 3-4 Caixa 3, doc. 35.
(*) Transferido(s) da extinta Mesa das Rendas para a Repartição de Obras Públicas por Portaria de 17 de fevereiro de 1866.

38 O vencimento dos empregados da Diretoria Geral das Obras Públicas se subdividia da seguinte maneira: Diretor Geral (ordenado – 1:666$667, gratificação – 833$333, total – 2:500$000), Secretário (ordenado – 1:333$334, gratificação – 666$666, total – 2:000$000), Oficial (ordenado – 1:200$000, gratificação – 600$000, total – 1:800$000), Amanuense (ordenado – 400$000, gratificação – 200$000, total – 600$000), Guarda Archivista (ordenado – 333$334, gratificação – 166$666, total – 500$000), Desenhador copista (ordenado – 533$334, gratificação – 266$666, total – 800$000), Porteiro (ordenados – 333$334, gratificação – 166$666, total – 500$000), Contínuo (ordenado – 266$667, gratificação – 133$333, total – 400$000) (LLM, 1866, Regulamento 53).

(**) O número de engenheiros não está completo.

O cargo de desenhador copista permanecia vago devido à exoneração de João Raymundo Duarte, que havia sido dispensado do cargo em outubro de 1868. João Raymundo Duarte ocupou a função de desenhista entre março de 1866 e outubro de 1868 (SPOP 3-4, Caixa 2, doc. 44). Todavia, apesar do curto período como desenhista da província, em um relatório da Seção Técnica da Diretoria Geral das Obras Públicas em 1867, João Raymundo era descrito de forma elogiosa pela Seção Técnica:

> O Desenhador Copista João Raymundo Duarte, tem sido empregado na organização de cartas, mappas, copias de plantas e dezenhos cotados, distinguindo-se sempre pela perfeição com que desempenha seus trabalhos tendo sido constantemente lavrado por meos antecessores; acredito que empregará seos exforços para exceder ainda se hé possivel a expectativa da Secção. (APM, SPOP 3-1, Caixa 2, doc. 02)

O importante cargo de engenheiro-chefe também se encontrava vago. Entre 1867 e 1868, o referido cargo esteve sob o comando do engenheiro-chefe Martiniano da Fonseca Reys Brandão. O engenheiro Martiniano havia iniciado suas atividades de engenharia na Repartição de Obras Públicas da província de Minas Gerais em fevereiro do ano de 1866. No entanto, apesar da rápida ascensão ao cargo de engenheiro-chefe, Martiniano "obteve demissão por acto de 24 de julho de 1868" (APM, SPOP 3-4, Caixa 2, doc. 44). Nota-se que o engenheiro Martiniano foi nomeado, em 1867, para o cargo de engenheiro-chefe, em substituição ao engenheiro Henrique Gerber: "Em 6 de abril de 1867 foi designado pelo Exmo Governo para substituir ao Engenheiro Gerber no lugar de Chefe da Secção Technica, em cujo exercício entrou em 1° de junho de 1867" (APM, OP-215).

Segundo a Seção Técnica da Diretoria Geral das Obras Públicas, Gerber se demonstrava um engenheiro com conhecimento teórico e, ao mesmo tempo, "abalizado practico", sendo então nomeado "Chefe da Seção Technica da Diretoria Geral das Obras Públicas da Provincia creada pelo Regulamento nº 53 de 17 de fevereiro de 17 de Fevereiro de 1866" (APM, OP-215) (APM, SPOP 3-1, Caixa 2, doc. 02).

No entanto, em abril de 1867, o governo da província concedeu ao engenheiro Henrique Gerber licença de um ano das atividades de engenheiro-chefe (APM, OP-215). Após o fim da mesma, Gerber não retornou ao cargo de engenheiro da província de Minas Gerais.[39] Durante a passagem de Henrique Gerber, entre fins dos anos 1850 até 1867, evidencia-se que em seus trabalhos de campo acompanhava-o o ajudante Gustavo Dodt.[40]

Além disso, cabe destacar o momento de inserção dos engenheiros Honorio Henrique Soares do Couto e Francisco Eduardo de Paula Aroeira no quadro de funcionários da província de Minas Gerais. O engenheiro Honório Henrique Soares do Couto foi nomeado para o cargo em abril de 1867. Já Francisco Eduardo de Paula Aroeira foi contratado pela província em 21 de abril de 1854 (APM, SPOP 3-4, Caixa 2, doc. 44).

O cruzamento dessas informações com a base de dados dos processos de pontes e estradas possibilitou afirmar o início e o fim das atividades dos engenheiros Francisco Eduardo de Paula Aroeira e Honório Henrique Soares do Couto. O engenheiro Aroeira atuou na província durante vinte e três anos, isto é, iniciou suas atividades no ano de 1854 e culminou a mesma no ano de 1877. Os registros coligidos na base de dados de pontes e estradas em relação ao engenheiro Honório Henrique Soares do Couto revelam uma passagem de onze anos na função de engenheiro provincial, demarcando o início e o fim das atividades de engenheiro, respectivamente, no ano de 1867 e 1878 (APM, SPOP 3-6, Caixa 2 a 28, 32 a 57).

---

39 Henrique Gerber: "Nascido na Allemanha e brazileiro por naturalisação, sendo engenheiro, serviu na província, hoje estado de Minas Gerais, é cavaleiro da ordem da Rosa, e escreveu: Noções geographicas e administrativas da provincia de Minas Geraes, publicada em virtude do art. 21 da lei n. 1.164 de outubro de 1861, com uma planta de Ouro Preto. Rio de Janeiro, 1863" (BLAKE, 1895, v. 3, p. 220).

40 Gustavo Luis Guilherme Dodt foi contratado pelo Barão de Capanema para serviços no Ministério e para a construção de linhas telegráficas. Era natural do Reino de Hannover, da cidade de Dannenberg. Era engenheiro e também doutor em filosofia pela Universidade de Iena. Permaneceu no Brasil desde meados de 1850 até a sua morte, em 1903. Exerceu a função de engenheiro em Minas Gerais, Maranhão e Ceará. Aposentou-se como engenheiro da Repartição Geral dos Telégrafos em Blumenau.

Outros engenheiros também apresentaram uma presença longeva no corpo burocrático da província de Minas Gerais. Dentre estes, destacam-se, mormente, o engenheiro Bruno Von Sperling e o engenheiro Modesto de Faria Bello. Esse último, por sua vez, era nascido na cidade de Formiga, no ano de 1834, em Minas Gerais. Modesto de Faria Bello graduou-se em engenharia civil pela Escola Central do Rio de Janeiro e exerceu entre os anos de 1862 e 1886 a função de engenheiro provincial (BLAKE, 1900, v. 6, p. 299).[41] Em relação ao engenheiro Bruno Von Sperling, temos poucas informações. Sabe-se que participou e assinou a Ata de fundação da Escola de Minas de Ouro Preto em 1876, assim como apresentou extensa participação nos processos construtivos de pontes e estradas, que teve início em 1853 e fim no ano de 1888 (*Ibidem*, 2011) (APM, SPOP 3-6, Caixa 2 a 28, 32 a 57) (ESCOLA DE MINAS, 1922).[42]

Se por um lado, não é possível dimensionar os motivos pelos quais o desenhista João Raymundo e o engenheiro Martiniano da Fonseca Reys Brandão deixaram os respectivos cargos na província de Minas Gerais no ano de 1868, por outro lado, pode-se afirmar que a administração provincial experimentava uma rotatividade de indivíduos em determinadas funções. Nota-se, por exem-

41 Blake destaca a seguinte publicação de autoria de Modesto de Faria Bello: "Quadro das distâncias entre as sedes dos municipios de Minas Gerais. Ouro Preto, 1864, 36 págs" (BLAKE, 1900, v. 6, p. 299). Acrescenta-se a essa publicação, também do mesmo engenheiro, o livro referente ao sistema de pesos e medidas do século XIX: "Tabellas do novo systema de pesos e medidas e principalmente da reducção das antigas medidas agrárias às do systema métrico e vice-versa". Rio de Janeiro: Typographia de Adolpho de Castro & Cia, 1882.

42 A trajetória de Bruno Von Sperling e Modesto de Faria Bello não é contínua e linear como funcionários da província. Em 1873, o governo autorizou a licença de seis meses solicitada pelo engenheiro Bruno Von Sperling para o tratamento adequado de sua saúde: "fica autorisado a conceder ao engenheiro (...) seis meses de licença, com todos os seus vencimentos, para tratar de sua saúde onde lhe convier, e sendo necessario mais 6 meses, com simples ordenado" (LLM, 1873, Lei n. 2.008: Art. único). Em 1878, o governo da província também concedeu ao engenheiro Modesto de Faria Bello a licença de um ano para tratar de sua saúde com o recebimento total dos ordenados (LLM, 1878, Lei 2.471: Art. único). Segundo José Murilo de Carvalho, o funcionamento de uma repartição no período imperial manifesta manipulações e privilégios para obter nomeações, promoções, comissões e licenças, uma vez que envolviam superiores hierárquicos, políticos e amigos (CARVALHO, 1980, p. 125).

plo, o pouquíssimo tempo em que Carlos Peixoto de Mello trabalhou como engenheiro da província em 1866:

> Engenheiro Carlos Peixoto de Mello por titulo de 17 de fevereiro de 1866. Entrou em exercício na mesma data. Obteve demissão a 27 de outubro de 1866 (SPOP 3-4, Caixa 2, doc. 44).

A breve ocupação da função de engenheiro por Carlos Peixoto de Mello não foi exceção. Outros engenheiros também apresentam curta passagem pelo serviço da província, por exemplo, os engenheiros Rodrigo Ribeiro, João Ramos de Queiroz e José Franklin Massena (APM, SPOP 3-6, Caixa 2 a 28, 32 a 57).[43]

Em termos comparativos entre a folha de funcionários de 1869 e a folha de empregados de outubro de 1876, temos a permanência dos engenheiros Bruno Von Sperling, Modesto de Faria Bello e Honorio Henrique Soares do Couto e a inserção de quatro novos engenheiros na província de Minas Gerais: 1) João

43 A curta passagem de João Ramos de Queiroz como engenheiro da província de Minas Gerais contribuiu para que Queiroz aperfeiçoasse os conhecimentos sobre a infraestrutura viária de Minas Gerais para que, posteriormente, elaborasse uma proposta ao Império de um Plano de Viação Geral para todo o Brasil. Esse plano tinha como ponto de referência o Rio São Francisco, para o qual deveria convergir todas as estradas de ferro do país. O engenheiro João Ramos de Queiroz apresentou, em 1874, o referido Plano ao Instituto Politécnico Brasileiro: "Provavelmente este plano serviu de base aos posteriores, de Honório Bicalho, e de Oliveira Bulhões. O projeto de Ramos de Queirós é misto, conjugando estradas de ferro com a navegação fluvial e tinha por objetivo principal ligar as bacias hidrográficas" (COIMBRA, 1974, p. 146). Além do referido Plano de Viação de 1874, o engenheiro João Ramos de Queiroz escreveu, em 1875, a obra "Ligação da província de São Paulo ao Rio São Francisco". Cf. QUEIROZ, João Ramos de. *Ligação da província de São Paulo ao Rio São Francisco*. Rio de Janeiro: Typografia do Globo, 1875.

Victor de Magalhães Gomes;[44] 2) Candido Jose Coelho de Moura; 3) Francisco de Souza Mello e Netto; 4) Albert Schirmer.[45]

Tabela 8 – Folha dos empregados da Diretoria de Obras Públicas, outubro de 1876

Ocupação[44]	Nome
Chefe de Seção	Baptista Carlos J. de Mello
1° Oficial	Lauro Arthur de Luna
2° Oficial	Camillo da Costa Braga
2° Oficial	Francisco José Bento
Amanuense	Jose Pinheiro d'Ulhoa Cintra
Colaborador	Antonio Augusto Rodrigues Barcellos
Engenheiro	Bruno Von Sperling

44 O engenheiro João Victor de Magalhães Gomes (1840-1911), nascido em São João del Rey, se diplomou na Escola Central que, posteriormente, se transformou em Escola Polytechnica. Além da atuação na província como engenheiro, exerceu a função de professor de desenho da Escola de Minas entre os anos de 1885 e 1903 (ESCOLA DE MINAS, 1922, p. 258). No âmbito das obras públicas de Minas Gerais, segundo a relação de empregados da província elaborada pela Tesouraria provincial no ano de1868, o "Engenheiro João Victor de Magalhães Gomes" havia sido "nomeado por Titulo de 9 de julho de 1865. Em 17 de junho de 1867 obteve 15 dias de licença para tratar de negócios; e por despacho de 8 de agosto do corrente anno mais um mês para tratar-se" (APM, SPOP 3-4, Caixa 2, doc. 44).

45 De janeiro de 1873 a novembro de 1876 o vencimento dos empregados da Diretoria Geral das Obras Públicas se subdividia da seguinte maneira: Diretor Geral (ordenado – 4:500$000, gratificação – 1:500$000, total – 6:000$000), 1° Adjunto (ordenado – 3:600$000, gratificação – 1:200$000, total – 4:800$000), Engenheiro de Distrito (ordenado – 3:450$000, gratificação – 1:150$000, total 4:600$000), 2° Adjunto (ordenado – 2:700$000, gratificação – 900$000, total – 3:600$000), Secretário (ordenado – 2:100$000, gratificação – 700$000, total – 2:800$000), 1° Oficial (ordenado – 1:650$000, gratificação – 550$000, total –2:200$000), 2° Oficial (ordenado – 900$000, gratificação – 360$000, total – 1:200$000), Amanuense (ordenado – 675$000, gratificação – 225$000, total – 900$000), Desenhista (ordenado – 900$000, gratificação – 300$00, total – 1:200$000), Administrador de obras (ordenado – 1:050$000, gratificação – 350$000, total – 1:400$000) Porteiro (ordenado – 540$000, gratificação – 180$000, total – 720$000), Continuo (ordenado – 450$000, gratificação – 150$000, total – 600$000) (LLM, 1873, Regulamento 68).

Engenheiro	João Victor de Magalhaes Gomes
Engenheiro	Candido Jose Coelho de Moura
Engenheiro	Honorio Henrique Soares do Couto
Engenheiro	Francisco de Souza Mello e Netto
Engenheiro	Modesto de Faria Bello
Engenheiro interino	Alberto Schirmer
Desenhista	Gabriel Carlos Alvares da Costa
Porteiro	Manoel Vieira dos Reis
Continuo	Antonio J. Dias Horta
Pedestre	Camillo de Leles Pereira

Fonte: APM, SPOP 3-4, Caixa 9, doc. 38-01.

A partir de meados da década de 1870 evidencia-se a diminuição do número de engenheiros estrangeiros e a inserção de engenheiros egressos da Escola Politécnica do Rio de Janeiro (fundada no ano de 1874) e da Escola de Minas de Ouro Preto (inaugurada em 1876). Engajaram-se, a partir da década de 1870, nos cargos de engenheiro da província de Minas Gerais diversos engenheiros oriundos de ambas as Escolas.

Desenvolver-se-á na seção "Egressos da Escola Politécnica do Rio de Janeiro e da Escola de Minas de Ouro Preto no Brasil oitocentista: a circulação de engenheiros e os Distritos de Obras Públicas", análise das atividades de engenharia na província de Minas Gerais dos formados pela Escola Politécnica do Rio de Janeiro e da Escola de Minas de Ouro Preto.

Os engenheiros também se envolveram em outras atividades econômicas. O engenheiro Candido Jose Coelho de Moura obteve, em 1880, da província de Minas Gerais, concessão para a construção de uma estrada de ferro que partiria da cidade de São João d'El Rey em direção à Oliveira. Temos, assim, um engenheiro que, primeiramente, exerceu atividades construtivas de pontes e estradas e, posteriormente, se transferiu para o setor ferroviário:

> Fica o governo autorisado a contratar com os cidadãos Dr. Jose Coelho de Moura, José das Chagas Andrade, Tenente Coronel João Ribeiro da Silva, Major Teodoro Ribeiro de Oliveira, Capitão José Pedro Ferreira de Paiva, Capitão Carlos Ribeiro da Silva Castro, Dr. Antonio Justiniano das Chagas, Eliezer Ribeiro das Chagas, Antonio Alves de Moura e Vicente Rodrigues Alves Rocha (...) a construcção de uma estrada de ferro de bitola estreita, que, partindo de S. João d'El-Rei, vá ter à cidade da Oliveira, garantindo juros até 7% sobre o capital máximo de 3:000:000$ durante quarenta anos. As bases para o contrato serão as seguintes: privilégio de zona igual a 40 kilometros de cada lado do eixo da linha, sem prejuízo de zona já concedida, obrigação imposta aos concessionários de cobrarem quaesquer taxas ou impostos provinciaes, reversão da estrada para a província no fim do prazo do privilégio, sem ônus algum para os cofres provinciaes (...). (LLM, 1880, Lei 2625, Art. único)

Tabela 9 – Folha dos empregados da Diretoria de Obras Públicas, setembro 1877

Ocupação[46]	Nome
Secretário	Baptista Carlos José de Mello
1° Oficial	Francisco José Bento Soares
1° Oficial	Manoel Antonio Pacheco Ferreira Lessa
2° Oficial	Nicolau Jose Ferreira
2° Oficial	Antonio Pereira Soares

46 A partir de novembro de 1876 o vencimento dos empregados da Diretoria Geral das Obras Públicas se subdividia da seguinte maneira: Diretor Geral (ordenado – 3:600$000, gratificação – 1:400$000, total – 5:000$000), Engenheiro de Distrito (ordenado – 3:400$000, gratificação – 1:200$000, total 4:600$000), Secretário (ordenado – 1:600$000, gratificação – 600$000, total – 2:200$000), 1° Oficial (ordenado – 1:500$000, gratificação – 500$000, total –2:000$000), 2° Oficial (ordenado – 800$000, gratificação – 400$000, total – 1:200$000), Amanuense (ordenado – 600$000, gratificação – 300$000, total – 900$000), Desenhista (ordenado – 800$000, gratificação – 400$00, total – 1:200$000), Administrador de obras (ordenado – 800$000, gratificação – 380$000, total – 1:180$000), Porteiro-Contínuo (ordenado – 500$000, gratificação – 250$000, total – 750$000), Correio-Servente (ordenado – 300$000, gratificação – 200$000, total – 500$000) (LLM, 1876, Regulamento 78).

Amanuense	Jose Pinheiro d'Ulhoa Cintra
Engenheiro	João Victor de Magalhães Gomes
Engenheiro	Francisco de Souza Mello e Netto
Engenheiro	Honorio Henrique Soares do Couto
Engenheiro	Modesto de Faria Bello
Engenheiro	Alberto Schirmer
Engenheiro	Catão Gomes Jardim
Desenhista	Gabriel Carlos Alvares da Costa
Porteiro Contínuo	Antonio Jose Dias Horta
Porteiro adido	Manoel Vieira dos Reis
Correio Servente	Camillo de Lelles Pereira

Fonte: APM, SPOP 3-4, Caixa 9, doc. 41.

Entre 1877 e 1880, prevalece uma estabilidade numérica em relação ao número de engenheiros. O corpo burocrático permanece com seis engenheiros à disposição da província. Entretanto, é possível mensurar a saída de quatro engenheiros no ano de 1878: Francisco de Souza Mello e Netto, João Victor de Magalhães Gomes, Honório Henrique Soares do Couto e Alberto Schirmer. Vislumbra-se na folha de fevereiro de 1880 a incorporação de três engenheiros: Alípio Cavalcanti Pereira da Silva, José Álvares de Araujo e Souza e Antonio Olyntho de Almeida Gomes. Entre 1877 e 1880, nota-se a permanência do engenheiro Catão Gomes Jardim, Modesto de Faria Bello e a presença de Bruno Von Sperling, como se observa na tabela abaixo.

Tabela 10 – Folha dos empregados da Diretoria Geral das Obras Públicas, fevereiro de 1880

Ocupação[47]	Nome
Secretário	Francisco de Paula Alvarenga Junior
1° Oficial	Lauro Arthur de Lima
1° Oficial	Rodolpho Augusto Gonzaga
2° Oficial	Antonio Pereira Soares
2° Oficial	Jose Pinheiro d'Ulhoa Cintra
2° Oficial	Pedro Augusto de Almeida Santos
2° Oficial	Damaso B. dos Santos
Engenheiro	Bruno Von Sperling
Engenheiro	Antonio Olyntho d'Almeida Gomes
Engenheiro	Alipio Cavalcanti Pereira da Silva
Engenheiro	Modesto de Faria Bello
Engenheiro	Catão Gomes Jardim
Engenheiro	Jose Alvares d'Araujo e Souza
Desenhista	Cesarino Cypriano Ribeiro
Porteiro	Manuel Vieira dos Reis
Continuo	Francisco de Paula Soares
Correio Servente	Camillo de Lelles Pereira

Fonte: APM, SPOP 3-4, Caixa 12, doc. 12.

47 Em outubro de 1879, de acordo com o Regulamento n. 87, o vencimento dos empregados da Diretoria Geral das Obras Públicas se subdividia da seguinte maneira: Diretor Geral (ordenado – 4:500$000, gratificação – 1:500$000, total – 6:000$000), Engenheiro de Distrito (ordenado – 3:650$000, gratificação – 1:350$000, total 5:000$000), Secretário (ordenado – 2:100$000, gratificação – 700$000, total – 2:800$000), 1° Oficial (ordenado – 1:800$000, gratificação – 600$000, total –2:400$000), 2° Oficial (ordenado – 1:050$000, gratificação – 350$000, total – 1:400$000), Desenhista (ordenado – 1:050$000, gratificação – 350$00, total – 1:400$000), Administrador de obras (ordenado – 1:050$000, gratificação – 350$000, total – 1:400$000), Porteiro (ordenado – 600$000, gratificação – 200$000, total – 800$000), Continuo (ordenado – 450$000, gratificação – 150$000, total – 600$000), Correio-Servente (ordenado – 375$000, gratificação – 125$000, total – 500$000) (LLM, 1879, Regulamento 87).

Em 1887, a província apresentava-se com vinte funcionários em exercício. As funções de engenheiro eram subdivididas entre oito profissionais. O desenhador copista, Gabriel Alvares da Costa, que iniciou suas atividades na província na década 1870, permanecia no mesmo posto de trabalho no ano de 1887, apesar da ausência na folha do mês de fevereiro de 1880. Por outro lado, o engenheiro Modesto de Faria Bello já não ocupava a função de engenheiro, uma vez que havia se aposentado em fins do ano de 1885 (LLM, Lei 3.321: Art. único). E, em julho de 1886, a província autorizava-o a receber como engenheiro aposentado o ordenado simples de 3:650$000 (LLM, 1886, Lei 3.394: Art. único).

Tabela 11 – Folha dos empregados da Diretoria Geral das Obras Públicas, outubro de 1887

Ocupação	Nome
Secretário	Francisco Luiz Maria de Brito
1° Oficial	Lauro Arthur de Lima
1° Oficial	Rodolpho Augusto Gonzaga
2° Oficial	José Pinheiro d'Ulhoa Cintra
2° Oficial	Nicolau Jose Ferreira
2° Oficial	Alexandre Alvares de Souza Coutinho
2° Oficial	Camillo da Costa Braga
Engenheiro	Bruno Von Sperling
Engenheiro	Antonio Olyntho de Almeida Gomes
Engenheiro	Chrispiniano Tavares
Engenheiro	Hygino Soares de Oliveira Alvim
Engenheiro	Catão Gomes Jardim
Engenheiro	Joaquim Francisco de Paula
Engenheiro	Francisco de Lemos
Engenheiro	Theophilo Benedicto Ottoni
Desenhista	Gabriel Carlos Alvares da Costa
Administrador das Obras	Agostinho Jose Carlos do Couto
Porteiro	Manoel Vieira dos Reis
Contínuo	Jose Justino dos Santos
Servente	José Luiz Teixeira

Fonte: APM, SPOP 3-4, Caixa 12, doc. 18.

Em fins do ano de 1887, o engenheiro Bruno Von Sperling também adquiriu o direito à aposentadoria. Dessa forma, a província também lhe concedeu como pensão, cujo ordenado simples era 3:650$000 (LLM, 1887, Lei 3.439: Art. único).

Por um lado, nota-se o fim do "ciclo" dos engenheiros Bruno Von Sperling e Modesto de Faria Bello, por outro, temos a evidência do processo de seleção pelo qual passou Alexandre Alvares de Sousa Coutinho para alcançar o cargo de 2° oficial da Diretoria Geral das Obras Públicas. Em vista da ata de exames para o citado cargo, é possível avaliar que o 2° oficial realizou exames de prova escrita e oral de português, francês, inglês, geografia e aritmética (APM, OP-253).

O exame de admissão para o cargo de 2° oficial lavrado em Ata (1887) foi uma exceção e não regra. Diversos cargos foram ocupados na base do apadrinhamento e não da competência técnica, por exemplo, a função de engenheiro que, apesar da exigência de comprovação de competência técnica validada pelo sistema educacional da época, era de livre nomeação do presidente de província. Corrobora tal afirmação o fato de que recorrentemente as diferentes legislações provinciais salientavam que os engenheiros eram nomeados e escolhidos pela presidência da província sem a exigência de exames prévios (LLM, 1873, art. 36; 1876, art. 72; 1879, art. 9; 1883, art. 8). Por outro lado, menciona-se permanentemente a necessidade de comprovação de habilidades para a inserção no corpo burocrático. Em 1873, para a ocupação do cargo de engenheiro deveria se "provar com documentos legaes que são bacharéis em mathemáticas ou que tem curso de engenharia em escolas acreditadas" (LLM, 1873, art. 38). Já no ano de 1883 a legislação declarava que a função de engenheiro seria exercida por aqueles indivíduos que possuíssem "títulos de engenheiro civil ou de minas pelas faculdades do império" (LLM, 1883, art. 125).

Em vista disso, alcançam-se duas conclusões: I) a legislação estava em consonância com a formalização da engenharia em face à mudança normativa presente no ano de 1873 e de 1883 referentes à comprovação de titulação para a ocupação do cargo de engenheiro. Nota-se a incorporação do título de engenheiros de minas e o desaparecimento da possibilidade de inserção burocrática para o cargo de engenheiro indivíduos bacharéis em matemática; II) a livre nomeação de engenheiros por escolha do presidente de província possibilitou que indivíduos nascidos em Minas Gerais e, portanto, com laços familiares e políticos já estabelecidos na província, após concluírem seus estudos encontrassem em Minas Gerais postos de trabalho no corpo burocrático provincial. Nessa junção entre livre nomeação do presidente de província, laços familiares consolidados na província e formação em escolas de engenharia enquadram-se os engenheiros Modesto de Faria Bello, João Victor de Magalhães Gomes e Henrique Dumont que, respectivamente, eram nascidos em Minas Gerais, nas seguintes localidades: Formiga, São João d'el Rey e Serro. Observa-se que ambos os engenheiros Modesto de Faria Bello e João Victor de Magalhães Gomes, após se formarem pela Escola Central no Rio de Janeiro, retornaram à Minas Gerais e compuseram o quadro de engenheiros da província. O engenheiro Henrique Dumont também regressou à Minas Gerais após concluir a formação em engenharia na França, desempenhando as atividades de engenharia na província. Por um lado, a ocupação de engenheiro provincial entrelaça-se ao status, formação educacional, prestígio social, circulação, hierarquia e salário, por outro, revela que para "ser funcionário dependia de muita coisa. Dos favores, dos protetores, do parentesco e até da habilitação" (CANDIDO, 2007, p. 17).

A comparação entre a folha mensal de 1877 e de 1880 revelou a intensa rotatividade de engenheiros em Minas Gerais. Apesar da manutenção numérica de seis engenheiros no corpo burocrático, quatro engenheiros se desligaram da função no ano de 1878: João Victor de Magalhães Gomes, Francisco de Souza Mello e Netto, Honório Henrique Soares do Couto e Alberto Schirmer.

As aposentadorias de engenheiros foram raras. Defronta-se com apenas dois casos de engenheiros, que obtiveram a aposentadoria durante o período de 1835 a 1889. Tal constatação reitera a afirmação de que algumas carreiras eram mal estruturadas e a aposentaria não era generalizada (CARVALHO, 1980, p. 125).

Em relação aos níveis salariais, nota-se um aumento de 5,7% do ordenado de engenheiro provincial entre as legislações de 1873 e 1879. Tal acréscimo permitiu a passagem da quantia de recebimento de 3:450$000 para 3:650$000 réis no ano de 1879. Este último valor permaneceu como ordenado do engenheiro provincial até o fim do período imperial.[48] Portanto, para o período de dezesseis anos, o aumento salarial em termos percentuais foi de 5,7%. Em um documento produzido na década de 1870, evidencia-se uma reclamação acerca dos ordenados dos engenheiros provinciais. Tal documento estabelece uma explicação causal entre o nível salarial, o volume de trabalho e a dificuldade em contratar novos engenheiros. Aponta-se como consequência de tal fato a elevada rotatividade de engenheiros. E, por fim, propõe o aumento do número de engenheiros provinciais:

> A falta de engenheiros atrasa consideravelm^{e} o expediente, e quando algum Eng^{o} novo é nomeado, vendo q a actividade, p^{r} maior que seja as comissões e que o ordenado mal dá para as continuadas viagens, desanima, o q é natural. So assim se explica o facto de ficarem vagos meses e meses o lugar importante de Engenheiros por não se achar quem os queira. Engenheiros práticos não se sugeitao á tanto serviço por um pequeno ordenado, os novos, embora, arrumados de boa vontade, não podem dar razão a todo exppediente de sorte q, em quanto a Assembleia Provincial não se resolver a augmentar consideravelmente o n° de Engenheiros da Prov^{a}, nada se conseguirá. (APM, SPOP 3-1, Caixa 5, doc. 01)

Por um lado, ainda se desconhece a formação científica de engenheiros como, por exemplo, Henrique Gerber, Bruno Von Sperling, Julio Horta Barbosa, João Ramos de Queiroz, Godofredo Silveira da Mota, Luiz Cesar do Amaral Gama, Rodrigo Ribeiro, João Alves, Julio Cesar Queiroz Guimarães, Martinia-

48 Em termos comparativos, a oferta salarial do setor ferroviário era superior aos valores pagos pela província de Minas Gerais. Os altos vencimentos oferecidos pelas companhias ferroviárias aos engenheiros, certamente, influenciaram para que alguns engenheiros provinciais desistissem de suas atividades ou mesmo nem chegassem a ocupar o cargo de engenheiro provincial e se voltassem para a prestação de serviços na construção de estradas férreas. Na década de 1870, os salários dos engenheiros, por exemplo, na Estrada de Ferro Dom Pedro II atingiam os valores de 12:000$000 réis para o engenheiro-chefe da construção, 8:400$000 réis para o primeiro-engenheiro, 6:000$000 réis para o chefe de seção e oscilavam entre 4:800$000 a 2:400$000 réis para os demais engenheiros (LAMOUNIER, 2012, p. 193-194).

no da Fonseca Reis Brandão, Jose Franklin Massena, Candido Jose Coelho de Moura e Alipio Cavalcanti. No entanto, é possível avaliar a importância da Escola Politécnica do Rio de Janeiro (EPRJ) e da Escola de Minas de Ouro Preto (EMOP) como espaços formadores de engenheiros, que após efetuarem a conclusão do curso de engenharia encontraram na província de Minas Gerais ocupação, conforme será abordado na próxima seção.

Egressos da Escola Politécnica do Rio de Janeiro e da Escola de Minas de Ouro Preto no Brasil oitocentista: os engenheiros e os Distritos de Obras Públicas na província de Minas Gerais (1870-1889)

Durante as décadas de 1870 e 1880 a província criou, através das legislações provinciais, os Distritos de Obras Públicas. Para cada distrito era designado um engenheiro e um respectivo ajudante. Diversas funções estavam designadas pela letra da lei aos engenheiros distritais, porém muitas dificuldades foram enfrentadas pelos mesmos diante da divisão da província em Distritos de Obras Públicas.

Engenheiros egressos da Escola Politécnica do Rio de Janeiro (EPRJ) e da Escola de Minas de Ouro Preto (EMOP) foram incorporados e tiveram marcante presença como engenheiros dos Distritos de Obras Públicas de Minas Gerais. Ao todo, nove engenheiros, quatro ex-alunos da EPRJ e cinco da EMOP, participaram da construção e conservação de pontes e estradas de Minas Gerais.

Na década de 1870 o modelo politécnico de ensino se institucionalizou no Brasil através da Escola Politécnica do Rio de Janeiro (1874) e da Escola de Minas de Ouro Preto (1876). Assim, se consolidou um sistema de ensino inspirado no modelo politécnico, cujo ponto emblemático é o surgimento de uma camada intelectual com competência técnica e científica. Até 1894, a Escola Politécnica do Rio de Janeiro (EPRJ) e a Escola de Minas de Ouro Preto (EMOP) eram os estabelecimentos de ensino superior, nos quais se verificava a influência francesa e a transformação e passagem de um ensino técnico caracterizado pelo "enciclopedismo" para outro que valorizaria a "especialização". Para Alves (1996), a EMOP surgiria com um fundo crítico à EPRJ, uma vez que a Escola de Minas se erguia sob a égide da especialização em detrimento de uma formação enciclopédica presente na EPRJ (ALVES, 1996, p. 68-69). A proposição de especialização da EMOP, inspirada na École de Mines de Saint--Etienne, fica evidenciada no artigo 1° do Decreto n. 6026, de 6 de novembro de 1875, que criou a Escola de Minas: "Art 1° A Escola de Minas tem por fim preparar Engenheiros para a exploração das minas e para os estabelecimentos mettalurgicos" (Escola de Minas, 1922, p. 33). Ademais, deve-se observar que a EMOP e a EPRJ foram expressivos centros de ensino superior em que as ciências matemáticas foram ensinadas (DANTES, 1996, p. 59-60).

O ensino técnico e científico institucionalizou-se na França ao longo do século XVIII: a *École des Ponts et Chaussées* (1715), a *École d'Artillerie* (1720), *École du Genie Militaire de Mézières* (1748), a *École de Mines* (1783), *École Polytechnique* (1794). No século seguinte a prática da engenharia francesa e suas instituições acadêmicas se disseminaram, assim como foram publicados diversos manuais de engenharia (GARCÍA, 2006, p. 96-97).[49]

Para García (2006), a École Polytechnique se constituiu sobre três pilares: 1) a ideologia *saintsimoniana* associada ao industrialismo; 2) a filosofia positivista; 3) a matemática e o cálculo como instrumentos para ordem espiritual e material do homem e da sociedade. Através da presença destes elementos, a *École Polytechnique* expressou o otimismo industrialista dos pensadores politécnicos fortemente vinculados ao progresso científico e tecnológico, o desejo enciclopédico e o desenvolvimento da engenharia (*Ibidem*, p. 106).

Tabela 12 – Engenheiros formados pela Escola Politécnica do Rio de Janeiro e pela Escola de Minas de Ouro Preto que atuaram na edificação de pontes e estradas (1874 a 1889)

Nome	Ano de conclusão	Ensino Superior (*)
Antonio Olyntho de Almeida Gomes	1875	Escola Politécnica do Rio de Janeiro
José Alvares de Araujo e Souza	1876	Escola Politécnica do Rio de Janeiro

49 Nesse sentido, destaca-se os seguintes manuais: *La Nouvelle architecture hydraulique* de Riche Prony (1790,1796), *Essai sur la composition de machines* (1808) de Lanz e Betancourt, *Traité des Machines* (1811) de autoria de Hachette, *Essai sur la science des machines* (1810) de Guenyveau, *De la richesse minerale de Heron de Villefosse, a Théorie de la mécanique usuelle ou introduction à l'étude de la mécanique appliquée aux arts* (1821) de Borgnis, *Traité de la mécanique industrielle* (1822-1825) de G.J. Christian.

Francisco Lemos	1879	Escola Politécnica do Rio de Janeiro
Alvaro Rolemberg Bhering	1882	Escola Politécnica do Rio de Janeiro
Crispiniano Tavares	1880	Escola de Minas de Ouro Preto
Joaquim Francisco de Paula	1882	Escola de Minas de Ouro Preto
Teófilo Benedito Ottoni	1882	Escola de Minas de Ouro Preto
Higino Soares de Oliveira Alvim	1884	Escola de Minas de Ouro Preto
Ernesto Von Sperling (**)	1887	Escola de Minas de Ouro Preto

Fonte: Escola de Minas. *A Escola de Minas. Centenário da Independência*. Ouro Preto: Editora Mineira, 1922, p. 263-266; Escola Polytechnica do Rio de Janeiro. *Jubileu da Escola Polytechnica do Rio de Janeiro. Comemoração do 50° aniversário da sua fundação*. Rio de Janeiro: Typ. do Jornal do Commercio, de Rodrigues & C, 1926, p. 119-173.
* Todos os quatro indivíduos egressos da Escola Politécnica do Rio de Janeiro possuíam o título de engenheiro civil.
** Engenheiro de Minas com regalia de civil.

A supremacia numérica de engenheiros egressos da EMOP no corpo burocrático da província pode ser explicada tanto pela proximidade com o centro político da província, quanto pela reforma no ensino da EMOP ocorrida em 1885, na qual introduzia no 3°ano, na 2° cadeira, o ensino acerca das Estradas de Ferro, pontes, viadutos e estradas ordinárias. Já na 3° cadeira do mesmo ano eram trabalhados complementos de mecânica aplicada aos rios e canais, portos e hidráulica agrícola, permitindo ao formando o título de engenheiro de minas com regalias de engenheiro civil.[50]

50 Segundo José Murilo de Carvalho, as oportunidades de ocupação dos ex-alunos da Escola de Minas englobavam o ensino, os empregos públicos e as estradas de ferro. Poucos foram os ex-alunos que obtiveram funções em atividades de mineração: "No início, a ocupação quase única para os ex-alunos era o ensino, mais precisamente o ensino na Escola. A seguir, vieram os empregos no serviço público, nas províncias, ou estado, e no governo central, ou federal, geralmente na área da engenharia civil. Esses empregos eram, na maioria, os diretores de obras públicas, englobando saneamento, construção de estradas, obras contra as secas, fiscalização de obras e outros. O terceiro empregador eram as estradas de ferro, sobretudo a de Pedro II, posteriormente Central do Brasil. (...) muitas vezes o emprego de engenheiro ferroviário era apenas um primeiro passo na carreira, até que se pudesse conseguir outra colocação (...). (...) Pode-se dizer que, até o fim do século, a quase única ocupação dos engenheiros de Ouro Preto, fora do ensino, foi a engenharia civil" (CARVALHO, 2002, p. 103).

A legislação provincial, a partir da Lei n. 1688 de 1870, dividiu a província de Minas Gerais em sete distritos de obras públicas, sendo responsável por cada distrito apenas um engenheiro, que poderia contar com o auxílio dos ajudantes de engenheiros (LLM, 1870, Lei n. 1688: art. 1°a 5°).

A partir da referida divisão, os engenheiros foram designados para os distritos de obras públicas. Na letra da lei, havia a intenção de servir cada distrito com um engenheiro e um ajudante de engenheiro. A proposição normativa se cumpriu apenas parcialmente à medida que nem todos os distritos possuíram um ajudante de engenheiro. E, dessa forma, em 1870 a província de Minas Gerais distribuiu da seguinte forma os engenheiros e seus respectivos ajudantes: 1° Distrito sob a responsabilidade do engenheiro Luiz Antonio Pitanga e do seu ajudante Pedro Taulois; 2° Distrito chefiado pelo engenheiro Francisco Eduardo de Paula Aroeira; 3° Distrito sob o comando do engenheiro João Victor Magalhães Gomes e do seu ajudante Candido José Coelho de Moura; 4° Distrito designado para o engenheiro Honorio Henrique Soares do Couto; 5° Distrito sob a tutela do engenheiro Bruno Von Sperling; 6° Distrito sob a gerência de Joaquim Vieira Ferreira; 7° Distrito sob a chefia do engenheiro Modesto de Faria Bello:

> Por acto de 15 de Fevereiro ultimo foi a Prov^{a} dividida em 7 distritos de obras publicas e nessa mesma data expedio-se instrucções provisórias para execução da Lei n° 1688 de 3 de outr^{o} de 1870.
> Havendo o Engenheiro Chefe D^{or} Modesto de Faria Bello obtido exoneração desse cargo foi a seo pedido designado p. o 7° districto.
> Em 26 do Fevereiro do m^{mo} mes nomeou substituto o D^{or} Luis An^{to} Souza Pitanga, que tomou posse e entrou em ex^{o} a 27 do m^{mo} mes.
> Por Port^{a} de 2 de Março ultimo forão os Engenheiros actualm^{e} existentes distribuídos pelos districtos do modo seg^{e}:
> 1° Engenheiro Ajudante D^{or} Pedro Taulois nomeado a 26 de Feve^{o} e empossado a 27.
> 2° Juiz de Fora, Engenheiro Chefe Francisco Eduardo de Paula Aroeira.
> 3° S. João d'El Rei – Engenheiro Chefe João Victor Magalhães Gomes, do ajud^{e} D^{or} Candido Jose Coelho de Moura.

> 4° Campanha – Engenheiro Chefe D^{or} Honorio Henrique Soares do Couto
> 5° Sabará – Engenheiro Chefe D^{or} Bruno Von Sperling
> 6° Diamantina – Engenheiro Chefe D^{or} Joaq^{m} Vieira Ferre^{a}
> Vê se pois que a exepção do 1° e 3° districtos, todos os outros achão-se ainda privados de Ajudantes.
> É certo que p^{r} Port^{a} de 20 de Fever^{o} forão nomeados os Bachareis Napoleão Augusto Muniz Freire e João Ramos de Queiroz p^{a} Engenheiros Ajudantes, mas aquelle ainda não se apresentou e a nomeação deste foi considerada sem effeito a 12 do mes p.p.
> Estao todas as necessarias providencias p^{a} que os Engenheiros possam qto antes a fixar sua residência nas sedes dos districtos (...). (APM, SPOP 3-1, Caixa 3, doc. 22)

A legislação concernente aos Distritos de Obras Públicas também abrangiam: I) formas de execução e arrematação das obras públicas; II) nomeações, demissões, aposentadorias, vencimentos, substituições e horas de trabalho. Em relatório da Diretoria de Obras Públicas de 1870, o engenheiro Modesto de Faria Bello considerava a divisão dos Distritos uma medida salutar.[51] Segundo Modesto de Faria Bello, a criação dos Distritos de Obras Públicas levaria o melhor aproveitamento do tempo dos engenheiros e, principalmente, permitiria que as construções fossem executadas segundo os preceitos da arte sob a imediata supervisão profissional. Apesar das ponderações favoráveis a divisão distrital, Modesto de Faria Bello requisitava o aumento efetivo do número de engenheiros. Propunha como solução o aumento do gasto com pessoal téc-

---

51 Além da defesa da divisão distrital de obras públicas, sugeria que as câmaras municipais deveriam se responsabilizar pelos caminhos vicinais e pontes de menor porte: "A abertura e conservação dos caminhos vicinaes entre os municípios, bem como a construção de pontes menores de 20m,0, convinha fica igualmente à cargo das municipalidades, competentemente munidas do direito de cobrar impostos, com cujo produto pudessem ser realizados taes melhoramentos. É n'esta hypothese, para que a renda municipal fosse proveitosamente aplicada com arte e não pelo systema rotineiro até hoje seguido, o governo auxiliaria às camaras com o pessoal technico no traçado somente das direções dos caminhos e nos planos de quaesquer outras obras, a proporção que podessem ser executadas por cada uma das câmaras" (Apenso n°7, Relatório de presidente de província, 1870, p. 8).

nico e diminuição do investimento em obras e, por fim, questionava a racionalidade dos gastos provinciais: "Não será mais econômico despender anualmente 30:000$000 com pessoal, augmentando seu numero e ter em vez de 300:000$000 mal gastos somente 275:000$000 aproveitados em construções regularmente projectadas, orçadas e executadas?" (Apenso n° 7, Relatório de presidente de província, 1870, p. 8). Para Modesto, o aumento da despesa com engenheiros seria recompensado pelo aumento de serviços realizados e as vantagens resultantes da regularidade e fiscalização das obras:

> A falta de methodo no serviço do pessoal technico n'esta província é um mal que muito tem concorrido para o atraso em que estamos sobre melhoramento materiais. O engenheiro consome precioso tempo em longas e penozas viagens de uns para outros pontos da província, muitas vezes para organizar o plano de uma ponte ou para examinar uma casa que tem de servir de cadeia e por isso acontece que por falta de engenheiros disponíveis, todas as obras mais importantes da província, com grave comprometimento de sua solidez e prejuízo da fazenda, são executadas sem a direção e nem visita de um engenheiro. Não é só: muitas dellas, como consertos de estradas, com que muito se gasta, são examinadas por comissões de pessoal de cuja probidade não se pode duvidar, mas leigas e que facilmente são iludidas e d'ahi resultão pareceres e informações bona fide em virtude das quaes são aceitos e pagos verdadeiros abusos. (Apenso n° 7, Relatório de presidente de província, 1870, p. 8)

Demonstraremos a seguir, através de mapas, a delimitação geográfica dos Distritos de Obras Públicas. Trata-se de uma aproximação da divisão distrital de obras públicas. A representação cartográfica, exposta a seguir, embasa-se na descrição das localidades de cada distrito presente na legislação. Porém, a legislação quando descreve as localidades, enquadradas em cada distrito, o faz de modo precário, o que dificulta o estabelecimento dos limites distritais. Em face à limitação presente nas normas e com a finalidade de esboçar geograficamente os distritos, realizamos o cruzamento das seguintes variáveis contidas no *Banco de Dados dos Processos de Pontes e Estradas*: I) nome do engenheiro; II) localidade em que o engenheiro remetia às missivas; III) Distrito no qual o engenheiro trabalhava. Através dessa abordagem, formulamos uma aproximação da divisão dos Distritos de Obras Públicas, bem como verificamos a circulação temporal e espacial dos engenheiros no território mineiro.

Posteriormente, iremos situar os engenheiros egressos da EMOP e da EPRJ em relação aos Distritos de Obras Públicas.

MAPA 3

DISTRITO DE OBRAS PÚBLICAS 1873

Fonte: Elaboração própria

MAPA 4

DISTRITO DE OBRAS PÚBLICAS 1876

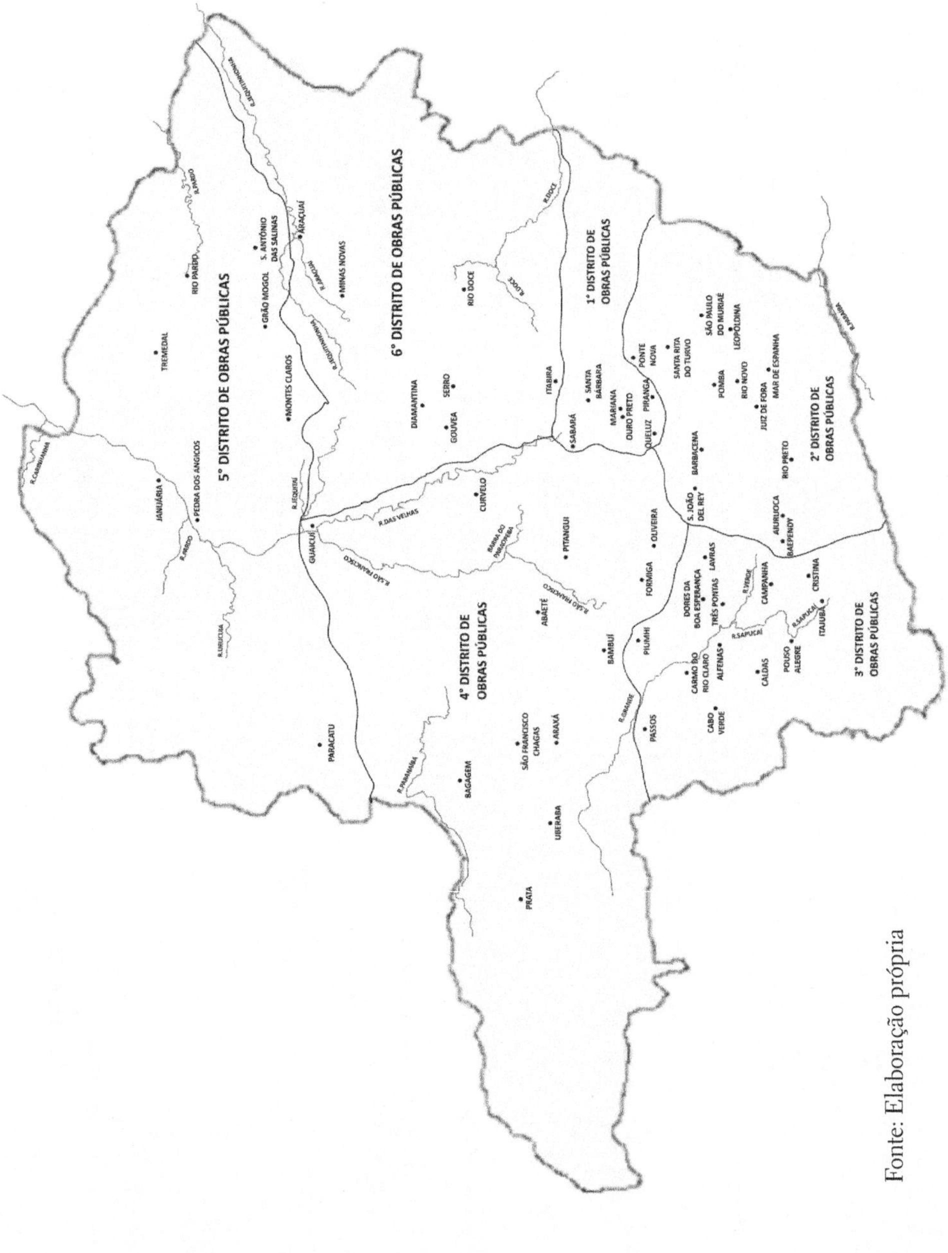

Fonte: Elaboração própria

MAPA 5

DISTRITO DE OBRAS PÚBLICAS 1879

LEGENDA
1° DISTRITO ***Ouro Preto** (freguesias de S. Bartolomeu, Antonio Pereira, Casa Branca, Cachoeira do Campo até Bomfim, Rio de Pedras, Itabira do Campo, Piedade do Paraopeba, S. José do Paraopeba) ****Mariana** (freguesias de Camargos, Inficcionado, Saúde, Paula Moreira)
2° DISTRITO ***Ouro Preto** (freguesias de Ouro Branco, Congonhas do Campo) ****Mariana** (freguesias de N.S. d'Assumpção de Mariana, Forquim, Sumidouro, S. Caetano, S. Gonçalo de Ubá, Cachoeira do Brumado e Barra Longa)
3° DISTRITO *****Lavras** (freguesias de São João Nepomuceno, N. S. do Carmo das Luminárias e Carmo da Cachoeira)
4° DISTRITO *****Lavras** (freguesias de Lavras do Funil, Bom Jesus dos Perdões e Cana Verde)

Fonte: Elaboração própria

MAPA 6

DISTRITO DE OBRAS PÚBLICAS 1883

Fonte: Elaboração própria

Dentre os egressos da EPRJ, o engenheiro Antonio Olyntho de Almeida Gomes atuou no corpo burocrático da província de Minas Gerais no ano de 1879 a 1889, tendo chefiado o 2° Distrito de Obras Públicas de 1879 a 1889. Observa-se que o mesmo também exerceu de maneira intercalada o cargo de engenheiro do 1° Distrito de Obras Públicas nos anos de 1882, 1884 e 1887. E, por fim, ainda ocupou, em 1885, a cadeira de Diretor Geral das Obras Públicas da província de Minas Gerais.

Outro egresso da EPRJ, o engenheiro Francisco Lemos, chefiou o 2° Distrito (1881), o 3° Distrito (1885) e o 7° Distrito (1887 a 1889). Já Alvaro Rolemberg Bhering, também oriundo da EPRJ, atuou entre os anos de 1886 a 1889, ora no 1°Distrito e, em outros momentos, no 2° Distrito de Obras Públicas.

Os ex-alunos da EMOP ocuparam, mormente na década de 1880, lugares de chefia no corpo de engenheiros da província. Destaca-se a atuação dos engenheiros: 1) Joaquim Francisco de Paula (no ano de 1881 chefe do 4°Distrito de Obras Públicas, do 3° Distrito de Obras Públicas em 1883 e engenheiro do 6° Distrito de Obras Públicas entre 1884 a 1889); 2) Higino Soares de Oliveira Alvim (engenheiro, em 1884, do 3°Distrito de Obras Públicas, do 7° Distrito de Obras Públicas no ano de 1886 e do 4° Distrito de Obras Públicas ao longo de 1887 a 1889); 3) Teófilo Ottoni (chefe do 8° Distrito de Obras Públicas entre 1885 a 1887); 4) Crispiano Tavares (engenheiro do 3° Distrito de Obras Públicas durante 1886 e 1887); 5) Ernesto Von Sperling (chefe do 1°Distrito de Obras Públicas no ano de 1889).

Perante os inúmeros regulamentos propositivos acerca das atividades a serem exercidas pelos engenheiros, pode-se concluir que houve esforço para adequar e aperfeiçoar os mecanismos burocráticos. Esforço esse que incidia diretamente sobre as atividades dos engenheiros. Contudo, os sucessivos regulamentos são indícios da incapacidade das legislações em atender as demandas vigentes. Em 1878, em uma carta enviada pelo engenheiro do 4° Distrito Modesto de Faria Bello ao Diretor Geral de Obras Públicas (José Alvares de Araújo e Sousa), ficava explícita a insuficiência da divisão dos distritos de obras públicas promulgada pelo Regulamento n. 78 de 1876:

> Peço agora a V.S. licença p^{a} apresentar algumas breves ponderações, que, em minha humilde oppinião, mi justificarão perante o juiso

> esclarecido e equitativo de V.S. da falta dos relatórios trimestres determinados pelo regulamento n°78.
> Em districtos vastos como são quase todos os desta Provincia, com os municipios disseminados no extenso territorio de cada districto, é preciso que o Engenhe[o], esforçando-se pelo comprimento de seus deveres, não se poupe aos sacrificios (...). Este districto, por exemplo, tem cerca de 100 leguas na direção m[s] ou menos de E á O e de 40 á 60 de largura, isto é, cerca de 5:000 leguas quadradas, talvez m[s] do dobro de toda a Provincia do Rio de Janeir[o]; p[a] percorrel-a m[mo] apressadam[e] são insufficientes 3 meses, e assim na hypothese de qualquer trabalho, exame, orçamento # em cada um municipio, não teria o Engenheiro tempo algum p[a] a confecção dos planos ordenados e dos que reconhece necessarios, p[a] prestar as informações exigidas.
> Com o numero limitado de districtos em que está dividida a Provincia, attenta a vastidão de cada um delles, pode ser que seja um erro meu, mas parece-me que p[a] serem rigorosamente observadas as exigências do regulamento em vigor, seria preciso que cada sede de districto fosse uma outra Repartição Filial, munida de amanuenses e sobretudo de m[s] 3 ou 4 Engenheiros ou Ajudantes habeis (...). (APM, SPOP 3-1, Caixa 1, doc. 19)

Em vista da proporcionalidade presente nos regulamentos de um engenheiro para cada distrito, o número de distritos era insuficiente e, consequentemente, o número de engenheiros era baixo. Tal insuficiência dos distritos de obras públicas e de engenheiros em relação à dispersão populacional e extensão territorial da província, tornou também o Regulamento n. 87 de 1879, que dividia a província em seis Distritos de Obras Públicas, alvo de críticas emitidas, em 1882, pela Diretoria Geral das Obras Públicas:

> Isto se dá em uma Província extensíssima como a de Minas, cuja área é de 20:000 legoas quadradas e cuja população acha-se toda disseminada pelo seo território quando outras muito menores, S. Paulo por exemplo, onde não se realisa igual facto, relativamente á população, dispõe de pessoal technico muito mais numeroso.

> Citarei ainda a Provincia do Rio de Janeiro, na qual ha 9 Engenheiros de Districto alem de mais 2, sendo um o Diretor Geral e outro o Architecto-Desenhador. Alem d'isso accresce que n'essas duas Provincias, cada estrada de ferro tem o seo Engenheiro Fiscal, o que sobre modo facilita ao Governo resolver todas as pendências (...). (APM SPOP 3-6, Caixa 51, doc. 14-03)

O documento permite uma avaliação em perspectiva comparada do número de engenheiros empregados em três províncias: Minas Gerais, Rio de Janeiro e São Paulo. Pode-se afirmar que Minas Gerais à época de 1882 teria tido, comparativamente com São Paulo e o Rio de Janeiro, o menor número de engenheiros empregados no corpo burocrático. Contudo, não temos dados que possam permitir maiores comparações sobre as atividades de engenharia desenvolvidas em São Paulo e no Rio de Janeiro.

Identifica-se a província de Minas Gerais como importante empregadora dos alunos oriundos da Escola Politécnica do Rio de Janeiro e da Escola de Minas de Ouro Preto. O surgimento da EPRJ e da EMOP ampliou as possibilidades das diversas províncias do país para a contratação de engenheiros, visto que a adoção dos Distritos de Obras Públicas sob a gerência de um engenheiro foi implementada nas províncias do Rio de Janeiro, São Paulo e Minas Gerais. Nota-se, portanto, a utilização pelo Estado da perícia dos formados em engenharia para o aperfeiçoamento da capacidade de decisão do poder político em áreas específicas (COELHO, 1999, p. 54-58). Por fim, as atividades designadas na letra da lei dos regulamentos provinciais estimularam em Minas Gerais uma produção documental vasta e significativa sobre a circulação de bens e pessoas e das condições construtivas de pontes e estradas.

Tentar-se-á na próxima seção examinar a importância dos engenheiros provinciais para o processo de transmissão, difusão e apropriação das técnicas construtivas de pontes e estradas. Em vista da circulação dos engenheiros pelo território de Minas Gerais, esses indivíduos entrelaçaram a Engenharia ao universo da prática.

A circulação do conhecimento técnico: uma perspectiva para a abordagem dos engenheiros em trânsito pela província de Minas Gerais

Para Gavroglu (2008) a abordagem da transmissão/difusão do conhecimento técnico apresenta limites.[52] Os estudos que utilizam os conceitos de transmissão e difusão enfatizam as ideias e as práticas científicas se movimentando de um lugar para outro como se fossem *commodities*.[53] Essa perspectiva não abre espaço para análise do processo de negociação e de apropriação das ideias e das práticas científicas. Decorrente de tal perspectiva emerge o conceito de centro e periferia na ciência. Isto é, as ideias e práticas se difundem do centro transmissor de uma comunidade ativa para a periferia de recebedores passivos (GAVROGLU *et al*, 2008, p. 154-167):[54]

---

52 Utiliza-se o termo técnica para referenciar um "conjunto de regras práticas para fazer coisas determinadas, envolvendo a habilidade do executor e transmitidas, verbalmente, pelo exemplo, no uso das mãos, dos instrumentos e ferramentas e das máquinas. Alarga-se frequentemente o conceito para nele incluir o conjunto dos processos de uma ciência, arte ou ofício, para obtenção de um resultado determinado com o melhor rendimento possível" (GAMA, 1986, p. 30). Cf. GAMA, Ruy. *A tecnologia e o trabalho na história*. São Paulo: Editora da Universidade de São Paulo, 1986.

53 "The diffusion of technology as an object of historical study originated partly in the years after World War II as a critique of the West's self-confidence embodied in developed countries' solutions to poverty. Such solutions, usually defined in terms of resolving technical "backwardness", promulgated a simplistic and imperialistic notion of transfer that suggested quick action, linearity in time and space, and unilateral political decisions". Cf. HILAIRE-PÉREZ, Liliane; VERNA, Catherine. "Dissemination of technical knowledge in the Middle Ages and the early Modern Era: new approaches and methodological issues". *Tecnhnology and Culture*. v. 47, n. 3, 2006, p. 536.

54 A noção de centro/periferia foi amplamente utilizada e desenvolvida por economistas nas décadas de 1950 e 1960. A palavra centro foi utilizada tanto no sentido literal (geográfico) quanto metafórico (político ou econômico). O termo centro/periferia demonstra uma relação de dependência econômica e política. Desenvolve-se uma relação dominação-subordinação entre as estruturas capitalistas de países de desenvolvimento desigual, implicando mecanismos de geração, transmissão e absorção de excedentes, o que favorece os países de desenvolvimento capitalista mais avançado. No âmbito da dependência tecnológica, a periferia em processo de industrialização torna-se dependente do capital estrangeiro e da introdução de tecnologia. A demanda de tecnologia é dirigida por forças externas, o que implica em extrema fraqueza dos sistemas nacionais de pesquisa e desenvolvimento. Portanto, a periferia carece de poder de barganha para

> Os estudos sobre a ciência na periferia, muitas vezes empregada as noções de "transferência", "difusão", "influência", "transmissão", "introdução", "resistência" e "adoção". Estes conceitos implicam um modelo específico para a circulação do conhecimento: depois de ser formulado nos centros, aqueles que usam esses conceitos consideram o conhecimento científico como uma espécie de mercadoria, que podem ser distribuídos por meio de várias redes intelectuais. Como resultado, os centros científicos e periferias são definidos com base na separação entre a produção e a distribuição e uso do conhecimento científico. (*Ibidem*, 2008, p. 159)[55]

Gavroglu postula que deve ser superada uma abordagem que considere a transmissão/difusão de ideias e práticas como algo estático e determinado, que se realiza em um centro e se difunde para a periferia.

Na década de 1960, George Basalla, ao tentar compreender o processo de difusão da ciência, elaborou um modelo interpretativo acerca do processo de transmissão da ciência moderna no ocidente. Partindo da premissa de que um pequeno círculo de países ocidentais (Itália, França, Inglaterra, Alemanha, Áustria) foi responsável pelo desenvolvimento da ciência moderna, afirma que a Europa foi o centro de difusão da ciência. Para isso, desenvolve o modelo interpretativo da difusão da ciência, que se caracteriza por três fases: 1) sociedades não científicas; 2) período da ciência colonial; 3) completo processo de transplantação com o esforço para consolidar uma tradição científica independente.

---

escolher e comprar tecnologia nos mercados nacionais, onde prevalecem diversas barreiras (patente e licenças) para o livre acesso ao *know-how* tecnológico. Cf. RATTNER, Henrique. "Inovação tecnológica e progresso técnico nas teorias de desenvolvimento econômico". In: RATTNER, H. *Tecnologia e sociedade: uma proposta para os países subdesenvolvidos*. São Paulo: Editora Brasiliense, 1980.

55 Studies on science in the periphery have often employed the notions of "transfer", "spread", "influence", "transmission", "introduction", "resistance" and "adoption". These concepts imply a particular model for the circulation of knowledge: after being formulated in the centres, those who use these concepts consider scientific knowledge as a kind of commodity, which can be distributed by means of various intellectual networks. As a result, scientific centres and peripheries are defined on the basis of the separation of production from distribution and use of scientific knowledge. (*Ibidem*, 2008, p. 159).

A primeira fase se caracteriza por um processo de transmissão, no qual europeus viajam para coletar e estudar as principais características da flora e da fauna. Salienta-se, assim, que a ciência pode estar espalhada no mundo, mas apenas as nações com cultura moderna e científica podem avaliá-la, utilizá-la e interpretá-la (BASALLA, 1974, p. 5).

Em seguida, a segunda fase é marcada pela ciência colonial. Esta, por sua vez, ocorre em uma relação de dependência à ciência europeia, ou seja, depende de uma tradição científica externa. Contudo, Basalla pondera que a ciência colonial se desenvolve tanto em localidades que pertenciam como colônias de países europeus, quanto em países independentes, por exemplo, a Rússia e os Estados Unidos. Para Basalla, o cientista colonial necessita de apoio externo, visto que ainda nesses espaços coloniais não há instituições científicas. Resulta daí a ausência de uma tradição de ciência e a necessidade de interlocuções científicas externas. Assim, o cientista colonial recorre aos institutos educacionais situados na Europa para realizar a sua formação, e os países em estágio de ciência colonial importam cientistas estrangeiros (*Ibidem*, 1974, p. 5-7).

Na terceira e última fase estabelece-se uma tradição científica independente através da criação de instituições científicas. Portanto, o cientista recebe sua formação em seu país, consegue exercer a função de cientista, encontra estímulos intelectuais dentro da sua comunidade científica em expansão, torna-se capaz de comunicar as ideias científicas aos seus pares no país e no exterior e de desenvolver novos campos para a atividade científica (*Idem*, p. 8).

O estudo de Basalla ressalta uma relação desigual e de subordinação no universo da ciência, reafirmando o caráter de dependência do desenvolvimento cientifico nos países coloniais e dos seus respectivos cientistas. Porém, George Basalla, ao enfatizar o caráter internacional da investigação científica através dos processos de transmissão/difusão, não postula nenhuma consideração acerca do fato de que a ciência se desenvolve em um ambiente social específico. Tal perspectiva é reiterada em outra obra de George Basalla intitulada A *Evolução da Tecnologia*:

> Nenhuma sociedade é tão isolada ou tão auto-suficiente que não tenha recebido, pelo menos em alguns aspectos, influências de uma fonte exterior. Dado que os seres humanos comunicam e trocam in-

> formações acerca de técnicas e artefactos novos, os contactos gerais entre culturas são o mais antigo meio de transferência de conhecimento tecnológico de uma cultura para outra. Estes contactos podem ser resultado de exploração, viagem, comércio, guerra ou migração Todas estas trocas de conhecimento garantem que as partes envolvidas estarão expostas a novas oportunidades tecnológicas. O que constitui prática comum para uma cultura pode ser uma inovação importante para outra. (...) O imperialismo e o colonialismo assumem um papel de destaque entre os tipos específicos de contacto social que conduziram à difusão da tecnologia. Sob estas formas de domínio, a cultura receptora tinha poucas hipóteses de não aceitar a tecnologia imposta pelos senhores imperiais. Este facto não foi sempre negativo. A Índia, sob o domínio britânico, fornece um dos melhores exemplos de como um poder imperial pode levar as mais recentes invenções para a sua colônia, se tiver capacidade e vontade para o fazer. (BASALLA, 2001, p. 81-83)

Torna-se fundamental uma transformação de abordagem no estudo da ciência, na qual se deve mudar o ponto de vista da transmissão para a apropriação (GAVROGLU *et al*, 2008, p. 154-155). Dentro dessa perspectiva, a apropriação evidencia um processo de produção de conhecimento. Tal processo ocorre através da circulação do conhecimento, que se entrelaça a circulação de pessoas e as especificidades locais:

> Circulação do conhecimento tem sido tomada como uma espécie de processo de mediação, do local para o global, ou a partir de um conhecimento múltiplo e variado para o conhecimento universal. A circulação de ideias e práticas, dependente em primeiro lugar de pessoas, é o componente fundamental na consolidação de culturas científicas e tecnológicas.[56]

---

56 Circulation of knowledge has been taken as a kind of mediating processes, from the local to the global, or from a multiple, varied and contingent knowledge to universal knowledge. The circulation of ideas and practices, depending first and foremost on people, is a fundamental component in the consolidation of scientific and technological cultures (GAVROGLU *et al*, 2008, p. 161).

Para Kuhn, o historiador deve tratar a ciência e a tecnologia como empreendimentos radicalmente distintos e, dessa forma, analisar as interações entre a ciência e a tecnologia (KUHN, 1977, p. 183-185). Segundo Thomas Kuhn, a ciência quando interfere no desenvolvimento sócio-econômico realiza tal contribuição através da tecnologia:[57]

> A emergência da ciência como motor principal no desenvolvimento sócio-econômico não foi um fenômeno gradual mas súbito, prefigurada significativamente pela primeira vez na indústria da tinturaria químico-orgânica, nos anos 1870, continuada na indústria de energia eléctrica desde de 1890 e rapidamente acelerada a partir de 1920. (KUHN, 1977, p. 185)

Contudo, no século XIX, a tecnologia "floresceu sem contribuições significativas das ciências" (*Ibidem*, 1977, p. 184). Nessa medida, os processos de pontes e estradas são significativos ao passo que relevam diversas operações e situações não planejadas ou projetadas pelos engenheiros, que foram realizadas e justificadas pela prática e empirismo dos arrematantes e administradores das obras. Evidencia-se, portanto, a singularidade de cada projeto de ponte e estrada, bem como as correlações de diversos interesses. Esses interesses envolvem os recursos para financiar, o retorno do financiamento, os aspectos técnicos, a disponibilidade de matéria-prima etc.

De fato, o conhecimento técnico apresenta uma articulação entre a expressão direta da experiência individual, que emerge através da interação entre os indivíduos e o universo da técnica. No âmbito da construção de pontes e estradas, a interação entre a Engenharia e a técnica emergiu no momento em que se defrontava com as propriedades dos materiais disponíveis no local e as condições de trabalho (VARGAS, 1994, p. 247). Em face à interação engenharia e tecnologia, segundo Milton Vargas, o ensino da engenharia manifestava limites quando alcançava o universo da prática, mormente no que tange ao re-

57 Segundo David Edgerton, embora o termo tecnologia seja próximo a ideia de progresso, não se deve confundir tecnologia com inovação. Ademais, tecnologia é um termo fluido, com constante mudança de significado e amplo uso (EDGERTON, 2010, p. 683).

lativo desconhecimento dos materiais que deveriam ser empregados nas obras, propiciando margem para a atuação prática dos mestres de obra:

> O ensino da engenharia era tão somente baseado em tratados, a maioria dos quais franceses, onde predominam os cálculos matemáticos e os conhecimentos tecnológicos dos materiais e dos processos construtivos era limitado. Além do mais os materiais de construção eram importados e suas propriedades admitidos "a priori" como adequados ao seu emprego nas obras, sem maiores questionamentos. O resultado disso foi que as obras de engenharia civil realizadas no Brasil seriam bem projetadas e calculadas inclusive bem implantadas no terreno; pois a topografia era das disciplinas mais bem estudadas. Mas, as propriedades dos materiais empregados eram muito mal conhecidas e, portanto, simplesmente ignoradas. Por outro lado, os processos e operações de construção eram deixados à prática empírica dos mestres de obra. (VARGAS, 1994, p. 248)

Segundo Henry Petroski, o século XIX permitiu um avanço do conhecimento sobre o funcionamento de vigas e estruturas. Mas isso não implicou que a projeção de determinados design de pontes se tornassem amplamente aceitos entre os engenheiros:

> (...) por volta de 1840, as pontes pênsis não foram consideradas opções viáveis para as ferrovias, na Inglaterra. A desconfiança sobre essas pontes era atribuída à falta de rigidez e ao temor de que poderia desabar sob o impacto de ventos fortes. (PETROSKI, 2008, p. 137)

Se por um lado, os processos de pontes e estradas permitem uma análise da relação entre a Engenharia e o universo da prática e, portanto, a interação recíproca de ambas, por outro, os processos são expressivos para uma análise do papel dos engenheiros como mediadores do uso do conhecimento da Engenharia e o universo da tecnologia construtiva de pontes e estradas no século XIX.

Torna-se fundamental compreender a importância da circulação dos engenheiros, levando em consideração as seguintes questões: I) circular pelo território da província de Minas Gerais representa um processo fundamental da ciência: a tentativa de aplicação de um método e/ou uma técnica que tem validade universal em um local com característica especifica; II) os engenheiros em trânsito possibilitam identificar a transmissão e difusão do conhecimento técnico, mas também a apropriação do mesmo; III) a circulação de um indivíduo é fundamental para o processo de apropriação, que envolve negociações entre os diversos atores (arrematantes, administradores de obra, práticas dos artífices) e os engenheiros. Privilegia-se a seguinte abordagem:

> (...) enfoque que espacializa os saberes, (...) que constrói uma espécie de cartografia, de geografia histórica das práticas de conhecimentos e técnicas, e que aproxima a comunição entre esses mundos heterogêneos via a padronização das práticas. Ela parte da multiplicidade e da diversidade irredutível dos locais de produção, admite a heterogeneidade dos regimes de legitimação, sua variabilidade segundo espaços físicos e sociais, mas mostra os meios de normatização postos em prática pelos atores para trocar e progredir. (PESTRE, 1996, p. 46)

A atividade de engenharia no século XIX incluiu tanto os condicionamentos sociais e econômicos quanto os aspectos individuais. Os engenheiros em circulação pela província de Minas Gerais constituíram-se em importantes atores das práticas construtivas de pontes e estradas. Evidencia-se, dessa forma, conhecimentos técnicos, pluralidade de situações locais, conflitos e a diversidade da província de Minas Gerais.

Limites do modelo explicativo agrário-exportador para a História dos Transportes: uma refutação da tríade modernização, ferrovia e engenharia

Caio Prado Junior, em *Formação do Brasil Contemporâneo* (1942), e em *História Econômica do Brasil* (1945), analisa a História do país, tendo como pedra angular o conceito de "sentido da colonização".[58] Tal "sentido" funda-

58 Segundo João Fragoso e Manolo Florentino, a tradição historiográfica da escola do

menta-se na grande propriedade, na monocultura e na exploração do trabalho escravo, ou seja, a exploração de caráter extensivo em vista da abundante presença de terras virgens e o desejo de lucro rápido pelo colonizador, que se voltava para a exploração em larga escala de produtos agrícolas de exportação (açúcar, algodão, anil, tabaco, café, ouro).

A economia de subsistência encontra-se subordinada à atividade exportadora: "Tudo mais que nela existe, e que, aliás, será sempre de pequena monta, é subsidiário e destinado unicamente a amparar e tornar possível a realização daquele objetivo essencial" (PRADO Jr, 1970, p. 41). Dessa forma, a economia de subsistência exerce papel secundário em face do dinamismo do setor exportador. Confere ao setor de subsistência a produção de milho, mandioca, arroz e feijão. A mão de obra deste setor se aproximava do tipo camponês europeu, sendo o proprietário o principal trabalhador auxiliado por pequeno número de ajudantes (familiares) e, em alguns casos, até mesmo algum escravo. A economia pauta-se pela bipartição entre grande lavoura e a agricultura de subsistência. Essa última com uma acanhada produção executada por pequenos proprietários rurais e consumida por cativos nas grandes propriedades escravistas voltadas para o mercado externo. O desenvolvimento do capitalismo comercial atrela-se a abundância de terras e o baixo custo da mão de obra escrava:

> (...) o caráter geral da economia brasileira já assinalado na introdução deste livro, e que permanece apesar de todas as vicissitudes e incidentes de sua evolução: e que vem a ser a exploração dos recursos naturais de um amplo território em proveito do comércio europeu (PRADO Jr, 1970, p. 102)

"sentido da colonização", inaugurada por Caio Prado Junior, encontrou prolongamento em Celso Furtado e Fernando Novais. O eixo condutor dos argumentos de Caio Prado Junior e, portanto, da referida tradição historiográfica, implica na consideração de três aspectos da formação da sociedade e da economia do Brasil: 1- tipo de estrutura econômica assentada na transferência de excedentes para a Metrópole, que se traduziria numa economia exportadora de base agrária (grande propriedade, monocultura e trabalho escravo); 2- limitações estruturais para a constituição de um mercado interno de peso na Colônia; 3- incapacidade da Colônia em gerar circuitos internos de acumulação (FRAGOSO; FLORENTINO, 2001, p. 27-28).

Na interpretação do "sentido da colonização", a ausência de uma infraestrutura viária eficiente e a dispersão populacional inviabilizou o surgimento de atividades mercantis internas de grande relevância. O sistema de comunicações da colônia seguiu a progressão do povoamento, tendo em vista que a penetração em direção ao interior formou núcleos distantes do litoral. Em Minas Gerais, a formação dos centros mineradores constituiu-se um caso particular, criando vias de comunicação para São Paulo, Bahia, Rio de Janeiro e, posteriormente, para o Espírito Santo (PRADO Jr., 1973, p. 237). Entretanto, as vias penetradoras, que alcançaram o interior do continente, procuraram se articular ao litoral. Essas se caracterizavam pela independência das vias entre si e a disposição fragmentária das mesmas: "(...) partindo daqueles núcleos já constituídos no interior procuram saída mais rápida ou mais cômoda para o litoral" (*Ibidem*, 1973, p. 237).

Caio Prado subdividiu as comunicações estabelecidas no interior do território brasileiro em quatro setores (*Idem*, p. 240). Cada um destes revelaria uma relativa autonomia, resultante da formação histórica e das singularidades geográficas: 1- rede hidrográfica do Amazonas; 2- Nordeste da colônia; 3- Centro-Sul da colônia; 4-Extremo-Sul (*Idem*, p. 240-254).

O primeiro dos referidos setores apresenta traços importantes de ligação com o litoral. Já o segundo setor enquadra toda a área compreendida entre a Bahia e o Maranhão, tendo como principal artéria das vias interiores nordestinas, o Piauí. No setor do nordeste colonial a importância do comércio de gado e das fazendas na formação de ligações, em linha direta de costa a costa, entre os núcleos litorâneos da Bahia e Maranhão. Em seguida, o Centro-Sul englobaria as vias, que comunicavam as Capitanias de Minas, Goiás e Mato Grosso ao litoral. Por fim, o setor Extremo-sul "o mais rudimentar e simples, e também de menor importância histórica" (*Idem*, p. 254). Esse setor seria composto por um único tronco, que partindo de Sorocaba alcançaria o extremo-sul do território, possibilitando a existência de um intenso comércio de muares (PRADO Jr., 1973, p. 254; KLEIN, 1989).

O setor Centro-Sul ocuparia a maior área da colônia. As comunicações estabelecidas com as Minas através de São Paulo, Bahia e Rio de Janeiro apresentaram características específicas. A via de comunicação, que seguia de São

Paulo para as Minas, encontrou na Serra do Mar e na Serra da Mantiqueira os principais obstáculos. A via baiana, partindo do Recôncavo, utilizou-se dos rios (Paraguaçu, Contas, São Francisco, Verde Grande) para adentrar a Capitania de Minas Gerais (PRADO Jr., *op. cit.*, p. 244). A via aberta no século XVIII, ligando Minas ao Rio de Janeiro, apresentava, em princípios do século XIX, modificações relevantes. A entrada no território mineiro, que somente se fazia pelo Rio Paraibuna, apresentava uma nova variante: a penetração em Minas pela localidade fluminense de Valença e Rio Preto e, consequentemente, um trajeto mais curto em direção à Comarca do Rio das Mortes. O trajeto simbolizava as transformações de uma economia mineradora que se tornava agrícola e pastoril. Daí o interesse em facilitar a comunicação com o importante mercado do Rio de Janeiro (PRADO Jr., 1973, p. 245; LENHARO, 1979). Segundo Mafalda Zemella, no que se refere às correntes abastecedoras, as descobertas auríferas e diamantíferas impactaram diretamente o comércio estabelecido entre Minas e diferentes mercados (região Platina, Rio de Janeiro, Bahia, Vilas paulistas, o continente africano e europeu) (*Ibidem*, 1951, p. 49-110). As correntes abastecedoras da Capitania de Minas Gerais atingiram a referida região pelos caminhos paulistas, os do Rio de Janeiro e os baianos. Os caminhos paulistas se diferenciavam através de três vias: a via que ultrapassava a Mantiqueira pelo Vale do Camanducaia, o caminho que passava por Mogi Mirim e a rota que se utilizava da garganta do Embú. Os caminhos baianos para a região aurífera e diamantífera apresentavam intensas relações com os cursos fluviais. Tal caminho apresentava relativa suavidade e comodidade em comparação aos caminhos de São Paulo e Rio de Janeiro, que se dirigiam à região aurífera. Ao longo do caminho baiano encontrava-se água em abundância, carnes, farinha, laticínios, frutas e cavalos (*Ibidem*, 1951, p. 135-136). Os caminhos que se seguiam do Rio de Janeiro à região das minas alcançou relativa importância no período colonial, posto que a construção do "Caminho Novo" propiciou o povoamento das minas, evitou os descaminhos do ouro e diminuiu os riscos dos transportes dos quintos de ouro por mar, entre Parati e o Rio de Janeiro. A abertura do "Caminho Novo" significou uma diminuição de distância e uma economia considerável no tempo de viagem. O problema do abastecimento esteve diretamente ligado ao afastamento dos centros de produção de artigos para a alimentação e vestuário, a diminuta produção desses artigos nas regiões que voltaram para o abastecimento da capitania de Minas Gerais, a ausência de moeda, dificultando o giro do comércio, a precariedade dos meios de transporte, a inexistência ou as péssimas condições das vias de comunicação, as taxas e impostos incididos sobre os artigos durante o trajeto e as dificuldades de importação de artigos estrangeiros (*Idem*, p. 212). Além disso, a caracterização de crime de lesa-majestade para a abertura de novos caminhos sem a concessão da administração metropolitana se constituiu em um importante entrave para o abastecimento das Minas Gerais. Entretanto, tal proibição não impediu que grupos de moradores tentassem abrir outras estradas às suas custas destinadas a facilitar trocas comerciais (*Ibidem*, 1951, p. 217). Uma das consequências da dificuldade de abastecimento seria o surgimento de roças e indústrias locais.[59]

Para Caio Prado, as condições de trafegabilidade nas vias terrestres e fluviais se condicionaram pela presença de obstáculos naturais, seja através das chuvas que impediam um bom trânsito nos caminhos terrestres, ou pela seca dos rios, impossibilitando a utilização de embarcações nos mesmos, exceto nos cursos de rios que ofereciam condições regulares de navegabilidade (*Idem*, p. 255).

59 Na década de 1980, os estudos de Carlos Magno Guimarães e Liana Reis refutaram a tese historiográfica, que afirmava a ausência de desenvolvimento de atividades agrárias junto às regiões auríferas durante o apogeu da mineração. Diante disso, notaram a correlação entre os caminhos e a estrutura agrária da Capitania. Apenas a existência de caminhos não garantia a circulação de pessoas e mercadorias, para que tais caminhos pudessem atrair os viandantes eram indispensáveis locais de abastecimento e descanso. Os autores abordaram a correlação entre a expansão da atividade agrícola, caminhos, mineração, escravidão e estrutura agrária, destacando o duplo caráter na conformação dos caminhos: quem se utiliza das vias, e, por outro, quem explora as suas terras. Avaliaram o processo de ocupação dos caminhos, o surgimento de uma rede de subsistência, na qual se encontrava locais para o abastecimento, descanso e troca de animais. Salientaram a expansão da fronteira em direção à Goiás, a concessão de cartas de sesmarias, a ocupação das terras circundantes ao "Caminho Novo dos Goiazes" e a formação de uma complexa estrutura agrária. Cf. GUIMARÃES, Carlos Magno; REIS, Liana Maria. "Agricultura e escravidão de Minas (1700/1750)". *Revista do Departamento de História*. Belo Horizonte, n. 2, 1986, p. 32-41. GUIMARAES, Carlos Magno; REIS, Liana Maria. "Agricultura e caminhos de Minas (1700/1750)". *Revista do Departamento de História*. Belo Horizonte, n. 4, 1987, p. 85-99.

Os traçados escolhidos na construção de estradas representavam o empirismo dos construtores, assim como o emprego de técnicas rudimentares, erros de direção e cálculo. As estradas coloniais estariam submetidas aos "azares da natureza do que às artes do homem" (*Idem*, p. 256-257). Apesar das condições das estradas estarem vinculadas às intempéries, o transporte terrestre apresentava traços de uma atividade organizada, sobretudo nas capitanias do Centro-Sul: I) a presença de boiadas, formadas por centenas de cabeças de animais adquiridas nas fazendas de gado pelos boiadeiros, conduzidas pelos tocadores para o respectivo destino; II) os comboios de escravos; III) as tropas de muares, que obedeciam trajetos prefixados com datas de chegada e partida e tabelas de frete. Por outro lado, a limitação do volume das mercadorias sob cada muar resultava no encarecimento relativo do transporte de grandes objetos, como o ferro (*Ibidem*, 1973, p. 261-262).

Segundo Caio Prado, em fins do século XVIII e início da centúria seguinte havia uma clara tendência para o surgimento de comunicações internas, que abrangessem todo o país. Entrementes, sustenta que "esta tendência para a formação de um sistema de comunicações internas será decididamente desbancada pela introdução do vapor na navegação. A via de cabotagem voltará a ser a articulação geral única do território brasileiro, e retorna-se ao primitivo sistema do início da colonização" (*Idem*, p. 265). Temos, portanto, no Brasil oitocentista uma integração interior interrompida e a reiteração do "sentido da colonização" com a presença de "vias de penetração perpendiculares ao litoral, desligadas inteiramente uma das outras" (*Idem*, p. 265).

Conforme Caio Prado, teríamos no período colonial apenas ensaios de uma integração das regiões do país. A interrupção desse processo implicou o retorno ao "sentido da colonização" dos transportes. Em outros termos, a tendência em interligar o país por estradas perpendiculares, ou seja, no sentido interior para o litoral. Já no período imperial, "um incipiente capitalismo dava aqui seus primeiros e modestos passos", o progresso material, calcado pela confluência da acumulação de capitais da agricultura cafeeira, a colaboração do Estado e a presença de capital estrangeiro, fomentara empreendimentos industriais, como as estradas de ferro, melhoramentos portuários e o estabelecimento de linhas telegráficas no Brasil. Se, por um lado, a análise privilegia o desenvolvimento técnico tanto da navegação a vapor quanto das linhas férreas edificadas, por outro, as estradas e pontes estariam fadadas ao descaso iminente da herança viária colonial (*Ibidem*, 1970, p. 195-196):

> Menos ampla era rede rodoviária: pouco se terá feito para transformar ou melhorar os deficientes caminhos herdados da colônia. O que se explica: não chegara ainda a era do automóvel, e nas grandes distâncias em terreno acidentado e difícil que separam o Brasil (exigindo portanto vias de grande custo), o transporte por viaturas de tração animal não representava solução vantajosa e preferível ao antigo processo da carga; continuar-se-á por isso, onde não havia transporte ferroviário ou fluvial, com o sistema tradicional, o lombo de burro, para que os velhos caminhos eram suficientes. De estradas de rodagem de certo vulto, o Imperador legará apenas a "União e Indústria", entre Petropólis e Juiz de Fora, isto é, ligando as províncias do Rio de Janeiro e Minas Gerais; e a estrada de "Graciosa" que vencia a Serra do Mar entre São Francisco e Rio Negro, na província de Santa Catarina. (*Idem*, p. 196)

Em uma interpretação baseada na proeminência do setor agrário-exportador e na inviabilidade de acumulação de capital, através de práticas comerciais endógenas, o desarticulado e disperso mercado estava subordinado ao capitalismo comercial no período colonial e destinado a erguer vias de comunicação perpendiculares sem articulações internas entre si (*Ibidem*, 1973). A reiteração da desarticulação interna via estradas continuaria no período imperial em decorrência da opção do Estado em favorecer a construção de ferrovias, interligando fazendas de café aos portos litorâneos sob a égide da acumulação de capitais cafeicultores e a presença de capital britânico (*Ibidem*, 1970):

> Não havia recursos para construir em extensões tão consideráveis estradas regulares; e assim, salvo nas áreas de terreno plano e onde a cobertura vegetal era pouco densa – como no Nordeste e no Extremo Sul – as dificuldades de trânsito não eram pequenas. Os caminhos não passavam de veredas estreitas, acidentadas e tortuosas; e

> como seu leito não era revestido, transformavam-se com a chuva em lamaçais intransponíveis. Pontes eram quase inexistentes e os rios se passavam em geral a vau, o que obrigava muitas vezes a voltas consideráveis em busca de lugares próprios para a travessia. (...) O transporte se fazia praticamente todo no dorso de animais; o cavalo se empregava de preferência, como já referi, no Nordeste e no Extremo-Sul; nas zona montanhosas do centro, este papel cabe ao burro. (...) Apesar de todas estas insuficiências, o sistema de viação interna do país representa um grande papel na vida e na economia da colônia. Não terá nunca, é certo, a importância das ligações marítimas, bastando para isto o fato de se concentrar na costa a maior parte da população. Mas apesar disto, a circulação interior está longe de ser desprezível. Em primeiro lugar porque se situam longe da costa os centros mineradores, onde se aglomerava um povoamento relativamente denso. Doutro lado, é do interior que provinha o gado com que se sustentava a população litorânea. Finalmente a precariedade da navegação marítima numa costa pouco endentada como a brasileira, e desprovida de bons portos naturais em número apreciável, bem como um regime de ventos em muitos casos desfavorável, fizeram preferir frequentemente as comunicações internas, mesmo entre pontos apartados do litoral. O sistema de viação interna teve assim um importante papel, e contribuiu grandemente para a cimentação interior do país e a coesão de seus tão esparsos núcleos de povoamento. (*Idem*, p. 112-113)

Se considerarmos a interpretação de Caio Prado, as vias internas de comunicação compunham um quadro de aparente contradição: de um lado, a falta de investimentos para construir estradas e pontes regulares e, por outro, uma relativa importância para "a cimentação interior do país" através das comunicações internas em face ao povoamento dos núcleos mineradores afastados do litoral, e ao abastecimento da população litorânea pelo gado proveniente do interior:

> Os estudiosos em geral se tem preocupado muito mais em analisar não só a produção de mercadorias destinadas ao mercado externo, como também o comércio exterior, ficando relegada para um segundo plano, ou inteiramente esquecidos, o comércio interno, a circulação de mercadorias e de capitais no interior e o abastecimento das populações integradas na economia de exportação, havendo apenas alguns sobre o abastecimento das áreas mineradoras e do litoral canavieiro do Nordeste. (PETRONE, 1973, p. 383)

De modo geral, no pensamento econômico, a ferrovia é sublinhada como elemento capaz de unificar o mercado interno, baratear os custos dos transportes e induzir o desenvolvimento da indústria de bens de capital e a formação da mão de obra industrial. Entretanto, no processo de modernização dos transportes no Brasil as ferrovias foram incapazes de propiciar encadeamentos produtivos e alavancar o desenvolvimento econômico do país (PAULA, 2002, p. 34; CECHIN, 1978).[60]

De fato, o avanço férreo é indicativo do modo de inserção da economia nacional à dinâmica capitalista mundial. Contudo, a assimilação tardia do progresso tecnológico produziu efeitos contraditórios, já que a redução do custo dos transportes afetou negativamente setores industriais incipientes destituídos

60 O processo de modernização revela o encontro de países desenvolvidos e países atrasados. Jacques Le Goff distingue a modernização em três tipologias: a primeira modernização, chamada equilibrada, é exitosa ao penetrar aspectos do moderno e destruir importantes valores do antigo. Para exemplificar a primeira tipologia, Le Goff salienta a recepção das técnicas ocidentais e a conservação dos valores ocorrida no Japão durante a revolução Meiji (1867). A segunda modernização, denominada conflitual, atinge uma pequena parcela da sociedade, que ao tender para o moderno cria conflitos graves com as antigas tradições como, por exemplo, se evidenciou nos países mulçumanos. A terceira modernização concilia o antigo e o moderno através de tentativas parciais: "Quase todas as nações atrasadas se encontraram perante a equivalência entre modernização e ocidentalização, e o problema do moderno foi posto paralelamente ao da identidade nacional. (...) distinguiu-se também a modernização econômica e técnica da modernização social e cultural" (LE GOFF, 2003, p. 190). Para Gildo Magalhães, há uma correlação direta entre a modernização e as transformações tecnológicas, visto que a tecnologia utiliza de princípios e métodos científicos para solucionar problemas técnicos. Daí a profunda relação entre a questão da verdade científica e a noção compartilhada de progresso (MAGALHÃES, 2000, p. 13-28).

de capacidade competitiva. A supressão de barreiras protetoras, representadas pelo alto custo dos transportes, impactou diretamente setores industriais nascentes, como a siderurgia (LIBBY, 1988), e incentivou a produção agrícola de exportação. A baixa do custo dos transportes representou o estreitamento dos laços de dependência quanto à importação de bens manufaturados, inserindo o país na periferia das trocas capitalistas no âmbito do mercado internacional (PREBISCH, 1982):[61]

> O desenvolvimento periférico é parte do sistema capitalista mundial, mas se desenvolve em condições muito diferentes dos centros, de onde surge a especificidade do capitalismo periférico. A técnica tem um papel primordial. Conforme se desenvolve nos centros sucedem contínuas mutações em sua estrutura social, bem como também nos países periféricos. Quando penetram nos países perifericos a mesma técnica, com grande atraso, se modificam em forma correspondente as relações entre esses ultimos países e aqueles centros. (...) A dinâmica dos centros não tendem a penetrar profundamente na estrutura social da periferia; é uma dinâmica limitada. Em contraste com tudo isso, os centros propagam e irradiam na perifera suas técnicas, formas de consumo e existência, suas instituições, ideias e ideologias. O capitalismo periférico se inspira cada vez mais nos centros e tende

61 Para Celso Furtado, a assimilação desigual do progresso tecnológico está intimamente relacionada aos contornos da Revolução Industrial. Esta transformou as técnicas produtivas no âmbito das manufaturas e dos meios de transporte, assim como propiciou o aumento da produtividade. No entanto, na estrutura do capitalismo brasileiro não se consolidou uma transformação dos processos produtivos, visto que o progresso tecnológico permitiu apenas uma modernização dos hábitos de consumo sem correspondência direta na evolução tecnológica. Portanto, em um país agrário-exportador a demanda por produtos primários gerou expansão da economia, que continuou dependente do aumento das exportações e da capacidade de importar (material de transporte, equipamentos industriais, bens duráveis de consumo). Os interesses vinculados ao comércio exterior geraram uma modernização do consumo sem transformação estrutural e tecnológica do setor produtivo. Reiterando, assim, uma modernização assentada na concentração de renda e inserção periférica do país no capitalismo mundial. Cf. FURTADO, Celso. *Análise do modelo brasileiro*. 6° edição. Rio de Janeiro: Civilização Brasileira, 1978.

a se desenvolver a sua imagem e semelhança. Este desenvolvimento imitativo se desdobra tardiamente em uma estrutura social que tem diferenças importantes com a estrutura evoluída dos centros. (*Ibidem*, 1982, p. 485-486)[62]

Tabela 13 – Extensão das estradas de ferro no Brasil e no Mundo – Km (1850 – 1890)

Ano	1850	1860	1870	1880	1890
América	15.446,4	57.280, 4	94.770,1	176.185,5	342.234,3
Europa	23.330,5	53.740,6	104.102,3	169.588,60	227.834,4
Brasil		281,575	748,185	3.419,125	10.056,25
Mundo	38.776,9	110.012,15	210.185,27	374.399,81	637.410,17

Fonte: CECHIN, José. *A construção e operação das ferrovias no Brasil do século XIX*. Dissertação de mestrado, Campinas, IE/Unicamp, 1978, p. 63.

Entre 1854-1880 alcança-se a média da construção de 125 quilômetros/ano. O auge da construção ferroviária compreende o período entre 1880 e 1920, no qual se constata uma média construtiva de 613 quilômetros/ano (BATISTA; BARBOSA; GODOY, 2012, p. 167). Na década de 1870, a Lei nº 2.450 de 1873 favoreceu o crescimento da rede ferroviária ao conceder a subvenção

62 "El desarrollo periférico es parte integrante del sistema mundial del capitalismo, pero se desevuelve en condiciones muy diferentes de las de los centros, de donde surge la especificidad del capitalismo periférico. La técnica tiene en ello un papel primordial. Conforme se desenvuelve en los centros sobrevienen continuas mutaciones en su estructura social, como así también en los países periféricos. Cuando penetra en ellos esa misma técnica, con gran retardo, se modifican en forma correspondiente las relaciones entre estos últimos países y aquelles centros. (...) La dinámica de los centros no tiende a penetrar profundamente en la estructura social de la periferia; és una dinámica limitada. En contraste con todo ello, los centros propagan e irradian en la periferia sus técnicas, formas de consumo y existência, sus instituciones, ideas e ideologias. El capitalismo periférico se inspira cada vez más en los centros y tiende a desenvolverse a su imagem y semejanza. Este desarrollo imitativo se desenvuelve tardíamente em uma estructura social que presenta importante disparidades con la estructura evolucionada de los centros" (*Ibidem*, 1982, p. 485-486).

quilométrica e/ou garantia de juros de até 7% sobre o capital empregado nas companhias ferroviárias (COIMBRA, 1974, p. 114-123).[63]

Em Minas Gerais, o poder político provincial consolidou o fomento da referida Lei nº 2.450 do governo imperial, agregando uma subvenção de 9:000$000 réis para cada quilômetro de estrada de ferro construída (MELO, 1995, p. 350):

> (...) da totalidade das ferrovias do Segundo Reinado, cerca de 90% foram construídas depois de 1873, ano em que foram concedidos mais amplos favores aos concessionários. Em 31 de dezembro de 1873 tínhamos 10 linhas férreas, e em 1889, nada menos de 58, o que demonstra um apreciável crescimento da rede ferroviária. Não obstante, no fim do ano de 1889, havia ainda seis províncias onde as ferrovias não chegaram: Amazonas, Maranhão, Piauí, Sergipe, Goiás e Mato Grosso. Nota-se um desequilíbrio na distribuição geográfica dos caminhos de ferro: dois terços do total das linhas em tráfego estavam nos territórios das províncias do Rio de Janeiro, Minas Gerais e São Paulo. A expansão da lavoura cafeeira, nestas três províncias, com a constituição de centros de grande importância econômica, determinou o desenvolvimento ferroviário da área. (COIMBRA, 1974, p. 124)

Sob o primado do modelo primário-exportador, o avanço ferroviário privilegiou regiões inseridas na atividade agrária de exportação. As companhias ferroviárias expandiram em direção às Minas Gerais, São Paulo, Rio de Janeiro e Espírito Santo. A expansão ferroviária criou um aglomerado de sistemas regionais férreos sem qualquer interligação. Em outros termos, o desenvolvimento ferroviário brasileiro resultou na inexistência de uma efetiva rede ferroviária (KATINSKY, *Apud* MOTOYAMA, 1994, p. 52). No caso mineiro, segundo Restitutti, os efeitos da introdução ferroviária foram limitados aos

63 Ressalta-se que o Decreto imperial n° 641 de 1852 já garantia o pagamento de juros de 5% sobre o capital empregado na construção da estrada, assim como isentava de impostos materiais importados para a estrada de ferro e estabelecia o privilégio de uso de cinco léguas de cada lado da linha férrea (SAES, 1981, p. 22).

setores exportadores e extremamente nocivos para a produção mineira doméstica de panos de algodão, que se viu integrada ao mercado mundial face às facilidades de importações através das linhas férreas e destituída de capacidade produtiva similar aos produtos têxteis importados:

> (...) a penetração da malha ferroviária em território mineira justamente neste período atende aos exportadores de café, não a atividade de condução de gado bovino e suíno em pé para o Rio de Janeiro e apenas marginalmente à comercialização de derivados da pecuária ou de fumo; além disso, a produção doméstica mineira de panos de algodão enfrenta a concorrência da fábrica. (...) As ferrovias facilitaram o comércio de Minas Gerais, propiciando importações antes dificultosas sobre o lombo dos animais, especialmente perecíveis. (...) Se por um lado as ferrovias atendem aos interesses dos exportadores de café, por outro atendem interesses dos importadores. A atrasada economia mineira, escravista, assim conecta-se ao porto, ao mercado mundial em formação. (RESTITUTTI, 2006, p. 82 e 103)

Tabela 14 – Extensão das linhas férreas em tráfego no Brasil (1854-1889)

Ano	Extensão (Km)	Ano	Extensão (Km)
1854	14,500	1872	932,154
1855	14,500	1873	1.128,84
1856	16,190	1874	1.283,88
1857	16,190	1875	1.800, 695
1858	109,376	1876	2.122, 407
1866	513,040	1884	6.302, 094
1867	597,526	1885	6.930, 285
1868	717,626	1886	7.585, 644
1869	736,840	1887	8.399, 687
1870 (*)	744,922	1888	9.320, 881
1871	868,779	1889	9.538, 087

(*) Em comparação aos dados da tabela 13, há uma pequena variação para o referido ano.
Fonte: COIMBRA, Creso. *Visão Histórica e análise conceitual dos transportes no Brasil.* Rio de Janeiro: Ministério dos transportes, 1974, p. 124-125.

O crescimento da malha ferroviária remete às singularidades da modernização viária em diferentes espaços regionais do Brasil (BATISTA; BARBOSA; GODOY, 2012). Em São Paulo as ferrovias foram consideradas como elemento essencial para o crescimento da economia cafeeira, já que o transporte através das tropas de mulas se tornava oneroso mediante a interiorização da cafeicultura (SAES, 1996, p. 179). O desenvolvimento férreo interagiu constantemente com a variável população e cafeicultura. A expansão ferroviária não consolidou nenhum plano prévio e sistemático elaborado para a integração das diferentes modalidades de transporte (navegação, rodoviário e ferroviário), sendo a implantação das linhas férreas sustentada pelos interesses dos administradores, produtores e comerciantes de café (SAES, 1981, p. 67). De fato, as ferrovias promoveram a redução do custo de transporte para os produtos agrícolas de exportação, especialmente, o café. A concessão de exploração ferroviária se inseriu tanto em uma lógica de interesse governamental em garantir a prosperidade econômica das empresas ferroviárias, visto que os cofres públicos arcavam com a garantia de juros, quanto em uma crença das estradas de ferro como elemento propulsor do progresso industrial e econômico. Considera-se que até o ano de 1890 houve uma perfeita consonância de interesses entre o mercado cafeeiro e a prosperidade das ferrovias. A ruptura da relação entre cafeicultura e ferrovia se inicia na década de 1890 com a queda cambial, verificada nos primeiros anos da República (SAES, 1981, p. 86-87). Por um lado, a modernização ferroviária brasileira permitiu a ampliação dos mercados e a redução dos custos dos transportes, por outro, não se desdobrou em industrialização, uma vez que não promoveu elos iterativos na cadeia produtiva da mineração de ferro e carvão e acentuou, por outro lado, as importações de material fixo (estruturas metálicas e material telegráfico) e rodante (carros e vagões) (CECHIN, 1978, p. 14 e 47-48):

> A estrada de ferro foi concebida não para ser uma atividade industrial independente mas para complementar a agricultura e dado este objetivo, a auto-suficiência tecnológica foi menos importante do que a produção de café, entre as prioridades (...) (MATTOON, 1971, p. 100 e 191 *apud* CECHIN, 1978, p. 92).

Em 1869, inicia-se a expansão ferroviária na província de Minas Gerais com a inauguração dos trilhos da Estrada de Ferro D. Pedro II (IGLÉSIAS, 1958, p. 158). Em artigo intitulado "Transportes, modernização e formação regional – subsídios à história da era ferroviária em Minas Gerais, 1870-1940", os autores, tendo como principal variável os dados relativos à quilometragem dos trilhos assentados em Minas Gerais no período de 1870 a 1940, propõem uma periodização dividida em seis períodos: 1) o primeiro delineado pelo lento crescimento da expansão férrea e restrição espacial à Zona da Mata (1869-1878); 2) o segundo período inicia-se em 1879 e se finda no ano de 1898, tendo como principal característica o ritmo das linhas edificadas, alcançando a instalação de mais de 3.200 quilômetros; 3) o terceiro momento (1899-1907), demarcado pelo baixo crescimento e movimento de encampação pelo Estado das estradas de ferro; 4) o quarto período (1908-1916) apresenta uma média de construção de 271,3 km/ano, proporcionado um vigoroso crescimento da malha ferroviária mineira; 5) o quinto período, entre os anos de 1917 e 1928, demonstra uma desaceleração construtiva das ferrovias, sendo acrescida uma média de 130 km/ano; 6) por fim, o sexto período revela o esvaziamento do modal ferroviário e uma forte inclinação para as questões rodoviárias (BATISTA; BARBOSA; GODOY, 2012, p. 187-197).

Em Minas Gerais, o alcance assimétrico da expansão ferroviária revela contrastes e desigualdades regionais no que tange aos impactos da modernização ferroviária em uma economia não-exportadora. Diversas localidades jamais tiveram suplantadas as práticas de transportes tradicionais pelas ferrovias, isto é, para a circulação de bens, pessoas e ideias prevalecera majoritariamente os transportes em lombo de mulas, carroças e carro de bois durante o período imperial. Além disso, Minas Gerais está distante de uma economia essencialmente agrário-exportadora (MARTINS, 1980; FRAGOSO, 2000; BARBOSA; GODOY, 2008; BARBOSA, 2011):

> A percepção da vigência de modelo único de modernização dos transportes é uma das prováveis conseqüências da tendência da historiografia brasileira em desconsiderar a experiência histórica dos espaços econômicos não-exportadores e os circuitos mercantis internos. A esse tipo de enquadramento predominante corresponde a

> suposição de que todas as outras experiências históricas não se desdobraram em modernização, ou, ao menos, a tiveram retardada. Mais ainda, dada a estreita relação entre ferrovias e atividades agroexportadoras, parece subentendido que somente determinado tipo de inserção internacional poderia sustentar transformações significativas, ou modernizantes, nos transportes. Prevalece, portanto, tendência a desconsiderar trajetórias históricas em que se confrontaram distintos padrões de desenvolvimento, experiências concretas que ensejaram as condições necessárias para a construção de alternativa ao modelo agrário-exportador. (GODOY; BARBOSA, 2008, p. 333-334)

A historiografia, recorrentemente, insiste na tese da capacidade do setor ferroviário em empregar parcela considerável dos engenheiros nacionais, assim como sustenta que a modernização se realizou somente através da implantação das ferrovias:

> Por modernização, entenda-se a adoção de procedimentos e instrumentos que perseguem objetivos já atingidos pelas unidades produtivas sediadas nos países europeus ao norte dos Alpes e dos Pirineus, pelo menos até a Segunda Guerra Mundial. (...) Somos, assim, obrigados a reconhecer que a modernização se deu a partir da instalação do sistema ferroviário brasileiro. (...) É curioso notar que as companhias de estradas de ferro empregaram os primeiros engenheiros brasileiros e sustentaram o desenvolvimento da engenharia que iria, no final do século XIX, destacar-se no aparelhamento dos portos, no saneamento básico e, finalmente, depois de 1920, nas edificações de maneira geral. (MOTOYAMA, 1994, p. 29-31)

A tese de uma única modernização dos transportes assentada no modelo ferroviário expõe nuanças e contradições (BARBOSA; GODOY, 2008). A modernização dos transportes na província de Minas Gerais manifesta aspectos significativos tanto da articulação intrínseca dos trajetos das estradas de ferro e a economia agroexportadora do café, quanto à inabilidade de integrar o mercado interno da província de Minas Gerais (BLASENHEIM, 1996). Em 1884, aproximadamente, 1.006 quilômetros de linhas férreas, isto é, 60% do total da rede ferroviária de Minas Gerais, se localizavam na zona da Mata mineira. Essa região corresponderia, segundo Blasenheim, a apenas 5% do território da província de Minas Gerais. A dilatação da rede ferroviária mineira converge para a compreensão de três aspectos: 1- a noção compartilhada pela administração provincial da expansão ferroviária como a panaceia para os problemas econômicos e sociais; 2- o crescimento da atividade cafeeira e a importância da mesma para os cofres provinciais; 3- ferrovia como símbolo da civilização e o único meio capaz de alcançar o "progresso" técnico (*Ibidem*, 1996, p. 90).

Contudo, as referidas noções de panaceia e das ferrovias como sinônimo de modernidade e progresso nem sempre foram assegurada pelos engenheiros provinciais. Em rotineiros relatórios de trabalho sobre o andamento das obras públicas mineiras, os engenheiros pronunciaram conjecturas sobre o avanço ferroviário. Rotina e mudança se entrelaçaram nos relatórios dos engenheiros nas décadas de 1870 e 1880.[64]

A rotina diária revelava a dificuldade de tráfego e as soluções encontradas, os nomes dos arrematantes e as construções de pontes e estradas em cada Distrito de Obras Públicas. A mudança significava a chegada das ferrovias e suas possíveis transformações no cenário mineiro. Temos, assim, nos relatórios trimestrais dos engenheiros provinciais, as interações da ciência, tecnologia e economia. Diante disso, a crença pueril da conversão imediata do progresso técnico em desenvolvimento econômico através das ferrovias encontrou vozes contrárias nos relatórios dos engenheiros. Questionamentos eram expostos pelos engenheiros. Em um deles, no ano de 1874, o engenheiro Modesto de Faria Belo, chefe do 7° Distrito de Obras Públicas, revelava o que ouvia e lia sobre a chegada das ferrovias:

> Permitta-me V.S. que entre aqui em mais largas considerações. Tractando-se do prolongamento de estradas de ferro tenho lido muitas

64 A partir da década de 1870, mais precisamente quando a província foi dividida em Distritos de Obras Públicas, uma das incumbências de cada engenheiro de distrito era o envio de um relatório ao Diretor Geral das Obras Públicas. Os relatórios deveriam ser remetidos ao Diretor até o dia 10 dos meses de janeiro, abril, junho e outubro. Isso equivalia ao envio de um relatório a cada trimestre.

> vezes e até ouvido as observações seguintes: O que irá fazer uma estrada de ferro nos centro das Provincias, onde ha ainda tão pouca população e producção? Em um dia os trens conduzirão toda a producção de um anno, e depois o que farão? A renda da estrada não dará para o custeio etc. (APM, SPOP 3/1, Caixa 1, doc. 10)

Em outro relatório, o engenheiro João Ramos de Queiroz combinava apontamentos sobre a rotina e exaltava os rumos que a província deveria seguir para se transformar radicalmente. Em um primeiro momento, João Ramos de Queiroz se deteve em inúmeras considerações cotidianas sobre as obras realizadas e a serem concluídas no 4° Distrito de Obras Públicas. A data de elaboração do relatório remete ao mês de junho de 1873. O engenheiro esboçava preocupação com a aproximação das rotineiras chuvas e suas consequências para estradas e pontes. Assim, a racionalidade do engenheiro delineava os encadeamentos nocivos de chuvas, obstruções viárias, redução do comércio e queda da arrecadação fiscal:

> Começão as chuvas o seu terrível bloqueio entre os pontos productores e os pontos consumidores desta parte da Provincia, obstruindo assim as estradas que existem.É uma epocha clamorosa, a epocha das chuvas. É completo o estado de sitio o que fica reduzido o commercio e a lavoura, e por sem duvida a origem de males sérios para a Provincia em suas finanças. De um lado é o agricultor que não exporta em tempo opportuno os generos de sua {lavoura}; de outro, é o commerciante que quer comprar e não pode transportar, e finalmente é o Thesouro Provincial, que deixa de auferir os rendimentos, que lhe podiam provir d'ahi, senão fossem estas dolorosas crises porque passam estas duas fontes de riqueza publica. Em um paiz onde a locomoção é { } é o único meio de transporte, as vias de communicação devem ser o mais aperfeiçoadas possiveis, a fim de evitar as decepções e os prejuizos incalculáveis, a que estão sujeitos os que dellas necessitão. Os constrangimentos dos viajantes e as perdas que soffrem os tropeiros, fallão bem alto, contra a má qualidade de caminhos, que a Provincia possue Com effeito, ninguem dirá que

> esta Provincia possuem um systema de viação traçado pela arte com socorro da sciencia e segunda as suas prescripções; mas encontrará caminhos abertos, talvez ao acaso, sem methodo, sem menor noção siquer da prática, auxiliada pelo bom senso em muitos casos. (APM, SPOP 3/1, Caixa 1, doc. 09)

A partir desse momento, a escrita do engenheiro João Ramos de Queiroz prosseguia e, ao mesmo tempo, adquiria tom entusiasta com as perspectivas futuras de Minas Gerais. O impulso para a transformação, segundo João Ramos, se daria facilmente e nos moldes seguintes: "Melhore-se os actuaes caminhos e agite-se a transformação. Cuide-se da navegação de nossos rios, abrão se estradas de ferro, facilite, por este modo, o mais possivel os meios de comunicação" (APM, SPOP 3/1, Caixa 1, doc. 09). Para o engenheiro, a integração modal ferrovia-navegação seria a chave para o progresso e riqueza, desenvolvendo a agricultura e incentivando o trabalho:

> Decidindo-se pela transformação a Provincia de Minas offerecerá o espetáculo mais gigantesco que se tenha de observar no Império do Brasil. Navegados os seus grandes rios, e esta navegação unida por meio de estradas de ferro aos grandes centros consumidores, é ter se aberto enormes sulcos por onde correrá incessantemente a seiva vital do progresso e da civilização, para grande fonte da prosperidade nacional. Depois de operada essa immensa revolução, único meio de desenvolver-se o trabalho com toda a sua força de acção entre nós, depois de superados esses obstáculos, aplainados essas difficuldades que surgindo de todos os lados, dão em rezultado o desanimo, e com elle o pouco amor ao trabalho, paralyzação do commercio, a auzencia de industria e todos os mais symtomas de fraquesa; depois, enfim, que facilitar-se os meios de transporte pelos novos systemas de viação, que a civilização, nos ensina e aponta, com certeza a Provincia de Minas surgirá grande colosso dentro suas irmãs de norte e sul, ao ocupar o honroso lugar que a natureza lhe reservara na terra do cruzeiro. A lavoura passando então por uma phase brilhante, virá dar-nos a exuberante prova de que a falta de commercio e de industria,

> a ausência da arte, a imperfeição dos trabalhos agrícolas, em suma o desamor ao trabalho, é inevitavel num pais que não tem boas vias de communicação. Si assim é forçoso será concluir com um celebre escriptor francez: "que as vias de communicação são o mais poderoso emulo de civilisação entre povos, que se presão, e que amão ardentemente a prosperidade de sua pátria". É este o grande problema, cuja solução devemos esperar no futuro, se desde já demos principio a resolvel-o. Presentemente, pois, não resta cousa alguma a fazer se não continuar o que existe, de accordo com as regras de economia e tendo em vista a commodidade publica, a fim de não perder-se os elementos de riqueza já creados, até o momento da transformação, que, a meu ver é o que pode salvar esta grande Provincia. (...)Serei muito agradecido a VSa se das ideias que ora apresento puder resultar alguma vantagem ao Sul de Minas, uma das partes da Provincia, que, pela sua proximidade ás Estradas de Ferro de D. Pedro 2° e de Santos a Jundiahy, mas se presta á rápido desenvolvimento, se unir-se alguma daquellas estradas, principalmente, a ultima, ao rio Sapucahy e navegar-se este. É então que nem só um grande commercio se effectuará entre Goyas, S. Paulo e diversas cidades desta Provincia, como tambem suas finanças terão de augmentar. Uma prova do que avanço é a grande plantação de café, que tendo tomado muito incremento na freguesia de Machado, proximidade do Sapucahy, vai se desenvolvendo em proveito por outros lugares; do mesmo modo o estabelecimento de fabricas de tecido, telhas, tijollos, chapeos, etc vai surgindo cada dia na proporção dos meios de transporte que actualmente temos. (APM, SPOP 3/1, Caixa 1, doc. 09)

Outros relatórios privilegiaram somente o fornecimento de informações sobre a (re)construção de pontes e estradas, e não propunham grandes modificações no âmbito dos transportes e da economia. Tais indicativos revelam que os relatórios refletiam os interesses, o perfil de cada engenheiro, assim como suas ideias acerca do progresso e da ciência. Em abril de 1876, o engenheiro do 3° Distrito, Abert Schirmer, relatou a precariedade da estrada entre o Morro do

Gaspar Soares até a ponte do Rio Preto, optando pela narrativa de um episódio cotidiano da travessia de um lote de mulas carregada de sal:

> Em pior estado ainda está a parte entre o Morro de Gaspar Soares e a ponte do Rio Preto. Ali a estrada não existe mais, porque o rio, o lavou e levou, achando-se os tropeiros obrigados a procurar com immensos trabalhos e perigos os altos dos morros, attravessando pequenos corregos que se tornarão atoleiros. Assisti ali a passagem de um lote de animaes carregados de sal, por um, d'estes malfadados lugares; precisou o tropeiro de 2 ½ horas, molhando o sal quasi todo, e tendo tres d'estes 7 animaes tão mal tractados, que não poderão servir mais para seguir a tropa, vendo se elle assim na necessidade de vender a carga d'elles com prejuizos. Foi lhe preciso de fazer voltar os mais lotes e procurar outro caminho. (APM, SPOP 3-1, Caixa 1, doc. 21)

Em 1875, a noção de progresso técnico e desenvolvimento econômico através das ferrovias não impediu a Diretoria Geral de Obras Públicas de emitir opinião contrária à concessão de linhas férreas. Esse relatório afirmava com veemência a necessidade de suspensão da concessão da garantia de juros ou subvenção a companhias férreas. A singularidade deste relatório está nos argumentos técnicos utilizados, sustentando que a Carta Corográfica de Minas Gerais era inexata e incompleta, o que impossibilitava que os traçados das ferrovias fossem determinados pela referida carta. Concluía que "devemos limitarmo-nos à construção de algumas estradas de rodagem, que a meu darão grande impulso à receita da província (...)" (Appenso n° 6, Relatório de presidente de província, 1875, p. 4-5). Além disso, considerava extremamente nocivo tanto a morosidade da construção da Estrada de Ferro D. Pedro II quanto o fato de que as outras linhas férreas dependiam da escolha e direção que iria tomar a E.F.D. Pedro II (*Ibidem*, p. 4).

Nas décadas de 1870 e 1880, a província de Minas Gerais vivia um paradoxo. Ao mesmo tempo em que para alguns engenheiros as atividades construtivas de pontes e estradas deveriam continuar a receber aporte financeiro e suporte técnico, para outros as ferrovias se consolidavam como chave para o progresso e o desenvolvimento. Entretanto, como argumentaremos nos próximos capítulos, tanto a rotina de construir e conservar pontes e estradas, quanto a presença de inúmeros engenheiros empregados no corpo provincial são traços de uma modernização viária ainda desconhecida da historiografia, que revela o uso de instrumentos científicos, vultosos investimentos, difusão de tecnologia, confecção de plantas e orçamentos, segundo os preceitos e racionalidade da ciência e da técnica do período oitocentista.

Tabela 15 – Condições hidrográficas dos rios navegáveis da província de Minas Gerais, segundo o engenheiro chefe Henrique Gerber (1867)

Nome da bacia	Nome do rio	Comprimento total do rio em território mineiro (quilômetros)	Comprimento da parte navegável (quilômetros)	Obstáculo na parte navegável	Qualidade, dimensões e lotação dos barcos que navegavam os rios	Observações
Rio de S. Francisco	Baixo Rio S. Francisco	480 quilômetros	480 quilômetros entre a Cachoeira do Pirapora e a Barra do Carinhanha	Em nenhuma parte há obstáculos sérios	Os barcos tem 13 a 33 metros de comprimento 2,5 metros a 3,5 de largura, 1,3 metros de calado, carregando até 23.000 Kilogramas.	Estes dados são extraídos da obra do Engenheiro Halfeld sobre o rio São Francisco
	Alto Rio S. Francisco	cerca de 800 quilômetros	304,8 quilômetros o Porto das Andorinhas e a cachoeira do Pirapora	Tem muitos bancos de rochedo. Navegação, perigoza principalmente da Barra do Paraopeba para cima	Barcos pequenos só na parte mais baixa, canoas e ajoujos na parte superior	Estes dados são segundo as explorações de Dr Liais. Nota-se uma grande diferença entre os dados de Halfeld e de Liais
	Rio Pará	190 quilômetros	70 quilômetros da Barra até Pitangui	Vários rochedos navegação perigosa	Apenas canoas	
	Rio Paraopeba	320 quilômetros	60 a 70 quilômetros Barra para cima	Numerosos bancos de pedra	Apenas canoas	
	Rio das Velhas	760 quilômetros	666,5 quilômetros entre Sabará e a Barra do Rio das Velhas e mais 6,5 quilômetros entre Sabará e o porto de Andre Gomes	Vários bancos de pedra que apesar de não impedir de todo a navegação, contudo devem ser removidos	Uma barca de ferro construída pelo Engenheiro Dumont, navega entre a Jaguara e o porto de André Gomes. A barca tem 29,5 de comprimento 6 de largura, tendo como carga máxima 60.000 kilogramas	Segundo Liais
	Rio Jequitahy	250 quilômetros	20 quilômetros acima da Barra nas águas médias e 150 km nas cheias		Barcas e canos	

Rio de S. Francisco	Rio Paracatu	530 quilômetros	352 quilômetros entre a Barra e o porto do Burity	Muitas cachoeiras e corredeiras	Grandes canoas e barcas
	Urucuaia	380 quilômetros	140 quilômetros da Barra até o Campo Grande		Barcas e ajoujos
	Rio Verde	400 quilômetros	165 quilômetros da Barra para cima	Águas rasas	Canoas
	Carinhanha	480 quilômetros	124 quilômetros da Barra para cima		Canoas e barcos
	Rio Pardo	210 quilômetros	210 quilômetros desde a Vila do Rio Pardo até o limite da província	Salto da verruga, 165 km. Abaixo da vila	Da vila até o Salto do Veruga navegam canoas e daí para baixo barcas
	Jequitinhonha	620 quilômetros	560 quilômetros entre o mendanha e a Ilha das Panelas	alguns bancos de pedra e falta d'agua na secca	Canoas que carregam até 4.400 kilogramas
	Rio Doce	370 quilômetros	140 quilômetros desde as alturas da Figueira até o limite da província	Numerosas corredeiras e algumas cachoeirinhas, alem da cachoeira das escadinhas no limite da província	Canoas que carregam 3.000 a 5.000 kilogramas

RIO GRANDE	Rio Grande	1.300 quilômetros	169,8 Quilômetros entre a Barra do ribeirão Vermelho e a cachoeira da Bocaina	Nesta parte de 169,8 quilômetros, não há obstáculos. Para cima porém existem várias cachoeiras	Ainda não há navegação, mas pretendia se incorporar uma companhia para este fim	Estes dados são segundo as explorações do engenheiro Borell
RIO GRANDE	Rio Sapucahy	340 quilômetros	100 quilômetros entre a Barra do Rio Verde e o Salto Grande		Há um barco que navega nesta parte do rio	
RIO GRANDE	Rio Verde	230 quilômetros	180 quilômetros entre a barra do Capivary e a sua Barra no Sapucahy	Corredeira do Porto do Pouso Alto de 50 metros de extensão, a corredeira de S. Tomé das letras de 3000 metros e as cachoeiras da Varginha e do Salto	Tem sido empregados na navegação barcos que calao carregados 1,25 a 1,3 metros	Segundo as explorações do engenheiro Brandão
RIO GRANDE	Rio Paranahyba	cerca de 750 quilômetros	Consta que é em grande parte navegável	Ignora-se que existam obstáculos e quais sejam	Por ora só há navegação de alguma canoa	

Fonte: APM, SPOP 3-3 Caixa 4, doc. 04.

MAPA 7

EVOLUÇÃO DA MALHA FERROVIÁRIA MINEIRA (1867-1878)

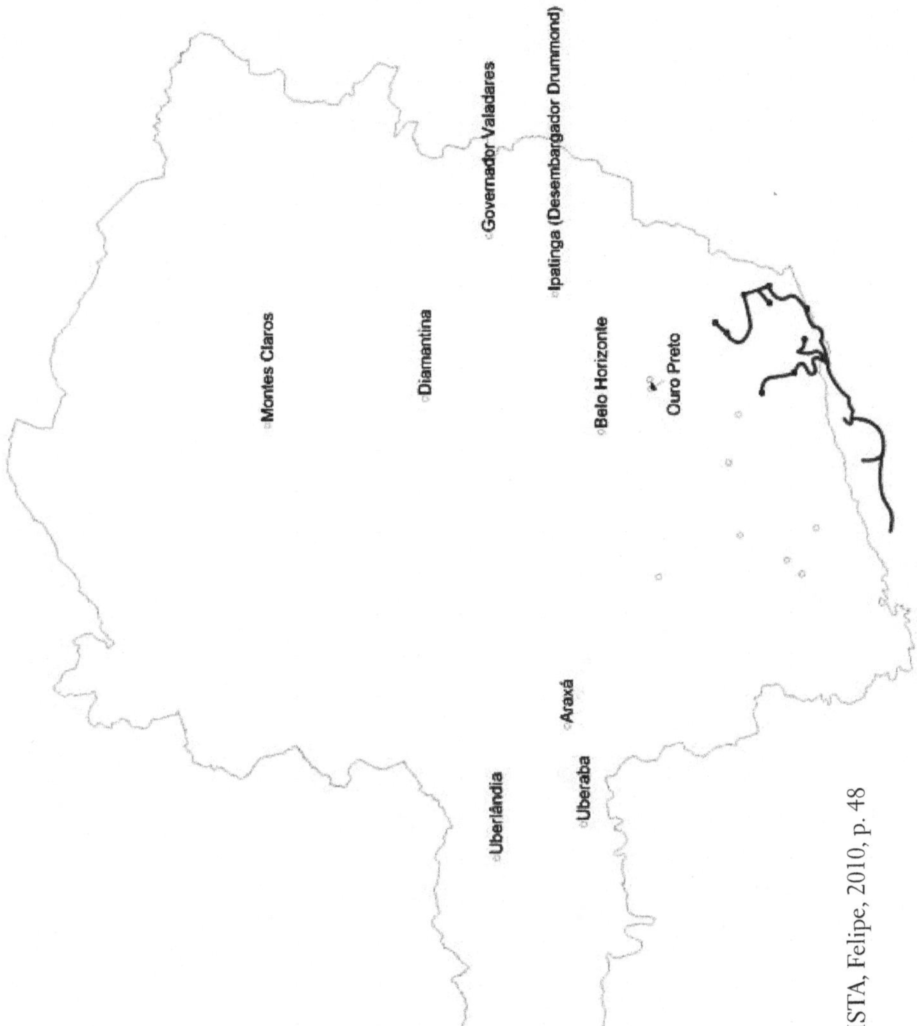

Fonte: BATISTA, Felipe, 2010, p. 48

MAPA 8

EVOLUÇÃO DA MALHA FERROVIÁRIA MINEIRA (1879-1898)

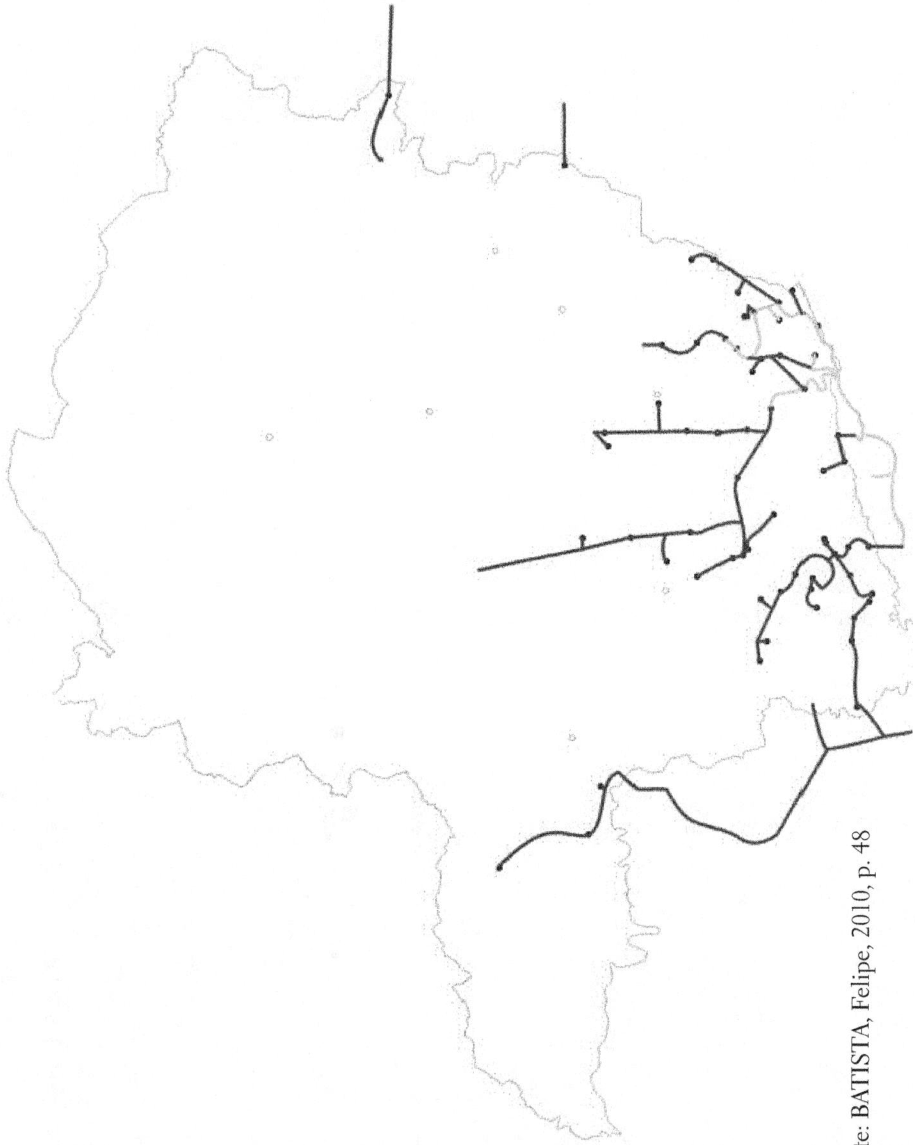

Fonte: BATISTA, Felipe, 2010, p. 48

MAPA 9

MAPA DAS ESTRADAS DE RODAGEM EM MINAS GERAIS – 1909

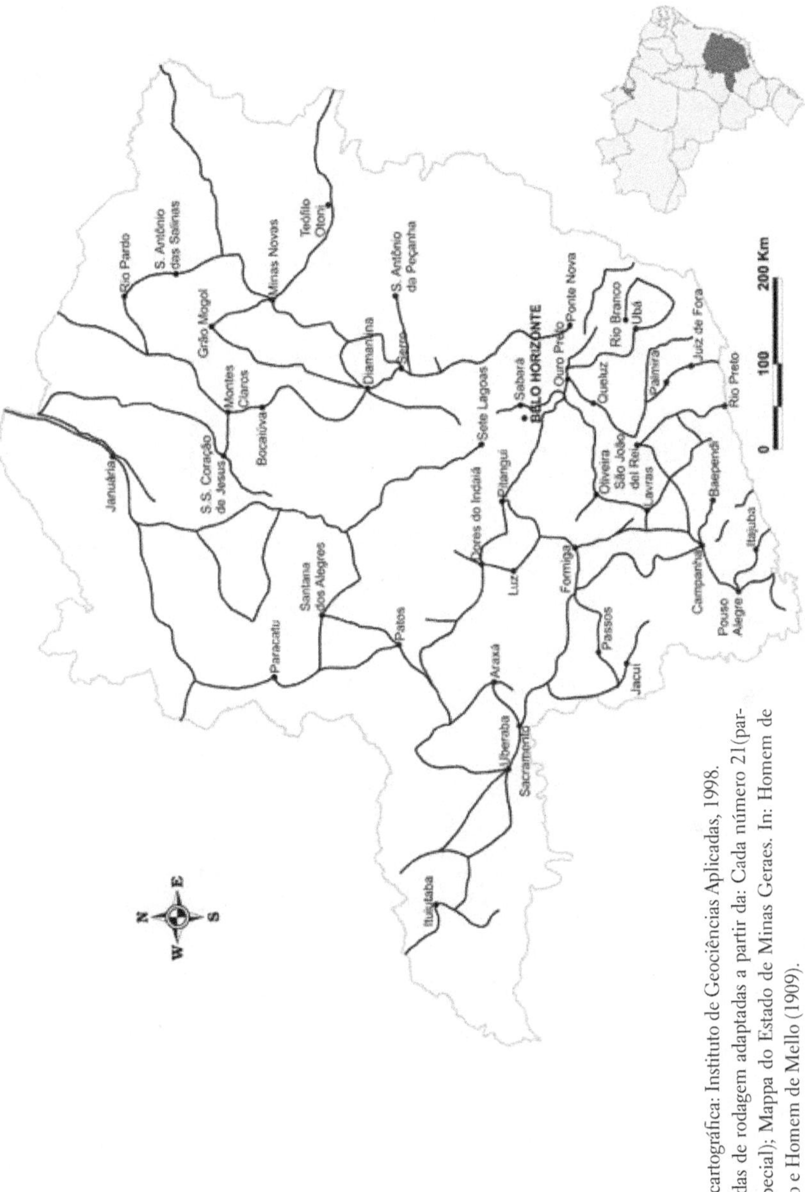

Base cartográfica: Instituto de Geociências Aplicadas, 1998.
Estradas de rodagem adaptadas a partir da: Cada número 21(parte especial); Mappa do Estado de Minas Geraes. In: Homem de Mello e Homem de Mello (1909).
Cartografia e desenho gráfico: Rafael Rangel Giovanini

MAPA 10

MAPA DA REDE HIDROGRÁFICA E NAVEGABILIDADE EM MINAS GERAIS – 1909

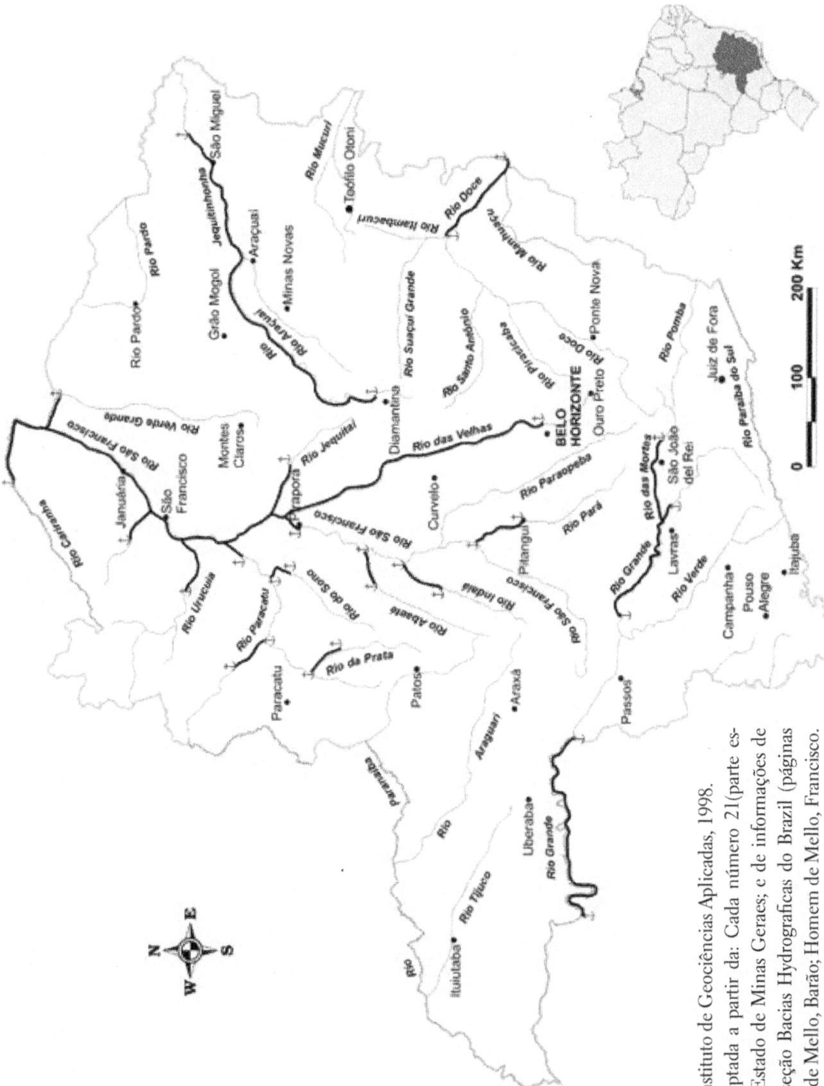

Base cartográfica: Instituto de Geociências Aplicadas, 1998.
Navegabilidade adaptada a partir da: Cada número 21(parte especial); Mappa do Estado de Minas Geraes; e de informações de navegabilidade da seção Bacias Hydrograficas do Brazil (páginas 39-46). In: Homem de Mello, Barão; Homem de Mello, Francisco.
Cartografia e desenho gráfico: Rafael Rangel Giovanini

CAPÍTULO 2

Engenheiros mais de campo que de gabinete: instrumentos científicos, orçamentos e editais

Como construir e conservar as estradas? A lei da corveia em Minas Gerais: barreiras, estradas e os manuais de engenharia

A preocupação em erguer estradas e conservá-las estava presente na obra de Joze Diogo Mascarenhas Neto. A obra, publicada em 1790, se dedicou ao estudo das estradas em Portugal e se dividia em três capítulos: 1) "Direcção, construcção e methodo de trabalhar nas estradas, e do seu governo economico"; 2) "Da conservação das estradas artificiaes, e das commodidades, que as devem acompanhar"; 3) "Dos meios, porque se podem fazer as estradas, e da sua administração e governo".

No primeiro capítulo, estabelecia a divisão das estradas em três classes. Na primeira classe estavam as estradas chamadas reais, que se encaminham da Corte para as Capitais das províncias. Essas vias teriam em suas primeiras dez léguas a largura de trinta pés e em seu restante a largura de vinte e quatro pés. A segunda classe seria as estradas denominadas de comércio, que se dirigiam de umas cidades para outras e para as Vilas com mais de quinhentos fogos. A largura da estrada de comércio era de vinte pés. Na terceira classe estavam as estradas que ligavam cidades e vilas com povoações de trezentos fogos e deveriam ter dezesseis pés de largura.

Em todas as estradas descritas havia a preocupação com a largura das mesmas. A constante menção à largura das estradas se justificava tanto pela intensidade do fluxo das vias quanto pela esperteza de particulares, que incorporavam parte da estrada às suas propriedades: "A falta de regulamento sobre a largura das estradas concorre muito para a sua ruina, porque os proprietarios confinantes não perdem occasião de unir ao seu terreno alguma parte das mesmas estradas; e isso tambem succede em algumas Provincias de França (...)" (MASCARENHAS NETO, 1790, p. 5). Além disso, a superfície da estrada deveria ser convexa para que as águas escorressem em direção aos fossos. Para a conservação das estradas, os carros que transitassem deveriam possuir no mínimo seis polegadas em suas rodas (MASCARENHAS NETO, 1790, p. 53 e 56).

Os desafios da conservação das estradas foram solucionados através da relação entre a construção de barreiras tributárias e o melhoramento das vias públicas. A prática alcançou ampla difusão, conforme indica Mascarenhas Neto. A Inglaterra foi pioneira na prática de tributação da circulação. Foram erguidas barreiras fiscais com a finalidade de adquirir moeda para a conservação. Para Mascarenhas, o mecanismo tributário deveria levar em conta a especificidade da circulação de bens e pessoas em Portugal:

> A contribuição de Barreira he evidentemente o melhor meio para a construção de estradas, e como tal se tem estabelecido legitimamente em Inglaterra (...). Neste Reino somente se podem estabelecer as Barreiras nas estradas, que vem das principaes terras da Provincia do Minho para a Corte, por conterem grande affluencia de transporte, e viagem, deduzida da muita população da mesma Provincia, e nestas mesmas estradas se vão incorporar todas as mais importantes das Provincias do Norte, e da Estremadura, que se encaminhão para Lisboa. Em todas essas estradas se pode adoptar a contribuição de Barreira, de forma que por ella se adquira o fundo, que se empregar na sua construcção (...). Com melhor vontade, e mais vantagem pagaria o viajante em Portugal na Barreira de huma estrada commoda, e segura, ou em huma ponte, do que paga nas barcas, onde experimenta a demora, e muitas vezes o risco. (MASCARENHAS NETO, 1790, p. 68-69)

Tanto nos relatórios provinciais e legislações mineiras quanto na obra de Mascarenhas Neto, a construção de barreiras em lugares estratégicos adquire status de provimento monetário ao Estado para a conservação e construção de obras viárias. Em Minas Gerais, a tributação nas barreiras instaladas nas estradas permitiria a arrecadação de fundos e o investimento destes em melhoramentos viários. Segundo Restitutti, o aparato fiscal da província, montado na década de 1830, realça a pujança dos liberais na Regência e a diminuição do centralismo do Império (RESTITUTTI, 2006, p. 36; Livro da Lei Mineira, 1835, Lei n. 18, art. 28° e 31°).

Outra obra, editada em 1843, na cidade de Lisboa, "Odologia dos engenheiros constructores ou guia para a construcção e conservação das estradas em Portugal e no Brasil", de autoria de Barão Von Eschwege, considerava "(...) as estradas o nervo principal do corpo político" (ESCHWEGE, 1843, p. II).[1] Na década de 1840, Portugal carecia de uma administração de pontes e calçadas e demonstrava um atraso relativo em face aos demais Estados europeus, como a França e a Inglaterra:

> Portugal ainda não teve uma Administração de Pontes e Calçadas, como chamão em França, dotada dos meios necessários, e composta de Engenheiros instruídos na theoria e na pratica destes trabalhos, e por este motivo também não tem estradas. Quando se quer mandar fazer alguma estrada, o costume he encarregar a sua construcção a algum Engenheiro, que faz o que pode ou sabe: concluída a tarefa, não se trata de conservar o que está feito, e em breve se arruína a estrada, perdendo-se a despesa que nella se fez (ESCHWEGE, 1843, p. IX).

A construção de estradas e as características construtivas estariam vinculadas a intensidade de uso das vias de comunicação. Em consonância ao pensamento de Mascarenhas Neto, o Barão Von Eschwege estabelece quatro tipologias viárias.

Essa qualificação se dividia da seguinte forma: 1) as estradas principais ou de primeira classe com 24 palmos de largura; 2) as estradas de comunicação

1 Barão Von Eschwege permaneceu no Brasil durante onze anos. Entre 1810 e 1821 transitou por Minas Gerais, Rio de Janeiro, São Paulo e Goiás. Em Minas Gerais, envolveu-se em empreendimentos relacionados à mineração e a siderurgia, como a instalação da fábrica Patriótica no Distrito de Congonhas do Campo, a exploração de uma mina de chumbo no Sertão de Abaeté e da mina de Passagem, localizada entre Ouro Preto e Mariana.

interior, denominadas também de segunda classe, tendo no máximo 18 palmos de largura; 3) estradas vicinais ou de terceira classe, pertencentes às câmaras municipais; 4) caminhos de campo (ESCHWEGE, 1843, p. 11-15). Portanto, uma hierarquia de estradas a partir da intensidade dos fluxos de mercadorias e pessoas:

> Estradas principaes ou da primeira classe: taes são aquellas que se unem ás estradas principaes dos Estados visinhos, que costumão servir para passagem de tropas, e para o commercio exterior. A estas pertencem as estradas de correios e de diligencias. Semelhantes estradas devem ser o mais solidas e commodas que for possivel, e sempre conservadas em bom estado.
> Estradas de communicação interior, ou da segunda classe: estas seguem a sua direcção d'uma cidade ou d'uma Villa para outra: devem ser construídas com a mesma solidez; mas não precisão ser tão largas.
> Estradas vicinaes, ou de terceira classe, as quaes servem de communicação entre as differentes povoações e cuja conservação deve pertencer ás Câmaras Municipaes; mas sempre debaixo da inspecção d'um constructor d' estradas.
> Caminhos de campo, que servem só aos lavradores e communicão com as estradas para mais fácil transporte dos productos da agricultura. (ESCHWEGE, 1843, p. 11)

Os termos 1°, 2° e 3° classe de estradas também estão presentes no plano viário da província de Minas Gerais de 1864, elaborado pelo engenheiro Henrique Gerber, como se observa na seguinte passagem:[2]

2 A província tentou regular o sistema viário através de uma rede que articulasse os centros produtores, os rios navegáveis e os grandes troncos que seguiam para o litoral. Ao engenheiro Henrique Gerber coube a tarefa de traçar sobre a carta geográfica da província as estradas já existentes e as que se deveriam ser abertas. O plano de Gerber previa os seguintes troncos obrigatórios: a Estrada de Ferro Dom Pedro II, a Estrada União e Indústria e os rios navegáveis. O próprio engenheiro ressaltava que o estudo era preliminar e contemplava amplos aspectos, que exigiam estudos para definição exata do traçado definitivo das estradas. O tempo para viabilizar o plano em perfeição foi afetado pelo retorno à Europa do Engenheiro Gerber: "Peço perdão a V. Exc para as lacunas que ha no meo trabalho, e que só com mais tempo, em extenso { } estado poderei supprir: no entanto, previno a V. Exc, que os traços desenhados na Carta não indicão senão

> Na Carta achão-se marcados – a navegação de rios com um traço azul, as estradas de ferro com um dito preto, a estrada União e Indústria com um traço encarnado duplo, as outras estradas de 1° classe com um traço dito simples as estradas de 2° classe com um dito dito ponteado. Deixei de projectar muitas de 2° e as de 3° classe, por ser impossível desde já prever a sua mais conveniente direção. (Appensos n° 5, Relatório de Presidente de Província, 1864, p. 1)

Segundo Eschwege, para a durabilidade e conservação de uma estrada era imprescindível que a mesma fosse edificada com materiais de primeira qualidade. Embora significasse maiores gastos orçamentários, obtinha-se vantagem pela economia resultante da duração e comodidade oferecida à circulação comercial:

> Quando não seja possível construir todo o leito d'uma estrada com pedra dura e resistente, ao menos para a última cobertura de cascalho deve-se procurar a mais dura que houver, ainda que seja necessário conduzi-la de maior distância e com mais despesa. O constructor deve ter sempre em vista, que uma estrada de pedra dura e de primeira qualidade se conserva em bom estado o triplo do tempo (...). (ESCHWEGE, 1843, p. 10)

Em face aos critérios de construção (durabilidade e qualidade dos materiais utilizados) e ao uso das vias de comunicação, as estradas portuguesas necessitariam de uma administração nos moldes do sistema implantado na França e nos Estados da Alemanha a fim de construir melhores estradas com menor despesa (ESCHWEGE, 1843).

A Administração Geral das Estradas deveria contar com os trabalhos de três a cinco oficiais Engenheiros, um Secretário, um Contador, dois Amanuenses e um Contínuo. Além disso, a Administração contaria com a presença de barreiras, sendo os guarda-barreiras e cantoneiros responsáveis por conservar as estra-

a direção geral das estradas, que em muitos casos o traço definitivo terá de afastar-se 2 a 3 léguas da linha por mim riscada o que em si o exame no próprio terreno tem de decidir" (Appensos n° 5, Relatório de Presidente de Província, 1864, p. 1).

das, arrecadar o tributo de passagem e evitar fraudes e extravios:[3] "Haverá nas estradas, de duas em duas légoas, uma barreira, onde todos pagarão o tributo estabelecido (...)" (ESCHWEGE, 1843, p. 42-46). Isentava-se do pagamento pessoas em serviço do Estado, militares, o serviço de correios e os estafetas. Contudo, a implantação da "Polícia das estradas" com barreiras provocava descontentamentos: "Em um paiz onde a polícia das estradas he uma cousa inteiramente nova, naturalmente deve achar difficuldades a sua execução (...) já pela natural desobediência dos povos, que sempre tem repugnância em si sujeitar ao regulamento das estradas (...)" (ESCHWEGE, 1843, p. 51-52).

Em Minas Gerais, as proposições normativas relativas às estradas e pontes demonstraram, assim como o manual de Joze Diogo Mascarenhas e do Barão Von Eschwege, constante preocupação com os modos de construção e conservação. A Lei n. 310 de 1846, em seu primeiro artigo, dividia as estradas em provinciais e municipais. Em seguida, afirmava que cada município teria um Inspetor de Estradas. Este seria responsável pelo alistamento dos habitantes com idade entre 8 e 60 anos, em perfeito estado de saúde, aptos a prestarem serviços para a garantia do bom estado de conservação e construção das estradas. Cabia ao indivíduo, alistado pelo Inspetor de Estradas, a prestação de dois dias de trabalho a cada ano. Restavam, para esses habitantes, duas opções: pagar em dinheiro um valor correspondente aos dias de trabalho ou executar os dois dias de trabalho braçal. O alistamento atingiria membros de família, arrendatários, colonos, agregados, escravos e criados (LLM, 1846, Lei n. 310).

Contudo, a lei se tornou letra morta em poucos anos. O relatório de presidente de província avaliou da seguinte forma a ineficiência da promulgação normativa concernente à lei número 310 de 1846:

> A lei n. 310 de 1846, vulgarmente conhecida pela lei das corveas, ainda não teve execução, à falta de um regulamento, que nenhum dos meus antecessores animou-se à expedir. Ella é machina de tanta, e tão odioza oppressão, sobretudo para as classes menos abastadas,

---

3 No modelo francês de estradas destaca-se os cantoneiros. Esses eram trabalhadores responsáveis pela conservação de trechos da estrada: retirar a lama, limpar as valetas e cuidar das obras de arte. Cf. GUIMARÃES, Arthur da Costa. *As estradas de rodagem em Minas Gerais*. Belo Horizonte: Imprensa Official do Estado de Minas Gerais, 1916.

> que convem quanto antes revogal-a. (Relatório de Presidente de Província, 1850, p. 22)

Não é possível afirmar se a legislação tornou-se inoperante devido à resistência dos habitantes em aderir ao alistamento e prestarem os serviços, ou se as Câmaras Municipais foram ineficientes e/ou relutaram em executar a dita lei. Independente dos motivos que levaram, em 1850, a revogação da lei, deve-se levar em conta que a província não se preocupava apenas em construir estradas, mas também em mantê-las em bom estado de conservação.

Em outro aspecto comum aos manuais portugueses estava a associação entre circulação e tributos. Tornava-se inerente à construção de estradas a colocação de barreiras. Em outros termos, a geração de receita para os cofres mantinha uma relação direta entre a edificação viária e o universo fiscal:

> Em lugar de se entender que é preciso fazer uma estrada primeiro para depois se pôr a barreira, entenda-se que a barreira devem-se espalhar pela provincia, collocando-as nos lugares em que a passagem se torne inevitavel para que a cobrança de impostos seja a máxima possivel com a menor despeza; e reconhecido o principio que o producto geral das barreiras será exclusivamente empregado no melhoramento das estradas (...) Feito e entendido isto, haverá desde logo dinheiro para concertar as estradas, e conservá-las uteis e intrasitaveis (...). (Relatório de presidente de província, 1844, p. 48)

Construir barreiras em lugares estratégicos significava a incidência de tributos sobre a circulação de bens e pessoas (Planta 1). As recebedorias tinham por objetivo taxar os bens exportados, onerar as importações de mulas, animais e carros carregados de gêneros importados do exterior (RESTITUTTI, 2006, p. 35).[4] Além de impor ônus à circulação, a província atentava para a conservação das estradas. A sugestão presente no relatório de 1844 clamava pela associação

4 Direitos de entrada não devem ser compreendidos na acepção colonial, visto que não incidiam sobre gêneros importados. Constituíam-se como taxas de pedágio sobre animais e carros que entrassem com gêneros de comercio, portanto, eram taxas de utilização das vias interprovinciais (RESTITUTTI, 2006, p. 44).

entre proprietários de escravos, interesses locais, jornaleiros livres e os trabalhos de manutenção das vias públicas. No trecho abaixo, reproduzimos a proposta elaborada pelo presidente da província relativa ao modo de conservação das vias públicas:

> Todo o senhor de escravos deverá dar um dia de serviço de cada um delles por mez em beneficio do melhoramento das estradas, e os jornaleiros livres que se empregão em trabalhos do campo concorrerão da mesma sorte com o seu serviço pessoal, não se admittindo em caso algum a substituição por dinheiro. Um regulamento a propósito pode explicar o modo de se fazer effectiva esta contribuição e designar pessoas que devem encarregar-se de dar direcção a estes serviços e as correcções contra os remissos. Conseguidos estes meios, basta que os caminhos todos se vão aproximando pouco e pouco á largura viva de doze palmos, quando já *a* não tenhão maior, e que ao mesmo tempo se fação desvios ás águas, e se concertem os passos perigosos segundo os methodos que podem ser indicados no mesmo regulamento, para que os viandantes tenhão um transito seguro e livre em todos os sentidos. Chegando os caminhos a este ponto, poderá continuar o serviço alargando-os. (Relatório de presidente de província, 1844, p. 47-48)

Planta 1 – Recebedoria às margens do Rio Preto e da estrada do Passa Vinte – 1866. Autor: engenheiro provincial Franklin Massena. Escala em palmos (0.ᵐ01=1 palmo)

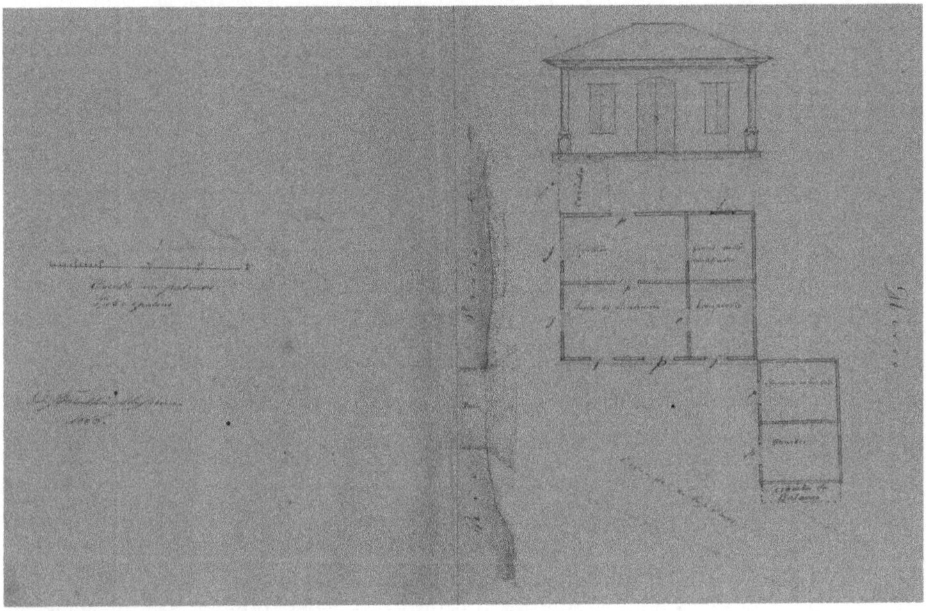

Fonte: APM, SPOP 3-3, Caixa 2, doc. 06.

Leis, barganhas e construções

Na década de 1850, a legislação aprovada pelo governo autorizou a concessão de privilégios para que empresários arrecadassem taxas nas pontes. Os empresários ou companhias teriam o privilégio pelo período mínimo de 10 anos e máximo de 40 anos (LLM, 1851, Lei n. 540, art. 5°):[5]

5 Na década de 1850, os relatórios de presidente de província revelam uma especial atenção na distribuição das verbas públicas com a edificação de pontes e estradas. Para o poder provincial, os recursos deveriam ser aplicados em obras subordinadas a um plano geral pautada pelos grandes interesses da província (Relatório de presidente de província, 1852, p. 16). Não bastava apenas conhecer as necessidades e autorizar as despesas, a maior dificuldade consistia em obter plantas e orçamentos para servir

> Art. 1° O presidente da província fica autorizado a contractar com quaesquer empresários, ou Companhias a construcção de pontes sobre os rios mais consideráveis da província, e a abertura de estradas de um e outro lado destas pontes, quando forem indispensáveis para a facilidade do trânsito, e de reconhecida conveniência pública.
> Art. 3° Aos empresários, ou Companhias o Governo concederá privilégio exclusivo para arrecadarem nas pontes, que fizerem, e conforme o espaço de tempo contractado, as taxas seguintes: § 1° de cada pessoa a pé, 20 réis. § 2° de cada pessoa a Cavallo, e pode cada um animal carregado, 120 réis. §3° De cada animal cavallar, vaccum, ou muar, indo tocado, 60 réis. §4° De cada ovelha, cabra ou porco, 20 réis. §5° De cada carro, comprehendendo os animaes que o puxarem até o número de dez, 800 réis. $6° Quando o carro for puxado por mais de 10 animaes, padar-se-há da taxa estabelecida no § antecedente, a que está marcada no §3° por cada um animal que exceder ao número de dez. §7° As taxas dos § 3° e 6° serão dobradas, quando os carros ou quaesquer outros vehiculos conduzirem madeiras a rasto.
>
> Art. 4° Nos pontes de difícil, e mais dispendiosa construcção e naquellas, que exigirem aberturas de estradas, poderão ser elevadas as taxas às seguintes: a do § 1° a 40 réis, a do §2° a 140 réis; e do 3§ a 120 réis, a do § 4° a 30 réis, a do §5° a 900 réis, a do §6° ao duplo da fixada no §3° do artigo antecedente, a do §7° ao dobro do estabelecido no artigo §7° do art.3°. (Livro da Lei Mineira, 1851, Lei n. 540, Art. 1°, 3° e 4°)

Apesar das vantagens ofertadas pela Lei n. 540, as concessões não atraíram a formação de empresas. Em 1857, lamentava-se que poucas pontes foram edificadas com base nas benesses garantidas pela Lei. Alentava a administração

de base às deliberações legislativas. A presença de engenheiros evitaria o dispêndio de dinheiro público com gastos imprevistos e diminuiria o cometimento de erros. Aos engenheiros caberia a fiscalização da construção de pontes e estradas para que os arrematantes e administradores se submetessem às condições previamente planejadas e impostas nas condições dos contratos celebrados com a província (Relatório de presidente de província, 1856, p. 7).

provincial a esperança de que o profícuo resultado das obras em andamento, com base nos benefícios da legislação, pudessem alavancar a organização de empresas para edificação de pontes:

> É para lastimar que as vantagens concedidas por esta providente lei, à bem quer dos interesses da Província, quer dos empresários, não tenhão sido convenientemente apreciadas; de sorte que estando promulgada desde 1851, mui poucas tem sido as empresas levantadas em virtude d'ella. É porém de esperar-se que o bom resultado dessas mesmas que existem, desperte e anime a organização de outras, como muito convém. (Relatório de Presidente de Província, 1857, p. 23)

Em 1853, a província legislou sobre a contratação de companhias, empresas nacionais ou estrangeiras para a construção de estradas. A lei n. 628 autorizava a garantia de juros de 5% sobre o capital empregado na construção, assim como privilégio de anos e a tributação sobre a circulação: "privilégio exclusivo até 50 anos para o transporte de cargas, ou diligências, nas estradas que construirem, ou apropriarem à esse trânsito. A cobrança e percepção de taxas itinerárias pelo uso das referidas estradas" (LLM, 1853, Lei n. 628).

Portanto, o esforço normativo para regular as concessões garantia aos particulares o privilégio de anos, rendimentos tributários provenientes da circulação e, no caso das estradas, juros de 5% sobre o capital empregado.

Havia significativo espaço para negociações. Particulares pressionavam em um intenso jogo de barganha. Alicerçados sob o aparato jurídico provincial e pela fragilidade de ação provincial em um território extenso, a reunião de esforços de particulares revelam não somente a existência de generosa concessão de anos para amortizar o investimento particular em uma obra pública, mas também a ausência, em determinadas situações, de engenheiro para conceber e orçar uma obra.

Em 1857, Antonio Rodrigues Barbosa e Manoel Soares de Oliveira construíram uma ponte sobre o Rio São Francisco, no lugar denominado Porto do Motta, e se beneficiaram da concessão do privilégio de 20 anos para arrecadação das taxas previstas na Lei n. 540 (Relatório de Presidente de Provincia,

1857, p. 23). Fazendeiros (Joaquim de Paula Sousa, Francisco de Assis Alves, José de Barros Monteiro, Ildefonso Monteiro de Barros e José Bernardino de Barros) também propuseram a construção de uma ponte sobre o Rio Preto mediante a concessão de privilégio de arrecadação pelo período de 30 anos, conforme previsto na Lei n. 540. Estimavam o custo da obra em 21:522$000 réis. Esse mesmo valor seria arcado pelos particulares (Relatório de Presidente de Província, 1860, p. 48).

O espectro de negociação amplia-se quando verificamos a prática de compra de pontes. Inúmeras aquisições de pontes só foram efetivadas mediante respaldo do engenheiro provincial (Relatório de Presidente de Província, 1851, p. 17).

Além disso, é notória a participação de particulares em subscrições. No município de Santa Bárbara, uma comissão de locais (João Alves Coutinho, João Guedes Pinto e João Emery) arrecadara pequena subscrição (700$000 réis) para a construção da ponte sobre o Rio Brumado, insuficiente para erguê-la. O restante fora concedido pelos cofres provinciais, totalizando a quantia de 10:853$660 réis. A mesma comissão foi designada para construir e se tornou responsável pela execução (Relatório de presidente de província, 1851, p. 17). Em outra prática de subscrição, uma missiva enviada por Antonio Carlos Teixeira Leite ao Diretor de Obras Públicas relativa à estrada de São José do Paraíba ao Porto Velho do Cunha, em abril de 1869, atestava que o montante recolhido entre fazendeiros da região passava de pouco mais de 13:000$000 réis e não alcançava a metade do orçamento total da obra (42:715$000 réis):

> (...) esta estrada é de grande importância e utilidade, não só para todos os fazendeiros que residem abaixo do Porto Novo do Cunha de uma e outra margem do Parahyba como para a Estrada de Ferro D. Pedro 2° cujo ponto terminal (ao menos por muitos anos) será o Porto Novo do Cunha. (APM, SPOP 3-6, Caixa 5, doc. 02-118)

Diversas práticas circunscreveram as construções de pontes e estradas, tais como, a compra pela província de pontes de particulares; a desapropriação de trechos para edificar estradas. Foge ao escopo desse trabalho averiguar o impacto dessas práticas, assim como analisá-las exaustivamente.

O fluxograma da dinâmica das intervenções na infraestrutura de transportes de Minas Gerais, elaborado com base nos *Processos de Construção de Pontes e Estradas*, revela expressivos aspectos das relações entre governo provincial, municipalidades e particulares (BARBOSA, 2011, p. 293-296).

Fluxograma 1 – Dinâmica das obras públicas viárias provinciais de Minas Gerais, com identificação das agências e agentes das etapas fundamentais das intervenções na infraestrutura de transportes tradicionais

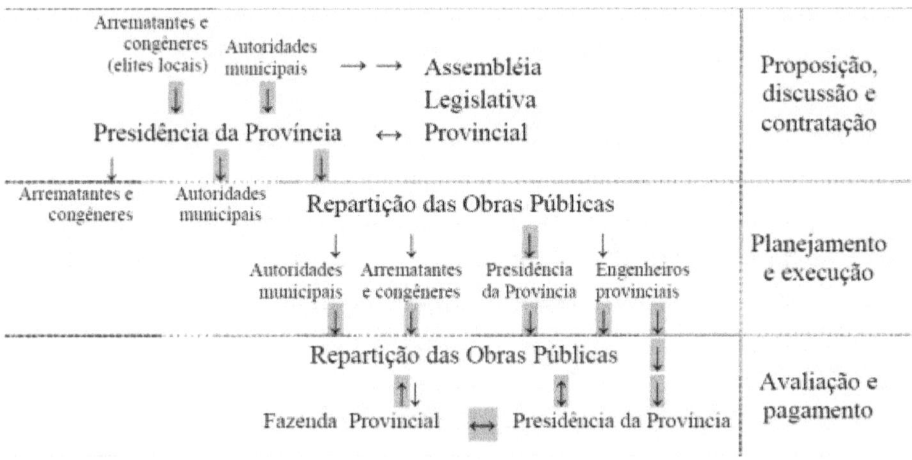

Fonte: Realce em cinza corresponde incidência significativa nos *Processos de Construção de Estradas e Pontes*. BARBOSA, Lidiany Silva, 2011, p. 293.

Com base no fluxograma, analisa-se, na seção seguinte, os componentes da fase de planejamento e execução dos processos construtivos, destacando as práticas da engenharia em uma sociedade escravista, o deslocamento dos engenheiros pelo interior do Brasil, a utilização de instrumentos científicos e a confecção de orçamentos.

A análise está dividida em três subseções. Na primeira, demonstra-se que administração provincial inventariou a heterogeneidade e as condições de uso dos instrumentos científicos sob a guarda da província. Em seguida, na segunda subseção, verifica-se o uso, a compra e o reparo de diversos instrumentos científicos. Ressalta-se o vínculo entre a Diretoria Geral de Obras Públicas e o *Armazém e Oficinas de Ópticas e Instrumentos Científicos*, assim como as atividades desempenhadas pelos engenheiros durante a abertura de estradas. Na última subseção, livros e manuais comprados pela Diretoria Geral de Obras Públicas traçam o papel dos livreiros como intermediários e o lugar da palavra impressa no processo de difusão da ciência.

Os engenheiros, em constante circulação pelo território diante da disponibilidade de instrumentos científicos, a presença de trabalhadores e a aquisição de livros e manuais, revelam indícios da comunicação entre a ciência e a cultura científica.

O uso de instrumentos científicos forneceram significativos indícios dessa cultura científica: I) a compra e o reparo de instrumentos científicos criou uma rede de relações entre o "*Armazém e Oficinas de Ópticas e Instrumentos Científicos*" e os engenheiros provinciais; II) os valores e os produtos adquiridos e reparados no *Armazém e Oficinas de Ópticas e Instrumentos Científicos*; III) o modo pelo qual os engenheiros viajaram e a divisão social de trabalho em torno das atividades diárias de carregar, desmontar e manter os instrumentos científicos.

Engenharia, engenheiros e instrumentos

Conforme já mencionamos no primeiro capítulo, a legislação é indício da constante mudança do corpo provincial. Ao longo do período de cinquenta e quatro anos foram promulgadas diversas leis que modificaram o funcionamento da Secretaria de Obras Públicas de Minas Gerais. Identificamos como ponto de inflexão os anos de 1835, 1857, 1866, 1873, 1876 e 1883.

A hierarquia e protocolos de comando em uma organização fornecem expressivos indícios de que forma o conhecimento de Engenharia se relaciona com a prática, considerando que uma das funções do conhecimento é a produção de uma hierarquia (PICON, 2004, p. 425).

O ano de 1866 é emblemático face à preocupação da Diretoria Geral das Obras Públicas em inventariar os instrumentos científicos e ferramentas sob a posse da referida repartição pública. No ano subseguinte, a Diretoria de Obras Públicas apresentava uma relação dos instrumentos existentes, assim como a divisão dos mesmos em "bom uso" e "inutilizado". Com a finalidade de mapear as condições técnicas de trabalho dos engenheiros, o respectivo inventário apresentava um total de 120 instrumentos científicos, dos quais 95 estavam classificados como "em bom uso" e o restante, 25 instrumentos, eram denominados como "inutilizados".

Tabela 16 – Relação dos instrumentos pertencentes ao arquivo da Repartição de Obras Públicas (1867)

Instrumentos	Em bom uso	Inutilizado	Total
Instrumentos de medir o tempo	6	1	7
Instrumentos de uso astronômico	4	5	9
Instrumentos de medir distância	7	6	13
Instrumentos de reflexão	11	2	13
Teodolitos	6	3	9
Bussolas	7	2	9
Grafômetros e esquadros	4	1	5
Instrumentos de nivelar	5		5
Réguas para nivelar	9		9
Instrumentos meteorológicos	10	5	15
Instrumentos gráficos	23		23
Total	92	25	117

Fonte: Banco de Dados dos Processos de Construção de Pontes e Estradas da Província de Minas Gerais, APM, Seção Provincial, Obras Públicas, 3/6, Caixas 2 a 28, 32 a 57.

O quadro sugere os seguintes questionamentos: quais eram as atividades realizadas pela Diretoria Geral de Obras Públicas que exigiam a presença de diversos instrumentos científicos? Quem eram os indivíduos que utilizavam esses instrumentos? Onde a província comprava os instrumentos? Quem os consertava? Qual a importância desses instrumentos para o universo da prática da engenharia?

Em relação às atividades realizadas pela Diretoria Geral de Obras Públicas, o inventário concernente ao número de plantas, em 1867, confirma a notória concentração de plantas relacionadas à infraestrutura viária (estradas e pontes).

Tabela 17 – Plantas sob a posse da Diretoria Geral de Obras Públicas (1867)

	N°	%
Plantas de pontes	160	48,9
Plantas de estradas	75	23,0
Plantas Geográficas e topográficas	39	12,0
Plantas de edifícios	36	11,0
Plantas de obras hidraúlicas	17	5,1
Total	327	100,0

Fonte: APM, SPOP, 3/4, Caixa 4, doc. 10/01.

Temos, assim, a presença expressiva de plantas referente a pontes, alcançando o percentual de 48,9% da totalidade de 327 plantas pertencentes à Repartição de Obras Públicas, ou seja, 160 plantas. As plantas pertencentes à Repartição são indícios das atividades desenvolvidas pelos engenheiros e da concentração de trabalhos em determinadas áreas, que englobam recolhimento de dados *in loco*, desenvolvimento de atividades em escritório e utilização de instrumentos científicos. Baseando-se no percentual agregado de plantas de pontes (160 plantas) e estradas (75 plantas), pode-se concluir que, aproximadamente, 72% dos trabalhos técnicos da Repartição eram direcionados para a infraestrutura viária. Os dados restantes da relação de plantas denotam presença quase igualitária entre as plantas Geográficas e Topográficas (39 plantas, percentual de 11,9%) e as destinadas para edifícios (36 plantas, percentual de 11,0%). Soma-se a esses dados, por fim, plantas referentes às obras hidráulicas (17 plantas, percentual de 5,1%).

No ano de 1867, uma lista qualitativa acerca dos instrumentos sob posse da Diretoria Geral de Obras Públicas inventariou nominalmente os instrumentos. A referida lista classificou cada instrumento, tendo como parâmetro a sua respectiva função. Assim, cada instrumento foi classificado tendo como parâmetro a seguinte subdivisão dos instrumentos: 1) instrumentos de medir tempo; 2) instrumentos de uso astronômico; 3) instrumentos de medir distância; 4) instrumentos de medir ângulos; 5) instrumentos de reflexão; 6) instrumentos de nivelar; 7) instrumentos meteorológicos.

Observa-se na tabela a seguir a presença de instrumentos que remetem a origem de diversos fabricantes (Casella, Lenoir, Breguet, John Poole, Fortin, etc).[6] Além disso, nota-se a variedade e o uso de diferentes unidades de medidas, posto que temos instrumentos em polegadas, palmos e metros. Por fim, as indicativas de más condições de diversos instrumentos revelam o constante uso dos mesmos.

6 BLONDEL, Christine. "Electrical instruments in nineteenth century France, between makers and users". *History and Technology*, v. 13, n. 3, 1997, p. 157-182.

Tabela 18 – Inventário dos instrumentos científicos sob a guarda da Diretoria Geral de Obras Públicas (1867)

Instrumentos de medir o tempo	Instrumentos de uso astronômico	Instrumentos de medir distâncias	Instrumentos de reflexão	Instrumentos de medir ângulos	Niveis	Instrumentos meteorológicos
Cronômetro de Vissière em caixa de madeira para uso náutico	Luneta meridiana (algumas avarias)	Óculo micrométrico de Rochon	Circulo de reflexão (em duas caixas)	Teodolito grande de Secretan com padrão de duas caixas	Dois níveis de Burel sem tige	Barômetro de Gay-Lussac (com o tubo quebrado) com dois estojos de couros
Cronômetro de prata de John Poole	Luneta astronômica com objetivo de 90 metros	Óculo micrométrico de Lugeol	Circulo de reflexão de Borda	Teodolito pequeno de Secretan, com padrão	Nível de Lenoir com padrão	Barômetro de Gay-Lussac (sem o tubo)
Cronômetro de prata de {Roskel}	Luneta astronômica com objetivo de 60 metros	Trena de ferro com palmos de comprimento	Circulo de reflexão de Borda	Circulo repetidor de Secretan, sem padrão, em duas caixas	Nivel de Lenoir sem padrão	Barômetro de Fortin (inutilizado)
Contador de segundos (desconsertado) sem estojo	Telescópio de Faucoult (espelho grande estragado)	Trena de latão de cem palmos de comprimento (em duas partes)	Oitante de madeira	Teodolito de Secretan com padrão	Nível inglês de {Gravat} completo com padrão	Barômetro de Fortin completo em dois estojos de couro
Contador elétrico (duas peças)	Buscador de cometas	Trena de latão de cinquenta palmos de comprimento	Sextante de Jones, de metal	Teodolito de Casella com padrão	Nível inglês de Gravat com espelho e padrão	Barômetro de Fortin completo em dois estojos de couro

	Prisma de passagem	Um maço de pedaços de trena de latão	Sextante de Secretan (sem chave e com a tampa da caixa partida)	Teodolito de Casella com padrão	Nível inglês de Gravat sem espelho e com padrão	Barômetro aneroide de Bourdon
	Oculo grande de alcance com objetivo de 102 metros	Trena de fita de cento e cinquenta palmos em caixa	Sextante de Secretan completo	Teodolito inglês usado com padrão	Nível simples	Barômetro de aneroide de Bourdon (pequeno)
	Oculo de alcance de Secretan para sala com objetivo de 76 metros	Trena de fita inutilizada	Sextante de algibeira sem o oculo	Teodolito arrumado, sem padrão	Nivel de 12 pollegadas com bussola e occulo ou L. Casella	Barômetro de Breguet (de algibeira)
	Luneta micrométrica de Lugeol	Trena de fita dividida em mêtros e palmos (estragada)		Teodolito de Casella com padrão	Régua de nivelar com divisão em palmos	Barômetro aneroide de Breguet em estojo
	Occulo de alcance de Dollond com objectivo de 68^{m} de (O tubo um pouco amassado)	Trena de fita (estragada)		Teodolito portátil de 3 polegadas de L. Casella	Régua de nivelar com divisão em palmos	Barômetro aneroide, em estojo
		Caixa de trena sem a fita		Teodolito portátil de 3 polegadas de L. Casella	Régua de nivelar com divisão em palmos	Termômetro de Cail C^{ia}

		Hodômetro grande (com pequeno desarranjo)		Teodolito portátil de 4 polegadas de L. Casella	Régua de nivelar com divisão em palmos	Termômetro de Cail C^{ia} (quebrado)
				Bússola grande de uso náutico	Régua de nivelar com divisão com divisão inglesa	Termômetro com graduação em cristal
				Bússola estragada	Régua de nivelar com divisão métrica	Termômetro com graduação em cristal
				Bússola de Secretan, em caixa quadrada de madeira, e estojo, com padrão	Régua de nivelar com divisão métrica	Higrômetro de Daniel (quebrado) em estojo de madeira
				Bússola de Secretan, sem estojo, e com padrão	Régua de nivelar com divisão métrica	Barômetro aneroide de Breguet
				Bussola tranche-montagne com padrão	Régua de nivelar com divisão métrica	Barômetro aneroide de Breguet
				Bussola tranche-montagne completa (o parafuso chamado do limbo horizontal está partido) com padrão	Régua de nivelar com divisão métrica	Barômetro aneroide de Breguet

				Bússola de Casella com nível, occulo e padrão	Régua de nivelar com divisão métrica (grande)	Barômetro de mercúrio com {trepica} de Gay-Lussac
				Bússola de algibeira (com chapelinho quebrado)	Régua de nivelar com divisão métrica	Barômetro aneróide
				Bússola de algibeira	Nível com dois occulos em caixa de madeira	Barômetro aneroide
				Bússola em caixa de madeira com dois níveis e { }	Régua de nivelar com divisão métrica, e placa	Termômetro {Reaumur} e centigrado
				Bússola em caixa de madeira com dois níveis, occulo e {pínulas}	Nível portátil de Brunel, com { }	Termômetro Fahrenheit e {centigrado}
				Bússola de algibeira	Nível de Casella	Termômetro Fahrenheit e {centigrado}
				Bússola de algibeira	Nível de Burell	
				Bússola de algibeira	Régua de nivelar com divisão métrica – ou Mira parlante	

				Bússola de algibeira	{Clinometro} de metal	
				Bússola de tranche-montagne, toda de metal e circulo inteiro	Nível de Burell	
				Bússola – Teodolito, de 3 polegadas, de Casela	Nível de Burell	
				Bússola de algibeira	Nível de Burell com eclimetro	
				Bússola de algibeira	Nível de Casella	
				Esquadro de reflexão	Mira parlante com divisão métrica	
				Esquadro cilíndrico (velho)	Mira parlante com divisão métrica	
				Esquadro cilíndrico (sem padrão)	Nível de Burel	
				Grafômetro de Secretan	Nível de 12 polegadas com bússola e occulo de L. Casella	
				Grafômetro, inutilizado	Nível de 12 polegadas com bússola e occulo ou L. Casella	

Fonte: Banco de Dados dos Processos de Construção de Pontes e Estradas da Província de Minas Gerais, APM, Seção Provincial, Obras Públicas, 3/6, Caixas 2 a 28, 32 a 57.

Portanto, podemos afirmar que os instrumentos representam uma face importante do trabalho desempenhado pelos engenheiros provinciais, sobretudo para as obras viárias (pontes e estradas). Além disso, o inventário ressalta o uso de diversos instrumentos. Tentar-se-á na próxima seção mapear os seus usos e identificar quem realizava os consertos tão necessários para que os mesmos retornassem a ser utilizados (TAUB, 2011, p. 694-695). Demonstrar-se-á que, a partir de meados da década de 1860 até os anos de 1880, o Armazém de Oficinas de Ópticas e Instrumentos Científicos e a Diretoria Geral de Obras Públicas criaram laços mercantis e científicos. O referido estabelecimento vendeu para a Diretoria Geral de Obras Públicas diversos instrumentos científicos e também se responsabilizou pelo conserto dos mesmos.

Comprar e reparar: o Armazém e Oficinas de Ópticas e Instrumentos Científicos e a Diretoria Geral de Obras Públicas

As relações entre o *Armazém e Oficinas de Ópticas e Instrumentos Científicos* e a província de Minas Gerais abrangem as décadas de 1860 e 1880 e compreendem atividades de venda e reparo de instrumentos científicos.

O Armazém estivera sob a direção do seu fundador, José Maria dos Reis, entre os anos de 1837 e 1873 (FILHO, 2011, p. 138-159). Após seu falecimento, em agosto de 1875, o estabelecimento se tornou propriedade de Joze Hermida Pazos. José Maria dos Reis e Joze Hermida Pazos atuaram no campo da venda, fabricação e reparo de instrumentos científicos, assim como também participaram de diversas Exposições Nacionais e Internacionais durante o século XIX (*Ibidem*, 2011, p. 144-149).

A fabricação, a importação e a venda de instrumentos proporcionou ao estabelecimento uma significativa rede de clientes formada por instituições públicas e de ensino no Brasil. Compunham a clientela a Casa Imperial, o Arsenal de Guerra e da Marinha, a Escola Militar, a Escola de Medicina, o Ministério das Obras Públicas do Rio de Janeiro, a Estrada de Ferro Dom Pedro II e a repartição de obras públicas de Pernambuco:

> Dentre os objetos disponíveis para venda, muitos eram importados, se destacavam: óculos, agulhas diversas e de diferentes tamanhos

> para navios; recipientes para misturas químicas, ampulhetas, anemômetros, aparelhos de medição e para experiências físicas, barômetros, bariscópios, bússolas, compassos, trenas, escalas com medidas inglesas e brasileiras, esquadros de agrimensores, imãs artificiais, lentes convergentes e divergentes, lentes para relojoeiros, botânicos e oculistas, manômetros, micrômetros, microscópios solares, níveis, telescópios para observações celestes e terrestres, teodolitos, termômetros, dentre outros. (*Ibidem*, 2011, p. 142)

Se, por um lado, o Armazém importou instrumentos, por outro, observa-se que estabeleceu contato com cientistas que lhe proporcionaram construir instrumentos óticos e náuticos (*Ibidem*, 2011, p. 143). Decorrente das relações estabelecidas com o cientista francês Emmanuel Liais, diretor do Observatório do Rio de Janeiro de 1870 a 1884, José Maria dos Reis construiu um Azimuthal (1873) e um Alt-Azimuth (1880) (HEIZER, 2008, p. 167-177).

Nos séculos XVII e XVIII os "instrumentos científicos" eram denominados de matemático, ótico ou filosófico. Segundo Liba Taub, "a designação 'instrumento óptico' (optical instrument), usado por fabricantes de óculos, poderia descrever uma lente, espelho ou prisma, enquanto 'instrumento filosófico' (philosophical instrument) se referia aos objetos usados na filosofia experimental e física" (TAUB, 2011, p. 693). Contudo, ao longo do século XIX, o uso do termo instrumento científico tornou-se amplo:

> Durante o curso do século XIX os termos "natural philosophy" e "philosophical instrumets" gradualmente sairam de uso, enquanto ciência e instrumentos científicos científica tornaram-se cada vez mais comum. (...) Esses homens interessados em profissionalizar a ciência tenderam a definir instrumentos científicos como as ferramentas de engenharia. Aqueles que enfatizaram as conexões entre a teoria e a prática tendiam a aplicar o manto da ciência para uma ampla gama de realizações técnicas. Sua definição de instrumentos

> científicos incluiu, assim, uma ampla gama de aparelhos de ensino e prática. (WARNER, 1990, p. 85-86)[7]

O vínculo de José Maria dos Reis e Jose Hermida Pazos com a província de Minas Gerais caracteriza-se somente pelas atividades de venda e reparo de instrumentos científicos. Em agosto de 1866, o proprietário do *Armazém e Oficinas de Ópticas e Instrumentos Científicos* enviou um catálogo de vendas à Diretoria de Obras Públicas de Minas Gerais, na qual apresentou os instrumentos e os respectivos valores, como se observa na tabela abaixo:

> O catálogo que Vossa Excelência se dignou pedir-me eu o remeti em continente, mas talvez houvesse extravio no correio. Incluso remeto a Vossa Excelência um catalogo nele se acham mencionados a maior parte dos artigos de nosso estabelecimento, mas há muitos outros instrumentos que por modernos não se acham mencionados. Remeto mais a Vossa Excelência as explicações das lunetas micrométricas de medir distancia, de Rochon e de Lugeol. Abaixo vão mencionados os preços dos instrumentos que Vossa Excelência indicou, mencionei mais alguns que achei convenientes para a escolha e, principalmente, os barômetros metálicos de Breguet que tem sido bem aceitos pelas obras publicas da Corte e de Pernambuco, bem como pelo Excelentíssimo senhor Barão de Prados. As bússolas de algibeira que Vossa Excelência pede com prisma eu creio que será sextante de algibeira ou bússolas portáteis com prisma e azimutais.

Instrumento	valor (réis)
Um barômetro de Fortin com thermometro sem pé	110$000

7 "During the course of the nineteenth century the terms 'natural philosophy' and philosophical instruments' gradually fell from use, while 'science' and scientific instruments' became increasingly common. (...) Those men interested in professionalizing science tended to define scientific instruments as the tools of engineering. Those who stressed the connections between theory and practice tended to apply the mantle of science to a wide range of technical achievements. Their definition of scientific instruments thus included a wide range of educational and practical apparatus" (WARNER, 1990, p. 85-86)

Um barômetro de Fortin com thermometro e { }	130$000
Um barômetro de Fortin com Thermometro e plancheta	130$000
Um barômetro metálico de Bourdon grande caixa de madeira	70$000
Um barômetro metálico de Bourdon pequena caixa de metal	60$000
Um barômetro metálico de Breguet pequena caixa de metal	50$000
Uma bússola de algibeira toda de metal cylindrica	5$ a 16$
Uma sextante de algibeira com escala e lente, sem oculo	50$000
Uma sextante de algibeira com escala e lente e oculo	100$000

(APM, SPOP 3/6, Caixa 55, doc. 05).

O envio deste catálogo à Diretoria de Obras Públicas entrelaça-se às atividades desenvolvidas pelos engenheiros da província de Minas Gerais. Em julho de 1866, a província havia comprado dois instrumentos científicos no estabelecimento pertencente à Jose Maria dos Reis. Os instrumentos adquiridos foram: um barômetro de Fortin e um teodolito de Casella.

Tabela 19 – Instrumentos comprados no "Armazém e Oficinas de Ópticas e Instrumentos Científicos" (1866)

Instrumento	Valor (Réis)
Teodolito de Casella	400$000
Barômetro de Fortin	110$000
Total	510$000

Fonte: Banco de Dados dos Processos de Construção de Pontes e Estradas da Província de Minas Gerais, APM, Seção Provincial, Obras Públicas, 3/6, Caixas 2 a 28, 32 a 57.

A compra desses instrumentos estava diretamente relacionada a uma solicitação elaborada pelo engenheiro provincial Julio Augusto Horta Barbosa. Este, por sua vez, em maio de 1866, quando designado para realizar a abertura de uma estrada, constatou a necessidade dos respectivos instrumentos e solicitou a compra dos mesmos. A falta de instrumentos ocasionou o atraso na respectiva obra como salientou o engenheiro Julio Augusto Barbosa em carta enviada ao engenheiro-chefe Henrique Gerber. Assim, somente em junho de

1866, o engenheiro partiu de Ouro Preto em direção à Livramento a fim de iniciar os trabalhos.

O engenheiro Julio Augusto Horta Barbosa havia sido instruído a empregar de 4 a 6 trabalhadores durante o andamento dos trabalhos de abertura da estrada. Em agosto de 1866, entretanto, o engenheiro Julio Augusto Horta Barbosa reclamava que o número de seis trabalhadores era insuficiente para o dificultoso trabalho de abertura das trilhas para estudo do traçado da estrada de Livramento ao Rio Grande. Diante do baixo número de auxiliares solicitou que o número fosse elevado para doze trabalhadores.

Contudo, além dos instrumentos comprados pela província, o engenheiro levou para campo os seguintes instrumentos:

Tabela 20 – Instrumentos solicitados pelo engenheiro Julio Augusto Horta Barbosa (1866)

Ano	Engenheiro	Instrumentos solicitados	Justificativa para a solicitação
1866	Julio Augusto Horta Barbosa	Teodolito de Casella	Abertura da estrada do Livramento a um ponto navegável do Rio Grande
		Uma trena	
		Um occulo de Rochon	
		Um barômetro de Fortin com os competentes termômetros	

Fonte: Banco de Dados dos Processos de Construção de Pontes e Estradas da Província de Minas Gerais, APM, Seção Provincial, Obras Públicas, 3/6, Caixas 2 a 28, 32 a 57.

Os resultados do estudo da estrada de Livramento ao Rio Grande foram apresentados de maneira entusiasta pelo relatório provincial de 1867, apontando a viabilidade da junção modal rodovia-navegação e a impossibilidade de integração com ramal ferroviário da E.F.D. Pedro II (Relatório de presidente de província, 1867, p. 11-12).

O procedimento de solicitação de instrumentos científicos pelos engenheiros provinciais à Diretoria Geral de Obras Públicas era uma prática inserida na rotina burocrática. A designação de um engenheiro para o estudo da abertura de uma estrada revelava a presença de uma hierarquia de comando, o estabelecimento de prazos, a solicitação de instrumentos, os interesses e os investimentos provinciais nas construções das estradas de Minas Gerais.

Em março de 1866, o engenheiro-chefe nomeou o engenheiro Carlos Peixoto de Mello para o estudo da abertura da estrada do Serro, assim como estabeleceu o prazo de 170 dias para a apresentação das plantas, dos nivelamentos gerais e do relatório final. Em abril, com a finalidade de iniciar os trabalhos, Carlos Peixoto partiu da cidade de Ouro Preto carregando uma trena metálica, uma bússola secretan, um barômetro, um teodolito inglês, uma mira parlante e também três metros de papel contínuo.

Porém, o engenheiro Carlos Peixoto de Mello, responsável pelo estudo da abertura da estrada do Serro, abdicou do cargo de engenheiro da província de Minas Gerais em pleno andamento dos trabalhos. Diante disso, a Diretoria Geral de Obras Públicas nomeou para o prosseguimento dos trabalhos de abertura da estrada do Serro o engenheiro Francisco de Paula Aroeira. Em 1867, o engenheiro Aroeira dirigiu-se para os trabalhos, carregando os seguintes instrumentos:

Tabela 21 – Instrumentos solicitados pelo engenheiro Francisco Eduardo de Paula Aroeira (1867)

Ano	Engenheiro	Instrumentos solicitados	Justificativa para a solicitação
1867	Francisco Eduardo de Paula Aroeira	Círculo de reflexão de borda	Abertura da Estrada do Serro ao Porto de Souza
		Horizonte artificial com competente mercúrio em frasco de pau	
		Cronômetro	
		Barômetro de algibeira de Breguet	
		Luneta micrométrica de Lugeol	
		Bússola de patente inglesa	
		Termômetro centigrado	
		Estojo de instrumentos de desenho	

Fonte: Banco de Dados dos Processos de Construção de Pontes e Estradas da Província de Minas Gerais, APM, Seção Provincial, Obras Públicas, 3/6, Caixas 2 a 28, 32 a 57.

O engenheiro Francisco Eduardo de Paula Aroeira realizou os trabalhos gráficos e de campo entre os meses de outubro, novembro e dezembro. Durante os meses de trabalho o engenheiro foi auxiliado, provavelmente, por indivíduos livres. Ao final dos trabalhos, Aroeira apresentou o valor pago a cada ajudante pelos auxílios executados durante os meses de estudo para a abertura da estrada do Serro. Evidencia-se a presença de três a quatro indivíduos submetidos às ordens do engenheiro, o número de dias de trabalho nos meses de outubro, novembro e dezembro e o valor diário das atividades desempenhadas pelos "camaradas".

Tabela 22 – Trabalhadores empregados no estudo da abertura da estrada do Serro ao Porto de Souza (1867)

Mês	Nome	Número de dias de trabalho	Valor da diária de trabalho	Total
Outubro	João Antonio da Silva	25	1$000	25$000
	João Nepomuceno	15	1$000	15$000
	João Rodrigues da Silva	15	1$000	15$000
	Bonifacio Antonio Pereira	2	1$000	2$000
	Total			57$000
Novembro	João Antonio da Silva	30	1$000	30$000
	João Nepomuceno	30	1$000	30$000
	João Rodrigues da Silva	30	1$000	30$000
	Bonifacio Antonio Pereira	30	1$000	30$000
	Total			120$000

Dezembro	João Nepomuceno	8	1$000	8$000
	João Rodrigues da Silva	8	1$000	8$000
	Bonifacio Antonio Pereira	8	1$000	8$000
	Total			24$000

Fonte: Banco de Dados dos Processos de Construção de Pontes e Estradas da Província de Minas Gerais, APM, Seção Provincial, Obras Públicas, 3/6, Caixas 2 a 28, 32 a 57.

Certamente, esses trabalhadores, denominados "camaradas", foram responsáveis por carregar os instrumentos, colocá-los em suas respectivas caixas e encilhar as mesmas no lombo dos animais e conduzi-los, evitando que o trote acelerado dos animais danificasse os instrumentos. Além disso, cabia aos camaradas prevenir as quedas dos instrumentos, abrigá-los do calor ou da chuva. Em 1886, data da primeira edição de "Traçado das estradas de ferro no Brasil", o engenheiro José Gonçalves d'Oliveira descrevia minuciosamente a tríplice relação engenheiro, instrumentos e camaradas:

> Os instrumentos usados pelos engenheiros brazileiros nas explorações férreas, e realmente os mais apropriados ao nosso serviço são o trânsito e o nível americano, o nível inglez e o clinometro nacional de Reis. O grau de utilidade dos excellentes instrumentos de Gurley depende do capricho com que são tratado, e do cuidado com que se rectificam. O engenheiro que recebe um transito ou um nivel em estado perfeito, deve velar constantemente sobre sua conservação, si quer obter em seus trabalhos resultados tão satisfactorios quanto permitte o uso d'elles. Com maus instrumentos ninguem pode ser bom engenheiro. Nunca se deve consentir que o camarada monte ou desmonte o transito ou nivel. Somente ao próprio engenheiro compete tirar ou collocar o instrumento na caixa cuja chave deve trazer sempre consigo. O transito e o nivel não podem ser transportados por homem montado, e quando é inevitavel leval-os em cargueiro, recommenda-se ao conductor que mantenha o animal sempre a passo; convindo que o puche em logar de tocal-o, para que nunca

tome o trote. Quando o camarada tem de carregar o instrumento de uma a outra estação no serviço diário é preciso que se esforce por mantel-o tão próximo de posição vertical quanto puder; andando com precaução para prevenir quedar e evitar que a luneta se embarace em algum cipó ou galho. Si é um transito que se transporta, o pião deve ser levado no bolso. Tambem convem apertar de leve os parafusos, que tolhem o movimento geral de rotação dos instrumentos, afim de evitar-se que o peso das diversas partes actue sobre as articulações na posição obliqua durante o transporte. No transito é bom fazer-se previamente a coincidência do zero do limbo com a linha de fé do vernier, verificando-se o ajustamento antes de se ler o ângulo na seguinte estação. Emquanto o instrumento está armado deve ser abrigado do calor ou da chuva com guarda-sol de linho branco. O guarda-sol de alpaca é inadmissível n'este serviço. A lã absorve calor, que transmitte ao instrumento e a cor escura da fazenda tolhe a passagem da luz, difficultando sobremodo a leitura das graduações do limbo. (...)Emquanto o instrumento está na caixa, ninguem deve assentar-se n'ella.Quando o camarada pousa em terra o instrumento, é preciso que o faça sem choque; e quando o tira da estação ou n'ella o põe, deve imprimir successivamente a cada perna da tripeça um movimento brando de tracção ou pressão, sem impulso que abale as peças superiores. Na caixa de cada instrumento deve haver sempre um pequeno espanador de pennas com o qual se limpe no fim do serviço o pó que tiver apanhado. O transporte dos instrumentos na ida ou vinda do serviço deve ser confiado de preferência aos trabalhadores mais sizudos e de remuneração mais elevada; e quando não se puder deixar de recorrer aos menos prudentes, convem que os outros os vigiem. O transito e o nivel devem estar fora das caixas somente durante as horas de trabalho, e, onde que que se guardem, convem que fiquem em logar enxuto e a abrigo de quedas. Si os engenheiros consagram desde o principio do serviço todos estes cuidados aos instrumentos com que têm de trabalhar, os camaradas se habituam a tratar taes objectos com o melindre, que reclamam. Si ao contrario os profissionaes mandarem montar e nivelar instrumentos tão delicados pelos trabalhadores, estes acreditarão naturalmente que não

> estão menos a seu alcance as operações technicas, e hão de descurar aquellas em que tomam parte, taes como as medições e o serviço de régua e clinometro. No que toca ao proprio engenheiro, convem que elle evite com o maior cuidado exercer pressão ou torsão, que possa deformar qualquer peça, articulação ou filete de parafuso. (OLIVEIRA [1886], 1912, p. 119-120)

Em conjunto, o engenheiro e os camaradas realizaram o levantamento de uma zona de 70 quilômetros entre a cidade do Serro e São Miguel, visando estabelecer a rota de uma estrada de rodagem até um ponto navegável na província do Espírito Santo (Appenso n° 13, Relatório de presidente de província, 1868, p. 9).

Entre as décadas de 1830 e 1870, a região da Mata apresentou um vertiginoso crescimento demográfico (RODARTE, 2012). Estima-se que a região, no ano de 1832, composta por 51.119 indivíduos (29.882 livres e 21.237 escravos) atingiu, em 1872, o total de 282.452 indivíduos (201.145 livres e 81.307 escravos) (*Ibidem*, 2012, p. 88-104). A dinâmica populacional refletia o *boom* cafeeiro e os efeitos do fluxo comercial intenso entre Minas Gerais e o Rio de Janeiro. Em face ao dinamismo econômico e a notória expansão demográfica, em 1866, o engenheiro-chefe Henrique Gerber nomeou o engenheiro Martiniano da Fonseca Reys Brandão para o estudo da abertura da estrada de Campelo à Ubá. Para exercer a função de ajudante de engenheiro, Gerber designou o engenheiro João Victor de Magalhães Gomes. Dessa forma, o engenheiro-chefe estabeleceu as seguintes metas de trabalho a serem cumpridas: I) a confecção da carta de exploração em 40 dias, contados a partir do início dos trabalhos; II) para cada 10 quilômetros de estrada eram necessários 50 dias para o alinhamento e a confecção de planos e orçamentos. Identifica-se no processo da referida estrada, a utilização dos seguintes instrumentos:

Tabela 23 – Instrumentos solicitados pelos engenheiros Martiniano e João Victor (1866)

Ano	Engenheiro	Instrumentos solicitados	Justificativa para a solicitação
1866	Martiniano da Fonseca Reys Brandão	Bússola	Abertura da estrada de Campelo à Ubá
		Teodolito de Casella	
	João Victor de Magalhães Gomes	Régua de Nivelar	

Fonte: Banco de Dados dos Processos de Construção de Pontes e Estradas da Província de Minas Gerais, APM, Seção Provincial, Obras Públicas, 3/6, Caixas 2 a 28, 32 a 57.

Além disso, é possível observar a participação de quatro indivíduos empregados no estudo da referida estrada: três escravos e um livre. Todos os escravos eram de posse de Gauldino Augusto da Silva e exerceram a função de servente. A diária de aluguel de escravos era de 1$000 réis. O aluguel proporcionou ao dono dos escravos um rendimento de 71$000 réis concernente aos trinta dias de trabalho de dois escravos e onze dias de jornada de um escravo. Henrique Spiers, indivíduo livre, empregado no cargo de ajudante de corda, recebeu pela diária de trabalho 3$000 réis.

O relatório final, a planta e o perfil longitudinal forneceram os dados necessários para a elaboração do orçamento de construção da estrada de Campelo à Uba. A abertura de estradas mediante estudos técnicos revela a preocupação da administração provincial em evitar o gasto monetário em estradas mal projetadas (Appenso n° 9, Relatório de presidente de província, 1866, p. 9).

Em julho de 1868, o engenheiro Bruno Von Sperling também se dirigiu para a região da Mata. Em pleno *boom* cafeeiro a região necessitava de eficientes vias de comunicação para a exportação do café, que se direcionava para o porto do Rio de Janeiro. Em vista da expansão da *plantation* cafeicultura, Bruno Von Sperling solicitou diversos instrumentos para a realização da abertura de uma estrada na região agroexportadora da Mata:

Tabela 24 – Instrumentos solicitados pelo engenheiro Bruno Von Sperling (1868)

<table>
<tr><th>Ano</th><th>Engenheiro</th><th>Instrumentos solicitados</th><th>Justificativa para a solicitação</th></tr>
<tr><td rowspan="8">1868</td><td rowspan="8">Bruno Von Sperling</td><td>Teodolito de Casella</td><td rowspan="8">Abertura da Estrada de Barra do Ouro Fino ao Porto Novo do Cunha</td></tr>
<tr><td>Bússola Tranche-Montagne</td></tr>
<tr><td>Bússola de algibeira</td></tr>
<tr><td>Trena</td></tr>
<tr><td>Cronômetro</td></tr>
<tr><td>Barômetro</td></tr>
<tr><td>Régua de nivelar</td></tr>
<tr><td>Estojo matemático</td></tr>
</table>

Fonte: Banco de Dados dos Processos de Construção de Pontes e Estradas da Província de Minas Gerais, APM, Seção Provincial, Obras Públicas, 3/6, Caixas 2 a 28, 32 a 57.

Além disso, o engenheiro seguiu para os trabalhos carregando um estojo de tintas, 8 folhas de papel de desenho, 5 metros de papel vegetal, 4 lápis faber sortidos e um tubo de folha. Contudo, em 1869, Bruno Von Sperling afirmava que o prolongamento da Estrada de Ferro Dom Pedro II em direção ao Porto Novo do Cunha tornava necessário uma mudança no traçado da estrada (BLASENHEIM, 1996). Diante disso, a penetração ferroviária demonstrava-se perversa na medida em que acompanhava a expansão da fronteira cafeeira e, ao mesmo tempo, concorria com estradas já existentes não se integrando de forma eficiente à infraestrutura viária da província de Minas Gerais (BARBOSA; GODOY, 2008, p. 331-358).

A abertura das estradas revela diferentes interesses, bem como o dinamismo e diversidade da circulação mercantil da província de Minas Gerais (PAIVA, 1996). A estrada do Serro ao Porto do Souza no Rio Doce representava o desejo de uma rota para interligar Minas Gerais e o Espírito Santo. Tal estrada permitiria uma ligação direta entre a região de Diamantina, Sertão do Rio Doce e Minas Novas com o oceano Atlântico. Ligar essas regiões a um ponto navegável na província do Espírito Santo significaria tornar desnecessário viajar em direção ao Rio de Janeiro ou a Bahia para a exportação e a importação de determinados produtos. Por outro lado, a estrada do Livramento representava o interesse em integrar o transporte fluvial e o rodoviário no âmbito da circulação interna de bens e pessoas da província de Minas Gerais. Em 1867, um estudo assinado pelo engenheiro Gerber sobre as condições hidrográficas apontou que o Rio Grande possuía 168,9 quilômetros aptos para a navegação fluvial no interior da província de Minas Gerais.

Tanto a abertura da estrada do Livramento ao Rio Grande quanto os trabalhos da estrada do Serro ao Porto do Souza sofreram atrasos por diferentes razões. A primeira pela falta de instrumentos científicos e a espera da chegada dos mesmos após a compra efetuada na cidade do Rio de Janeiro. A segunda, pela repentina saída de Carlos Peixoto de Mello do cargo de engenheiro provincial, necessitando a designação de outro engenheiro para o prosseguimento dos trabalhos.

No que tange às atividades dos engenheiros fica evidente o auxílio de indivíduos livres e/ou escravos. A abertura de estradas, em terrenos desconhecidos e acidentados, exigiram instrumentos científicos em boas condições de uso. Como observou o Barão Von Eschwege, para construir boas estradas o engenheiro deveria conhecer mecânica, arquitetura civil, hidráulica, matemática, física e as técnicas de construção de estradas:

> Um bom construtor de estradas deve ter os estudos completos de matemática, para poder fazer o delineamento e nivelamento, e calcular aterros e desaterros: deve ter conhecimentos geognósticos, para conhecer os terrenos em que há de construir como também os materiais que mais convém empregar, e os lugares de onde se poderão tirar com mais vantagem, o que muitas vezes faz com que seja conveniente dar outra direção as estradas: deve julgar, pelas aparências das camadas, da probabilidade de se encontrarem em alguma profundidade outros minerais mais próprios para a construção: precisa observar a corrente das águas, as suas vertentes, a influência da inclinação das camadas e dos rochedos, a configuração dos montes e vales: deve saber física para atender à influência do clima sobre os materiais, e para fazer medições barométricas, com as quais se abreviam muito os trabalhos das estradas nas serras: mecânica, para aplicação de máquinas na construção de pontes e encanamentos: arquitetura civil,

> para a construção de pontes e edifícios: hidráulica, para a construção de pontes, diques: finalmente, deve saber bem os diferentes métodos de construção de estradas, os quais variam segundo a qualidade do terreno e a sua configuração nas planícies, nos montes, nos montes, no chão fixo, arenoso ou lodoso. Se o engenheiro ignorar todas estas ciências, por certo será incapaz de delinear e construir uma boa estrada; e o Governo sem dúvida cometerá um grande erro em fazer semelhante escolha (...). (ESCHWEGE, 1843, p. X)

A obra de Eschwege assume um caráter singular ante a ausência de manuais escritos em língua portuguesa no século XIX. Segundo Artur Teodoro de Matos, entre a última década do século XVIII e a primeira metade do século XIX, apenas duas obras relativas aos métodos construtivos de estradas foram editadas em língua portuguesa (MATOS, 1980, p. 236). Portanto, observa-se que poucas obras concernentes à infraestrutura viária foram editadas em língua portuguesa no século XIX.

Se, por um lado, houve a necessidade de indivíduos com conhecimento disciplinares da engenharia, por outro, verifica-se que a atuação dos engenheiros estavam em estreita relação com a disponibilidade de instrumentos.

Decorrente do intenso uso de instrumentos, em junho de 1872, a Diretoria Geral de Obras Públicas apresentava um relatório, no qual inventariava a situação dos instrumentos de engenharia e destacava a necessidade de reparos dos instrumentos portáteis e de precisão. Os instrumentos de grande peso, devido à dificuldade em transportá-los, encontravam uso limitado para as atividades dos engenheiros, sendo, portanto, de pouca utilidade:

> Pelo exame a que, por ordem de Vossa Senhoria, procedi nos instrumentos de engenharia existentes no arquivo da repartição das obras públicas, cheguei ao conhecimento de que raro é o instrumento que se acha em estado de prestar: tais são a luneta meridiana, os diversos telescópios, prismas de passagens. Outros tais como os grandes teodolitos, círculos repetidores pelo seu excessivo peso e conseguinte dificuldade de transporte, e mesmo pelo mau sistema de sua construção, não podem ser empregados nos serviços, onde são necessários

> instrumentos portáteis e de precisão. Outros, finalmente, acham-se de tal modo arruinados que nada se poderá obter, uma vez que o gasto do conserto será superior ao que se faria com a obtenção de outros novos. Em geral, ou os instrumentos são aproveitáveis para o serviço da província, mas precisam de concertos, ou podem dispensar tais consertos mas, pelos seus usos especiais ou pelo seu peso não podem ser empregados no serviço atual. Aquelles que me parecem poderem ser concertados com vantagem para o serviço, são os seguintes:1° Chronometro de John Poole, de prata; 2° Chronometro de Roskell, de prata;3° Chronometro de Roskell, de prata Precisão ser limpos e de concertos geraes;4° Telescopio de Faucault. Precisa de espelho novo; 5° {Armilla} de bussola;6° Oculo micrométrico de Rochon;7° Oculo micrométrico de Lugeol;8°Oitante de madeira e marfim;9° Sextante de metal (Jones) só precisa espelhos novos; 10°Sextante de metal (Secretan); 11° Sextante de metal; 12°Teodolito pequeno de Secretan; 13° Teodolito pequeno de Secretan; 14° Teodolito pequeno inglês; 15° Bussola de agrimensor; 16° Bussola com {pinulas}; 17° Eclimetro pequeno; 18° Bussola com luneta; 19° Bussola com luneta; 20° Esquadro de reflexão; 21° Nivel portátil de declive; 22° Nivel pequeno de Lenoir; 23° Barometro de Gay Lussac; 24° Barometro de Gay Lussac; 25° Barometro de Fortin; 26° Barometro de Fortin; 27° Barometro aneroide Bourdon; 28° Barometro aneroide Bourdon; 29° Barometro Gay Lussac; 30° Transferidor metallico de Elliot; 31° Transferidor metallico de Elliot; 32° Pantographo; 33° Molinete de Woltman;
> Esses instrumentos são os que, por ordem de VS[a], foram separados e achao-se já convenientemente acondicionados. (APM, SPOP 3-3, Caixa 7, doc. 58)

Conjuntamente ao relatório, a lista indicava nominalmente trinta e três instrumentos que deveriam ser reparados. Os respectivos instrumentos foram enviados ao Rio de Janeiro para conserto. Através dos recibos emitidos à província de Minas Gerais, identifica-se o valor gasto nas reparações.

Nos anos de 1872 e 1873, o estabelecimento de José Maria dos Reis consertou os seguintes instrumentos da província de Minas Gerais: oito barômetros, sete bússolas, quatro cronômetros, três níveis, três sextantes, dois teodolitos, dois transferidores, um esquadro de reflexão, uma armila, um molinete de Woltman, um pantógrafo, um telescópio e um oitante. No ano de 1873 o recibo enviado à província apontava a compra dos seguintes instrumentos: um pluviômetro de Babinet e um higrômetro de Naudet, ambos adquiridos pelo valor de 35$000 réis.

Tabela 25 – Consertos de instrumentos – "Armazém e Oficinas de Ópticas e Instrumentos Científicos" (1872 e 1873)

Ano	Instrumento/Consertos	Valor (Réis)
1872	Um Esquadro de reflexão	2$000
	Uma Bússola de algibeira	4$000
	Uma Bússola com luneta e níveis	6$000
	Um Barômetro de Breguet de Algibeira	8$000
	Um Barômetro Aneroide	8$000
	Uma Armila	10$000
	Um Nível de {Burel}	10$000
	Um Barômetro de Bourdon	10$000
	Uma Bússola { } e níveis	16$000
	Uma Bússola { } e níveis	18$000
	Um Molinete de Woltman	18$000
	Um oitante	25$000
	Uma Bussola com pínula Casella	30$000
	Um cronômetro de prata de Robert Roskel	30$000
	Dois transferidores de Elliot	32$000
	Um Barômetro de Gay Lussac	35$000
	Um Barômetro de Gay Lussac	35$000
	Um Barômetro de Gay Lussac	35$000
	Um Nível de L. Casella	36$000
	Um Barômetro de Fortin	40$000
	Um Pantógrafo de metal	40$000
	Um Nível de Lenoir	40$000
	Um Barômetro de Fortin	40$000

1872	Um Sextante de metal (Secretan)	45$000
	Um Sextante de metal (Jones)	48$000
	Um Sextante de metal (Secretan)	48$000
	Uma Bússola Tranche-montagne	50$000
	Um Telescópio de Foucault	50$000
	Um Teodolito de L. Casella	54$000
	Um cronômetro de prata de John Poole	60$000
	Um cronômetro de prata de Robert Roskel	60$000
	Um Teodolito repetidor	80$000
1873	Um Cronômetro de Vissière	60$000
	Uma bússola	14$000
	Total	1:097$000

Fonte: Banco de Dados dos Processos de Construção de Pontes e Estradas da Província de Minas Gerais, APM, Seção Provincial, Obras Públicas, 3/6, Caixas 2 a 28, 32 a 57.

Em 1880, o "Armazém e Oficinas de Ópticas e Instrumentos Científicos" emitiu outro recibo, no qual atestava a compra de instrumentos científicos no valor total de 200$000 réis pela província de Minas Gerais. No entanto, o recibo não discriminava nominalmente cada instrumento.

De fato, o uso de instrumentos exigiram habilidade e empenho dos engenheiros. Se por um lado, impuseram a integração entre os saberes provenientes da engenharia e os interesses da província em edificar estradas em Minas Gerais, por outro, ressalta-se que os engenheiros da província não solicitaram apenas instrumentos científicos para compra ou a necessidade de reparar os mesmos. Dessa forma, na próxima seção tratar-se-á dos livros comprados pela Diretoria Geral de Obras Públicas entre as décadas de 1860 a 1880.

Figura 9 – Recibo emitido pelo *"Armazem e Officinas de Optica e Instrumentos scientificos"(1873)*

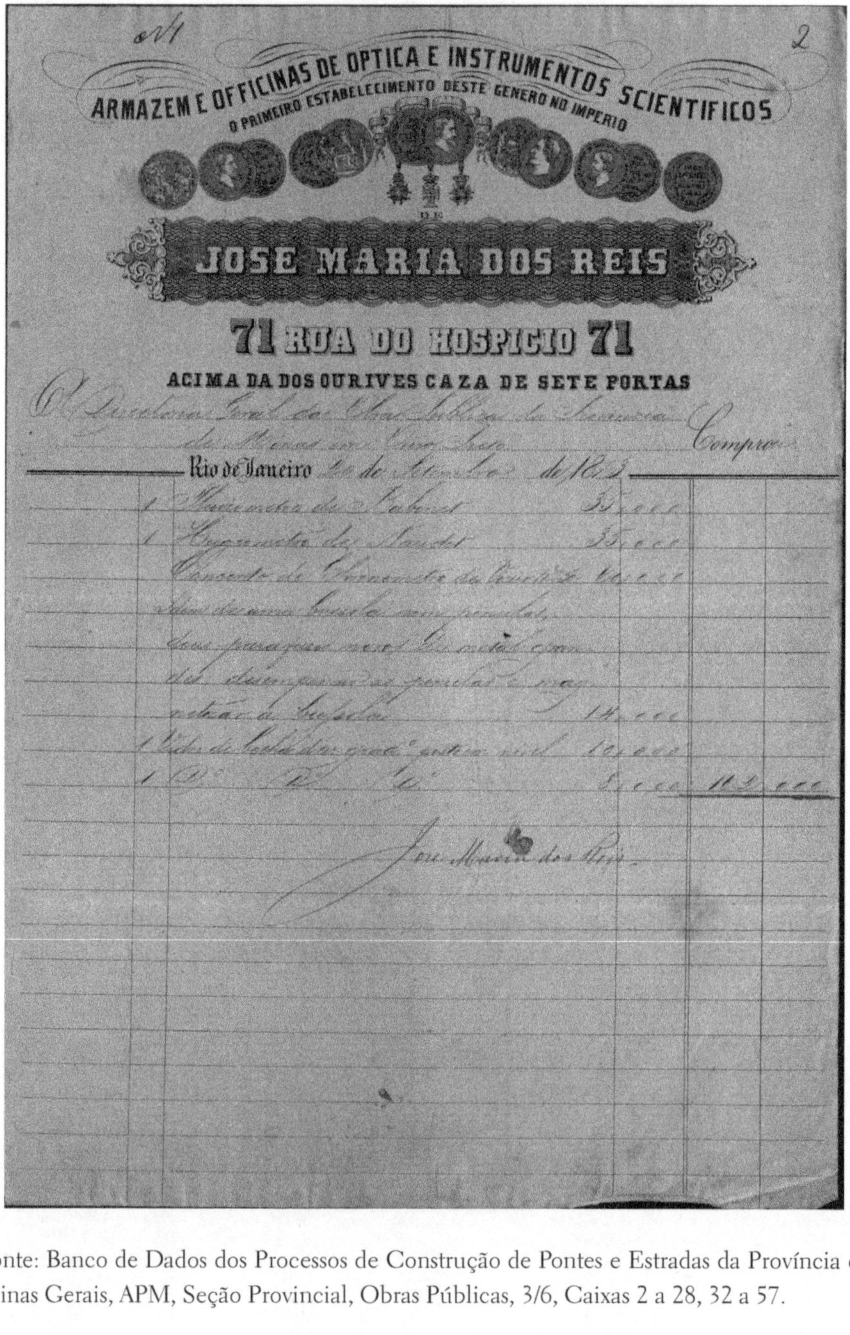
ARMAZEM E OFFICINAS DE OPTICA E INSTRUMENTOS SCIENTIFICOS
O PRIMEIRO ESTABELECIMENTO DESTE GENERO NO IMPERIO
DE
JOSE MARIA DOS REIS
71 RUA DO HOSPICIO 71
ACIMA DA DOS OURIVES CAZA DE SETE PORTAS
Rio de Janeiro

Fonte: Banco de Dados dos Processos de Construção de Pontes e Estradas da Província de Minas Gerais, APM, Seção Provincial, Obras Públicas, 3/6, Caixas 2 a 28, 32 a 57.

Livros, livreiros e engenheiros: uma biblioteca na Diretoria Geral de Obras Públicas

A comercialização e importação de livros foi uma das atividades desenvolvidas pelos livreiros da cidade do Rio de Janeiro. Tal prática contribuiu significativamente para a circulação de ideias (DARNTON, 2010, p. 150-167).[8] Esses livreiros atuaram como intermediários entre a oferta editorial e a demanda dos leitores. Diversos livros e manuais técnicos comprados pela província de Minas Gerais atestam a presença de uma demanda por obras relacionadas ao campo da engenharia.

Esses livros foram adquiridos em três livrarias: "Garnier", "Catharinense" e a "Imperial". Todas se encontravam sediadas na cidade do Rio de Janeiro. Entre a década de 1860 e 1880, o conjunto de livros adquiridos pela província de Minas Gerais alcança o total de 17 obras. Deste montante, oito obras foram compradas na Livraria "Catharinense", seis na Livraria "Garnier", e apenas duas na Livraria "Imperial". Tanto a Livraria "Garnier" quanto a "Imperial" se situavam na rua do Ouvidor, revelando uma proximidade geográfica entre estabelecimentos do mesmo segmento (HALLEWELL, 1985, p. 125-156). Por outro lado, a Livraria "Catharinense", assim como o "Armazém e Oficinas de Ópticas e Instrumentos Científicos" se localizavam na rua do Hospício.

8 A história dos livros permite compreender como as ideias foram transmitidas e como contato com a palavra impressa afetou o pensamento nos últimos quinhentos anos. Para a difusão de livros atuaram autores, editores, impressores, expedidores, livreiros e leitores. Em conjunto, tais elementos compõem um "circuito das comunicações". Assim, para cada grupo inserido no circuito recorre-se a uma problematização específica: para os autores devem-se identificar os laços entre estes, os editores e os leitores; ao tratar dos editores perceber como firmavam contratos com autores, faziam alianças com livreiros, tratavam as finanças, os fornecimentos etc.; já para os impressores compreender a transmissão de textos explicando os processos de produção do livro: "Quais as alterações sofridas nos orçamentos dos livros com a introdução do papel feito a máquina, na primeira década do século XIX, e do linotipo nos anos 1880?"; no caso dos expedidores analisar a influência do carreto, do navio mercante, do correio e da estrada de ferro sobre a história da literatura; observar os livreiros como intermediários entre a oferta e a demanda; e por fim, ao analisar o leitor indagá-lo como produtor de sentidos, levando em conta a coerção do texto sobre o leitor, bem como a liberdade do leitor com o texto, ver, DARNTON, R. *O beijo de Lamourette: mídia, cultura e revolução*. São Paulo: Companhia das Letras, 2010, p. 122-149.

Evidencia-se um conjunto de obras concernentes a pontes, estradas, ferrovias, cortes de pedra, carpintaria e hidráulica, assim como a presença preponderante de livros em língua francesa:

Tabela 26 – Livros comprados pela Diretoria de Obras Públicas da província de Minas Gerais

Ano	Autor	Título	Livraria	Valor (Réis)
1866		*Connaissance des temps 1867*	Imperial	16$000
	Jerome de La lande	*Tables de Logarithmes*	Imperial	6$000
1872	Louis Figuier	*L' année scientifique et industrielle, 1856*	Garnier	4$000
	Louis Figuier	*L' année scientifique et industrielle, 1870-71*	Garnier	4$000
1873	E. Sergent	*Traité pratique et complet de tous les mesurages, métrages, jaugeages de tous les corps, appliqué aux arts, aux métiers, à l'industrie, aux constructions, aux travaux hydrauliques etc.*	Garnier	40$000
	Marc Séguin	*Des ponts en fil de fer*	Catharinense	8$000
	General Arthur Jules Morin	*Leçons de mécanique pratique: hydraulique*	Catharinense	9$000
	Jean Joseph Nicolas Regnault	*Manuel des aspirants au grade d'ingénieur des ponts et chaussées*	Catharinense	12$000
	Ernest Endrés	*Manuel du conducteur des ponts et chaussées*	Catharinense	12$000
	Adhémar J.– A.	*Traité des ponts biais en pierres et en bois*	Catharinense	20$000

	Armand-Rose Emy; Louis-Auguste Barré	*Traité de l'art de la charpenterie*	Catharinense	20$000
1873	Auguste Perdonnet	*Traité élémentaire des chemins de fer*	Catharinense	45$000
	J.P.Douliot; J. Claudel; F.M Jay; L.A.Barre	*Traité spécial de coupe des pierres*	Catharinense	45$000
	Alphonse Alexis Debauve	*Ponts en Maçonnerie*	Garnier	22$000
1880	{Duffare}	*Guide du constructeur*	Garnier	7$000
		Annales des ponts et chaussées	Garnier	Valor não identificado
Total				**270$000**

Fonte: SPOP 3/ 4, Caixa 4, doc. 19; SPOP 3/5 Caixa 12, doc. 05, 27, 26; Caixa 11, doc. 09; Caixa 16, doc. 17.

Os livros e os manuais técnicos fornecem uma importante face da ciência moderna, mormente no âmbito da Engenharia, uma vez que é uma representação de experiências, visando a troca de informações, a reprodutibilidade e o aperfeiçoamento.

A transmissão técnica depende de uma série de recursos (mão de obra, material, disponibilidade de verbas, pessoas), portanto, ao lado das formas de conhecimento codificado (tratados, manuais, livros etc.) existem importantes atores intermediários (engenheiros, artífices, comerciantes, editores, livreiros, políticos, arrematantes) (PÉREZ; VERNA, 2006, p. 536-565). Ressalta-se que, durante o século XIX, as publicações codificaram os conhecimentos técnicos e facilitaram o intercâmbio de ideias e a difusão de técnicas no âmbito da engenharia:

> Finalmente, deve-se ressaltar que as técnicas de produção e sua transmissão não foram apenas interesse para os produtores, mas também para os comerciantes, lojistas, artistas, consumidores, autorida-

> des locais, príncipes, escritores políticos, e outros. Assim, os atores envolvidos na divulgação técnica não devem ser limitados aos técnicos. Por exemplo, os comerciantes não só forneceram bens, materiais e informação, mas a própria cultura mercantil que foi crucial para reunir fatos, indagações, comparar qualidades, ferramentas e usos. (*Ibidem*, 2006, p. 540)[9]

Outros livros foram requisitados, mas, infelizmente, não é possível afirmar se os mesmos foram adquiridos, como as duas obras solicitadas pelo engenheiro Henrique Gerber na década de 1860: "Nautical Almanah (1866)" e"Nautical Almanah (1867)" (APM, SPOP 3/5, Caixa 7, doc. 42).

Figura 10 – Recibo da Livraria Garnier (1873)

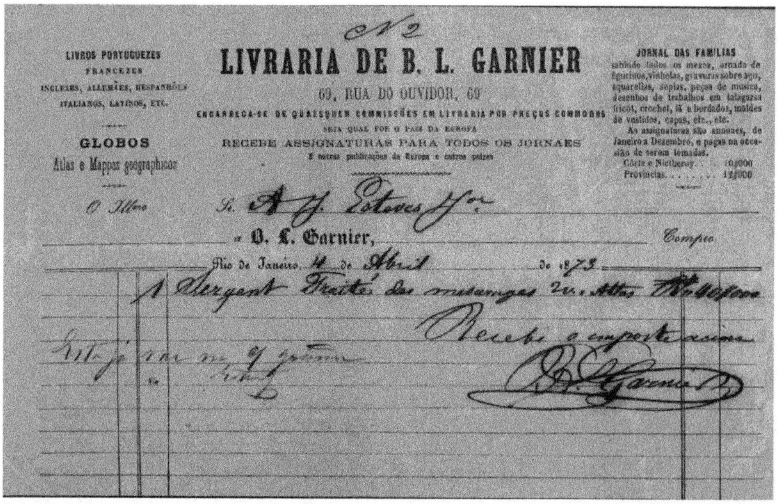

Fonte: Banco de Dados dos Processos de Construção de Pontes e Estradas da Província de Minas Gerais, APM, Seção Provincial, Obras Públicas, 3/6, Caixas 2 a 28, 32 a 57.

9 "Finally, it must be stressed that techniques of production and their transmission were not only interest to producers, but also to merchants, shopkeepers, artists, consumers, local authorities, princes, political writers, and others. Thus the actors involved in technical dissemination should not be limited to the technicians. For instance, merchants not only provided goods, materials, and information, but mercantile culture itself was crucial in gathering facts, making inquiries, and comparing qualities, devices, and uses" (*Ibidem*, 2006, p. 540).

Figura 11 – Recibo da Livraria Imperial (1866)

Fonte: Banco de Dados dos Processos de Construção de Pontes e Estradas da Província de Minas Gerais, APM, Seção Provincial, Obras Públicas, 3/6, Caixas 2 a 28, 32 a 57.

A análise privilegiou uma abordagem do funcionamento da Diretoria Geral de Obras Públicas de Minas Gerais, evidenciando a estreita relação entre a disponibilidade de instrumentos científicos e as atividades desempenhadas pelos engenheiros da província.

Reforça-se a percepção do papel central das técnicas e da engenharia para o desenvolvimento econômico. A abertura de boas estradas significava integrar mercados e estimular a circulação mercantil. Expressava-se, assim, a crença de que os estudos prévios, o uso de instrumentos científicos e o emprego de engenheiros garantiria a projeção de estradas eficientes e com menor dispêndio dos cofres. Deste modo, a engenharia, a técnica e o uso de instrumentos científicos tornaram-se condição necessária para a edificação de pontes e estradas em Minas Gerais.

Contudo, se, por um lado, o uso de instrumentos científicos confere uma identidade profissional ao engenheiro, por outro, os resultados revelam que as atividades diárias do engenheiro envolviam a direta participação de escravos e/ou livres, e também dependiam de intermediários para a compra e reparo de instrumentos e na difusão de livros e manuais. Os livreiros e o "Armazém e Oficinas de Ópticas e Instrumentos Científicos" foram atores intermediários fundamentais para a realização das práticas científicas dos engenheiros da província de Minas Gerais. Intermediários que se localizavam na cidade do Rio de Janeiro e mantiveram ligações comerciais e científicas com Minas Gerais durante as décadas de 1860 e 1880.

Engenheiros provinciais, projetos e orçamentos

Havia uma preocupação em dirimir erros e evitar dispêndios desnecessários: "(...) temos começado mais de uma estrada com emprego de imensos capitaes que depois de concluídas, para nada servem, por causa da pressa e imperfeição com que se fazem os estudos de seus respectivos traçados" (Relatório de Presidente de Província, 1861, p. 20). A contratação de engenheiros era legitimada através da justificativa da relação direta entre o aumento de engenheiros, elevação do desenvolvimento técnico e queda do montante gasto em obras públicas que se tornariam obsoletas. Assim, ao engenheiro caberia agregar desenvolvimento técnico às obras e diminuir os gastos em vias imperfeitas. As percepções não eram homogêneas acerca dos benefícios advindos da contratação de engenheiros. Em 1859, o Relatório da Repartição das Obras Públicas, assinado pelo Inspetor Geral José Rodrigues Duarte, revelava que, ao olhar de alguns, a contratação de engenheiros equivalia a uma alta e desnecessária despesa:

> Parece alguns excessivo o número dos engenheiros que temos muitos julgão exagerada a despeza que com elles se faz; e não falta também quem diga que delles não precisamos; mas a experiência tem me convencido de que um engenheiro diligente, hábil e bem pago, é uma verdadeira economia, porque estudando, e desenvolvendo a parte técnica das obras que se emprehendem, são só pelo lado material, como pelo moral, habilita a Administração para resolver sobre pontos de importância muito subida, ou recuando diante de despesas inúteis e infructiferas, ou decretando-as, porém de modo acertado, econômico e productivo. (Anexo, Relatório de Presidente de Província, 1859, p. 3)

Segundo os relatórios presidenciais, o número de engenheiros era incapaz de suprir toda a demanda. As solicitações de camaristas e de particulares nem sempre eram atendidas com rapidez. A demora causava embaraços para a Secretaria de Obras Públicas, que apelava aos serviços das câmaras e autoridades locais para a organização de plantas e orçamentos.[10] Em alguns casos, os orça-

10 Em 1866, a circular n° 5, enviada pela Repartição de Obras Públicas aos presidentes e vereadores de câmaras municipais, indicava a insuficiência de engenheiros para acolher todas as demandas: "Devendo cumprir o disposto no art. 37 do regulamento n° 53 de 17 de fevereiro do corrente anno, sem ter numero sufficiente de Engenheiros para atender a um tempo a todas as obras que são continuadamente reclamadas dos diversos pontos da Província, vê se esta Repartição muitas vezes obrigada a solicitar das Camaras Municipaes os orçamentos de grande parte de taes obras, os quaes nem sempre podem ser adoptados por conterem falta insanáveis, o que importa dispêndio de tempo e trabalho sem resultado que preste. No intuito de remediar este mal e de facilitar a confecção desses orçamentos pelas próprias Camaras ou por propostos seus, habilitando-os igualmente a fornecer os dados precisos para aqui mesmo fazerem-se os orçamentos, remetto a VV. SS. as inclusas instrucções, das quaes o n° 1 contem uma serie de quesitos a que VV.SS. devem responder não só quando exigirem a construcção de alguma obra, como quando organisarem ahi os orçamentos para serem enviados á esta Repartição e aqui examinados convenientemente. O n. 2 é um modelo das respostas aos quesitos 5 e 6 do n°1. O n. 3 é a norma da tabella, que deve ser preenchida com os preços elementares dos materiaes e salários, e impreterivelmente acompanhar qualquer orçamento pro VV.SS. apresentado. Os ns. 4 e 5 são dous exemplos de orçamentos, á saber: um para a construção de pontes, outro para os concertos de estradas, os quaes servirão mutatis mutandis de norma toda vez que VV.SS. organisarem os orçamentos por si mesmos, ou propostos seos. Estimarei que este trabalho aproveitado corresponda ás vistas desta

mentos e plantas, elaborados pelos camaristas e autoridades locais, não eram aceitos pelos engenheiros, que apontavam defeitos e imperfeições no âmbito dos cálculos técnicos e orçamentários: "(...) recorro as camaras, autoridades e mesmo a particulares em demanda de orçamentos, que as mais das vezes não são organizados de modo a serem aceitos pelo engenheiro chefe, do que resulta quasi sempre demora de execução de obras alias urgentíssimas" (Anexo n. 14, Relatório de presidente de província, 1867, p. 3).

A Repartição de Obras Públicas procurava aperfeiçoar os orçamentos e plantas enviados pelas câmaras municipais. Para tanto, a Secretaria de Obras Públicas criou "quesitos", que deveriam compor os orçamentos. Se a solicitação fosse para a construção de uma nova ponte, a Câmara deveria contemplar no orçamento os seguintes quesitos:

> Construção de pontes novas
> 1°Qual a largura do rio no lugar destinado para a ponte tomada à flor das baixas águas?
> 2° Qual a largura da mesma tomada a flor da água nas enchentes ordinárias.
> 3° Qual a largura das águas do rio quando se espraia nas cheias ordinárias?
> 5° Qual é, por ocasião das cheias extraordinárias, a altura do nivel d'agua acima dos pontos do níveo que ricao de um e outro lado do ponte antecendente, em distância tomadas de braça em braça? (...)
> 11° Há ou não há pedra para construção da alvenaria?
> 13° Qual a distância aproximada dessa pedra ao lugar da obra expressa em braças?
> 14° Há nas proximidades da ponte pedra calcarea e quem fabrique cal?
> N.B. Como convem que os engenheiros da Província conheção bem este material pede-se as Camaras hajão de enviar uma pequena amostra das diferentes qualidades desta pedra para ser analisada.

repartição, que se estendem a toda a provincia, quando se trata de seus intereses materiaes" (APM, SPOP 3/4, Caixa 15, doc. 42).

> 16° Há areia pura (destituída de detritus vegetal) fina ou grossa? E qual a sua distância da pedreira ou das caieiras ao lugar da obra?
> 17° Há barro de oleiro nas proximidades da obra fomos para o fabrico de tijolos?
> 18° Quanto custará um milheiro de tijolos junto à obra?
> 19° Há madeira de lei? Quais são as qualidades mais acreditas nas circunvizinhanças da obra em consequência das aplicações que dellas se tem feito? A que distância poder-se-ha buscal-a?
> 20° Há alguma fabrica de ferro nas proximidades da obra, aonde se possa mandar fazer a ferragem preciza? Ou de que fábrica convirá mais vir a dita ferragem, e a que distância está da obra?
> 21° Há nas próximas povoações mestres, oficiaes e companheiros (serventes) dos oficiaes de canteiro, pedreiro, carpinteiro, cavouqueiro e ferreiro? Quais são os respectivos salários no máximo e no mínimo?
> N.B Tudo isto deverá ser repetido na tabela da tarifa dos preços elementares (...).
> 22° Que número de operários dos diferentes ofícios e serventes se poderá assalariar simultaneamente? (Appensos n° 9, Relatório de presidente de província, 1866, p. 21)

No caso da solicitação para o conserto de uma ponte:

> 1° Começar-se-há por fazer uma descrição geral da ponte, de como ella foi feita dando as dimensões de todas as suas partes.
> 2° Dizer quaes as partes arruinadas da mesma com toda a clareza que for possível.
> 3° Qual o meio que julgão apropriado para o conserto de cada uma das partes.
> 4° Quaes as peças que devem ser substituídas, sua forma, suas dimensões e tudo mais que julgarem servir para esclarecer esta repartição.
> 5° Fazer em separado o orçamento detalhado, acompanhado da tabela dos preços elementares (Appensos n° 9, Relatório de presidente de província, 1866, p. 21)

Além das instruções para a confecção de orçamentos e plantas, as câmaras municipais acondicionaram instrumentos científicos, plantas e ferramentas. Na década de 1860, o engenheiro Franklin Massena registrou que a Câmara Municipal de Aiuruoca mantinha sob a sua guarda plantas, ferramentas e instrumentos científicos:

> Relação dos instrumentos
> 1 Sextante de Secretan
> 1 Barometro aneroide
> 1 Bússola transferidora
> 9 Ferros de numerar estacas
> 1 {Tripode} de Prancheta
> 1 Lata de folha contendo as seguintes plantas: perfil longitudinal da estrada de Passa Vinte; {curso} do alinhamento da mesma estrada fim á Lavras; Ponte sobre o Aiuruoca { }
> Ficão depositados na Câmara Municipal de Ayuruoca (APM, SPOP 3/7, Caixa 1, doc. 26-20).

Em 1867, a Câmara Municipal da Vila do Prata enviou planta e orçamento para a Secretaria de Obras Públicas a fim de que a referida obra fosse contemplada pelos recursos provinciais. Contudo, o engenheiro provincial julgou inviável a liberação de recurso com base no orçamento e planta da Câmara Municipal da Vila do Prata (APM, SPOP 3/6, Caixa 47).

Planta 2 -Vista frontal de Ponte projetada sobre o Rio do Prata – 1867. Autor: Câmara Municipal da Vila do Prata. Sem Escala.

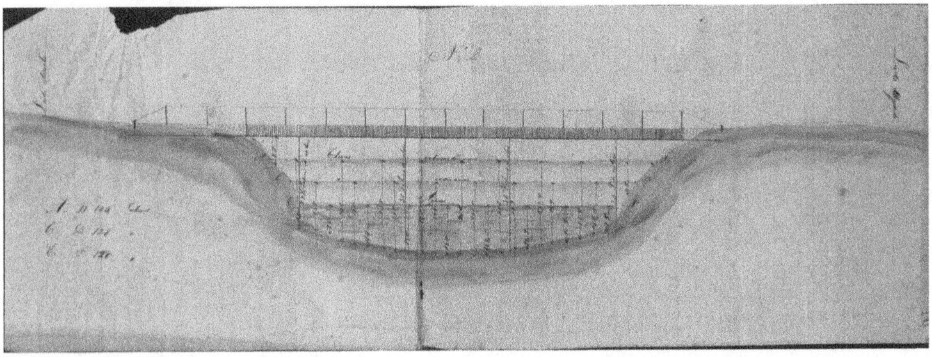

Fonte: APM, SPOP 3/6 Caixa 47, doc. 01.

O orçamento servia de base para a formulação do contrato, que seria estabelecido entre a província e o administrador ou o arrematante. Como parte integrante do orçamento, o engenheiro provincial também confeccionava as plantas de pontes e estradas. As plantas, conjuntamente com o orçamento, serviam de diretriz para a execução da obra:

> (...) não basta, como muito bem sabeis, conhecer a sua necessidade, ou conveniência, e autorizar a despesa: a maior dificuldade consiste em obter plantas e orçamentos, que sirvão de base segura às deliberações de quem houver de declatal-as, e que não induzão a Administração a cometer graves erros, responsabilizando-se pelo pagamento de grandes despesas imprevistas; em fiscalizar a própria construção e o dispêndio dos dinheiros públicos; em fazer com que os arrematantes e empresários cumprão religiosamente as condições a que se sujeitam; em prover finalmente à conservação dessas mesmas obras de maneira que não se percão em três dias de chuva os trabalhos e sacrifícios de muitos anos. (Relatório de Presidente de província, 1856, p. 7)

Em relação à planta de ponte, havia orientação para que ficasse explícito o nível das águas ordinárias e do alcance das águas "das maiores enchentes", conforme sugeria o modelo de planta de ponte reproduzido abaixo:

Planta 3 – Modelo de planta de ponte (s/d)

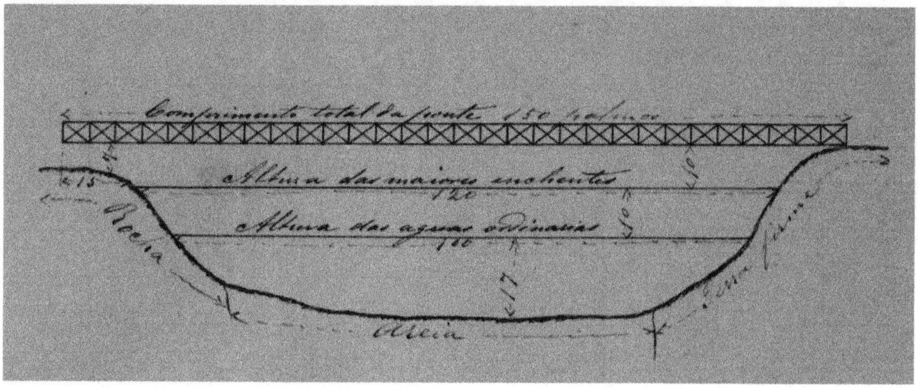

Fonte: APM, SPOP 3-3, Caixa 2, doc. 56.

Outras especificações concernentes às plantas de pontes e estradas foram descritas nos regulamentos promulgados pela província nas décadas de 1870 e 1880, como as escalas a serem adotadas e as cores designadas para terras a escavar, espaço a aterrar, alvenaria ordinária, alvenaria de aparelho, alvenaria de tijolos (LLM, Regulamento n° 101, 1883, Art. 27).

No que concerne aos orçamentos, havia a diferenciação entre preços elementares e preços compostos. Os preços elementares eram constituídos pelos valores dos jornais de um oficial mestre de carpinteiro, um oficial de carpinteiro, um oficial mestre de pedreiro, um oficial de pedreiro, servente, cavouqueiro. Os preços dos jornais incluíam o sustento (alimentação e vestuário). Em relação aos materiais, os preços elementares abarcavam um alqueire de cal, um carro de pedra, um metro cúbico de madeira falquejada, um metro cúbico de aterro, um carro de madeira, um milheiro de tijolos e telhas, carradas de lenha seca, pólvora, cal, ferro, como se verifica na descrição dos itens de orçamento de uma ponte:

Tabela 27 – Preços elementares para o orçamento de construção de ponte	
Tarifa dos preços elementares	
I. Salários	
De um cavouqueiro inclusive sustento	$
De um mestre pedreiro inclusive sustento	$
De um oficial pedreiro inclusive sustento	$
De um mestre carpinteiro inclusive sustento	$
De um oficial carpinteiro inclusive sustento	$
De um mestre ferreiro inclusive sustento	$
De um oficial ferreiro inclusive sustento	$
De um servente inclusive sustento	$
De um carro com quatro juntas de bois e duas pessoas	$
II. Materiaes	
Um metro cúbico de pedra de alvenaria (equivale a 3 carradas)	$
Um metro cúbico de areia (equivale a 2 1/2 carradas)	$
Um metro cúbico de saibro (equivale a 2 1/2 carradas)	$
Um metro cúbico de barro d'oleiro (equivale a 2 1/2 carradas)	$
Um milheiro de tijolos	$
Um milheiro de telhas	$
Um hectolitro de cal (equivale a 2 3/4 alqueires)	$
Uma carrada de lenha seca	$
Uma peça de madeira de 10 metros de comprimento e 20 centímetros 30 centímetros de grossura, (equivale a 45 palmos de comprimento e 7 polegadas sobre 12 de grossura)	$
Uma peça de madeira de 5 metros de comprimento 12/12 de grossura (equivale a 22 palmos e 4 1/2")	$
Um pranchão de 4 metros de comprimento e 23 de largura, e 8 de grossura (equivalente a 18 palmos de comprimento, 9 polegadas largura, 3 polegadas espessura	$
Uma taboa de 4 metros de comprimento 25 polegadas de largura 4 polegadas de grossura equivalente a 18 p de comprimento 9 polegadas largura 1 1/2 polegadas grossura	$
100 quiilogramas de ferro em barra (equivalente a 6 a 25 libras)	$
Uma carrada de braúna, cadéa ou qualquer outra madeira que seja propria para guarnecer os aterros das cabeceiras no caso de se querer dispensar obra de pedra ou para estivas	$
Uma libra de pólvora	$

Fonte: Apensos n° 9, Relatório de presidente de província, 1866, p. 21.

Com a junção dos preços elementares e compostos, alcançava-se o valor total da obra. Em 1856, o engenheiro francês E. de La Martinière apresentava um extenso projeto para a construção de uma estrada entre Santa Barbará e Itabira do Mato Dentro, compreendida entre o Alto do Vieira e a Ponte do Rio do Peixe. A estrada, segundo o engenheiro, cuja extensão alcançava 5 ½ léguas e 2855 palmos e largura de 16 palmos, custaria ao cofre provincial o valor de 47:619$820 réis. A construção da estrada incluía mudanças no traçado do caminho já existente, edificação de canais transversais, pontes e pontilhões. Os canais transversais seriam construídos de alvenaria com argamassa de cal preto e areia com extensão de 24 palmos, declividade de 2 polegadas, largura de 4 palmos, altura de 5 palmos, os alicerces teriam 2 palmos de fundo e as pedras de alvenaria não menos de 2 palmos de comprimento e 1 palmo em grossura. Os pontilhões adotariam a largura uniforme de 20 palmos. As madeiras empregadas deveriam ser Braúna, Carvalho Preto, Bagre, Canela Preta ou Sucupira, que, segundo E. de La Martinière, eram as melhores qualidades existentes nas matas vizinhas à estrada. O novo traçado projetado para evitar duas subidas e descidas muito fortes, seguia as margens do Rio Santa Barbara, a uma altura superior as maiores enchentes. A retificação deste trecho encurtava 4246 palmos o comprimento total da estrada. Em outros pontos do traçado, o engenheiro pretendia alargar a estrada e redirecioná-la para fugir de um atoleiro intransitável e de uma subida forte, assim como indicava "as pequenas voltas do caminho actual que devem ser cortadas para seguir a linha recta aonde fica possível" (APM, SPOP 3-5, Caixa 6, doc. 28). Posteriormente a essas observações sobre o traçado, canais transversais, pontes e pontilhões, o engenheiro E. de La Martinière apresentava o orçamento da obra, subdividindo-o em duas etapas: preços elementares e análise dos preços.

A tabela dos preços elementares apresentava a jornada dos trabalhadores, segundo o ofício. A jornada de trabalho equivalia a 10 horas de serviço. Além dos trabalhadores, os preços elementares dimensionavam o valor de madeiras, alqueires de cal, ferro e tábuas.

Tabela 28 – Preços elementares para a construção da estrada entre Santa Bárbara e Itabira do Mato Dentro (1856)

Preços elementares	Valor (Réis)
Jornal de um servente	0$800
Jornal de um pedreiro ordinário	1$600
Jornal de um carpinteiro ordinário	1$600
Jornal de um carpinteiro mestre	4$500
Jornal de um ferreiro	2$400
Jornal de um servente de Ferreiro	1$280
Carro de 6 juntos, por dia	4$500
Madeiras, em cima de 20 palmos de comprimento, no lugar a palmo a	1$000
Madeiras de 10 a 20 palmos	0$800
Madeiras, em baixo de 10 palmos	0$640
Alqueire de Cal Preta	2$500
Ferro bruto, arroba no lugar	4$200
Tábuas de soalho de ponte, 20' de comprimento, 1 palmo de largura e 4 polegadas de grossura, cada um	5$800

Fonte: APM, SPOP 3-5, Caixa 6, doc. 28.

Em seguida, E. de La Martinière analisava o montante pecuniário para realizar a extração de pedra com alavanca; extração de pedra dura ordinária para alvenaria; braça cúbica de argamassa; braça cúbica de alvenaria. A denominada *Analyse dos preços* constituía um esforço de avaliação da produtividade do trabalho cotidiano com a finalidade de estimar cálculos aproximados de tempo e recurso. Por exemplo, para uma braça cúbica de argamassa seriam necessárias quarenta e cinco horas de trabalho de um servente, assim como 792 palmos cúbicos de areia, 22 carros para conduzir a referida areia e a quantidade de 396 palmos cúbicos de cal, totalizando, em réis, o montante de 309$860 para uma braça cúbica de argamassa. O mesmo cálculo se estendia para os itens denominados extração de pedra, braça cúbica de alvenaria, conforme quadro abaixo:

Tabela 29 – Estrada entre Santa Bárbara e Itabira do Mato Dentro (1856)

Item	Descrição	Valor (Réis)
Extração de pedra com alavanca, a braça da estrada	17 horas de servente por cada braça corrente	1$360
	1/10 para utensílios	0$136
	Soma parcial	1$496
	1/10 benefício para o arrematante	0$149
	Total	1$645
Extração de pedra dura ordinária para a alvenaria	{ } 25 barracos de minas, 60 horas de mineiro a 128 a hora	7$680
	13 libras de pólvora, a 500 réis a libra	6$500
	Para escolher as pedras, 2 dias de servente	1$600
	Soma parcial	15$780
	1/10 para gastos utensílios	1$580
	Total	17$360
Braça cúbica de argamassa	Areia, 792 palmos cúbicos, carga e condução 22 carros a 2$000	44$000
	Cal, 396 palmos cúbicos	247$500
	45 horas de servente para o trabalho	3$600
	Soma parcial	295$100
	1/20 para os utensílios	14$760
	Total	309$860
Braça cúbica de alvenaria	1 braça cúbica de pedras escolhidas	17$360
	Carga e condução, 12 dias de carro	54$500
	Argamassa, 297 palmos cúbicos	92$020
	6 dias de pedreiro ordinário com um servente	14$400
	Soma parcial	178$280
	1/20 para os utensílios	8$920
	Transporte	187$200
	1/10 benefício do arrematante	18$720
	Total	205$920

Fonte: APM, SPOP 3/5, Caixa 26, doc. 28.

Apesar do detalhado orçamento do engenheiro E. de La Martinière, a Repartição de Obras Públicas hesitou colocar para arrematação a seção da estrada entre Santa Bárbara e Itabira do Mato Dentro, compreendida entre o alto do Vieira e a ponte do Rio do Peixe. Três anos após a entrega do projeto, a estrada não havia sido arrematada. Havia divergências sobre o traçado. O debate travado entre o projeto do engenheiro E. de La Martinière e do engenheiro Francisco de Paula Aroeira revelava as implicações sobre a escolha do alinhamento da estrada. Segundo Francisco Eduardo de Paula Aroeira o traçado pelo lado direito do Rio Santa Bárbara dispensaria a construção de uma ponte, barateando o custo total da obra. O traçado de Martinière alinhava a estrada junto à margem esquerda do Rio de Santa Bárbara e impunha a edificação de uma ponte orçada em 13:857$980 réis. Em vista da discordância entre os engenheiros provinciais, em 1859, a Repartição de Obras Públicas protelava o processo de arrematação, entendendo que o elevado custo da estrada entre Santa Bárbara e Itabira do Mato Dentro impedia o dispêndio, já que a prioridade orçamentária visava as vias de comunicação que se direcionassem para o Rio de Janeiro e São Paulo:

> (...) a Repartição a que tenho a honra de pertencer tem hesitado em propor a sua arrematação; 1° Porque, apesar de reconhecer a importância desta estrada, entende que a Província não está em circunstâncias de despender com ela tão grande somma, havendo outras de maior urgência, como sejão as que ligam com as Provincias limitrophes do Rio de Janeiro e São Paulo, estradas propriamente comerciaes, e, de futuro e que entretanto se achão em lastimável estado; 2° porque sobre a direção da linha há objeções de muito peso a resolver-se. (Relatório de presidente de província, 1859, p. 11)

Em 1872, o engenheiro João Victor de Magalhães Gomes, após receber reivindicações do conservador da estrada do Sabará, Martiniano Augusto de Lima, sobre enormes lamaçais na estrada do Sabará, examinou e indicou a construção de um bueiro. Justificava o empreendimento construtivo mediante a premente necessidade de impedir a formação de grandes atoleiros que dificultariam o trânsito. O engenheiro preparou a planta e orçamento do bueiro, expondo a seguinte subdivisão orçamentária: I) os preços elementares de um metro cúbico de areia, cal, pedra e dos jornais de pedreiro e servente; II) o valor composto de um metro cúbico de alvenaria; III) o orçamento total (Planta 4).

Tabela 30 – Metro cúbico de pedra, cal e areia/ jornais de pedreiro e servente (1872)

Itens	Valor de metro cúbico/jornal (réis)
Metro cúbico de pedra	2$000
Metro cúbico de cal	50$000
Metro cúbico de areia	0$800
Jornal de Pedreiro	2$000
Jornal de Servente	1$000

Fonte: APM, SPOP 3-3, Caixa 7, doc. 45.

Com base nesses valores, o engenheiro provincial alcançava o custo para a elaboração de um metro cúbico de alvenaria, decompondo as quantidades necessárias e o número de horas dos jornaleiros. O metro cúbico de alvenaria custava 9$000 réis, tendo como base os valores acima:

Tabela 31 – Custo de um metro cúbico de alvenaria (1872)

Quantidade para um metro cúbico de alvenaria	Valor (réis)
1,0 metro cúbico de pedra	2$000
0,08 metro cúbico de cal	4$000
0,22 metro cúbico de areia	$176
0,7 jornal de um pedreiro	1$400
1,4 jornal de um servente	1$400
Quebrados	$024
Total	9$000

Fonte: APM, SPOP 3-3, Caixa 7, doc. 45.

O custo total da obra incluía vinte pontos percentuais de ganho para o arrematante, mais de 7 metros cúbicos de alvenaria, 28 lajes e seu respectivo assentamento. Esses itens totalizavam o valor de 112$220 réis. Os mais de 7 metros cúbicos de alvenaria compunham 57,9% do orçamento, o equivalente, em réis, à quantia de 65$000 réis. Assim, o engenheiro João Victor Magalhães empreendeu especial cuidado para o valor de cada metro cúbico de alvenaria (APM, SPOP 3-3, Caixa 7, doc. 45).

Em perspectiva comparada, o orçamento de 1856 do engenheiro Martinière e orçamento de 1872 do engenheiro João Victor de Magalhães Gomes revelam uma mudança: a passagem do cálculo em braça cúbica para metro cúbico.[11] Ambos os orçamentos atentam, primeiramente, para os preços elementares e, em seguida, avançam para os itens compostos, por exemplo, o metro/braça cúbico(a) de alvenaria.

Os preços compostos estimavam o valor para a realização do trabalho de um metro cúbico de madeira em obra, argamassa, alvenaria para os encontros e alicerce de fundação:

> Fundação ou alicerce é a base ou parte principal de um edifício, e suas dimensões são funcção da mesmo e da natureza do terreno em que se projecta erigil-o. Em toda a construção se deve ter sempre em vista evitar o abatimento e o empuxo, e para isso é indispensável conhecer-se o solo em que se pretende edificar, com a mais séria

11 Em 1865, no âmbito nacional, a circular da Secretaria de Estados dos Negócios da Agricultura e Comércio e Obras Públicas forneceu instruções para os engenheiros do Ministério da Agricultura e Comércio e Obras Públicas, recomendando a adoção do sistema métrico francês: "1° todas as medidas de extensão serão dadas em metros, seus múltiplos e submúltiplos; 16° os orçamentos serão também acompanhados de tarifas de salários dos operários e dos preços dos materiais que tiverem de ser empregados (...).; 17° O orçamento das obras deverão ser precedidos de memorias ou de relatórios, nos quaes se mostre claramente a sua utilidade, a conveniência do local em que tiverem de ser construídas as facilidades e as dificuldades que se encontrarão na sua execução, e em suma todos os esclarecimentos necessários para se poder fazer um juízo seguro da importância da obra que se vai empreender (...)". Cf. AZEVEDO, General Cornelio Carneiro de Barros; MARQUES, Alfredo de Azevedo. *Auxiliar do constructor. Contendo a nomenclatura technologica e alphabetica da construção os detalhes para organisação dos orçamentos, preços correntes*. (1° edição, 1882) 3° edição. Rio de Janeiro: Livraria Francisco Alves, 1908, p. 246-248. Conforme salienta o relatório de presidente de província de Minas Gerais, a lei n. 1157 de 26 de junho de 1862 mandou substituir em todo o Império o sistema de pesos e medidas pelo sistema métrico francês (Relatório de presidente de província, 1871, p. 42).

attenção, pelos meios aconselhados pela sciencia, taes como: a sondagem, excavações, cravações de estacas, etc., a menos que não seja visivelmente patente a sua natureza, pois que d'ella principalmente depende a segurança e duração de um edifício. É imprescindível que o solo offereça consistência ao peso que tenha a supportar e que o centro de gravidade d'este passe pela sua base. Um terreno pode ser sufficientemente firme para supportar uma fraca construcção, entretanto não resistirá à carga de uma edificação pesada sem o auxilio de artifícios que garantam a sua solidez. (AZEVEDO;MARQUES [1882], 1908, p. 175)

Planta 4 – Vista de Bueiro na estrada do Sabará – Autor: engenheiro provincial João Victor de Magalhães Gomes (1872). Escala 1: 100

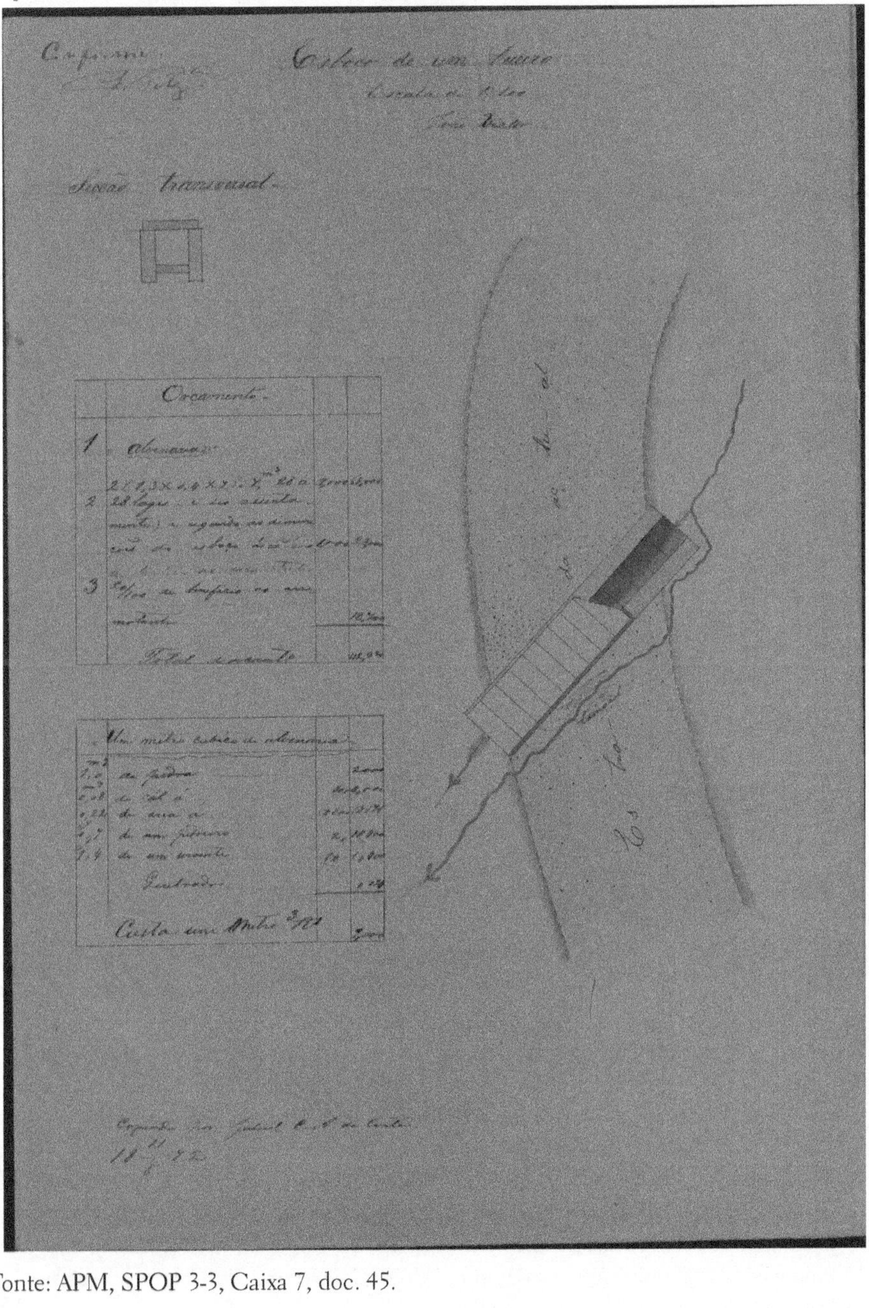

Fonte: APM, SPOP 3-3, Caixa 7, doc. 45.

Na década de 1860 e 1870, o governo provincial considerava a estrada da Corte como a principal via de comunicação de Minas Gerais. Em outubro de 1864, a província encampou a estrada construída pela Companhia União e Indústria, incorporando o segmento viário entre Barbacena até a divisa de Minas Gerais com o Rio de Janeiro[12] (Relatório de presidente de província, 1865, p. 22). De meados da década de 1860 até 1889, a denominação estrada da Corte compreendia o trecho de Ouro Preto até a ponte do Paraibuna, atravessando a região Mineradora Central Oeste, Sudeste e Mata mineira (Mapa 11).

Em 1875, João Victor de Magalhães Gomes, engenheiro chefe do 1° Distrito de Obras Públicas, afirmava que no referido Distrito, a estrada da Corte estava dividida em 17 seções, compreendendo a distância de 140 quilômetros, tendo 20 pontes de diversos vãos e de variados sistemas construtivos:[13]

> (...) esta estrada a mais importante da província de Minas. Torna-se isto evidente consultando-se e confrontando-se as rendas de nos-

---

12 No ano de 1861, a província apontava o descumprimento de condições estabelecidas pelos contratos de 31 de janeiro de 1853 e de 23 de maio de 1854 pela Companhia União e Indústria. A Companhia União e Indústria, mormente, no trecho entre Barbacena e a cidade do Paraibuna não efetuava a conservação e melhoria da via, conforme previa os termos contratuais: "(...) que tão pesados sacrifícios impôs a província, não é conservada como deve ser e nem tem sido aperfeiçoada, de sorte que na estação chuvosa em várias partes, converte-se em pântanos (...)" (Relatório de presidente de província, 1861, p. 17-18).

13 O engenheiro João Victor apresentou uma lista nominal das pontes existentes no 1° Distrito de Obras Públicas e destacou o sistema "americano" (lattice) empregado na construção da ponte no arraial do Jequeri com 35 metros de vão divididos em 3 lanços. Assim, o engenheiro listou as seguintes pontes do 1° Distrito de Obras Públicas: 1- Ponte no Arraial do Jequeri; 2- Ponte do {Gesteira}; 3- Ponte de João de Matos sobre o Rio Piranga; 4- Ponte d'água suja; 5- Ponte na cidade de Ponte Nova; 6- Ponte de Maynard na estrada do Piranga; 7- Ponte sobre o Rio Paraopeba na estrada de Queluz a Suaçuí; 8- Ponte do {Douctor} na estrada da Casa Branca; 9- Ponte sobre o Rio do Peixe em Paulo Moreira; 10 – Ponte sobre o Rio Piranga entre a fazenda de mesmo nome e a Barra do Ribeirão do Carmo; 11- Ponte da Espera; 12- Ponte dos Cristais na estrada do Piranga; 13- Ponte do Pau Grande sobre o Rio Piranga; 14- Ponte do Machado em São Bartolomeu; 15- Ponte na Barra Longa; 16- Ponte do Maranhão em Congonhas do Campo; 17- Ponte dos Monsus em Mariana; 18- Ponte do Camilo Dias sobre o Rio Piranga; 19- Ponte da Tapera sobre o Rio Piranga; 20- Ponte do Calambau sobre o Rio Piranga; 21- Ponte de Jurumirim (APM, SPOP 3-1, Caixa 1, doc. 14).

> sas recebedorias. Seus ramaes servem de comunicação directa aos municípios da Piranga, Barbacena, Queluz, Pomba e S. João e São Jose d'El-Rei e indirectamente a muitos da grande zona do norte comprehendida entre o Vale do rio Doce e Província do Espírito Santo, Bahia #. No 1° Districto atravessa ella pouco mais ou menos a distancia de 140 kilometros, tendo 20 pontes de diversos vãos e de diversos systemas de construcção. Seu leito tem um perfil transversal cuja largura varia de 5 a 8 metros. A Província despende com a sua constante conservação não pequena somma e isto sem duvida devido a má escolha de seu traçado, terrenos de péssima qualidade e topographia de quase toda a zona por ela atravessada. A parte comprehendida no 1° Districto está dividida em 17 secções a contar-se desta Capital (...). (APM, SPOP 3-1, Caixa 1, doc. 14)

Em virtude da importância da estrada da Corte, as necessidades de conservação, consertos e aperfeiçoamentos exigiam constantes formulações orçamentárias dos engenheiros. A estrada da Corte, assim como outras vias da província, adotava para fins de construção e conservação a divisão da estrada em inúmeras seções. Em cada uma dessas, um arrematante, conservador ou administrador responsável pelo cumprimento das exigências técnicas estabelecidas pelos vínculos contratuais com o poder provincial.

Mapa 11 – Estrada da Corte

Fonte: Elaboração própria.

A estrada da Corte se subdividia em 19 secções. Deste total, 17 secções se encontravam circunscritas ao espaço do 1° Distrito de Obras Públicas. Dois segmentos, 18° e 19° secção, se localizavam no 2° Distrito de Obras Públicas (APM, SPOP 3-1, Caixa 1, doc. 14):

Tabela 32 – Seções da estrada geral da Corte

Seção	Descrição	Distrito de Obras Públicas
1°, 2° e 3° seção	De Ouro Preto a Falcão	1° Distrito de Obras Públicas
4° seção	Do Falcão ao canal duplo	1° Distrito de Obras Públicas
5° seção	Do canal duplo a Ponte de Itatiaia	1° Distrito de Obras Públicas
6° seção	Do Itatiaia a Ouro Branco	1° Distrito de Obras Públicas
7° e 8° seção	De Ouro Branco ao Alto da Serra	1° Distrito de Obras Públicas
9° e 10° seção	De Alto da Serra a Queluz	1° Distrito de Obras Públicas
11° e 12° seção	De Queluz a Ponte do Paraopeba	1° Distrito de Obras Públicas
13, 14, 15, 16, 17° seção	Do Paraopeba a Ressaquinha	1° Distrito de Obras Públicas
18 e 19° seção	De Ressaquinha a Ponte do Paraibuna	2° Distrito de Obras Públicas

Fonte: APM, SPOP 3-1, Caixa 1, doc. 14; Relatório de presidente de província 1867, p. 16; Relatório de presidente de província, 1871, p. 56-93.

Além das seções, a estrada Geral da Corte era entrecortada por vinte e oito pontes.[14] A dimensão transversal da estrada oscilava entre 4 a 8 metros. A variação da largura dependia do segmento da estrada. De Ouro Preto a Ouro

14 Pontes localizadas no traçado da estrada da Corte: 1- Ponte da Barra, construída de pedra com dois arcos de 5 metros de comprimento e 6 metros de largura; 2- Ponte do Saramenha, construída de pedra; 3- Ponte do Falcão, construída de pedra; 4- Ponte da Alegria, construída de pedra; 5- Ponte do Canal, construída de pedra; 6- Ponte do Itatiaia; 7- Ponte do Garcia; 8- Ponte da Raiz da Serra; 9- Ponte da Varginha; 10- Ponte Ventura Luiz; 11- Ponte da Olaria; 12- Ponte do Ribeirão do Inferno; 13- Ponte do Paraopeba; 14- Ponte do Córrego Fundo; 15- Ponte dos Taipas; 16- Ponte do Carandahy; 17- Ponte do Córrego dos Pombos; 18- Ponte da Ressaquinha; 19- Ponte do Alberto Dias; 20- Ponte do Cangalheiro; 21- Ponte da Boa Vista; 22- Ponte do Registro; 23- Ponte José Ribeiro; 24- Ponte João Gomes; 25- Ponte do Chapéu D'Uvas; 26- Ponte Pinho Velho; 27- Ponte Pinho Novo; 28- Ponte do Paraibuna (Relatório de presidente de província, 1871, p. 92).

Branco apresentava 7 a 8 metros de largura. No trecho seguinte, de Ouro Branco até Barbacena, a passagem estreitava e oscilava de 4 a 5 metros e alargava para a dimensão de 7 a 8 metros na extensão entre Barbacena e Juiz de Fora. Em relação às pontes, a variação métrica era menor, alternando entre 5 a 7 metros da largura.

Em 1869, o engenheiro Sperling foi designado para examinar a estrada da Corte entre Ouro Branco e a cidade de Juiz de Fora. O mesmo engenheiro orçou os reparos e estimou os custos de conservação. Para tanto, dividiu os orçamentos em duas partes. A primeira parte compreendia o trecho entre Ouro Branco a Barbacena. A outra parte tratava do segmento entre Barbacena e Juiz de Fora: "As reclamações do público pelo mao estado a que chegou esta estrada forão confirmados pela exposição que fez o mesmo engenheiro, dos estragos que notou (...)" (Apenso n°7, Relatório de presidente de província, 1870, p. 3).

Para o segmento de Ouro Branco a Barbacena, temos o orçamento apresentado pelo engenheiro Bruno Von Sperling. O orçamento apresentou a descrição de treze preços compostos: 1- metro cúbico de escavação em terra de mediana tenacidade; 2- metro cúbico de escavação em solo duro/leito pisado da estrada, piçarro ou argila xistosa; 3- metro cúbico de rebaixamento em pedra a pólvora, marreta, alavanco e alvião; 4- metro cúbico de pedra para obra de alvenaria; 5- metro cúbico de alvenaria de pedra seca; 6- metro cúbico de alvenaria de pedra e cal; 7- metro corrente para cobrir com cascalho na largura de 3 metros e espessura de 0,20 metros; 8- metro cúbico de aterro feito de terra barrenta e arenosa; 9- metro corrente de canal de drenagem; 10- metro corrente de valeta lateral de 0,4 metro de largura e 0,30 metro de fundo; 11- metro de valeta de 1,2 metros de largura em cima, 0,5 metro no fundo e 0,5 metro de fundo; 12- metro de vala lateral de 1,5 metro de largura em cima, 0,75 metro no fundo e 0,75 metro de fundo; 13- um travez calçado por metro quadrado:

Tabela 33 – Orçamento de itens compostos para a construção da Estrada da Corte, trecho entre Ouro Branco e Barbacena (1869)

Item	Descrição	Valor (Réis)
Preço de um metro cúbico de alvenaria de pedra e cal	1,1 metro cúbico de pedra	3$760
	2,5 alqueire de cal	2$500
	1 carrada de areia	0$500
	8 horas de oficial pedreiro	2$000
	8 horas de servente	1$040
	Total	9$800
Preço de um metro cúbico de alvenaria de pedra seca	1,1 metro cúbico de pedra	3$760
	4 horas de pedreiro	1$000
	4 horas de servente	0$520
	Total	5$280
Preço de um metro cúbico de pedra para obra de alvenaria, tomando como termo médio a distância de 1 quilômetro	8 horas de cavouqueiro broqueador	1$200
	0,3 kg de pólvora	0$360
	Transporte	1$860
	Total	3$420
Preço de travez calçado por metro quadrado	Escavação de 0,3 metros de fundo	0$50
	Pedras para o calçamento 0,33 metros	1$140
	Mão de obra de calceteiro	0$610
	Total	1$800
Preço de 1,0 metro corrente de canal de drainage	Escavação de 0,8 metros de altura x 0,5 metro de largura = 0,4 metros	0$65
	Enchimento de pedras 0,4 metros x 0,5 metros = 0,2 metros	0$640
	Para cobrir com lagens a 0,25 metros de terra	0$600
	Mão de obra para fazer o enchimento	0$245
	Total	1$550
Preço de um metro cúbico de rebaixamento em pedra a pólvora, marreta, alavanco e alvião	6 horas de cavouqueiro	0$900
	1 hora para remoção/ de servente	0$130
	0,2 kg de pólvora a 1$200	0$240
	Total	1$270

Preço de um metro corrente para cobrir com cascalho na largura de 3,0 metros e espessura de 0,20 metros, posto por 2 camadas bem regularizadas	a camada de cima composta de cascalho fino 0,6 metros de catração de cascalho	0$130
	Transporte até 100,0 metros de distância média com trabalho de carregar e descarregar (cada 100,0 metros a mais, aumenta 0$40 rés)	0$400
	2,5 horas de servente para espalhar com regularidade e bater com maço	0$325
	Para aprontar o planum	0$120
	Total	0$935
Preço de um metro cúbico de escavação em solo duro/leito pisado da estrada, piçarro ou argila xistoso	2 horas de escavação	0$260
	2 horas para aprontar, o planum	0$260
	Total	0$520
Preço de um metro cúbico de aterro feito de terra barrenta e arenosa, tirada de cima dos barrancos e próximo ao leito da estrada	1 hora de escavação	0$130
	Lançamento a pequena distância	0$130
	Espalhamento e abaulamento	0$130
	Total	0$390
	Observação: até a distância de 100,0 metros mais 0$100 réis pelo transporte e para cada 100,0 metros a mais 0$50 réis	
Preço de um metro cúbico de escavação em terra de mediana tenacidade, empregando para aterrar e aplainar	1 hora de escavação	0$130
	2 horas para remoção, aplainamento e calcamento de soquete	0$260
	Total	0$390
Preço de um metro de vala lateral	1,5 metros de largura em cima, 0,75 de fundo e 0,75 metros de altura	0$330
	Total	0$300
Preço de um metro corrente de valeta	1,2 metros de largura em cima, 0,5 metros de altura e 0,5 de fundo com rampas aplainadas	0$160
	Total	0$160
Preço de um metro corrente de valeta	0,4 metros de largura média e 0,3 metros de fundo	0$50
	Total	0$50

Fonte: APM, SPOP 3-5, Caixa 9, doc. 01/01.

Ao longo da década de 1870, a projeção da linha férrea da Estrada de Ferro Dom Pedro II se sobrepunha ao trajeto da estrada da Corte. A sobreposição do traçado tornava o investimento em melhoria na estrada da Corte sinônimo de desperdício, conforme passagem do relatório de 1871: "Na estrada da Corte por Barbacena à Queluz não posso hoje empregar o empedramento para reconstruil-a, porque pelo seu leito ou bem próximo tem de passar a estrada de Ferro Dom Pedro II conforme indicão as plantas (...)" (Relatório de presidente de província, 1871, p. 56). Segundo Lidiany Silva Barbosa, a penetração, em Minas Gerais, da Estrada de Ferro D. Pedro II representou impacto negativo nas intervenções provinciais na estrada da Corte: "Via que apresentava traçado que coincidiria, no transcurso das duas décadas seguintes, com o da ferrovia Pedro II" (BARBOSA, 2011, p. 222).

O imbróglio causado pelo avanço dos trilhos da E.F.D. Pedro II não impediu que consertos e melhoramentos circunstanciais fossem realizados (Planta 5). Em dezembro de 1875, os engenheiros Bruno Von Sperling e João Victor de Magalhães Gomes se empenharam para orçar os melhoramentos da 6° seção da estrada da Corte próximo à ponte do Garcia. A obra apresentava caráter emergencial. Os imensos estragos produzidos pelas águas das chuvas ameaçam a interrupção do trânsito não só de carros, mas também de tropas e passageiros. Em decorrência do mau tempo e do desmoronamento, o leito da estrada havia se estreitado, reduzindo-se a largura de 2 metros. Segundo Sperling, naquele trecho a estrada não apresentava meios para um desvio temporário: ao lado direito encontrava-se um penedo de 75° graus de inclinação, e na margem esquerda um abismo com rampa perpendicular de 40,0 metros de altura (APM, SPOP 3-5, Caixa 13, doc. 21). A urgente intervenção previa a escavação, corte e cortina na 6° secção da estrada da Corte. O orçamento atingia a soma de 750$008 réis, incluindo margem de lucro de 10% ao arrematante. Para a escavação deveria se empregar cavouqueiro, e servente e para a colocação dos alicerces pedreiro e servente.

Tabela 34 – Orçamento de corte e cortina necessários na 6° seção da estrada da corte (1875)

Especificação	Dimensão	Volume	Preço da unidade (m^3)	Total
Corte	1,5 m x 3,3m x 40,0 m	198,0 metros cúbicos	3$000	594$000
Cortina	26,5 m x 0,4 m x 0,7 m	7,42 metros cúbicos	4$700	34$874
Alicerce para a cortina	26,5 m x 0,5m x 0,5 m	6,63 metros cúbicos	4$700	31$161
Escavação para alicerce				21$784
Total parcial				681$819
10% para o arrematante				68$189
Orçamento Total				750$008

Fonte: APM, SPOP 3/5, Caixa 13, doc. 21.

Para a escavação de um metro cúbico em rocha eram necessários um cavouqueiro, servente, pólvora, estopim, marreta, alvião e pique. O custo estimado para cada metro cúbico de escavação atingia o valor de 3$000 réis, tendo como cálculo o uso de 0,4 quilogramas de pólvora, um jornal de cavouqueiro, 0,3 jornal de servente. A escavação deveria ser feita na linha indicada pelas letras A, B, C, D do desenho, que acompanhava o orçamento. O custo do metro cúbico de alvenaria seca para a construção da cortina alcançava o valor de 4$200 réis e empregaria um pedreiro e servente, além do uso de 1 m^3 de pedras. A cortina seria edificada na linha E, F, conforme delimitada no desenho pelas respectivas letras. O preço da jornada de 10 horas de trabalho apresentava a seguinte composição pecuniária: 2$000 réis para um cavouqueiro; 2$500 réis para um pedreiro e 1$200 réis para um servente. Com base nos valores dos jornais, o engenheiro Sperling estimava o preço de 1 metro cúbico de escavação e de alvenaria seca:

Tabela 35 – Custo de 1 metro cúbico de escavação em rocha à pólvora, marreta, alvião e pique (1875)

Especificação	Trabalhador/ Item	Preço
1 jornal	Cavouqueiro	2$000
0,3 jornal	Servente	0$360
0,4 quilogramas	Pólvora	0$540
	Estopim	0$100
Custo total de 1 metro cúbico de escavação		3$000

Fonte: APM, SPOP 3/5, Caixa 13, doc. 21.

Tabela 36 – Custo de 1 metro cúbico de alvenaria seca (1875)

Especificação	Trabalhador/item	Preço
1 metro cúbico	Pedra	1$000
1 jornal	Pedreiro	2$500
1 jornal	Servente	1$200
Custo total de 1 metro cúbico de alvenaria seca		4$200

Fonte: APM, SPOP 3/5, Caixa 13, doc. 21.

Planta 5 – Vista da estrada da Corte. Autor: engenheiro provincial João Victor de Magalhães Gomes (1875). Escala 1:200 metros.

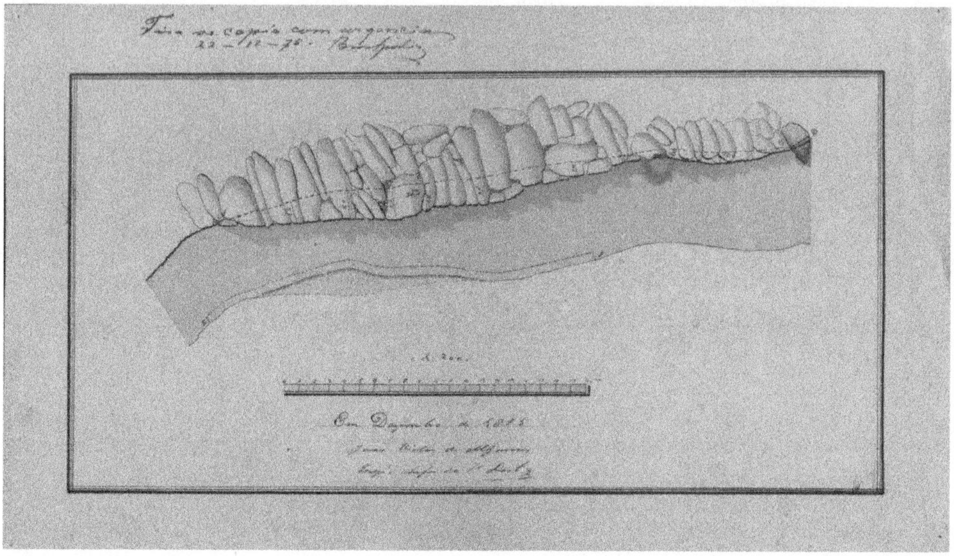

Fonte: APM, SPOP, 3-5, Caixa 13, doc. 21.

Construir, reparar estradas e pontes necessitava de estudos preparatórios, avaliação de preços dos trabalhadores e dos materiais, orçamentos e também de mecanismos normativos adequados para o processo de contratação de terceiros para a execução das obras. Para a arrematação, as estradas eram divididas em seções. Os editais de arrematação eram anunciados em jornais e também postos na porta das igrejas das cidades, Vilas e Freguesias. Nos editais constavam o valor do orçamento, as principais condições e o respectivo plano:

> Entendo que o Governo na distribuição dos dinheiros com obras públicas, não deve estragar os recursos da Província, applicando-os sem methodo à obras, que depois venhão a ser perdidas, cumprindo antes subordinal-as a um plano geral calculado sobre os grande interesses da província, de maneira que os sacrifícios com ellas sejão aproveitadas no desenvolvimento d'aquelle plano. (Relatório de presidente de província, 1852, p. 16)

Conforme vimos, o lucro dos arrematantes oscilava entre 10% e 20% do montante total da obra. Esse valor, no entanto, poderia ser aumentado através de uma simples manobra do arrematante, administrador e/ou conservador: o aluguel de seus próprios escravos. Ao abrir o edital para a arrematação, uma estrada possuía diversas seções. O contrato firmado com a província estabelecia o prazo inicial e final para as obras, conforme trataremos na próxima seção.

Engenheiros, editais e hasta pública

Em 1859, o edital para arrematação da estrada do Passa Vinte dividia a mesma em cinco seções. A estrada apresentava 36,2 quilômetros de extensão. Além das seções da estrada, a licitação previa a arrematação de outras cinco pontes, "hão de ser também arrematadas cinco pontes, à saber uma no Rio Preto, uma no Rio Bananal, duas no Ribeirão Pouso Alegre, e uma finalmente no Rio Grande" (APM, SPOP 3-4, Caixa 7, doc. 01).[15]

Para a consolidação do edital de 1859, estudos prévios foram realizados durante a década de 1850. Em 1856, o engenheiro Julio Borell du Vernay apresentava as características geográficas e viárias do trecho, no qual se projetava a estrada do Passa Vinte. O parecer do engenheiro avaliou as condições de quatro estradas próximas ao alinhamento projetado para a estrada do Passa Vinte. A primeira, a estrada do Bom Jardim, possuía a distância de 58 léguas até o Rio de Janeiro, tendo como principal obstáculo a travessia da Serra da Mantiqueira. A estrada da Mira seguia em direção à Recebedoria do Carrijo e chegava ao Rio de Janeiro após o percurso de 48 léguas. Vale ressaltar que a estrada da Mira se encontrava em piores condições do que a estrada do Bom Jardim, "tendo de atravessar-se além do espigão mestre da Serra da Mantiqueira, outros laterais iguaes em altura, com especialidade as denominadas – Serra de Cuba e de Mira – cuja estrada horrorisa ao viajante que tem de passá-la" (Relatório de presidente de província, 1857, p. 26). A terceira via de comunicação, denominada estrada da Bocaina, passava pela Recebedoria da Bocaina, atravessava a Serra

15 O orçamento das cinco pontes alcançava o montante total de 80:000$000 réis. Em conjunto, o orçamento da estrada do Passa Vinte (502:330$400 réis) e das cinco pontes, temos o elevado valor de 582:330$400 réis (Relatório de presidente de provincia, 1859, p. 28-29).

da Mantiqueira e do Rio Preto e seguia para o Rio de Janeiro, somando 54 léguas de extensão. A quarta estrada, denominada estrada do Picu, direcionava-se para a cidade de Baependi, perpassava a freguesia de Pouso Alto e, em seguida, atingia a cidade de Resende: "(...) tem de distância 60 léguas e é esta a única estrada transitável, apesar dos 15 até 30% do declive que esta conserva na maior parte da subida da serra (...)" (Relatório de presidente de província, 1857, p. 26). O engenheiro concluía que apenas a via denominada do Picu merecia a denominação de estrada: "porquanto as outras mencionadas são impropriamente chamadas estradas, merecendo antes o nome de trilhos, que sobem e descem até 50% em declive (...)" (Relatório de presidente de província, 1857, p. 26).

Segundo o engenheiro Julio Borell du Vernay, o alinhamento da estrada do Passa Vinte teria como ponto inicial o arraial do Livramento, localizado na margem do Rio Grande, e final no Rio Preto na divisa da província de Minas Gerais com a província do Rio de Janeiro. A projeção de Julio Borell du Vernay previa uma estrada com 6 léguas de extensão, 31 palmos de largura para a circulação de carros de 4 rodas, abaulada com os respectivos canais transversais de pedra e aterros com paredões de pedra. Em termos comparativos, segundo Vernay, a estrada do Passa Vinte diminuiria a distância de viagem e atravessaria com maior facilidade a Serra da Mantiqueira:

> (...) localidade, que é tão própria por sua natureza para uma ótima estrada; tanto que difícil é perceber-se que se atravessa na serra por lugares tão planos, cuja serra atravessamos passando pela picada feita por caçadores (...). Depois de feito o primeiro exame passei ao segundo, afim de observar se a estrada projetada trazia a utilidade e vantagem às povoações em geral quanto ao comércio, e especialmente aos lugares mais vizinhos à mesma estrada, e reconheci que todas as vias comerciaes para o Rio de Janeiro dos municípios d'Uberaba, Araxá, Desemboque, Piumhy, Formiga, Tamanduá e Lavras, se encontrão na Treituba (lugar este n'uma abertura que faz o Valle do rio Angahy, entre as serras das Luminarias e Carrancas de um lado, e de outro a de S. Tomé das Letras) baseei os meus exames sobre este ponto da Treituba, e conheci que todas as estradas daqui para a Corte do Rio

> se achão num estado terrível, além de tudo com voltas consideráveis (...). Pela estrada do Passa Vinte a distância do ponto tomado da Treituba para o Rio de Janeiro, é de 46 léguas, atravessando-se a Serra da Mantiqueira, com um declive no máximo de 5% e ainda mesmo que se fizesse na estrada projectada uma volta de 5 a 6 léguas ela seria preferível ainda mesmo se tivesse voltas, tanto mais não as tendo, e pelo contrário diminuindo de léguas em semelhança às outras mencionadas 2, 8, e 12 até 14, estas 14 léguas em comparação com a única estrada que pode entrar em discussão, isto é, a do Picú. Acrescendo ainda mais a vantagem da mais fácil construção, por não se dar os inconvenientes das outras, como rochedos etc. A estrada projectaada é alem de tudo de grande vantagem para o Município de Baependy, e para outros que devem depois de aberta a estrada do Passa Vinte procurar por ela a caminho para o Rio de Janeiro, Jacuhy, Cabo Verde, Passos, Três Pontas e Campanha, diminuindo 6 léguas, e especialmente para o município de Ayuruoca, que tem nela todas as vantagens. Convencido d'estas ideias, em consequência dos exames, a que procedi (...). (Relatório de presidente de província, 1857, p. 25-26)

Porém, como já foi dito no primeiro capítulo, o governo provincial demitiu, em 1857, o engenheiro Julio Borell du Vernay. A demissão prejudicou o andamento do projeto. Os trabalhos gráficos executados por Julio Borell du Vernay e pelo Tenente da Armada João Tomas Alves foram subitamente interrompidos. A província designou para a continuação dos trabalhos o engenheiro Henrique Dumont, assim como manteve a convicção de que a estrada do Passa Vinte interligaria o modal rodoviário, ferroviário e fluvial (Relatório de presidente de província, 1858, p. 44):

> É esta uma das mais esperançosas empresas em que a província se vai empenhar, e à que tenho prestado os mais sérios cuidados. Tendo de partir do Município de Lavras, passando pelo Livramento, procurando o barranco do Rio Preto em direcção à Barra Mansa, e por conseguinte à via férrea de D. Pedro 2°, e à estrada de Mangarati-

ba, incalculável é o futuro brilhante que a Estrada do Passa Vinte promete aos mercados do Rio de Janeiro, e de Minas, não só pela circunstância de prender-se à projectada navegação do Rio Grande, como pelas relações mais promptas e diretas que virá proporcionar ao comércio e lavoura de todo o município da Ayuruoca, de grande parte dos de Baependy, São João Del Rey, Campanha, Lavras, Três Pontas, Passos, Jacuhy, Formiga, Uberaba e de Franca da Província de São Paulo. (Relatório de presidente de província, 1858, p. 43)

Planejada pelos engenheiros Fernando Mariano Halfeld e Henrique Dumont, anunciou-se, em 1859, o edital. Este, por sua vez, informava que entre o horário de 9 horas da manhã às 3 horas da tarde, na sala da Câmara Municipal de Lavras, os engenheiros Halfeld e Dumont prestariam esclarecimentos técnicos aos licitantes interessados. Para o devido suporte técnico aos interessados, os engenheiros estariam munidos das plantas, orçamentos, tabelas de aterros, desaterros e declividades (APM, SPOP 3-4, Caixa 7, doc. 01).

Tabela 37 – Seções da estrada do Passa Vinte, segundo o edital de 1859

Seção	Distância em quilômetros	Orçamento
1° Seção do Rio Preto ao alto da Serra da Mira	6.9	101$011$200
2° Seção do alto da serra da Mira à 1° passagem do Ribeirão do Pouso Alegre	4.4	86$899$800
3° Seção do Ribeirão do Pouso Alegre ao alto da Serra da Mantiqueira	9.4	126$554$200
4° Seção do alto da Mantiqueira ao alto de Francisco Domingues	6.0	65$704$200
5° Seção do alto de Francisco Domingues à estaca número 32 aquém do Livramento	9.5	122:161$000
Total	36.2	502:330$400

Fonte: APM, SPOP 3-4, Caixa 7 doc. 1

Realizada a arrematação e selecionada a melhor proposta, assinava-se o contrato entre a província e os arrematantes. O arrematante deveria apresentar fiadores residentes da província ou depositar em condições hipotecárias apólices ou joias. A partir de então, iniciaria a contagem de tempo para a conclusão das obras, que teriam o prazo de 4 a 6 anos.

O primeiro trabalho do arrematante de cada seção seria a realização de roçada ao longo da estrada. Em seguida, em lugares mais difíceis abriria cavas na proporção exata para que a estrada viabilizasse o trânsito de cavaleiros, animais carregados e boiadas. Ao arrematante da 2° seção caberia o trabalho adicional da construção de uma ponte provisória sobre o Rio Bananal. O pagamento seria efetuado em cinco partes iguais. O repasse da verba estaria condicionado pelas seguintes etapas da construção das estradas: a liberação do primeiro pagamento seria efetuada logo após o começo dos trabalhos; o segundo pagamento, após o início do "movimento de terra e o quebramento das pedras, devendo alem disso o arrematante mostrar que tem no lugar os trabalhadores precisos e os utencis indispensáveis para esta ordem de serviço" (APM, SPOP 3/4, Caixa 7, doc. 1); a terceira parcela do pagamento estaria liberada após um ano do segundo pagamento, sendo necessário o arrematante demonstrar regularidade e diligência nos trabalhos; o quarto pagamento após a conclusão de todas as obras e aprovação da presidência da província; por fim, o quinto e último pagamento, um ano após a conclusão da obra, deveria o arrematante mostrar que as mesmas se conservavam em estado de perfeição. Delegada a tarefa de execução a um terceiro, a liberação dos pagamentos estava condicionada a aprovação dos engenheiros mediante pareceres técnicos: "A prova da satisfação das cláusulas desta condição será feita por atestado do Engenheiro que o Governo há de ter no lugar para fiscalizar e presidir os trabalhos" (APM, SPOP 3-4, Caixa 7, doc. 01).

As obras poderiam ser executadas tanto por arrematação quanto por administração (Livro da Lei Mineira, 1866, Regulamento n. 53, Art. 37° e 38°). Uma obra poderia ser executada por administração em dois casos: se uma estrada ou ponte, após duas convocações consecutivas de arrematação, permanecesse sem proponentes habilitados ou se o valor das obras não excedessem o valor de 1:000$000 (Livro da Lei Mineira, 1883, Regulamento n. 101, Art. 36°). Em circular de março de 1866, enviada pelo Diretor Geral das Obras Públicas às Câmaras Municipais, anunciava que para se tornar arrematante era necessário estar quite com a Fazenda Provincial e apresentar fiador idôneo, conforme o Regulamento n. 52 que regia o funcionamento da Tesouraria Provincial (APM, SPOP 3-4, Caixa 15, doc. 42).

Em 1876, o prazo para a apresentação de propostas de arrematação nunca era menor do que quinze dias e maior do que três meses, contados a partir da publicação do edital.[16] Em edital publicado em 1877, estabeleceu-se o prazo máximo de 60 dias para o recebimento de propostas de arrematação dos consertos da estrada entre Diamantina e Curvelo. O orçamento do engenheiro Albert Schirmer estimava o custo total em 10:025$950 réis. Segundo o edital, o orçamento encontrava-se disponível para consulta na Câmara Municipal de Diamantina e na Repartição de Obras Públicas na cidade de Ouro Preto:

> (...) acha-se em praça, com o prazo de 60 dias, para ser arrematada, por quem melhores condições oferecer a construção dos concertos da estrada entre as cidades de Diamantina e Curvelo, na ponte que se denomina – Serra do Riacho do Vento – a qual deve ser executada de conformidade com o orçamento feito pelo Engenheiro Albert Schirmer, na importância total de 10:025$950 reis. As pessoas, pois, que quiserem { } sobre esta obra deverão fazel-o em propostas assignadas pelos proponentes e seus fiadores, com reconhecimento das respectivas firmas, sendo as propostas remetidas a esta Repartição, ou a Câmara Municipal de Diamantina, em cartas fechadas (...). O orçamento pode ser examinado nesta Repartição, em todos os dias uteis, às horas do trabalho ou na Secretaria da Câmara Municipal de Diamantina. (APM, SPOP 3-4, Caixa 6, doc. 04)

Rejeitavam-se as propostas que excedessem ao valor do orçamento previsto no edital, assim como aquelas que não mencionassem o orçamento (Livro da Lei Mineira, 1876, Regulamento n. 78, Art. 37°a 43°). Também seriam desconsideradas, conforme edital de 1877, relativo à reconstrução da estrada

---

16 Em 1883, o prazo máximo para o recebimento de propostas não se estendia para mais de trinta dias.

entre Conceição e Itabira, "as propostas que fizerem dependente o respectivo preço do que for oferecido por outros proponentes, devendo cada um fixar claramente em algarismos o quantum por que convém ao proponente fazer a obra" (APM, SPOP 3-4, Caixa 6, doc. 04). Em casos em que os proponentes oferecessem o mesmo preço e condições, convocava-se uma praça verbal e a escolha seria para aquele que modificasse a proposta em sentido favorável à província (Livro da Lei Mineira, 1883, Regulamento n. 101, Art. 74°).

Para alcançar a formulação de um edital com sólidas bases orçamentárias, os engenheiros provinciais precisaram percorrer grandes extensões, conhecer a configuração geral do terreno, requisitar os conhecimentos de habitantes locais (BARBOSA, 2011, p. 294): "muitas vezes o engenheiro tem necessidade de recorrer a sertanejos analphabetos, cujos conhecimentos locaes podem ser para elle summamente proveitosos" (OLIVEIRA, [1886], 1912, p. 58-59). Cabia ainda ao engenheiro discriminar as bacias hidrográficas, posições e altitudes, travessias de vales; indicar o traçado da estrada, combinando declividades e curvas em relação ao tráfego já existente; desenhar planta e perfil longitudinal; apresentar relatório sobre a estimativa da construção da estrada ou ponte; conhecer os valores dos jornais de diversos oficiais mecânicos (pedreiros, carpinteiros, cavouqueiros etc.), os preços e a procedência dos materiais (madeiras, pedras, cal, ferro, pólvora) empregados na construção e conservação de pontes e estradas.

Capítulo 3

Modernização esquecida, construindo pontes e estradas no Brasil oitocentista: engenharia, engenheiros e artífices (1835-1889)

Introdução

Neste capítulo pretende-se, de um lado, analisar a presença das técnicas, artífices e engenheiros e, de outro, os esforços de articulação viária (intrarregional, interregional e interprovincial), realçando os traços da incompleta constituição de um mercado interno, no qual ciência, técnica e tecnologia se imbricaram no universo construtivo de pontes e estradas (PAULA, 2002, p. 17-32). Esses entrelaçamentos estabelecem a dinâmica de uma modernização esquecida pela historiografia concernente aos transportes e a Engenharia.

Atenta-se também para a especificidade do processo de difusão e aprendizagem subjacente à tecnologia construtiva *lattice* presente na infraestrutura viária do Brasil oitocentista. O método construtivo de ponte denominado *lattice* foi desenvolvido e registrado por Ithiel Town no escritório de patente dos Estados Unidos em 1820 e 1835. Pretende-se enfatizar o processo de adoção de uma nova tecnologia e a importância de atores distintos no âmbito da Engenharia no Brasil, assim como identificar as formas de contato e transmissão de conhecimento científico e tecnológico durante o processo de uso do método *lattice*.

Ressalta-se a especificidade da infraestrutura viária no terceiro quartel do século XIX na região da Mata mineira. Verifica-se que a região da Mata (I) presenciou a intensa circulação de engenheiros e, consequentemente, a junção de problemas técnicos e econômicos na edificação da infraestrutura viária; (II) comportou tentativa de construção de uma ponte pênsil, cuja patente havia sido registrada, em 1858, no Brasil; (III) conjugou diferentes níveis de articulação entre a expansão ferroviária e a construção de pontes e estradas. Os resultados contrariam a ideia, comumente expressa na literatura da História dos Transportes, de que os engenheiros apenas atuaram na construção ferroviária do Brasil.

Do plano viário de 1835 à construção da estrada do Paraibuna, 1837 a 1853

Entre as décadas de 1830 a 1850, a estrada do Paraibuna foi o principal empreendimento viário do governo provincial.[1] A estrada se iniciava na ponte do Paraibuna, localizada na divisa com a província do Rio de Janeiro, e se direcionava rumo ao norte para a cidade de Barbacena, totalizando o trecho compreendido entre a Ponte e a referida cidade vinte e três léguas (aproximadamente, 151,8 quilômetros), passando pelas localidades de Matias Barbosa, Simão Pereira, ponte do Zamba, Juiz de Fora e ponte do Pimentel.[2]

---

1 Em 1835, o plano viário de Minas Gerais previa a largura de 35 palmos (7.7 metros) para as quatro estradas, que partiriam de Ouro Preto em direção ao norte, sul, leste e oeste da província. A mesma largura seria implantada em outras quatro estradas que sairiam do sul de Minas para a cidade do Rio de Janeiro (BARBOSA; GODOY, 2008, p. 340-343). A superfície convexa das estradas garantiria o escoamento das águas (Livro da Lei Mineira, 1835, Lei n. 18, art. 9°). A legislação também previa a construção de uma estrada, que se iniciaria na Ponte do Paraibuna e alcançaria Diamantina, passando por Ouro Preto, Mariana, Itabira, Barbacena, tendo ramais laterais em direção a São João Del Rei e Sabará (Livro da Lei Mineira, 1835, Lei n. 25, art. 1°). Para a execução do plano viário de 1835, o governo provincial considerava indispensável o emprego de um Inspetor Geral e a nomeação de dois engenheiros para traçar os alinhamentos e levantar as respectivas plantas: "Alem dos Engenheiros, convem outhorgar se ao Governo a faculdade de nomear Ajudantes propostos por elles, quando esta medida seja mister para a perfeicção, e celeridade dos trabalhos" (Relatório de presidente de província, 1837, p. 35-36): "Art. 1° O governo é autorizado a contrair um empréstimo do qual o juro não possa exceder anualmente a quantia de 36 contos de réis. (...) Art 4° – São hipotecadas especialmente ao pagamento do juro, e da amortização deste emprestimo: 1° As rendas das barreiras e da Estrada; 2° A quantia de quarenta contos de réis, que será anualmente consignada na lei do orçamento para despesas com Estradas. (...) Art 7° – A importância deste empréstimo será aplicada para continuar a estrada já começada entre o Parahybuna e a Vila de Barbacena, e a que dali que deve dirigir-se à esta Capital (...) e para construir a estrada lateral, que da Vila de Barbacena se deve dirigir à S. João Del Rei. (...) Art 21° O governo é autorizado a levantar até seis barreiras na estrada entre Barbacena e o Paraibuna (...)" (LLM, Lei n. 78, 1837, p. 67-70).

2 Concluída, em 1851, pela quantia de 31:836$000 réis, a ponte do Zamba se encontrava em bom estado. A construção da referida ponte foi executada através de contrato celebrado com o cidadão José Ribeiro de Resende (Relatório de Presidente de Província, 1851, p. 16).

Nos relatórios de presidente de província, a estrada do Paraibuna apresentava-se como o principal empreendimento viário das décadas de 1830, 1840 até o ano de 1853:[3]

> Occupando a estrada do Parahybuna o primeiro lugar entre todas as obras emprehendidas por conta da Provincia, por ella tambem começarei esta parte do meu Relatorio, referindo-me principalmente à Officios que em datas de 23 de Setembro; e 15 de outubro p. p. me forão dirigidos pelo Engenheiro Fernando Halfeld, e pelo Dr. Joaquim Antão Fernandes Leão, que foi especialmente incumbido pelo Governo de examinar todos esses trabalhos, bem como o systema seguido na sua administração, e contabilidade (...) (Relatório de presidente de província, 1840, p. 13).

3 Em janeiro de 1853, a província celebrou contrato com a Companhia União e Indústria, tornando a referida empresa responsável pelos melhoramentos viários do trecho entre Barbacena até a divisa do Rio de Janeiro (Relatório de presidente de província, 1854, p. 12).

Mapa 12 – Estrada do Paraibuna (1837-1853)

Fonte: Elaboração própria.

Em 1837, o trecho entre a ponte do Paraibuna até Matias Barbosa estava sob a direção de Simplício José Pereira. Em Matias Barbosa, a construção de paredões de ambos os lados de um aterro se estendia por 232 palmos (51,04 metros) de comprimento e 27 palmos (5,94 metros) de largura. Sob a direção do referido Simplício contavam um feitor, 4 pedreiros, 2 ferreiros, 30 a 40 trabalhadores e 3 carros. Parte destes 30 a 40 trabalhadores eram escravos. O número de escravos apresentava uma diminuição causada pela sazonalidade da cafeicultura em expansão na região da Mata:

> (...) a diminuição do pessoal ao costume que tem os fazendeiros de retirar os seus escravos no tempo da colheita do café, incoveniente este, que não seria fácil de evitar-se sem muito maior dispêndio da Fazenda Provincial. (Relatório de presidente de província, 1837, p. 14)

De Matias Barbosa a Queluz, a estrada do Paraibuna estava sob a inspeção do engenheiro ajudante Carlos Augusto Halfeld, que contava com a presença de 7 feitores, 10 ferreiros, 22 pedreiros, 15 carpinteiros, 289 jornaleiros, 24 africanos libertos e 17 carros com bois (Relatório de presidente de província 1840, p. 16). Os dados são indicativos da grande dimensão construtiva da estrada Paraibuna em face ao elevado número de trabalhadores.

Em direção à fazenda de Marcelino Dias Tostes, a estrada já se encontrava assentada em novo alinhamento. Adiante, na légua seguinte, no Rancho da Boa Vista, nas proximidades da ponte do Paraibuna, o aterro na extensão de 130 palmos (28,6 metros) havia se arruinado devido à insuficiência dos canais para o escoamento das águas. Entre o aterro, em frente ao Rancho da Boa Vista até o Rancho da Cachoeirinha, a construção do leito da estrada com superfície abobadada empregava de 180 a 200 trabalhadores. Entre o Rancho da Boa Vista, situado na 8° légua até a 10° légua, a estrada encontrava-se concluída, tendo canais de escoamento, pontilhões de pedra e precauções para a conservação da superfície em caso de inundações do rio.

Não se deve rejeitar as informações contidas nos relatórios provinciais. No entanto, os relatórios são permeados por um viés administrativo e oficial acerca do conjunto de obras públicas em execução e/ou em planejamento na província. Os relatórios provinciais raramente mencionam conflitos entre o Estado e proprietários particulares no âmbito da construção de estradas e pontes, a ampla utilização do sistema de aluguel de escravos em obras públicas, a ocupação dos trabalhadores (pedreiro, ferreiro, carpinteiro, carvoeiro, mestre, contramestre, cavouqueiro, canteiro), a rotina e as condições de trabalho dos artífices. Portanto, os relatórios apresentam limitações decorrentes do viés político-administrativo. Por um lado, tais fontes permitem uma ampla cobertura temporal, por outro, são insuficientes para dimensionar a dinâmica diária da construção da estrada do Paraibuna. As informações inseridas nos relatórios são incapazes de fornecer respostas para determinados questionamentos, tais como: quem eram os trabalhadores? Quais as suas respectivas ocupações? Quem fornecia mantimentos, pólvora, vestuário, madeira, pedras? Quais eram as ferramentas utilizadas pelos artífices? Quem eram os jornaleiros, livres ou escravos? Havia colonos artífices?

Tentaremos respondê-las. Para tanto, a análise será pautada pelo entrecruzamento das seguintes fontes: I) mapa diário demonstrativo dos trabalhadores ocupados na construção do trecho de Matias Barbosa a Queiroz na estrada do Paraibuna nos meses de setembro, outubro e novembro de 1839; II) relação das ferramentas, utensílios e materiais pertencentes ao serviço da estrada do Paraibuna, entre Matias Barbosa e Queiroz, nos meses de outubro de 1842, janeiro e abril de 1843; III) despesas relativas a estrada do Paraibuna para o mesmo trecho (aluguel de escravos, compra de madeira, pólvora).

Atenta-se para três características inerentes à documentação sobre a construção da estrada do Paraibuna: I) a natureza fragmentada das fontes e, consequentemente, a ausência de documentos em série para todos os anos, meses e dias; II) o silêncio, quase absoluto, dos trabalhadores (escravos ou livres); III) os trabalhadores se descortinam na documentação através do olhar do engenheiro, responsável direto pelo envio de informações ao Estado sobre o andamento das obras públicas, e autor majoritário das missivas aqui analisadas.

A análise será dividida em duas subseções. Na primeira, intitulada "De Matias Barbosa a Queiroz, canteiro a céu aberto", dedica-se a construção da estrada do Paraibuna no referido trecho. Analisa-se o mapa diário dos meses de setembro, outubro e novembro de 1839. Apresenta-se a diferenciação dos trabalhadores entre livres e escravos, a ocupação e as ferramentas de trabalho, assim como as despesas provenientes das atividades construtivas da estrada do Paraibuna, como a compra de pólvora, madeira, mantimentos, vestuário e o sistema de aluguel de escravos. Observa-se que os mapas diários de 1839 são de autoria do engenheiro ajudante Carlos Augusto Halfeld.[4]

Na segunda subseção, apresentamos o processo construtivo da ponte do Paraibuna, tendo como base documental o *Banco de Dados dos Processos de Construção de Pontes e Estradas*. Portanto, a segunda subseção concentra-se em um ponto específico: a dinâmica construtiva da ponte do Paraibuna.

Canteiro a céu aberto: trabalhadores e ferramentas

Em 1838, a província enviou um representante ao Rio de Janeiro para contratar colonos artífices na Sociedade de Colonização situada na Corte.[5] A primeira tentativa foi frustrada. Segundo o representante, os colonos recém-chegados já se encontravam empregados a jornal na cidade do Rio de Janeiro ou contratados por uma Companhia de Mineração instalada em Minas Gerais. O representante, porém, nutria esperanças no desembarque das próximas embarcações para a contratação de colonos artífices:

> Havendo recebido o officio de Vexa de 20 do mês próximo passado relativo ao engajamento de colonos Artifices para serem empregados na Estrada do Paraibuna, a que acompanhou por copia outro officio do Engenheiro Fernando Halfeld, dirigi-me a Secretaria da Sociedade de Colonização para poder cumprir as ordens de Vexa, e soube então que já não existião os colonos Artifices, por que uns havião sido contractados para uma Companhia de Mineração estabellecida nessa Provincia, e outros estavam distribuídos p^{r} esta cidade a jornal, mas que a Sociedade espera ate meado do corrente uma Embarcação em que é provável que venhão alguns Colonos Artifices. Em

4 Carlos Augusto Theophilo Halfeld, pai do engenheiro Henrique Guilherme Halfeld, atuou como engenheiro ajudante da província na década de 1830 e 1840 (BASTOS, 1975, p. 13).

5 As missivas enviadas pelo representante à província possibilitaram a identificação do mesmo, cujo nome era José Pedro de Carvalho.

> taes circumstancias, e tendo eu de me demorar ainda nesta Corte, tomo a liberdade de propor a Vexa, como meio mais expedito para obter este resultado, a authorizar me a fazer o contracto de tantos Colonos Artifices, quantos forem mister ao serviço da Provincia, com aquellas limitações que deverem servir me de regra para a celebração do contracto com a Sociedade. Para propor isto fundo me nas seguintes razões. O fim da Sociedade sendo o de promover a colonização ella interessa em não conservar demorados os colonos, que cada dia augmentao a sua despesa para com a mesma Sociedade: os colonos interessão por igual motivo em acceitar o primeiro partido que lhes oferece. Ora, como para se ultimar um contracto que deve ainda obter a approvação do Governo é mister a demora de 20 dias, e esta dependendo ainda da circumstancia de ser ou não approvada, torna-se evidente que nem a Sociedade menos ainda os colonos quererão sujeitar-se as proposições que neste sentido se lhe fizerem. Se Vexa achar attendivel esta minha observação, e houver por bem authorizar-me então logo que cheguem Colonos Artifices, eu farei o contracto, e darei conta a Vexa para as ulteriores providencias, que são necessarias. (APM, SPOP 3-5, Caixa 1, doc. 08)

As esperanças do representante provincial se concretizaram. Oito colonos artífices foram contratados e enviados para os trabalhos de edificação da estrada do Paraibuna. Eram quatro pedreiros, dois carpinteiros, um ferreiro e um marceneiro, que receberiam mensalmente a quantia de 40:000$000 réis. No âmbito da historiografia dos transportes, os dados relacionados à imigração de trabalhadores não qualificados são raros. Prevalece informações sobre imigrantes qualificados, como os engenheiros empregados nas companhias férreas. Aponta-se a presença de belgas, alemães, chineses, portugueses, irlandeses empregados na construção das ferrovias. Segundo Lamounier, a origem influenciava os arranjos contratuais, os prazos de trabalho e os valores pagos:

> As informações sobre o número e a origem dos trabalhadores estrangeiros – importados especialmente para as obras ou engajados no país – para tarefas que não exigiam qualificação nas obras de constru-

> ção das estradas de ferro são bem mais esparsas. (...) as obras de construção das ferrovias no país empregaram milhares de trabalhadores estrangeiros. Muitos eram importados pelas companhias e pelos empreiteiros. Também houve políticas de incentivo à colonização e à imigração estrangeira como parte da política de extinção gradual da escravidão, estabelecidas pelo governo imperial e por governos provinciais. (...) Desde o início, independentemente de a empresa ser financiada com capital nacional ou estrangeiro, empregaram-se estrangeiros nas obras de construção e operação das ferrovias. Os trabalhadores podiam se engajar em seus países de origem ou no Brasil; em turmas ou individualmente por empreitada. (LAMOUNIER, 2012, p. 197 e 200)

Em janeiro de 1838, ao final do primeiro mês de trabalho na estrada do Paraibuna, os oito colonos artífices foram obrigados a amortizar as despesas feitas pela província. A quantia foi deduzida do vencimento mensal de 40$000 réis. Tanto no primeiro quanto no segundo mês, o vencimento mensal sofreu abatido relativo aos dias de falta ao trabalho (APM, SPOP 3-5, Caixa 1, doc. 09). Os imigrantes foram submetidos à condições de dependência e limitação monetária.

Tabela 38 – Vencimento dos colonos artífices engajados pela província de Minas Gerais nas obras da estrada do Paraibuna (1838)

N°	Nome do Colono	Ofício	Vencimento mensal
1	Guido Jose Alves	Marceneiro	40$000
2	Antonio Joaquim da Cruz	Carpinteiro	40$000
3	Marques Jose A.	Carpinteiro	40$000
4	Estanislao Dias	Pedreiro	40$000
5	Jose Maria Custodio	Pedreiro	40$000
6	Luiz Antonio	Pedreiro	40$000
7	Antonio Marcelino Gomes	Pedreiro	40$000
8	Francisco José da Costa	Ferreiro	40$000

Fonte: APM, SPOP 3/5, Caixa 1, doc. 9.

Esses colonos artífices se juntaram aos trabalhadores na estrada do Paraibuna, conforme veremos a seguir. Desempenharam a função de oficial de pedreiro, carpinteiro e ferreiro.

De setembro a novembro de 1839, temos uma média diária de trabalhadores qualificados e não qualificados superior ao número de 245 indivíduos. Em outubro, alcança-se a maior média diária de trabalhadores, que corresponde a 312,5 indivíduos/dia. O cotejamento dos dados se baseia no mapa diário dos respectivos meses, que contemplam todos os dias de cada mês. Os mapas diários referem-se ao trecho da estrada do Paraibuna compreendido entre Matias Barbosa e Queiroz.

Os trabalhadores qualificados abrangem escravos e livres e as atividades de pedreiro, carpinteiro, ferreiro e carvoeiro. Os livres ocupavam a função de oficial de pedreiro, oficial de carpinteiro, oficial de ferreiro. Os escravos foram designados no mapa diário como ajudantes de pedreiro, carpinteiro, ferreiro e carvoeiro.

Os trabalhadores não qualificados eram majoritários e se concentravam em atividades como a derrubada e roçada da estrada, o arrancar de tocos e raízes, os trabalhos na pedreira, a edificação do leito, a cozinha, a construção de pontes, canais e socalcos e a abertura de caminhos laterais para a retirada de madeira e pedra. Os dados contidos nos mapas diários inviabilizam qualquer menção sobre a condição social (livre ou escravo) dos trabalhadores não qualificados.

Tabela 39 – Média diária de trabalhadores, feitores e carros (Set. a Nov. 1839)

Mês (1839)	Média diária de trabalhadores, feitores e carros		
	Trabalhadores qualificados e não qualificados	Feitores	Carros para condução de madeiras e Pedras
Setembro	295.9	7.7	11.6
Outubro	312.5	8.16	9.35
Novembro	247.6	7.7	10.75

Fonte: APM, SPOP 3/4, Caixa 3, doc. 04.

Em setembro, os pedreiros trabalharam na cantaria para a ponte do Pimentel sobre o Rio Paraibuna. Os carreiros conduziram as pedras para a referida obra. Os carpinteiros e outros trabalhadores construíram no vão do rio o cerco de tábua estacada e terra de 60 palmos (13,2 metros) de comprimento, 5 a 6 palmos de largura (1,1 a 1,32 metros) e de 9 palmos de altura (1,98 metros) para no centro desse cerco escavar o lugar para os alicerces do pegão (pilar que serve de base para uma ponte). Ao finalizar a escavação, os carpinteiros colocaram ao fundo uma grade com 56 palmos de comprimento (12,32 metros), 18 palmos de largura (3,96 palmos) e 2 palmos de altura (0,44 metros). Os pedreiros, sob a direção do Oficial de pedreiro Manoel Gomes, assentaram sobre a grade as primeiras camadas de cantaria.

Outra parte dos pedreiros, sob a direção do Oficial de pedreiro, o colono artífice Estanislau Dias, ergueram dois paredões ao lado da estrada na paragem do Campo Alegre: um paredão com 320 palmos de comprimento (70,4 metros), 6 a 10 palmos de altura (1,32 metros a 2,2 metros) e 6 a 3,5 palmos de espessura (1,32 metros a 0,77 metros); já o outro possuía 260 palmos de comprimento (57,2 metros), com igual altura e largura do primeiro.

O leito da estrada do Paraibuna estava com 414 braças de comprimento (910,8 metros), 2 a 3 palmos de alto (0,44 a 0,66 metros) e 28 palmos de largura (6,16 metros). Nessa extensão os canais laterais foram substituídos por um simples e suave declive lateral do corpo da estrada, "evitando-se assim a ruína que os animais soltos continuadamente causavão" (APM, SPOP 3-4, Caixa 3, doc. 04/02).

Tabela 40 – Média/Dia de trabalhadores, segundo ocupação, condição (livre e/ou escravo) e atividades (Set. a Nov. 1839)

Mês (1839)	Média/Dia do número e emprego dos jornaleiros								Total
	Oficiais			Escravos ajudantes de				Trabalhadores não qualificados	
	Ferreiro	Carpinteiro	Pedreiro	Ferreiro	Carpinteiro	Pedreiro	Carvoeiro		
Set.	0.8	5.4	2.3	3.8	6.6	17.5	5.8	253.7	295,9
Out.	0.8	2.1	2.5	1.9	4.2	18.1	5.3	277.6	312,5
Nov.	0.6	0.8	2.8	2.3	5.5	18.8	5.8	211	247,6

Fonte: APM, SPOP 3/4, Caixa 3, doc. 04.

Ao longo de outubro de 1839, o empedramento da estrada do Paraibuna estendeu-se por 238 braças de comprimento (523,6 metros), 1 a 2 palmos de altura (0,22 a 0,44 metros). O pegão da ponte do Pimentel foi edificado pelos pedreiros. O pilar setentrional da ponte continha 11 palmos de altura (2,42 metros), 18 palmos de largura (3,96 metros) e 56 palmos de comprimento (12,32 metros). Mesmo durante as chuvas, os trabalhos de "lavrar" as pedras continuaram. Os carpinteiros concluíram a segunda grade para o outro pegão da ponte, mas aguardavam a conclusão da escavação para o assentamento da grade.

Os pedreiros terminaram o 3° canal adiante da ponte sobre o Ribeirão da Cachoeirinha. Tal canal possuía 40 palmos de comprimento (8,8 metros), 8 palmos de largura (1,76 metros) e 6 palmos de altura (1,32 metros). O aterro próximo à ponte sobre o Ribeirão da Cachoeirinha também se encontrava pronto, totalizando 600 braças de comprimento (1.320 metros), 5 a 7 palmos de altura (1,1 a 1,54 metros) e 28 até 36 palmos de largura (6,16 até 7,92 metros). A construção de outro aterro foi iniciada e até o fim do mês de outubro já alcançava 60 palmos de comprimento (1,32 metros), 4 a 6 palmos de altura (0,88 a 1,32 metros) e 28 até 36 palmos de largura (6,16 até 7,92 metros).

Os africanos libertos[6] se dedicaram a aterrar o leito da estrada, sendo conclusos 60 braças de comprimento (1,32 metros), 28 a 36 palmos de largura (6,16 a 7,92 metros), 4 a 5 palmos de altura (0,88 a 1,1 metros) (APM, SPOP 3-4, Caixa 3, doc. 04/04).[7]

6 "Africano livre", "liberto africano", "emancipado" ou "negro de prêmio" eram termos utilizados como referência ao estatuto jurídico de africanos ilegalmente escravizados apreendidos a bordo de navios após a declaração de proibição do comércio atlântico de escravos (1831). (LAMOUNIER, 2012, p. 162).

7 Em agosto de 1840, foi solicitado ao Inspetor Geral das Estradas, Joaquim Antão Fernandes Leão, o pagamento da quantia de 75$029 réis referente ao sustento de 12 africanos livres, que por solicitação do Governo deixaram os trabalhos na Estrada do Paraibuna e se encontravam em trabalho no Jardim Botânico da cidade de Ouro Preto (APM, SPOP 3-7, Caixa 1, doc. 05).

Tabela 41 – Relação nominal dos africanos libertos que trabalharam na estrada do Paraibuna (maio 1839 a junho 1840)

N°	Nome	Período de Trabalho Estrada do Paraibuna	Total – N°de Dias de Trabalho	Observações (Engenheiro Fernando Halfeld e Engenheiro ajudante Carlos A. Halfeld)
1	Honorio	X	X	Falecido 30 de abril de 1839
2	Honorato	3 meses	33	Falecido 26 de julho de 1839
3	Bernardino	12 meses	22	Falecido 30 de abril de 1840
4	Vicente	2 meses	28	Falecido 8 de junho de 1839
5	Antonio	6 meses	80	Falecido 29 de outubro de 1839
6	Romao	9 meses	91	Falecido 21 de janeiro de 1840
7	Hilario	10 meses	78.5	Falecido 10 de fevereiro de 1840
8	Manoel	14 meses	90.5	Pequeno, e quase sempre doente
9	Maximiano	14 meses	165	Bastante doente, com feridas no pé
10	Rozendo	14 meses	180	Doente, parece { }, mui magro e pequeno, julga-se que tem doença grave em cuja consequencia faleceram os africanos anteriormente mencionados
11	Alexandro	14 meses	238	Pequeno, pouco serve para o trabalho de estrada
12	Bento	14 meses	245	Doente no queixo, trabalha sofrivelmente
13	Justiniano	14 meses	255	Bom trabalhador
14	Sabyno	14 meses	320	Bom trabalhador
15	Anastasio	14 meses	120.5	Pequeno e quase sempre doente e seu trabalho nada vale
16	Polycarpo	14 meses	186.5	Doente e aleijado
17	Geminiano	14 meses	207.5	Doente e de pes inchados. Ruim trabalhador
18	Domingos Congo	14 meses	211.5	Pequeno e doente, pouco serve para o trabalho de estrada
19	{ Não identificado}	14 meses	214.5	Pequeno, doente e não serve para o trabalho de estrada
20	Matheus	14 meses	257.5	Bom trabalhador, porem padece de doença grave em cuja consequência morerão varios africanos
21	Victorio	14 meses	292.5	Bom trabalhador

22	Domingo Monjolo	14 meses	295.5	Bom trabalhador
23	Leandro	14 meses	301.5	Bom trabalhador
24	Jacintho	14 meses	307.5	Bom trabalhador
25	Isidoro	14 meses	323.5	Pequeno porem bom trabalhador
26	Barnabé	14 meses	329.5	Pequeno, magro, trabalha sofrivelmemte
27	Ezequiel	14 meses	329.5	Pequeno, mas bom trabalhador

Fonte: APM, SPOP 3/4, Caixa 3, doc. 04/07.

Em novembro de 1839, as obras no aterro foram interrompidas por três dias devido às "copiosas chuvas não se podia continuar com os trabalhos de aterro (...)". Após o fim das mesmas, os trabalhos no aterro prosseguiram, tendo, a referida obra, ao final do mês, as seguintes dimensões: 156 braças de comprimento (343,2 metros), 4 a 6 palmos de altura (0,88 a 1,32 metros) e 28 a 50 palmos de largura (6,15 a 11 metros). Significativa parte dos pedreiros trabalharam nas construções dos paredões pegados com a ponte do Pimentel, sendo um paredão com 48 braças de comprimento (105,6 metros), 4 palmos de largura (0,88 metros) e 8 palmos de altura (1,76 metros), e o outro paredão com 16 braças de comprimento (35,2 metros), 4 palmos de largura (0,88 metros) e 8 palmos de altura (1,76 metros). A grade havia sido posta no seu fundo a fim de erguer sobre ela a base para um dos pegões da ponte do Pimentel. Logo após, a cantaria foi construída, alcançando 9 palmos de altura (1,98 metros). O pegão, do lado oposto, já contava com 20 palmos de altura (4,4 metros).

Para evitar descaminhos dos tropeiros e viajantes foi necessário a construção de uma cerca "forte em pé" de 7 palmos de altura (1,54 metros) e 22 braças de comprimento (48,4 metros), abrindo um "vale" de 20 braças de comprimento (44 metros), 14,5 palmos de fundo (3,19 metros) e 12 palmos de largura (2,64 metros). Também foi necessária a construção de outro "vale" atrás da casa da Barreira fiscal com 24 braças de comprimento (52,8 metros), 9 palmos de fundo (1,98 metros) e 12 palmos de largura (2,64 metros) (APM, SPOP 3-4, Caixa 3, doc. 04/06).

Levantou-se o leito da estrada, somando a distância de 255 braças de comprimento (561 metros) e de 2 a 3 palmos de altura (0,44 a 0,66 metro). Concluiu-se a construção de um canal de 42 palmos de comprimento (9,24 metros), 4,5 palmos de altura (0,99 metros) e 6 palmos de largura (1,32 metros), bem como a edificação de uma ponte provisória de madeira.

Tabela 42 – Média/Dia de trabalhadores não qualificados, segundo atividade na estrada do Paraibuna (1839)

Mês (1839)	Derrubada e roçada no curso da estrada	Arrancar tocos e raízes do leito da estrada	Abertura de caminhos e laterais para retirar madeira e pedra	Pontes, canais e socalcos	Pedreira	Construção do leito da estrada	Cozinheiro vigia e servente	Total
Set.	8	10.6	0.7	14.6	30.6	178.2	11	253.7
Out.	0.58	2.7	14.19	33.3	32	184.38	10.45	277.6
Nov.	0	0.8	0	46.1	23.2	127.6	13.3	211

Fonte: APM, SPOP 3/4, Caixa 3, doc. 04.

As ferramentas e utensílios usados se relacionam diretamente com a habilidade dos artífices e a ocupação de cada indivíduo. Pedreiros, cavouqueiros, ferreiros, carreiros, carpinteiros, ajudantes, mestres, contramestres, serventes, abrangem o espectro de artífices que se dedicaram ao trabalho na construção de estradas e pontes. Em fins dos anos de 1860, um documento relatava por ocupação quais as ferramentas e utensílios eram empregados por cavouqueiro e pedreiro, carpinteiro e ferreiro. Bigornas, tenazes, serrotes, pás e enxadas e outras ferramentas compunham o cotidiano dos artífices, conforme tabela abaixo:

Tabela 43 – Ferramentas e utensílios empregados pelos artífices (cavouqueiro e pedreiro, carpinteiro e ferreiro)

Cavouqueiro e pedreiro	Carpinteiro	Ferreiro
Foices	Machado	Foles
Enxada	Enxós	Bigornas
Cavadeiras	Enxós Goiva	Malhos
Pás (pequenas e grandes)	Serrote grande de serrar tábua	Martelo de atarracar cravos
Soquetes	Serrote pequeno	Martelo de ferreiro
Alavancas	Serras de armação	Tenazes
Picões	Serrotes de mão	Fornos
Brocas	Junteiras	
Marretas de Broquear	Cepilhos	
Marrões	Martelos de unhas	
Cunhas (pequenas e grandes)	Verrumas	
Martelos de pedreiro	Verruma de cavilhar	
	Pé de cabra para arrancar soalho	

Fonte: APM, SPOP 3-4, Caixa 4, doc. 31.

O uso de ferramentas revela a interação entre artífices e seus respectivos instrumentos no universo cotidiano do trabalho. As atividades dos artífices não se restringiam somente ao uso. O conserto e construção de ferramentas compunham o espectro das atividades cotidianas.

Em junho de 1840, pedreiros e carpinteiros continuavam a encher o vão entre os paredões da ponte do Pimentel até o 1° Canal, que possuíam 8 braças (17,6 metros) de comprimento, 30 palmos (6,6 metros) de largura, 9 palmos (1,98 metros) de altura. Ademais, cobria-se a estrada com 22 braças (48,4 metros) de comprimento com cascalho ou saibro, 1 palmo (0,22 metro) de alto no meio da estrada e com 4 polegadas nos lados. Arrancou-se 4000 palmos cúbicos de pedra, sendo 3400 palmos cúbicos para os paredões adiante da ponte Pimentel. Os pedreiros ocupados com a ponte Pimentel haviam lavrado 4 pedras de 5 palmos (1,1 metro) de comprimento, 3 palmos (0,66 metro) de largura, 1 palmo (0,22 metro) de grossura e estavam ainda lavrando mais 8 pedras (APM, SPOP 3-4, Caixa 3, doc. 06-01). No referido mês, no mesmo canteiro de obras, carpinteiros construíram carros de duas rodas, consertaram carrinhos de mão e construíram novos carrinhos em lugar de outros danificados. Os ferreiros consertaram picões, bem como fizeram novas ferramentas como alavancas, brocas, martelos, cunhas, machados, malhos e pregos de um palmo de comprido (APM, SPOP 3-4, Caixa 3, doc. 06-01).

Os pedreiros ou cavouqueiros usavam a cunha, em formato de diedro, para fender pedras e madeiras e também servir de calço ou para firmar ou ajustar algum objeto. O soquete para comprimir a terra e firmar a pedra nos calçamentos. A broca para através do movimento de rotação abrir furos nas pedras, no qual se introduzia a pólvora. O marrão, grande martelo de ferro, para quebrar pedras (SILVA, 1831).

Os carpinteiros empregavam a talhadeira para golpear, cortar, ajustar e moldar a madeira. A verruma, cuja extremidade em hélice e acabada em ponta, para abrir furos na madeira. Além disso, carpinteiros também recorriam ao uso de cepilhos para alisar a madeira, enxós para desbastar a madeira e diversas tipologias de serrotes. Os artífices denominados canteiros valiam da ferramenta ponteiro, cuja peça era de ferro, para lavrar as pedras de cantaria. Por fim, o utensílio denominado escopro, que, provavelmente, serviu aos trabalhos de canteiros, carpinteiros e pedreiros, para lavrar madeiras e pedras.

Os ferreiros utilizavam os tenazes para retirar ou colocar peças nas forjas ou para segurar ferro em brasa e malhar na bigorna. Esta, por sua vez, uma peça de ferro (formato cônico ou piramidal) sobre a qual se malham e amoldam os metais. Esses artífices também se serviam de foles para produzir ventos para ativar a combustão e malhos, grande martelo de ferro ou madeira, para ajustar diferentes peças.

A junção artífices e utensílios constituem uma face quase imperceptível do universo construtivo de estradas: a mediação entre ciência, técnica e a vida cotidiana, na qual a habilidade de livres e escravos para desempenhar uma tarefa é essencial para o empreendimento viário. Para Ruy Gama, essa associação entre artífices e utensílios é uma das características essenciais da técnica:

> Conjunto de regras práticas para fazer coisas determinadas, envolvendo a habilidade do executor e transmitidas, verbalmente, pelo exemplo, no uso das mãos, dos instrumentos e ferramentas e das máquinas. Alarga-se frequentemente o conceito para nele incluir o conjuntos dos processos de uma ciência, arte ou ofício, para obtenção de um resultado determinado com o melhor rendimento possível. (GAMA, 1986, p. 30)

Através de uma relação nominal, constatamos a presença de trinta e seis ferramentas e utensílios em uso durante a construção viária do trecho de Matias Barbosa a Queiroz da estrada do Paraibuna nos meses de outubro de 1842, janeiro e abril de 1843. A relação nominal demonstra tanto a variedade de utensílios com diferentes tamanhos e formatos como serrotes, marrões, pás e picões quanto à ampla relação entre ferramentas e artífices (ferreiros, carpinteiros, pedreiros, canteiros e cavouqueiros).

Temos, por um lado, a superioridade quantitativa de enxadas, por outro, a presença de apenas um utensílio para as seguintes ferramentas: forno, esquadro de ferro, assentador, lima, craveiro, gancho para retirar carvão, soquete de ferro para os tiros de pólvora, serrote braçal, serrote pequeno e serrote grande.

Tabela 44 – Relação das ferramentas, utensílios e materiais pertencentes ao serviço da estrada do Paraibuna, no trecho entre Queiroz e Matias Barbosa

	Enxadas	Cavadeiras	Machados	Foices	Alavancas	Picaretas	Brocas	Malhos	Cunhas	Soquete de ferro para os tiros	Gancho para tirar carvão	Martelos
Outubro de 1842	100	4	14	11	16	7	12	2	7	ilegível	1	12
Janeiro de 1843	100	4	16	10	16	8	12	2	3	1		6
Abril de 1843	95	4	14	12	16	8	9	2	3	1	1	12

	Picão maior	Picão menor	Pás largas	Pás com formas de coração	Niveis de pau	Carrinhos de mão	Soquete de pau	Serrote grande	Serrote pequeno	Serrote braçal	Marrão grande	Marrão pequeno
Outubro de 1842	34	2	21	11	4	75	25	1	1	1	2	8
Janeiro de 1843	20	2		40	4	59	30	1	1	1		
Abril de 1843	38	2	12	11	4	67	33	1	1	1	1	8

	Escopros	Esquadro de ferro	Bigornas	Foles	Forno	Talhadeira	Assentadores	Ponteiros	Limas	Craveiros	Ferros para marcar as ferramentas	Tenazes
Outubro de 1842	3	1	2	2	1	2	1	8		1	1	5
Janeiro de 1843	3	1	2	2	1		1	8	1	1	8	5
Abril de 1843	3	1	2	2	1	2	1	8	1	1	8	5

Fonte: APM, SPOP 3/4, Caixa 4, doc. 5.

Além de ferramentas, artífices, engenheiros, a estrada do Paraibuna envolveu a participação de particulares. Tais indivíduos representam uma face importante da edificação viária. Sinalizam a presença de encadeamentos mercantis na esfera local. Compõem esses elos mercantis entre particulares e a construção viária do trecho de Matias Barbosa a Queiroz, tanto o aluguel de cativos quanto o comércio de pólvora, vestuário, mantimentos e ferramentas.

Em 1840, na conta de despesas com a construção da estrada do Paraibuna, Honorio Pereira de Azevedo Coutinho alugou para a obra 17 escravos em fevereiro, 16 escravos em junho e 12 escravos em julho (APM, SPOP 3-5, Caixa 1, doc. 17; SPOP 3-7, Caixa 1, doc. 05). O vencimento diário pago pelo aluguel de escravo era 0$640 réis. Honório também forneceu escravos para a estrada no mês de agosto, mas para tal mês temos apenas o montante total arrecadado com o aluguel dos escravos, que alcançou 190$080 réis.

Conforme a tabela abaixo, contabilizamos que o aluguel de escravos nos meses de fevereiro, junho, julho e agosto proporcionou para o proprietário Honório Pereira de Azevedo um rendimento total de 765$440 réis. Construir estradas gerou efeitos diretos e indiretos na economia local. O aluguel de escravos possibilitou uma taxa de retorno ao investimento de compra dos mesmos, bem como gerou uma monetização da economia, tendo o investimento do Estado representado uma apropriação de capital para os proprietários de escravos.

Tabela 45 – Escravos alugados por Honório Pereira de Azevedo para a construção da estrada do Paraibuna, trecho entre Matias Barbosa e Queiroz (1840)

Mês	N° de escravos (alugados)	Nome do proprietário	Vencimentos diários (réis)	Rendimento total (réis)
Fevereiro	17	Honório Pereira de Azevedo	0$640	239$360
Junho	16	Honório Pereira de Azevedo	0$640	145$280
Julho	12	Honório Pereira de Azevedo	0$640	190$720
Agosto	x	Honório Pereira de Azevedo	0$640	190$080
Total				765$440

Fonte: APM, SPOP 3-5, Caixa 1, doc. 17; SPOP 3-7, Caixa 1, doc. 05-02, 05-03, 05-04, 05-06, 05-07, 05-08, 05-09.

Além de Honório, outros escravistas também lucraram com a construção da estrada do Paraibuna através do aluguel de cativos. É o caso de Pe Antonio Gonçalves Nunes, que alugou, em agosto de 1840, 12 escravos para a construção da estrada do Paraibuna, recebendo a quantia de 192$000 réis.

As despesas da estrada do Paraibuna incluíam também mantimentos e vestuário para africanos livres. Em agosto de 1840, o Inspetor Geral das Estradas Joaquim Antão Fernandes Leão apresentava as despesas com o sustento e vestuário dos africanos libertos empregados nas obras da estrada do Paraibuna. O gasto de mantimentos totalizava 377$170 réis. Esta quantia deveria ser paga ao indivíduo Francisco de Paula Lima pelo fornecimento de alimentos entre os meses de janeiro e agosto de 1840. O vestuário alcançava a pequena monta de 17$360 réis, que deveriam ser pagas a Francisco Pereira de Assumpção. Esses fornecedores de mantimentos e vestuários também venderam para o Inspetor Geral madeira e pólvora. As despesas ainda incluíam a contratação de um piloto para a abertura de picada, aquisição de material para escrever e desenhar, aluguel de animal para a condução de cal e a compra de ferramentas (APM, SPOP 3-7, Caixa 1, doc. 05).

Tabela 46 – Despesas relativas ao sustento e vestuário dos africanos libertos e compra de materiais para a estrada do Paraibuna (1840)

Mês	Despesa	Fornecedor	Valor (Réis)
Março	5 arrobas e 8 libras de pólvora	Francisco Pereira de Assumpção	84$000
Junho	Ferramentas e materiais de escrever	Manoel Gomes Teixeira	30$260
Julho	Madeiras para a ponte do Pimentel	Maximiano Francisco Moreira	411$500
Agosto	Mantimentos para sustento dos africanos libertos	Francisco de Paula Lima	377$170
Agosto	10 arrobas de pólvora e madeira para a ponte do Pimentel	Francisco de Paula Lima	243$660
Agosto	Vestuário dos africanos libertos	Francisco Pereira de Assumpção	17$360
Agosto	Materiais de escrever e desenhar	Não identificado	31$920
Agosto	Aluguel de um animal para conduzir cal	Não identificado	1$280
Total			1:197$150

Fonte: APM, SPOP 3-7, Caixa 1, doc. 5.

Livres, escravos e senhores na construção da ponte do Paraibuna

A construção da ponte do Paraibuna foi concluída em setembro de 1845.[8] A ponte tinha 428 palmos de comprimento (94,16 metros) e a despesa total ultrapassou a vultosa quantia de 50:000$000 (Relatório de presidente de província, 1846).

O conjunto de dados consubstanciados no *Banco de Dados dos Processos de Pontes e Estradas* permitiu acompanhar a construção da dita ponte durante 12 meses. Tentar-se-á avaliar às técnicas construtivas através das "folhas de ferias" dos trabalhadores dos referidos meses. Todas as folhas mensais foram elaboradas pelo engenheiro Henrique Guilherme F. Halfeld e/ou pelo engenheiro ajudante Carlos Augusto Halfeld.

Através da lista nominal de trabalhadores, as folhas mensais permitem: I) identificar a ocupação do artífice; II) verificar a condição social do trabalhador (escravo/livre); III) o valor da diária paga para cada trabalhador; IV) a aquisição de material para a construção e prestação de serviços (pólvora, barris de verniz, pincéis, compra de ferro, aluguel de mulas, aluguel de bois, alqueire de sal, barris de azeite e alqueire de cal). Para tanto, dispomos das folhas mensais do ano de 1843 para os seguintes meses: julho, agosto, novembro, dezembro. Já para o ano de 1844, temos as folhas de janeiro, março, abril, agosto, setembro, outubro, novembro e dezembro.

Em termos médios, excluindo qualquer distinção da condição social (livre/escravo) dos trabalhadores, alcançamos uma média mensal de 38 jornaleiros. No que concerne aos empregados na obra, em agosto de 1843, contabiliza-se o maior número: 46 trabalhadores. E, em outubro de 1844, o mês com o menor número: 24 jornaleiros.

Tabela 47 – Número mensal de trabalhadores

1843				1844							
Jul.	Ago.	Nov.	Dez.	Jan.	Mar.	Abr.	Ago.	Set.	Out.	Nov.	Dez.
34	46	44	44	44	43	43	43	38	24	27	28

Fonte: APM, SPOP 3/6, Caixa 41, doc. 21.

8 Em 1842, a antiga ponte do Paraibuna foi queimada pelos revoltosos da Revolução Liberal (APM, SPOP 3/6, Caixa 41, doc. 21).

São indícios das etapas construtivas da obra: 1) os ofícios (carpinteiro, pedreiro, ferreiro etc.); 2) as despesas com aquisição de material e aluguel de carro de bois e mulas.

Para os 12 meses, temos uma média mensal de 30,9 escravos/mês. Os livres empregados, ao longo dos 12 meses, alcançam a média mensal de 7,08 livres. Portanto, em termos médios, os escravos compõem 81,3% dos trabalhadores e os livres 18,7%.

Tabela 48 – Número mensal de trabalhadores, segundo a condição social (livre/escravo)

1843								1844			
Jul.		Ago		Nov.		Dez.		Jan.		Mar.	
Livre	Escravo	Livre	Escravo	Livre	Escravo	Livre	Escravo	Livre	Escravo	Livre	Escravo
6	28	12	34	7	35	6	38	6	38	5	38

1844											
Abr.		Ago.		Set.		Out.		Nov.		Dez.	
Livre	Escravo	Livre	Escravo	Livre	Escravo	Livre	Escravo	Livre	Escravo	Livre	Escravo
5	38	5	38	10	28	7	17	8	19	8	20

Fonte: APM, SPOP 3/6, Caixa 41, doc. 21.

No mês de julho de 1843, 64,2% dos escravos ocupavam o oficio de carpinteiro, o que, evidentemente, é indício da especialização de escravos nas atividades de carpintaria. Por outro lado, 35,8% dos escravos restantes ocupavam o cargo de "trabalhadores", termo genérico presente na documentação que, provavelmente, designava aqueles que não apresentavam nenhuma qualificação ocupacional, portanto, não qualificados.[9]

9 Os termos trabalhadores qualificados e não qualificados para a distinção no que concerne aos indivíduos empregados nas atividades construtivas. Essa terminologia foi utilizada em outros trabalhos historiográficos, que trataram dos empregados na construção das ferrovias no Brasil do século XIX. Cf. LAMOUNIER, Maria Lúcia. *Ferrovias e*

Os indivíduos livres ocupavam as seguintes funções: carpintaria, mestre carpinteiro, mestre ferreiro, apontador, feitor, administrador e contramestre carpinteiro.

No mês de agosto mantinha-se o número de 10 trabalhadores não qualificados/escravos. Havia a presença de escravos no ofício de pedreiro, mas ainda prevalecia a presença de escravos na ocupação de carpinteiro, correspondendo a 44,1% (15 escravos). No mês de agosto de 1843 surgem quatro pedreiros livres. Os livres carpinteiros também totalizavam quatro. Eram ainda livres o mestre ferreiro, mestre pedreiro e mestre carpinteiro e totalizavam o número de três indivíduos, cada um ocupando o respectivo ofício de mestre.

Com base nas folhas dos meses de novembro, dezembro, janeiro, março, abril, agosto e setembro, não encontramos livres nem escravos nos ofícios de mestre carpinteiro e carpinteiro. Neste período, os escravos ocupam o ofício de pedreiro ou estão designados na ocupação de trabalhadores não qualificados. Em novembro de 1843, 37,1% da força escrava de trabalho ocupa a função de pedreiro (13 escravos); 1 escravo a tarefa de ferreiro; e 60% dos escravos ocupavam a função de trabalhadores não qualificados (21 escravos).

Dezembro e janeiro de 1843 apresentam a mesma distribuição no que tange à condição social e dos ofícios. Entre os livres, três ocupavam a tarefa de pedreiro e um a função de mestre pedreiro, mestre ferreiro e feitor. Para os escravos 31,5% (12 escravos) exerceram a ocupação de pedreiro; 65,7% (25 escravos) o cargo de trabalhadores não qualificados e apenas 1 escravo a função de ferreiro. Março e abril de 1844 apresentam poucas variações. Permanece a atuação majoritária de escravos pedreiros e trabalhadores não qualificados. Os livres ocupavam as seguintes funções: 1 mestre pedreiro, 1 feitor, 1 mestre ferreiro, 2 pedreiros.

De abril para agosto de 1844, há duas variações: 1) o aumento de um pedreiro livre, compondo o quadro total de três pedreiros livres; 2) a ausência do mestre ferreiro (livre). Os cativos se dividiam da mesma forma em abril e

mercado de trabalho no Brasil do século XIX. São Paulo: Edusp, 2012; CECHIN, José. *A construção e operação das ferrovias no Brasil do século XIX*. Dissertação de mestrado, IE – Unicamp, Campinas.

agosto de 1844: doze escravos pedreiros, dois escravos ferreiros, vinte e quatro trabalhadores não qualificados/escravos.

Houve, em setembro de 1844, a coexistência de livres e escravos nas tarefas de carpintaria e na atividade de pedreiro. O mestre ferreiro, indíviduo livre, continuava ausente, mas havia escravos que ocupavam a função de ferreiro. Em setembro de 1844, reaparecia as ocupações vinculadas à atividade de carpintaria, sendo três livres carpinteiros (livres), um mestre carpinteiro (livre) e nove escravos carpinteiros. Entre os pedreiros, temos dezesseis indivíduos distribuídos da seguinte forma: um mestre pedreiro (livre); três pedreiros (livres), doze escravos pedreiros. Além disso, dois escravos executavam a tarefa de ferreiro e outros cinco escravos estavam empregados na função de trabalhadores não qualificados.

Portanto, em setembro de 1844, o trabalho escravo se distribuía da seguinte forma: 42,8% (12 escravos) ocupavam o ofício de pedreiro; 32,2% (9 escravos) o ofício de carpinteiro; 7,2% (2 escravos) a tarefa de ferreiro; 5 escravos a função de trabalhadores não qualificados (17,8%).

No último trimestre de 1844 (outubro, novembro e dezembro), a ocupação de mestre pedreiro e pedreiro se encontraram ausentes das folhas mensais. Os trabalhadores escravos e livres se concentraram nos referidos meses na atividade de carpintaria. Sendo o número de catorze (14), dezesseis (16) e dezessete (17) escravos na função de carpintaria, respectivamente, nos meses de outubro, novembro e dezembro. Há uma clara diminuição do efetivo de escravos e livres no último trimestre de 1844. Esses meses apresentam os menores números totais de trabalhadores. Possivelmente, esse declínio quantitativo seja reflexo da fase conclusiva da obra.

Em todos os meses a superioridade numérica de escravos em relação aos livres é preponderante. Escravos demonstraram desenvolvimento de habilidades, jornais diferenciados e, em alguns casos, jornais que superam aos dos livres. Seria o maior valor diário pago aos escravos indicativo de maior produtividade em comparação ao trabalho dos livres? Impossível responder a essa questão com a documentação utilizada. Teria o escravo acumulado pecúlio com os referidos jornais? Possivelmente, em alguns casos, sim, mas não temos dados para corroborar a hipótese.

Tabela 49 – Distribuição de trabalhadores qualificados e não qualificados, segundo a ocupação, por condição social (livre/escravo)

Ocupação	1843							
	Jul.		Ago.		Nov.		Dez.	
	Livre	Escravo	Livre	Escravo	Livre	Escravo	Livre	Escravo
Apontador	1		1					
Carpinteiro	2	18	4	15				
Mestre Carpinteiro	1		1					
Mestre Pedreiro			1		1		1	
Pedreiro			4	9	4	13	3	12
Mestre Ferreiro	1		1		1		1	
Ferreiro						1		1
Contramestre Carpinteiro	1							
Feitor					1		1	
Trabalhadores (não qualificados)		10		10		21		25
Administrador								
Total	6	28	12	34	7	35	6	38
Ocupação	1844							
	Jan.		Mar.		Abr.		Ago.	
	Livre	Escravo	Livre	Escravo	Livre	Escravo	Livre	Escravo
Apontador								
Carpinteiro								
Mestre Carpinteiro								
Mestre Pedreiro	1		1		1		1	
Pedreiro	3	12	2	11	2	12	3	12
Mestre Ferreiro	1		1		1			
Ferreiro		1		2		2		2
Contramestre Carpinteiro								
Feitor	1		1		1		1	
Trabalhadores (não qualificados)		25		25		24		24
Administrador								
Total	6	38	5	38	5	38	5	38

Ocupação	1844							
	Set.		Out.		Nov.		Dez.	
	Livre	Escravo	Livre	Escravo	Livre	Escravo	Livre	Escravo
Apontador								
Carpinteiro	3	9	3	14	4	16	4	17
Mestre Carpinteiro	1		1		1		1	
Mestre Pedreiro	1							
Pedreiro	3	12						
Mestre Ferreiro								
Ferreiro		2						
Contramestre Carpinteiro								
Feitor	1		2		2		2	
Trabalhadores (não qualificados)		5		3		3		3
Administrador	1		1		1		1	
Total	10	28	7	17	8	19	8	20

Fonte: APM, SPOP 3-6, Caixa 41, doc. 21.

Como se verifica na tabela acima, o aluguel de escravos se apresentava como uma atividade rentável, possibilitando ao proprietário uma taxa de retorno ao capital imobilizado na compra de cativos. Defronta-se com um componente importante da modernização esquecida: a apropriação de recursos provinciais pelos senhores de escravos através do aluguel de cativos. O aperfeiçoamento viário foi mecanismo para a amortização do investimento em escravos, valorização das terras próximas às pontes e estradas e aumento da eficiência na circulação entre centros produtores e espaços consumidores.[10]

10 Segundo Maria Lucia Lamounier, a sazonalidade agrícola favoreceu o emprego temporário dos trabalhadores nas obras de construção das ferrovias. Havia uma relação direta entre interrupção e diminuição dos trabalhos construtivos e o período de plantio/colheita, assim como uma preferência pelo trabalho por empreitada: "O sistema de empreitada, isto é trabalhadores empregados para tarefas específicas e pagos pelo trabalho executado, era bastante comum. O trabalho por empreitada era a forma que parecia ser mais conveniente em uma sociedade basicamente rural – marcada pela sazonalidade e pelas oscilações de uma economia agroexportadora e escravista –, do que a submissão a

A despesa com a aquisição material e/ou aluguel de animais para dar suporte ao andamento da construção da ponte do Paraibuna compunha uma pequena parte do montante mensal. Os maiores gastos se concentravam no pagamento dos jornais da mão de obra, conforme se observa na tabela a seguir.

Tabela 50 – Composição das despesas mensais em réis, segundo mão de obra e aquisição de material e/ou aluguel

Distribuição das despesas	Jul. 1843	Ago. 1843	Nov. 1843	Dez. 1843
Mão de obra	1:479$680	1:687$470	1:097$400	1:051$860
Aquisição de material e/ou aluguel	435$800	238$000	253$880	21$100
Despesa total (mão de obra + aquisição e/ou aluguel)	1:915$480	1:925$470	1:351$280	1:072$960
	Jan. 1844	Mar. 1844	Abr. 1844	Ago. 1844
Mão de obra	1:189$240	1:192$280	998$960	1:152$720
Aquisição de material e/ou aluguel	16$000	53$560	13$800	9$000
Despesa total (mão de obra + aquisição e/ou aluguel)	1:205$240	1:245$840	1:012$760	1:161$720
	Set. 1844	Out. 1844	Nov. 1844	Dez. 1844
Mão de obra	263$295	1:104$634	1:623$240	851$380
Aquisição de material e/ou aluguel	57$375	274$194	519$700	1:209$255
Despesa total (mão de obra + aquisição e/ou aluguel)	320$670	1:378$828	2:142$940	2:060$635

Fonte: APM, SPOP 3-6, Caixa 41, doc. 21.

Na maioria dos meses analisados, a despesa com aquisição de material e/ou aluguel de animais não ultrapassou, em termos percentuais, 50% dos dispêndios mensais. Exceto para o mês de dezembro de 1844, cujo percentual dos gastos com aquisição de material e/ou aluguel atingiu 58,7%. Outro importante percentual do item, aquisição de material e/ou aluguel, foi obtido em

uma disciplina de trabalho mais exigente com remuneração regular. Os padrões de trabalho nas obras de construção das ferrovias seguiam as regras e os mecanismos instáveis de um mercado de trabalho bem peculiar, fortemente condicionado pela agricultura voltada à exportação em uma sociedade baseada no trabalho escravo" (LAMOUNIER, 2012, p. 25). Cf. LAMOUNIER, Maria Lúcia. *Ferrovias e mercado de trabalho no Brasil do século XIX*. São Paulo: Edusp, 2012.

novembro de 1844, no qual se alcançou a marca de 24,2% da despesa do dito mês. O item sempre compôs a folha mensal, mas com oscilações significativas, por exemplo, em agosto de 1844, representou apenas 0,78% dos gastos. Com base nessas indicativas, fica evidente que os maiores custos para a construção da ponte do Paraibuna se concentravam no pagamento pecuniário aos jornaleiros (livre/escravo).

Em conjunto as despesas mensais (mão de obra e aquisição de material e/ou aluguel de animais) revelam as etapas técnicas de edificação. Os dados coligidos permitem reconstituir os traços construtivos. Ora se perceberá nas folhas mensais somente o comparecimento de mestre pedreiro e de pedreiros, em outros meses, apenas a presença de mestre carpinteiro e carpinteiros e, em determinados meses, a coexistência de pedreiros, carpinteiros, mestre pedreiro e mestre carpinteiro, conjuntamente, com mestre ferreiro e ferreiros.

Entre os prestadores de serviço destaca-se a constante atuação de Antonio Correia de Lima. A atuação deste abrangeu o fornecimento e a prestação dos seguintes serviços: carreto para condução de carvão (aluguel), venda de ferro e carreto para condução do mesmo até a ponte do Paraibuna. Antonio Correia de Lima se encontrou presente nos meses de julho de 1843, agosto de 1843, novembro de 1843, dezembro de 1843, janeiro de 1844, março de 1844 e setembro de 1844.

A condução de carvão até a ponte do Paraibuna, verificada nos meses de julho, agosto, novembro, dezembro, janeiro e março pelo carreto de Antonio Correia de Lima, coincide com os meses de atuação do mestre ferreiro (livre). Além de Antonio Correia de Lima, outros prestadores conduziram carvão para a obra da ponte do Paraibuna, porém em menor frequência. Em agosto de 1844, Dona Candida Maria Carlota alugou animal, durante quinze dias, para conduzir carvão até a tenda do ferreiro, assim como Carlos Augusto que, em abril de 1844, também alugou animal (burro) durante vinte e três dias com a mesma finalidade. Durante nove meses constatou-se o fornecimento de carvão e ferro, totalizando o número de três fornecedores (Antonio Correia de Lima, Dona Candida Maria Carlota e Carlos Augusto) envolvidos nas atividades diretamente vinculadas à ocupação de ferreiro.

Tabela 51 – Despesa com a compra de ferro, carreto e aluguel para conduzir carvão

Descrição da despesa	Mês	Valor (Diária)	N° de dias	Nome do Prestador	Valor total
Carreto para condução de carvão (Diária)	Jul. 1843	0$800	6	Antonio Correia de Lima	4$800
Aluguel de burro para condução de carvão (Diária)	Ago. 1843	0$800	19	Antonio Correia de Lima	15$200
Carreto para condução de carvão (Diária)	Nov. 1843	0$800	20	Antonio Correia de Lima	16$000
Carreto para condução de carvão (Diária)	Dez. 1843	0$800	17	Antonio Correia de Lima	13$600
Carreto para condução de carvão (Diária)	Jan. 1844	0$800	20	Antonio Correia de Lima	16$000
Aluguel de burro para condução de carvão (Diária)	Mar. 1844	0$600	18	Antonio Correia de Lima	10$800
Aluguel de burro para condução de carvão (Diária)	Abr. 1844	0$600	23	Carlos Augusto	13$800
Aluguel de burro para condução de carvão (Diária)	Ago. 1844	0$600	15	Dona Candida Maria Carlota	9$000
Venda de 13 arrobas e 7 libras de ferro	Set. 1844	x	x	Antonio Correia de Lima	42$975
Carreto para condução do ferro	Set. 1844	x	x	Antonio Correia de Lima	14$400

Fonte: APM, SPOP 3-6, Caixa 41, doc. 21.

Há uma correlação entre o fornecimento de carvão e a atividade do mestre ferreiro (livre) e dos ferreiros (escravos). Em nove meses em que os artífices ferreiro e/ou mestre ferreiro estiveram presentes na folha de trabalho, observamos que em oito meses houve o fornecimento de carvão. Em setembro de 1844, no qual não se registra o fornecimento de carvão, temos a compra de 13 arrobas e 7 libras de ferro, o qual foi adquirido através de compra paga a Antonio Correia de Lima.

Portanto, o emprego de ferreiros e mestre ferreiro apresenta relação direta com as despesas de carvão e ferro nos referidos nove meses.

No último trimestre de 1844 (outubro, novembro e dezembro), conjuntamente com a queda do número de trabalhadores qualificados e não qualificados na construção da ponte do Paraibuna, nota-se que as despesas com aquisição de material englobavam a compra de seis barris de verniz e pincéis.[11] A referida compra e a queda relativa do número de trabalhadores revela uma das etapas de construção: envernizar a ponte quase conclusa, visando a preservação da mesma. A responsabilidade de exercer a tarefa de envernizar a obra ficou a cargo dos carpinteiros e do mestre carpinteiro, já que no referido trimestre a mão de obra era composta por 17 carpinteiros (3 livres e 14 escravos), 20 carpinteiros (4 livres e 16 escravos), 21 carpinteiros (4 livres e 17 escravos), respectivamente, nos meses de outubro, novembro e dezembro de 1844. Observa-se que havia a presença de um mestre carpinteiro (livre), três escravos trabalhadores não qualificados e um administrador (livre) no trimestre citado.

Em novembro de 1843, temos a despesa de oitenta alqueires de cal, quarenta alqueires de sal e quatro barris de azeite. O preço de um alqueire de cal alcançava o valor de 0$320 réis, o custo de um alqueire de sal perfazia a quantia de 0$480 réis e o preço de um barril de azeite valia 6$000 réis. Assim, os valores gastos, respectivamente, totalizavam 25$600 réis pela compra de oitenta alqueires de cal; 19$200 réis para a aquisição de quarenta alqueires de sal; e 24$000 réis correspondentes aos quatro barris de azeite. No mês de aquisição dos referidos itens, a construção da ponte do Paraibuna empregava quarenta e dois jornaleiros, sendo trinta e cinco (35) escravos e sete (7) livres. A compra dos alqueires de cal se relaciona com a presença de um mestre pedreiro (livre) e de dezessete (17) pedreiros (13 escravos e 4 livres). Forte indício da associação entre cal e pedreiros transparece pelo fato de que Manoel Gomes Teixeira, responsável pelo carreto de cal, sal e azeite, desempenhava o ofício de mestre pedreiro em diversos meses da obra. Para a condução de cal, sal e azeite recebeu a quantia de 84$000 réis.

Em março de 1844, temos a aquisição de quatro arrobas de pólvora, comprada na Fábrica Nacional da Serra da Estrela, e conduzidas, em uma viagem de três dias por Carlos Augusto, que cobrou 0$600 réis por cada dia de viagem.[12]

---

11 O carreto dos seis barris de verniz com pincéis foi realizado por Francisco Borge Pedroza, que cobrou pelo serviço 19$700 réis (APM, SPOP 3-6, Caixa 41, doc. 21).

12 Cada arroba de pólvora foi adquirida pelo custo de 10$240 réis. A compra de quatro arrobas resultou no dispêndio de 40$960 réis, que foram pagos para a Fábrica Nacional da Serra da Estrela (APM, SPOP 3/6, Caixa 41, doc. 21).

Além dos itens de despesa já mencionados, deve-se acrescentar o aluguel de "carretões" com 8, 10, 12, 20 e 40 bois. É notória a presença de particulares na prestação desses serviços.

Tabela 52 – Itens de despesa da construção da ponte do Paraibuna

Descrição da despesa	Mês	N° de dias	Valor diária/ mensal	Nome do prestador	Valor total
Carretão com 12 bois (aluguel)	Jul. 1843	21	6$000	Joaquim da Silva	126$000
2 Carretões com 20 bois (aluguel)	Jul. 1843	x	x	Francisco de Paula Lima	205$000
Carretão com 8 bois (aluguel)	Jul. 1843	16	5$000	Domingos	80$000
Carretão com 8 bois (aluguel)	Jul. 1843	5	5$000	Roberto Francisco	20$000
2 Carretões com 20 bois (aluguel)	Ago. 1843	21	10$000	Francisco de Paula Lima	210$000
Carro com 10 bois (aluguel)	Ago. 1843	2	6$400	Joaquim Antonio Dias	15$200
Carro com 10 bois (aluguel)	Nov. 1843	17	5$000	Estanilao Dias Gill	85$000
Carro com 10 bois (aluguel)	Dez. 1843	1 1/2	5$000	Estanilao Dias Gill	7$500
2 Carros (sem especificação do n° de bois) (aluguel)	Out. 1844	12	250$00 mês	Joaquim Mendes Junior	96$774
4 carros (sem especificação do n° de bois) (aluguel)	Out. 1844	11	500$000 mês	Joaquim Mendes Junior	177$420
4 carros e 40 bois (aluguel)	Nov. 1844	x	500$000 mês	Joaquim Mendes Junior	500$000
Carros (sem especificação do n° de bois) (aluguel)	Dez. 1844	x	x	Francisco Borge Pedroza	204$200
8 carros e 40 bois (aluguel)	Dez. 1844	20	500$000 mês	Joaquim Mendes Junior	322$580

Fonte: APM, SPOP 3-6, Caixa 41, doc. 21.

Em relação aos escravos, observa-se que todos os presentes nas folhas mensais da construção da ponte do Paraibuna eram alugados. Os jornais de escravos constituíam uma atividade rentável para o respectivo proprietário. Segundo Chalhoub, adquirir cativos era um bom investimento:

> (...) e não poucos senhores viviam ou complementavam sua renda com os jornais pagos pelos escravos; mas a maximização do investimento nesse caso implicava muitas vezes autorizar o negro a viver no local onde tinha seu emprego, ou a gozar de completa mobilidade para que auferisse maiores rendimentos e se sujeitasse a pagar jornais mais altos. (CHALHOUB, 2011, p. 269-270)

Temos a média mensal de oito proprietários escravistas, alugando os seus cativos para a construção da ponte do Paraibuna.

Tabela 53 – Número de proprietários, que alugaram escravos

Ano	1843				1844							
Mês	Jul.	Ago.	Nov.	Dez.	Jan.	Mar.	Abr.	Ago.	Set.	Out.	Nov.	Dez.
N° de proprietários, que alugaram escravos	12	14	8	7	7	7	7	5	8	6	7	8

Fonte: APM, SPOP 3-6, Caixa 41, doc. 21.

O número de proprietários envoltos no aluguel de escravos oscilou, tendo, em agosto de 1843, o maior número, que correspondeu a catorze proprietários e, agosto de 1844, a menor taxa, cinco proprietários escravistas.

Em termos nominais, a lista quantitativa de escravistas, que participaram da construção da ponte do Paraibuna através do aluguel de cativos, atingiu o número total de vinte e três indivíduos. Esses proprietários de escravos apresentavam diferenças tanto em número de escravos fornecidos/alugados para a obra quanto em termos presenciais a cada mês. Se por um lado, temos proprietários que apenas cederam escravos em um mês, por outro, constatamos proprietários que alugaram cativos ao longo de dez meses.

Entre os escravistas prevalece a majoritária frequência de proprietários do sexo masculino. Apenas única mulher desponta como proprietária de escravos, cujo nome é Dona Candida Maria Carlota. Esta, por sua vez, destaca-se pelo elevado número de cativos alugados e a presença nas folhas mensais de nove meses, apresentando o número mínimo de três escravos cedidos nos meses de outubro e dezembro de 1844 e o máximo de vinte escravos alugados em agosto de 1844. Diante de tais dados, é inevitável questionar acerca de quem era Dona Candida Maria Carlota.

Os dados biográficos de Dona Candida Maria Carlota são vastos.[13] Filha de Antonio Dias Tostes, proeminente fazendeiro da região da Mata mineira, casou-se com o engenheiro provincial Henrique Guilherme Fernando Halfeld. Certamente, o matrimônio com o engenheiro favoreceu a concessão de escravos para a obra, visto que Halfeld se consolidou, nas décadas de 1840 e 1850, como importante engenheiro da província, tendo efetiva participação no estudo, seleção e projeção da estrada do Paraibuna.

Tabela 54 – Nome dos proprietários de escravos por n° de cativos alugados

Nome do Proprietário de Escravo	N° de escravos alugados											
	1843				1844							
	Jul.	Ago.	Nov.	Dez.	Jan.	Mar.	Abr.	Ago.	Set.	Out.	Nov.	Dez.
Antonio Constantino	1	1										
Antonio Correa		1	1									
Bernardo de José de Souza	2											
Capitão Gervásio									1	1	1	1
Capitão Souza												1
Carlos Augusto			2	2	2	2	2					
Dona Candida Maria Carlota			17	17	17	18	17	20	8	3	3	3

13 Em janeiro de 1840, Candida Maria Carlota estabeleceu matrimônio com o engenheiro Halfeld quando tinha 17 anos. Candida Maria Carlota nasceu em 28 de abril de 1822 e faleceu em abril de 1866. Cf. BASTOS, Wilson de Lima. *O engenheiro Henrique Guilherme Fernando Halfeld: sua vida, sua obra, sua descendência*. Juiz de Fora: Editora Paraibuna, 1975.

Feliciano Coelho Duarte	3	3									2	2
Francisco Correa		1										
Francisco de Paula Lima	3	3								7	7	7
Honório Pereira de Azevedo Coutinho			5	5	5	5	5	5				
João Fernandes de Oliveira Penna		3	3	3	3	2	3	3	3			
Jõao Pires Lopes dos Santos	1	1	1	1	1	1	1					
Joaquim Mendes Junior									2	2	2	2
José Martins de Azevedo	2	2										
José Ribeiro de Resende	2	2							3	3	3	3
Jozue Antonio de Queiroz									1	1	1	1
Luiz Augusto de Oliveira Bello	2	2										
Luiz Gonzaga	3	3										
Manoel Gomes Teixeira		5	5	9	9	9	9	9	9			
Manoel José da Silva Candido	1	1	1	1	1	1	1	1	1			
Manoel Pinto de Goes Lara	7	6										
Mathias Galarte de Andrade	1											
Total de escravos (mensal)	28	34	35	38	38	38	38	38	28	17	19	20

Fonte: APM, SPOP 3-6, Caixa 41, doc. 21.

Os valores dos jornais estavam em consonância com o ofício desempenhado (mestre carpinteiro, mestre pedreiro, contra mestre carpinteiro, carpinteiros, pedreiros, "trabalhadores"). A primeira abordagem acerca da relação proprietários/número de escravos alugados é primordial, mas insuficiente para esclarecer dois aspectos fundamentais. O primeiro é o modo pelo qual os rendimentos obtidos se relacionam com o desempenho do jornaleiro em uma função. É necessário avançar para uma descrição minuciosa do ofício exercido por cada escravo alugado pelo proprietário. Ou seja, o rendimento do aluguel dependia da habilidade de cada jornaleiro, visto que os jornais se diferenciavam em razão da ocupação. Outro fator que incidia sobre o rendimento era o número de dias trabalhados. O segundo aspecto é a análise do ofício de cada escravo por proprietário, indicando a presença de plantéis escravistas com habilidades técnicas essenciais para a construção da infraestrutura viária. E, por fim, quais os indivíduos livres que trabalharam na construção da ponte do Paraibuna e também alugaram seus escravos, como o mestre pedreiro Manoel Gomes Teixeira, o mestre ferreiro João Pires Lopes dos Santos, o mestre carpinteiro Mathias Galarte e o contramestre carpinteiro Bernardo de Jose de Souza.

No entanto, apesar da riqueza qualitativa e seriada das folhas mensais, essas apresentam limitações para a análise do preço dos jornais pagos, visto que não fornecem dados sobre a faixa etária dos trabalhadores. A faixa etária interfere diretamente no jornal pago a cada trabalhador.

Com a finalidade de diminuir o grau de desinformação etária, realizamos o cruzamento nominal dos indivíduos livres citados nas folhas mensais com os dados da lista nominativa de 1830. Na lista nominativa dos moradores do distrito de Barbacena, datada de 11 de julho de 1831, encontramos mais informações sobre o artífice pedreiro Manoel Gomes Teixeira. Este, por sua vez, ocupava a posição de chefe do domicílio, vivendo ao lado de esposa, filhos e cativos. Segundo Rodarte, o termo fogo compreende uma estrutura domiciliar polimórfica conformada tanto pela lógica da reprodução humana quanto pelos ditames econômicos da unidade produtiva (RODARTE, 2012, p. 162).

Tabela 55 – Domicílio do mestre pedreiro Manoel Gomes Teixeira (1831)

Fogo n° 24 do distrito de Barbacena, 11/06/1831
01. Manoel Gomes Teixeira, branco, 36 anos, casado, pedreiro
02. Maria Felícia, branca, 21 anos, casada
03. Francisco, sem informação, 7 anos
04. Manoel, s/inf., 5 anos
05. Ana, s/inf., 4 anos
06. Antonio, s/inf., 2 anos

07. Clementina, s/inf., 1 ano
08. Joze, africano/preto, cativo, 20 anos, solteiro, pedreiro
09. Antonio, africano/preto, cativo, 16 anos, solteiro
10. Maria, africana/preta, cativa, 40 anos, solteira
11. Luiza, africana/preta, cativa, 12 anos, solteira

Fonte: APM-Listas nominativas da década de 1830, consulta via site do Cedeplar (http://www.poplin.cedeplar.ufmg.br).

A relação indica que Manoel Gomes Teixeira tinha acumulado um patrimônio constituído por quatro escravos, sendo dois do sexo masculino e dois do sexo feminino. Os cativos, Joze e Antonio, tinham, respectivamente, 20 e 16 anos. Somente o escravo Joze é listado com ocupação de pedreiro, notadamente também a mesma ocupação do chefe do fogo. Isso converge para o fato de que a ocupação do chefe do domicílio condicionava as atividades dos demais membros (*Ibidem*, 2012).

O plantel de Manoel Gomes Teixeira o posiciona, em termos de riqueza mensurada pela propriedade escravista, no conjunto de 31,6% dos domicílios com posse de escravos em Minas Gerais (*Ibidem*, 2012, p. 189).[14] Além disso, a lista nominal indica a origem dos seus escravos, sugerindo que a formação do plantel escravista do artífice pedreiro Manoel Gomes Teixeira se realizou por via do tráfico atlântico de escravos.

A análise revela que para o artífice pedreiro, chefe de domicílio, Manoel Gomes Teixeira, o conhecimento técnico significou se inserir nas práticas do capital mercantil: comprar e alugar seus cativos para a construção viária.

Em 1843 e 1844, os escravos de Manoel Gomes Teixeira trabalharam como pedreiros e trabalhadores não qualificados na construção da ponte do Paraibuna. O artífice Manoel transmitiu a alguns escravos a perícia dos afazeres da ocupação de pedreiro. Em 1843 e 1844, os escravos Joze e Antonio reaparecem nas folhas mensais da construção da ponte do Paraibuna. Joze, com a provável idade de 32 anos, recebia a cada dia de trabalho a quantia de 2$400 réis.

14 As listas nominativas de 1830 revelam que 26.449 domicilios possuíam escravos, que, em termos percentuais, significa 31,6%. Outros 51.159 domicílios não registram a posse de escravos, ou seja, 67,4% (RODARTE, 2012, p. 189).

Antonio, 28 anos, também designado como pedreiro nas folhas de trabalho da ponte do paraibuna, recebia a cada jornada diária 2$000 réis. Porém, o artífice Manoel Gomes Teixeira alugou nove escravos durante seis meses e cinco escravos em outros dois meses. As folhas mensais revelam o aumento da riqueza patrimonial do artífice Manoel Gomes Teixeira, visto que no ano de 1831, segundo a lista nominativa, o plantel alcançava o total de 4 escravos (2 mulheres e 2 homens) e transcorrido mais de uma década o plantel de mancípios atingia a marca mínima de 9 escravos (todos homens). Portanto, entre 1831 e 1843, a perícia técnica do artífice Manoel Gomes Teixeira possibilitou acúmulo de pecúlio e a compra de cativos, assim como a especialização de cinco escravos na ocupação de pedreiro.

Segundo Cechin, o estudo das ferrovias, em virtude das fontes documentais, apresenta uma relativa limitação no que tange às informações acerca dos trabalhadores:

> As informações sobre o número e procedência dos trabalhadores da construção são difusas e raras. A razão dessa escassez de informações deve-se ao fato de que esses trabalhadores não são, via de regra, empregados da companhia, mas apenas dos empreiteiros. Além disto esse número de trabalhadores era extremamente variável, não por razão de uma sazonalidade intrínseca a este tipo de trabalho, mas pela extrema inconstância dos trabalhores. (CECHIN, 1978, p. 42)

No que concerne aos trabalhadores, Lamounier converge para a mesma percepção presente na dissertação de Cechin, ou seja, a ausência/limitação de fontes para o estudo do universo do trabalho nas construções ferroviárias:

> Apesar do grande número de estudos a respeito dos trabalhadores que operavam as ferrovias, são raros e dispersos aqueles que analisam especificamente a categoria na área da construção e da manutenção dos leitos. A principal razão para essa lacuna reside, provavelmente, na grande dificuldade de rastreá-los nas fontes. Como eles não eram empregados diretamente pelas companhias, não aparecem em seus relatórios e documentos. Tarefa árdua, portanto, rastrear o grande

> número de empreiteiros e subempreiteiros que empregaram a maioria desses trabalhadores. Os contratos eram temporários, podiam ser de longo ou curto prazo, variando de acordo com a complexidade do trabalho, com as tarefas e os preços acertados, com os salários e com a dinâmica da economia local. (LAMOUNIER, 2012, p. 152-153)

Nesse sentido, conforme verificamos, em relação às informações sobre os trabalhadores o *Banco de Dados dos Processos de Pontes e Estradas* é extremamente rico e singular. Essa é uma das contribuições historiográficas do estudo de pontes e estradas, cuja originalidade dos resultados supera os trabalhos historiográficos dedicados à análise dos trabalhadores empregados na edificação ferroviária (CECHIN, 1978; LAMOUNIER, 2012).

De fato, a estrada do Paraibuna foi a grande empreitada da província na década de 1840 até o ano de 1853. Em 1844, o relatório de presidente de província afirmava que os trabalhos prosseguiam mesmo diante da precariedade dos cofres públicos. O governo solicitava a redução das despesas e destacava que determinados trechos da estrada encontravam-se sem melhoramentos. Mas, por fim, apontava que duas léguas e um quarto da estrada estavam concluídas:

> Os arrematantes Manoel da Cunha Lima, Feliciano Coelho Duarte, Jose Ribeiro de Rezende, Francisco de Paula Lima, Jose Fernandes de Miranda e Luiz Antonio da Silva derão parte de terem promptas entre todos duas legoas e um quarto da estrada cujo pagamento devia subir a 33:048$164 rs. se todas essas obras fossem todas aprovadas; mas como não estavam todas, segundo os contractos, só temos de pagar 20:976$030 rs., para o que espero realizar os meios. (Relatórios de presidente de província, 1844, p. 35-36)

Em fins da década de 1840, a conservação da estrada do Paraibuna estava sob a responsabilidade de diversos arrematantes. A arrematação das seções da estrada do Paraibuna se disseminava. A conservação e construção se encontravam sob a incumbência de particulares. Em 1851, a província comemorava que o último trecho da parte compreendida entre Barbacena e a ponte do Paraibuna havia sido arrematada pela quantia de 9:500$000.

A fiscalização dos modos de conservação estava a cargo do Engenheiro Fernando Halfeld até o seu desligamento da função de engenheiro provincial no ano de 1852. A inspeção do engenheiro proibia escavações na superfície das cavas laterais da estrada, exigia a limpeza das mesmas cavas e a manutenção do leito convexo da estrada (Relatório de presidente de província, 1849, p. 13-14). O Estado, ao delegar responsabilidades aos arrematantes, tornava o engenheiro, em boa medida, um fiscalizador técnico do andamento das obras. Inevitavelmente, como decorrência da política de arrematações, conflitos entre arrematantes e engenheiros permearam o cotidiano da repartição de obras públicas a medida que o parecer dos engenheiros era imprescindível para a liberação de pagamento aos arrematantes da estrada do Paraibuna:[15]

> Há alguns dos empresários pelos contractos findo não se pagou o último semestre, porque dos exames se conhece, que suas faltas erão escandalosas; eles porem em vez de tratarem de as remediar, julgão mais commodo requerer de tempos em tempos o pagamento, alegando que as informações do Engenheiro são filhas da inimizade (...). (Relatório de presidente de província, 1852, p. 17)

Na década de 1850, os relatórios expressavam relativa frustração do Estado ao sistema de conservação por arrematação. Em 1852, o gasto anual de 11:500$000 réis com a conservação do trecho de 23 léguas, compreendido entre Barbacena até a ponte do Paraibuna, somado ao custo anual de conservação de 9:790$000 réis do trecho de Ouro Preto a Barbacena, oneravam sobremaneira os cofres e pareciam ineficientes para o cumprimento da conservação dos referidos trechos da estrada do Paraibuna: " Sendo esta a maior obra da província, quer pelo lado de sua utilidade, quer pelos sacrifícios que nos tem custado, que tem ainda de custar (...)" (Relatório de presidente de província,

15 Em virtude do contrato celebrado em janeiro de 1853, aprovado pela lei n° 631, o trecho de Barbacena até a divisa da província do Rio de Janeiro foi entregue à empresa Companhia União e Indústria, que se tornava a partir de então responsável pela edificação viária do referido trecho. Observa-se que o trecho entre Barbacena e Ouro Branco permanecia sob a responsabilidade dos diversos empresários que celebraram contratos com a província de Minas Gerais (Relatório de Presidente de Província, 1854, p. 12).

1852, p. 17). O relatório acusava os primeiros arrematantes como responsáveis pelo alto custo de conservação, já que o desleixo desses arrematantes permitiu que a estrada perdesse a "perfeição primitiva" de outrora. Considerava-se o trecho entre a ponte do Pimentel até Juiz de Fora, cuja extensão era de 2 léguas e ½ meia, o segmento, em termos relativos, mais "perfeito" da estrada do Paraibuna (*Ibidem*, 1852, p. 17). O plano viário de 1835, no qual contemplava a estrada do Paraibuna, constituiu-se como um verdadeiro ensaio de integração regional do Brasil, que se defrontou com os desafios de uma topografia montanhosa e acidentada e a precariedade relativa dos recursos financeiros para uma empreitada extremamente dispendiosa (BASTOS, 1975a, p. 23-24). Apesar do tom pessimista delineado, ressalta-se que, ao longo da década de 1840 e 1850, a província atentou para a construção de outras estradas e pontes para além do perímetro da estrada do Paraibuna, conforme, brevemente, apontaremos na próxima subseção.

Aprimoramentos viários para além dos limites da estrada do Paraibuna nas décadas de 1840 e 1850

A edificação da infraestrutura viária avançava para além dos limites da estrada do Paraibuna. O relatório de 1844 apresentava a intencionalidade de abertura de estradas em direção ao Espírito Santo, "communicação directa com um bom porto de mar" (Relatório de presidente de província, 1844, p. 36).

O traçado já se encontrava delimitado pelo presidente da província. A abertura seria iniciada com o uso de trabalhadores indígenas. A ordem presidencial ainda se preocupava com a instalação de ranchos ao longo do caminho para os viandantes sem deixá-los "(...) ao acaso, na parte hoje deserta (...)" (Relatório de presidente de província, 1844, p. 37). A viagem de exploração para a construção da estrada em direção ao Espírito Santo colocou o presidente da província apto para avaliar o péssimo estado da estrada entre Mariana e São Caetano, assim como a ponte denominada São Sebastião (Mapa):

> Na viagem á divisa do Espirito Santo vi que a estrada actual entre Mariana e S. Caetano estava quasi intransitável no morro chama-

do dos – Pachecos – Indiquei o serviço que devia fazer-se, e ajustei um morador de S. Caetano para dirigir os trabalhos. Estão muito adiantados todos os melhoramentos que ordenei, e em breve espero vê-los concluídos sem grande despeza, porque é de grande probidade e zeloso o administrador escolhido. Antes de chegar ao morro dos Pachecos está arruinada, e deve construir-se de novo a ponte de S.Sebastião. Espero entender-me com uma pessoa disposta a toma-la por arrematação, e será principiada em se fixando os ajustes. É este um dos logares em que deve collocar-se uma barreira, e a construcção desta ponte está recommendada pela lei n. 251. (Relatório de presidente de província, 1844, p. 37)

Mapa 13 – Carta de parte de Minas e do Espírito Santo (1844). Autor: F. Wagner. Escala em léguas

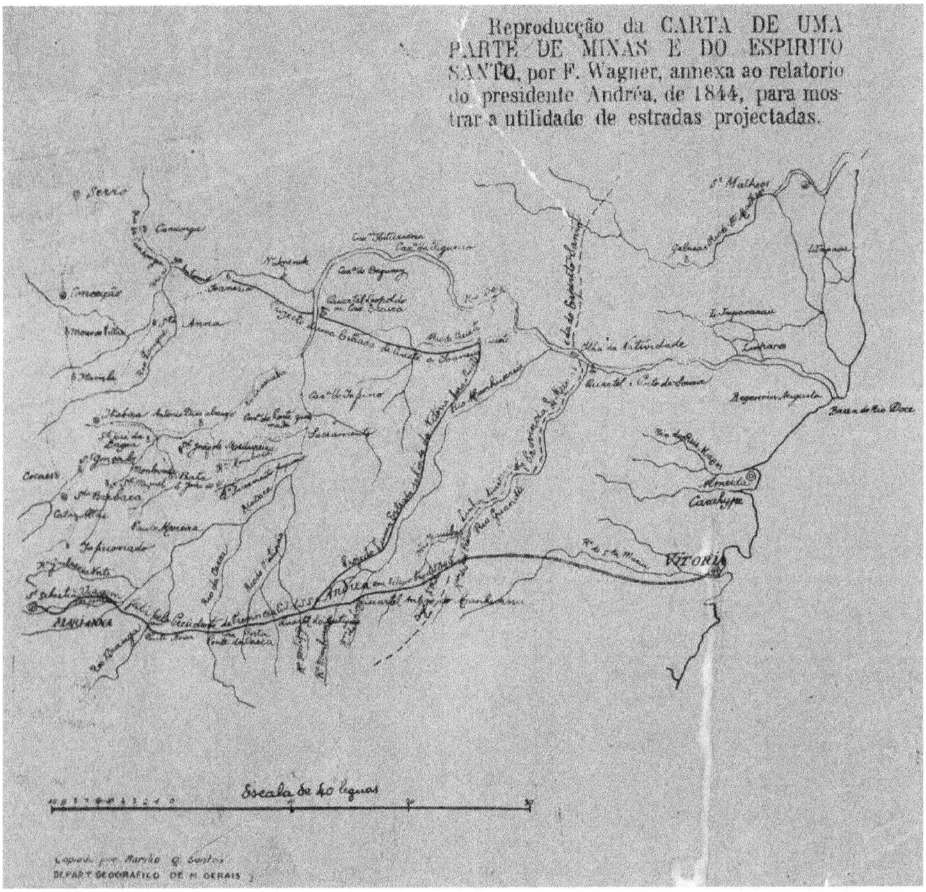

Fonte: APM, 078

Dez anos depois da viagem exploratória do presidente da província mineira, em 1854, o Engenheiro Julio Borell du Vernay apresentou relatório sobre as estradas em direção à província do Espírito Santo e demonstrava-se favorável à construção de uma estrada de Ouro Preto a Cuieté, passando por Abre Campo, a fim de interligar Minas Gerais e o Espírito Santo. Oferecia vantagens aos municípios de Itabira do Mato Dentro, Santa Bárbara e Mariana. A estrada teria

19 palmos de largura, sendo a construção de pontes e bueiros de madeira de lei nos lugares onde não se encontrassem pedras:

> Uma boa estrada, na extensão da palavra, com pouca declividade, alinhada com toda a precaução e consciência, unidas à verdadeira sciencia de um engenheiro, que não deve refletir nas enormes dificuldades, nem prescindir dos esforços necessários, para se tornar conhecedores de um terreno, onde exames oculares são impossíveis, e por onde se precisa caminhar a pé léguas e léguas uma mata fechada para resolver a direção de um quarto de légua (...). (Anexo, Relatório de presidente de província, 1855, p. 5)

O engenheiro projetava a construção de 37 léguas de estrada. Dada as condições para abertura da mesma, o preço médio de cada légua alcançava 5:000$000 réis. O aspecto mais dificultoso, segundo Vernay, constituía-se na derrubada da mata. O plano para execução estimava a participação de indígenas, praças da companhia de pedestres, feitores, pedreiros, carpinteiros e ferreiros. O engenheiro, acompanhado de um ajudante, se instalaria em Cuieté. Dirigiria os trabalhos com a finalidade de executá-lo segundo os preceitos orçamentários de cada légua. Utilizaria por dia de trabalho oitenta índios, ganhando a diária de 0$320 réis e tendo o custo de alimentação avaliado em 0$200 réis. Assim, o trabalho de cada indígena totalizaria o valor diário de 0$520 réis. Seriam empregados três pedreiros a 2$000 réis/dia; três carpinteiros a 2$000 réis/dia; três ferreiros a 2$000 reis/dia; quatro feitores a 1$300 réis/dia; e vinte praças da companhia de pedestre a 0$440 réis/dia.

Sem a presença e os trabalhos de um engenheiro, afirmava Julio Borell du Vernay, o custo de cada légua certamente duplicaria, pois alegara que naquelas "(...) partes incultas não achei uma pessoa capaz (...) com atividade e conhecimento; e o engenheiro que Vexa escolher há de ter (além de habilidade no seo ofício) muita atividade e uma constituição forte para poder executar os projetos (...)" (Anexo, Relatório de Presidente de Província, 1855, p. 6). O relatório do engenheiro Julio Borell du Vernay apresenta um discurso permeado de argumentos em prol da atuação da "sciencia de um engenheiro" em uma porção inculta, selvagem e indígena do território mineiro. Vernay sugeria que somente através da prática da engenharia é que se conheceria o território inculto, onde os "exames oculares" eram insuficientes para compreendê-lo.

No entanto, o esforço e projeto de Julio Borell du Vernay foram malogrados. Em 1858, a província cancelou a abertura da estrada projetada entre o Sacramento Grande e o Cuieté (Relatório de Presidente de Província, 1858, p. 40).

A partir de então os esforços se concentraram na abertura de uma estrada entre a Joanésia e o Cuieté, estendendo-se até Natividade com prolongamento até o Porto de Souza (Relatório de Presidente de Província, 1858, p. 40-41).

Contudo, os dados abaixo revelam que, em 1845, havia 171,6 quilômetros de vias terrestres em construção. Esse total se dividia em seis estradas: 1) estrada de Ouro Preto para o Arraial de Santa Rita do Itatiaia; 2) estrada do Arraial de São Sebastião para o Arraial de São Caetano; 3) estrada do Arraial de São Caetano para o Arraial de Furquim; 4) estrada de Ouro Preto para a cidade de Sabará; 5) estrada de Mariana para o Arraial de São Sebastião; 6) estrada da cidade de Mariana para o Arraial de Bento Rodrigues.

As obras abrangiam a construção de 32 bueiros, 20 paredões, 9 pegões, 8 pontilhões, 20 pontes. Estimava-se o custo total de 69:077$810 réis para a realização das obras. Constatava-se o emprego de 1.472 pedreiros, 33.682 enxadas, 433 carros. O tempo previsto para a conclusão de cada obra apresentava variação, oscilando entre o mínimo de 2 meses e o máximo de 36 meses.

Acreditamos que os termos "pedreiro" e "enxada", presente na documentação, são genéricos. Deste modo, a categorização "pedreiro", certamente, abrange a diversidade de artífices (carpinteiro, cavouqueiro, canteiro, ferreiro, calceteiro, pedreiro). A mesma hipótese se aplica ao termo "enxadas" que, provavelmente, refere-se às múltiplas ferramentas empregadas na construção de estradas e pontes. Todas as estradas acima mencionadas se localizavam em arraias, vilas, distritos e cidades próximas à capital Ouro Preto, na região Mineradora Central Oeste.

Tabela 56 – Estradas e pontes construídas e em construção em Minas Gerais (1845)

Estradas	Distância aproximada entre o ponto de partida e o ponto de chegada (Quilômetros) (*)	Quilômetros de estrada já viável (*)	N° de bueiros	n° de paredões	n° de pontilhões	Pontes arrematadas		Total de serviços empregados			Quantia despendida	Estimativa do valor (provável a despender com a obra)	Tempo para a conclusão das obras
						Concluídas	em construção	carro	pedreiros	enxadas			
Estrada de Ouro Preto para o Arraial de Santa Rita do Itatiaia	26.4	21.4	10	1	1	1	1	4	117	7.343	4:574$657	18:000$000	18 meses
Estrada do Arraial de S. Sebastião para o Arraial de S. Caetano	9.9	9.9	13	5	1	1	1	347	503	3.360	3:839$060	2:500$000	12 meses
Estrada do Arraial de S. Caetano para o Arraial do Furquim	14.025	14.0	6	5	3	1	1	34	63	3.884	2:497$000	4:000$000	18 meses
Estrada de Ouro Preto para Sabará	92.4	92.4	1	3	1	3	1	22	263	12.525	11:542$390	28:882$810	36 meses
Estrada da cidade de Mariana para o Arraial de S. Sebastião	8.25	8.2	1	3	1	3	1	22	263	2.548	1:415$740	2:000$000	12 meses

Estrada da cidade de Mariana para o Arraial de São Bento Rodrigues	20.625	20.6	1	3	1	3	1	4	263	4.022	2:455$704	12:000$000	12 meses
Distrito de S. Barto-lomeu							1				2: 455$704	695$000	2 meses
Distrito da Barra Longa							1				1:000$000	1:000$000	4 meses
Total	171.6	166.5	32	20	8	12	8	433	1.472	33.682	27:324$531	69:077$810	

Fonte: APM, SPOP 3-4, Caixa 05, doc. 01.

*Para a transformação de cada légua em quilômetro se utilizou a seguinte razão: 1 légua = 6.600 quilômetros.

Apesar da incidência de estradas erguidas na região Mineradora Central Oeste, o engenheiro Tenente João José da Silva Teodoro apresentou, em 1847, um extenso relatório sobre a ocupação da divisa da província de Minas com a província do Rio de Janeiro, mormente em direção à cidade de Campos. A divisa de Minas Gerais com o Rio de Janeiro e o Espírito Santo constituía o ponto central do relatório: "Seja porem como for, é indispensável, Exmo Senhor, que este negócio seja definitivamente decidido, pois em verdade, de fato não existem divisa; dos habitantes próximos aos limites provisórios, uns dão obediência à esta província outros ás do Rio de Janeiro e Espírito Santo, e muitos a nenhuma das três" (APM, SPOP 3-1, Caixa 1, doc. 1). Apresentava traços da dinâmica populacional, o processo de ocupação de terras por famílias oriundas de Minas Gerais e a iniciativa de particulares na construção da estrada do Pomba. Nessa estrada situava a barreira denominada do Pomba.

Burlar o fisco e incorporar os limites de suas fazendas ao município de Campos na província do Rio de Janeiro foi uma das maneiras encontradas por alguns moradores, segundo o relatório, para apoiar a mudança na conformação da divisa entre Minas Gerais e o Rio de Janeiro. O estabelecimento da divisa perpassava por interesses particulares.

As informações recolhidas pelo engenheiro permitiram uma análise da origem de determinados indivíduos e as suas intenções. Assim, José Bastos Pinto, oriundo de Matias Barbosa, que havia se mudado para o Distrito de Patrocínio e se tornado um dos Juízes de paz e subdelegado da referida localidade, articulava em prol da província fluminense. Estabelecera, a partir de então, uma relação de amizade com João de Almeida, abastado fazendeiro de Campos, que convenceu José Bastos Pinto a pertencer juridicamente à cidade de Campos na província do Rio de Janeiro. O benefício seria a isenção do pagamento de tributos em qualquer barreira estabelecida na divisa mineira. Já o vigário de São João Nepomuceno, integrante do movimento político de 1842, Germano Gonçalves de Carvalho, encontrava-se foragido na mesma região. Abrigado na fazenda de seu cunhado, Antonio Dutra Nicacio, localizada nas proximidades do Distrito de Patrocínio e freguesia da Glória, e aflito pela possibilidade de se envolver em procedimentos judiciais, apoiava a divisa que o colocasse sob a jurisdição do município de Campos:

José Bastos Pinto, estabelecido em Mathias Barbosa, mudando-se para o districto do Patrocinio e Ribeirão do Campo, terras outrora pertencentes à Constantino de tal, morador na freguesia hoje de S. Paulo, contraiu ali amizade com João de Almeida seu vizinho, e um dos abastados fazendeiros de Campos, que imediatamente tratou de o reduzir a que pertencesse a Campos, fazendo-lhe ver que, entre outras vantagens, ficava isento de pagar direitos em qualquer estação que por parte de Minas se houvesse de estabelecer na divisa de S. Domingos: por esse mesmo tempo existia oculto, por se achar comprometido nos movimentos políticos de 1842, o vigário de S. João Nepomuceno, Germano Gonçalves de Carvalho, na fazenda de seu cunhado Antonio Dutra Nicacio, estabelecido no Ribeirão da Conceição, vertentes do Carangola, que sempre pertenceu ao districto de Patrocínio e freguesia da Gloria, os receios de buscas e de outros procedimentos judiciaes induziram o mencionado Dutra a querer também pertencer ao Município de Campos, e para este efeito convidaram o delegado de policia d'aquella cidade, Jose Ribeiro de Castro, o qual compareceu n'aquelles logares acompanhado de uma guarda de policia de oito a dez praças, de seu irmão o Major Manoel Antonio, e de Jose da Terra, que, como fica dito, comprara terras no Limoeiro, e depois de alguns dias de esta em casa de Bastos, acordaram que fosse chamado Antonio Dutra Nicacio, afim de indicar um ponto no rio Carangola que podesse servir para n'elle se marcar a divisa, salvando sua fazenda para o lado de Campos; e em resultado ficou marcada a Caxoeira dos Tombos: da mesma sorte designaram, Bastos, e seu capelão o padre João Justiniano (que também se mudara de Mathias Barbosa para ali), o lugar do poço fundo no Muriahé, e d'ali para o Sul até o Riacho Pirapetinga, ficando todos a pertencer ao Município de Campos. Muito notável é, porem, que Jose Bastos Pinto, sendo um dos Juízes de Paz, e subdelegado do districto do Patrocínio, assim atraiçoasse a sua província, e ainda mais que aquele delegado de Campos, fora dos limites de sua jurisdição e sem audiência de um so autoridade de Minas, se atrevesse por si só a nulificar limites já estabelecidos, e a demarcar os que convierão aos indivíduos acima mencionados, com manifesto prejuízo e dimi-

> nuição do município da Vila do Presídio, por cujos habitantes eram aqueles terrenos povoados! Presidia então a província do Rio de Janeiro o cidadão Joaquim Francisco Vianna, irmão de Candido Francisco Vianna, ambos proprietários da fazenda do antigo Collegio no Muriahe, e assim, dolosamente, e fiados na proteção que tinham, conseguiram que a divisa se fizesse por onde bem quiseram, e sem que de nenhum modo fossem atendidos os direitos e interesses d'esta província, que por tal modo ficou privada do necessário fecho, isto é, d'aquelles pontos que por sua natureza eram os mais próprios para o estabelecimento de estações de arrecadação de impostos decretados por sua peculiar legislação. (APM, SPOP 3-1, Caixa 1, doc. 1)

Motivados por questões distintas, os particulares pressionaram para que a província de Minas Gerais mantivesse a região sob o controle fiscal, político e econômico. A proposta de manutenção da divisa pelo engenheiro Tenente João José da Silva Theodoro revelava especial atenção com as barreiras fiscais. A divisão entre as províncias deveria obedecer a uma delimitação, no qual os registros de arrecadação se tornavam protegidos de eventuais extravios, uma vez que os caminhos seguiriam "sempre por serras íngremes" (APM, SPOP 3-1, Caixa 1, doc. 01). Se, de um lado, o engenheiro invoca a impertinência de ambições particulares no desejo de separação, por outro, deixa evidente que o interesse dito público, sempre mencionado no relatório, se confunde com o empenho fiscal em onerar a circulação interprovincial e alavancar a receita de Minas Gerais. Construir pontes e estradas foi instrumento da província para mantê-la integrada à cidade de Ouro Preto. Para tanto, um itinerário elaborado por um autor desconhecido indicava a direção das melhores estradas de Ouro Preto à Vila de São Fidelis.

Em 1855, o itinerário com a rota das estradas de Ouro Preto à Vila de São Fidelis indicava a melhor direção entre os pontos.[16] A distância entre as duas

16 A legislação de 1851 previa a abertura de uma estrada de Mariana em direção à Mar de Espanha e com ramificações para Barra do Pomba, Porto Novo do Cunha, Porto Velho do Cunha, Ericeira: "Art 1° Autoriza a abrir uma estrada, passando pelos municípios de Piranga, Pomba e do Mar de Espanha. Art. 2° Um engenheiro deverá examinar e demarcar por onde a estrada deve passar. (...) Art 4° As pontes e pontilhões serão feitas

localidades totalizava 49 léguas e um quarto, aproximadamente, 325 quilômetros.[17] Existiam pontes de madeira sobre os rios: Mainard, Peixoto, Piranga (próximo ao Arraial de Barra do Bacalhau), Turvo, Casca, Glória, Gavião, Muriaé:

---

de madeira de lei com segurança e solidez; proporcionaes a estrada: as grandes pontes porém serão construídas segundo os preceitos da engenheiro. Art 5° Serão feitas por arrematação (pontes e estradas). (...) Art 8° Logo que a estrada estiver concluída, o Governo mandará abrir ramos para as Recebedorias da Ericeira, Porto Novo do Cunha, Porto Velho do Cunha e Barra do Pomba; e depois para aquelles lugares, que julgar conveniente" (LLM, 1851, Lei n. 546, p. 77-78). Ainda na década de 1850, no ano de 1857, a legislação ordenava a abertura de uma estrada da Freguesia da Glória a São Fidélis: "Art 8° – O governo manda abrir meia estrada no município de Muriahé a esquerda do Rio do mesmo nome partindo da freguesia da Glória, em direção à São Fidélis, e terminando na linha divisória com a província do Rio de Janeiro (...)" (LLM, 1857, Lei n° 846, p. 98).

17 A melhor rota de Ouro Preto à Vila de São Fidelis, situada à margem do Rio Paraíba, cumpria o seguinte traçado: 1- De Ouro Preto à Mariana, 2 léguas; 2- De Mariana ao Mainard, 3 léguas; 3- De Mainard ao Campo Alegre, 2 léguas; 4- De Campo Alegre à fazenda do Corrêa, 1 légua; 5- Da fazenda do Corrêa à fazenda de Jaú Simplício, 2 léguas; 6- Da fazenda de Jaú Simplício à fazenda da Penha, ¾ léguas; 7- Da fazenda da Penha à fazenda do Tenente Francisco Marcelino, 2 léguas; 8- Da fazenda do Tenente Francisco Marcelino ao Arraial da Barra do Bacalhau, 1 ¼ léguas; 9- Do Arraial à fazenda do Coronel Xavier, 2 ¼ léguas; 10- Da fazenda do Coronel ao ribeirão dos Teixeira, 2 léguas; 11- Do ribeirão à fazenda do alferes Victor Jose Simão, 1 légua; 12- Da fazenda do alferes Victor ao Arraial de São Miguel, 2 léguas; 13- Do citado Arraial ao Rio Casca, 2 léguas; 14- Do Rio Casca à fazenda de Jose Pereira de Resende, 1 légua; 15- Da fazenda de José Pereira à fazenda de Severino de Lanna, 1 ½ légua; 16- Da fazenda de Severino ao alto da Serra ou bocaina do Pai Ignacio, 1 ¼ légua; 17- Do alto da Serra à raiz da Serra, no sítio de Manoel Luiz, ½ légua; 18- Do Sítio de Manoel ao Sítio do Alferes José Antonio, ½ légua; 19- Do Sítio de José ao Córrego da Samambaia, 1 légua; 20- Do dito córrego ao alferes Castro, 1 légua; 21- De alferes Castro à fazenda do Tenente M. José da Costa, ½ légua; 22- Da fazenda à Barra do Ribeirão Alegre, ½ légua; 23- Do Ribeirão à fazenda de Manoel José, 1 légua; 24- Da fazenda de Manoel à fazenda que pertenceu ao Tenente João Joaquim Toscano, 1 légua; 25- Da referida fazenda ao Arraial de N. S. da Glória, ¼ légua; 26- Do Arraial de N. S. da Glória ao Arraial do Patrocínio (onde situa a Recebedoria do mesmo nome), 3 léguas; 27- Do Arraial de Patrocínio ao Arraial da Lage, ¼ légua; 28- Do Arraial da Lage à fazenda do alferes Bastos, ¾ légua; 29- Da fazenda do alferes Bastos à fazenda de João de Almeida, 9 léguas; 30- Da fazenda de João de Almeida à Vila de São Fidélis, 1 légua (APM, SPOP 3-7, Caixa 1, doc. 11-01).

> Incontestaveis serão por certo as vantagens de uma boa estrada que partindo do Porto de São Fidelis, por exemplo, ao Patrocínio e atravessando as ricas Mattas dos municípios, que estão entre este porto e a Cidade de Mariana, presta commoda exportação dos produtos já muito avultados desses lugares, cuja população cresce todos os dias. (Relatório de Presidente de Província, 1852, p. 19)

No trajeto até a Vila de São Fidélis atravessava-se os seguintes arraiais: Barra do Bacalhau, São Miguel, Nossa Senhora da Glória, Patrocínio. Neste último, encontrava-se uma recebedoria homônima. Após a recebedoria de Patrocínio, o viajante seguia mais 12 léguas até alcançar a Vila de São Fidélis. Nesse trajeto se defrontava com as propriedades de José Bastos Pinto e de João de Almeida. Em conjunto, as duas fazendas abarcavam 10 léguas da estrada que seguia para São Fidélis. Os respectivos fazendeiros, José Bastos Pinto e João de Almeida, eram descritos como sócios. O terreno entre as duas fazendas possuía poucas elevações. Mediante a facilidade do trecho, o caminho atraía os viandantes, que se dirigiam para São Fidélis. Contudo, segundo o itinerário, em diversos momentos o proprietário João de Almeida impedia a passagem de tropas por suas terras. Porém, em 1855, o fazendeiro já não praticava o impedimento do trânsito:

> Este fazendeiro Bastos é mineiro (...). Este homem é sócio de João de Almeida residente nas proximidades de S. Fidelis, e ambos são senhores das 10 léguas mais ou menos por onde passa a estrada que vai a S. Fidelis. Da Fazenda do Bastos até João de Almeida é um plano, tal que, no futuro, poderá admittir um caminho de ferro. Na actualidade tem algumas ellevaçoes, e um pequeno morro, por desleixo dos que abriram a estrada. João de Almeida oppunha-se antigamente á passagem de tropas, por esta estrada (...) mas hoje não impede o transito, reconhecendo a preferência desta direção à quem do Bastos vai passar pela Serra de S. Fidelis. (APM, SPOP 3-7, Caixa 1, doc. 11-01)

O destino final, a Vila de São Fidélis, se caracterizava pela intermodalidade estrada-navegação. Barcas a vapor subiam o Rio Paraíba e chegavam à Vila de São Fidélis. Mercadorias oriundas das localidades mineiras de Tombos, Muriaé, Glória, Meia Pataca, Leopoldina, Rio Pardo, Sapé, Presídio, São Sebastião dos Aflitos, Ubá, Santa Rita do Turvo e Casca eram embarcadas para o Rio de Janeiro ou vendidas na Vila de São Fidélis. Café, toucinho, azeite, arroz, carnes e algodão em rama compunham as mercadorias em circulação:

> Nesta Vila chegam as Barcas a Vapor, subindo pelo Rio Parahyba. A máxima parte dos Negociantes, Fazendeiros e donos de Armazém (neste lugar) compõe de mineiros que para ai se tem mudado. Nesta Vila são vendidos ou embarcados para o Rio de Janeiro os gêneros seguintes: café, toucinho, azeite, arroz, carnes, algodão em rama, produzidos nas Freguesias dos Tombos, Muriaé, Gloria, Meia Pataca, Leopoldina, Rio Pardo, {Porto de Santo Antonio}, Sapé, Presidio, S. Sebastião dos Aflitos, Ubá, e mesmo de Santa Rita do Turvo e Casca. (APM, SPOP 3-7, Caixa 1, doc. 11-01)

São Fidélis representava o porto natural para a exportação dos gêneros produzidos em diversas localidades da região da Mata mineira. Dentre essas, destaca-se o município de Leopoldina. Elevada à condição de Vila, em 1854, e dotada de autonomia municipal, apresentou uma solicitação de reparo da ponte denominada Meia Pataca sobre o Rio Pomba. Tal ponte era o ponto obrigatório das estradas que do norte da província se dirigiam a São Fidélis e ao Porto Novo do Cunha. Todavia, o baixo orçamento de 4:4141$580 réis, elaborado pelo engenheiro João Tomas Alves, foi insuficiente para que despertasse o interesse de licitantes quando a mesma estava em processo de arrematação. O estado de ruína da dita ponte exigia maior gasto pecuniário para algum lucro do arrematante. Um fazendeiro local, João Patrício de Moura Silva, oferecia para realizar os consertos pelo preço de 6:000$000. A proposta representaria para a província em uma "grande vantagem (...) por que há alguns fazendeiros ouvi dizer que não fariam os reparos da ponte por menos de 10:000$000" (SPOP 3-6, Caixa 46, doc. 07-04). Se, por um lado, a ponte necessitava de consertos, por outro, considerando a precariedade da estrada para São Fidélis, cogitava-se, com base na prosperidade comercial e da intensa circulação, a construção de uma ferrovia, sem garantia de juros, que sairia de São Fidélis e alcançaria as margens do Rio Pomba:

> (...) em uma zona de território pela sua prosperidade atual e mais pelo grande futuro tem chamado como Vex[a] não ignora, a atenção do Governo Geral da Assembleia Provincial do Rio de Janeiro e até de particulares que julgam possível construir com pequeno capital sem garantia de juros uma estrada de ferro, que partindo de S. Fidelis viesse a tocar às margens do Pomba projeto este que ainda há pouco foi anunciado e recomendado pelos Jornais da Corte. (SPOP 3-6, Caixa 46, doc. 07-04)

No entanto, o desejo imediato era a construção de uma estrada, que tornasse a jornada mais curta e sem inconvenientes. Argumentava-se que a estrada representaria maior arrecadação para a província, já que a passagem pela recebedoria da Barra do Pomba se tornaria quase obrigatória para os usuários da via:

> Ora com a nova estrada que está projetada desaparecem estes inconvenientes, e V. Ex[a] compreende perfeitamente de quanta vantagem seria para este lado da Província uma estrada, que facilitando a condução dos gêneros para o porto de embarque terá ao mesmo tempo de diminuir um terço da distância a percorrer (...). (...)Tendo, portanto, a lei do orçamento para o exercício de 1862-1863 consignado a quantia de 6:000$000 anuais para abertura da estrada, que partindo desta Villa seguisse em direção ao porto de S. Fidelis, parece que não há tempo a perder e que seria de grande vantagem tratar-se quanto antes das preliminares necessárias para a realização desta obra que além de sua importância natural e da utilidade que dela resultaria aos particulares, ainda se recomenda como uma excelente medida fiscal para tornar produtiva a Recebedoria que existe na barra do Pomba, onde pela nova estrada iriam ter todas as tropas e passageiros, entretanto que atualmente. essas mesmas tropas e passageiros procuram outros caminhos com o fim de livrarem-se do imposto que ali se paga (...). (APM, SPOP 3-6, Caixa 46, doc. 07-04)

Até a década de 1860, a intermodalidade rodovia-navegação constituía uma forte opção para os exportadores da região da mineradora central oeste e determinadas localidades da Mata mineira. No mesmo período, a administração provincial sinalizava para a necessidade de engenheiros para a formulação de orçamentos e trabalhos da malha viária mineira.

Apesar da relevância da estrada do Paraibuna não se deve restringir os fluxos comerciais de Minas Gerais somente a essa via de comunicação e, muito menos, circunscrever os aprimoramentos à estrada do Paraibuna.

Verifica-se a crescente presença de engenheiros; o modo de elaboração de planos e orçamentos; os trabalhadores e as ferramentas; o uso de indígenas, escravos, livres; a intermodalidade rodovia-navegação fluvial. Revelam-se a inter-relação entre mercadorias e diferentes modais de transporte; interligação entre produção e consumo; interação entre as singulares características de cada modal e as condições especiais de cada localidade atendida.

Mapa 14 – Minas Gerais, século XIX: localização das principais recebedorias, localidades, caminhos e rios

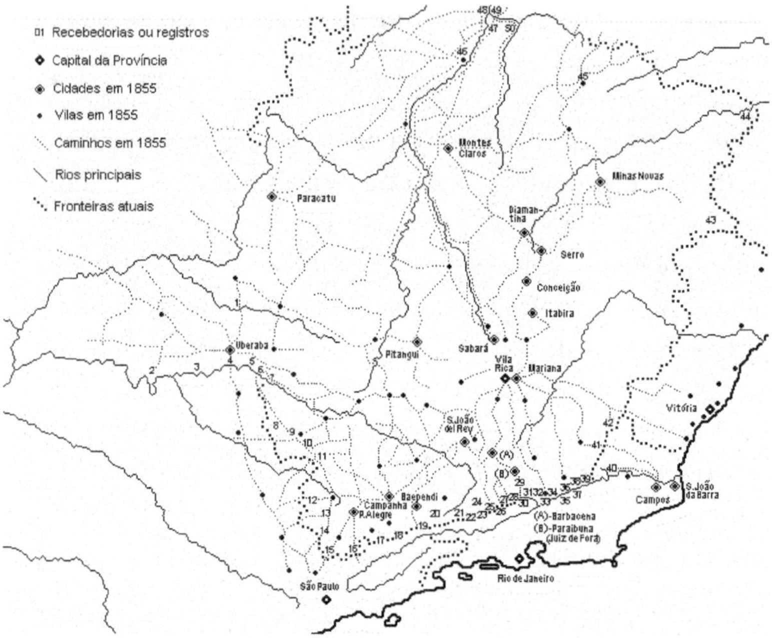

Legenda

Recebedorias, segundo os números no mapa				
1 Santana do Rio das Velhas	11 Cabo Verde	21 Bocaina do Rio Preto	31 Ericeira	41 Patrocínio do Muriaé
2 Porto de Frutal	12 Caldas	22 Passa Vinte	32 Gameleira	42 Tombos da Carangola
3 Porto da Espinha	13 Ouro Fino	23 Ponte do Zacarias e Santa Rita	33 Porto do Avellar	43 Filadélfia
4 Ponte Alta	14 Campanha de Toledo	24 Ponte do Carrijo	34 Mar de Espanha	44 S. Sebastião do Salto Grande
5 Porto da Rifaina	15 Jaguari	25 Presidio do Rio Preto	35 Porto do Leite e Ponte da Sapucaia	45 Rio Pardo
6 Jaguara	16 Sapucai-Mirim	26 Porto do Machado	36 Porto Novo do Cunha	46 Januária
7 Santa Bárbara	17 Soledade de Itajubá	27 Barra das Flores do Rio Preto	37 Porto Velho do Cunha e Ilha dos Pombos	47 Morrinhos
8 Monte Santo	18 Mantiqueira	28 Três Ilhas	38 Volta Grande	48 Pontal do Escuro
9 Jacuí	19 Picu	29 Caminho Novo	39 Pirapetinga	49 Malhada
10 Dores de Guaxupé	20 Ponte do Monte Belo	30 Paraibuna	40 Barra do Pomba	50 Barra do Rio Verde

Fonte: Restitutti, 2006, p. 142.

Engenharia, engenheiros e o universo da difusão de tecnologia no Brasil imperial: patente, projeto e construção de uma ponte *lattice* em Minas Gerais (1860-1864)

A técnica e a difusão: a construção de uma ponte lattice no Brasil Imperial

Em 1820 e 1835, Ithiel Town (1784-1844) registrou no escritório de patentes dos Estados Unidos uma estrutura denominada *lattice* para a construção de pontes. Essa estrutura, por sua vez, se diferenciava das pontes em arco e suspensas. Segundo Gregory Dreicer, a significativa disseminação e aperfeiçoamento da ponte *lattice* se realizou devido ao crescente número de publicações técnicas do século XIX, tornando notória, na década de 1830, a difusão da referida técnica[18]:

> Esta estrutura de engradamentos paralelos continha em sua interseção múltiplas pranchas entrelaçadas. A ponte laticce era relativamente fácil de fabricar e construir, permitindo que longas distâncias fossem atravessadas com poucos componentes. Foi um marco econômico que alterou a forma de pensar dos tecnólogos e ajudou a transformar o panorama global.[19] (DREICER, 2010, p. 128)

18 Notícias da estrutura lattice foram difundidas por diversos engenheiros: engenheiro topográfico francês Guillaume-Diga Poussin (1794-1876), engenheiro marinheiro escocês David Stevenson (1815-1886), engenheiro francês e economista Michael Chevalier (1806-1879), professor de matemática e austríaco engenheiro Franz Anton Ritter von Gerstner (1793-1840), e na Bavaria pelo engenheiro e teórico Karl Culmann (1821-1881). No final dos anos 1830, os engenheiros começaram a construir pontes de treliça na França, Inglaterra, Rússia, Áustria-Hungria, a Prússia, Holanda, Irlanda e Inglaterra. (DREICER, 2010, p. 129-130).

19 "This framework, with parallel top and bottom chords, contained a lattice of multiple diagonally intersecting planks pegged at the intersections. It was relatively simple to fabricate and construct, and it allowed long distances to be spanned with relatively short members. The lattice bridge was an industrial milestone that altered the thinking of technologists and helped transform the global landscape" (*Ibidem*, 2010, p. 128).

Figura 12 – Patente da ponte *lattice* de 28 de janeiro de 1820

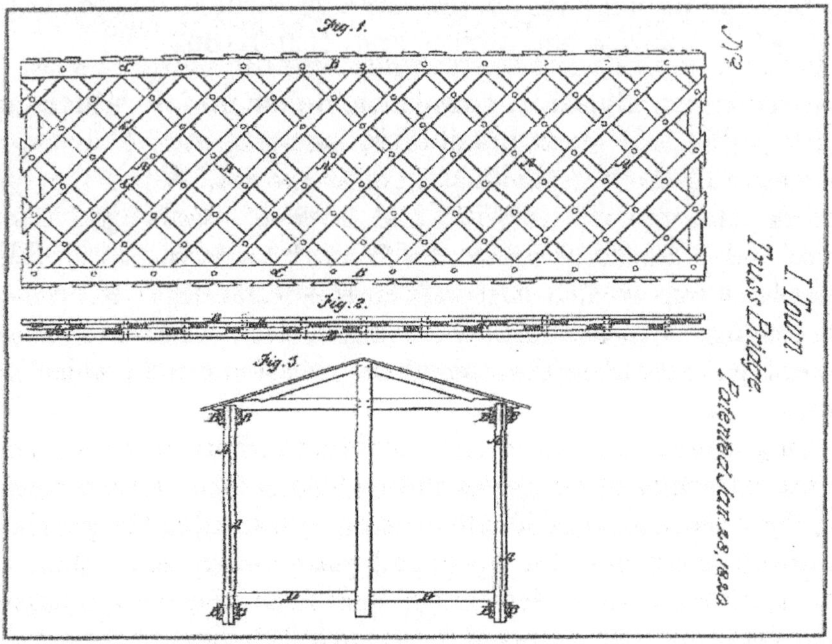

Fonte: Dreicer, 2010.

Figura 13 – Patente da ponte *lattice* de 3 de abril de 1835.

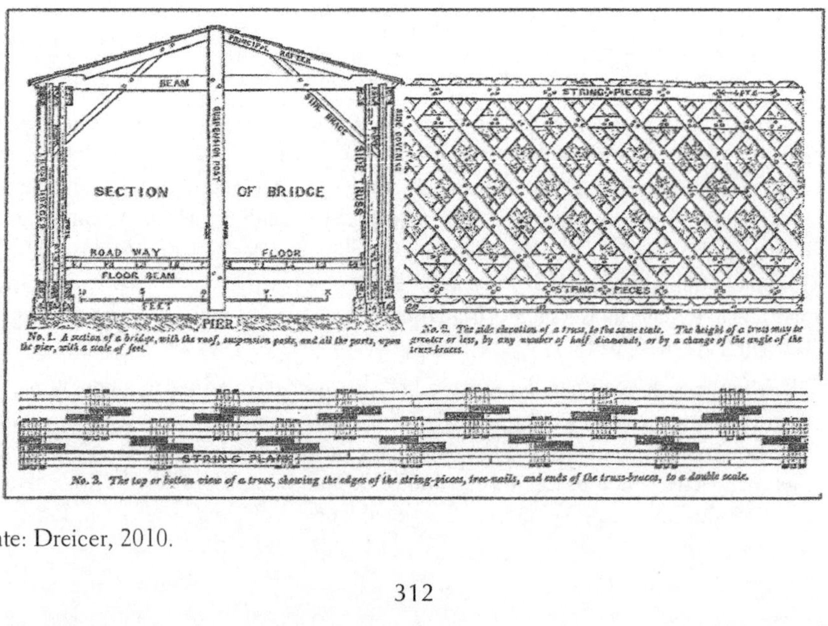

Fonte: Dreicer, 2010.

O objetivo deste trabalho é analisar o processo de difusão da ponte *lattice*, mas também demonstrar de que forma os atores envolvidos em sua construção desenvolveram a técnica no Brasil na década de 1860. Quais os atores participaram da construção da dita ponte? Quais as dificuldades enfrentadas durante a construção? Por que a adoção da técnica *lattice*? Houve alguma adaptação? A coexistência entre antigos métodos e a tentativa de incorporação de um novo método construtivo de uma ponte revela traços singulares da combinação de elementos, que incitaram determinada transformação. Debruçar sobre a incorporação de uma técnica, a introdução de um novo processo construtivo, abrange inúmeros aspectos, tais como: a circulação de indivíduos, a disponibilidade de recursos (mão de obra, instrumentos, ferramentas, madeiras, ferro fundido), o cumprimento das exigências técnicas, a necessidade e justificativa do empreendimento, a relação estabelecida entre o engenheiro e o encarregado da obra, as formas de transmissão do conhecimento e as trocas culturais e sociais envolvidas durante o processo construtivo. Direciona-se, portanto, para um estudo no qual a transformação e a mudança tecnológica não se reduzem a um mero fenômeno redutor do custo da obra, embora essa seja uma face presente e sempre pronunciada pela documentação coeva.

Para Nathan Rosenberg, inúmeros historiadores focalizam seus estudos acerca do progresso técnico, privilegiando a seguinte questão: quem fez primeiro? (ROSENBERG, 2006, p. 41). Essa abordagem, por sua vez, silencia o processo extremamente dinâmico da difusão de tecnologia, notadamente, atrelado a movimentação geográfica de trabalhadores especializados. Segundo David Landes, a transferência das técnicas durante o período da Revolução Industrial, entre a Inglaterra e as regiões do continente (França, Bélgica, Prússia), ocorreu de modo lento e com algumas dificuldades devido à proibição da emigração de artesãos ingleses até 1825 e da transferência de equipamentos e das grandes invenções têxteis até 1842:

> Em 1825, devia haver uns 2 mil – ou talvez mais – operários especializados ingleses no Continente. Do mesmo modo, embora nunca venhamos a saber com precisão qual a quantidade de máquinas que atravessou a Mancha ilegalmente (...) as fontes de consulta sobre os países continentais estão repletas de indícios da aquisição e ins-

> talação exitosas de equipamentos britânicos. (...) A crescente independência tecnológica do Continente decorreu, em grande parte, da transmissão homem a homem das habilidades no local de trabalho. De menor importância imediata, porém de maior significação a longo prazo, foi o treinamento formal de mecânicos e engenheiros das escolas técnicas. (LANDES, 1994, p. 155 e 157)

Deve-se acrescentar que, quando se defronta com uma sociedade escravocrata, com baixo índice de alfabetização, baixo número de graduados em Engenharia, a circulação de indivíduos especializados e as formas de transmissão do conhecimento adquirem uma importância *sui generis*:

> O processo de difusão, via de regra, depende de uma seqüência de melhoramentos nas características de desempenho de uma invenção, de sua modificação e adaptação graduais para adequar-se às necessidades ou demandas específicas de vários nichos de mercado e da disponibilidade e introdução de insumos complementares que tornam mais útil uma invenção original. (ROSENBERG, 2006, p. 44)

O escopo documental permite-nos avançar e lançar questões acerca da complexidade do processo de difusão do método construtivo *lattice*. Pretende-se contribuir para uma análise das práticas, examinando as relações dos indivíduos com a estrutura administrativa da província, assim como os vínculos, conflitos e escolhas estabelecidos entre os atores. Selecionamos para analisar as questões relativas à difusão da técnica *lattice* o processo referente à reconstrução de uma ponte sobre o Rio Preto, situada na divisa de Minas Gerais com o Rio de Janeiro, em uma estrada interprovincial, que ligava a Vila de Ayuruoca a Resende, na província do Rio de Janeiro.

Economia e o universo fiscal: uma ponte mercantil entre Minas Gerais e o Rio de Janeiro

Em dezembro de 1860, o administrador da Recebedoria da Bocaina do Rio Preto relatou, em uma carta enviada ao presidente da província, a queda da ponte sobre o Rio Preto, tornando incomunicável a ligação interprovincial entre Minas Gerais e o Rio de Janeiro:

> (...) no dia 18 do corr[e] mês pelas 6 ou 7 horas da manhã houve uma enxente tão forte que conduzio todo o engradamento e alguns esteios da Ponte sobre o Rio Preto no lugar denominado o Vieira estrada que segue para a cidade de Rezende, e a Corte do Rio de Janeiro, e ficando assim esta estrada incomunicável com a Prov[a] do Rio e sofrendo esta Recebedoria um grande desfalque em suas rendas (...). (APM, SPOP 3/6, Caixa 47, doc. 08-03)

Assim como o administrador da Recebedoria, a Mesa das Rendas enviara comunicado para a presidência da província. Em ambos os comunicados ficaram evidentes a preocupação com a arrecadação fiscal proveniente da circulação de bens e pessoas:

> (...) communicou-me o Administrador da Recebedoria da Bocaina do Rio Preto o estrago que soffrera a ponte sobre o aquelle Rio, em o lugar denominado Vieira em conseqüência de huma enchente, que levara todo o engradamento superior, e alguns esteios, ficando assim deserta a estrada que d'alli segue para o Rio de Janeiro, e Cidade de Rezende. Este estado de cousas trará infallivelmente o decrescimento das rendas publicas. (APM, SPOP 3/6, Caixa 47, doc. 08-06)

A incidência da argumentação fiscal e de cunho financeiro para a importância da referida ponte se torna pertinente à medida que compreendemos o funcionamento fiscal da província e os mecanismos geradores de receita. No que tange aos elementos fiscais da província de Minas Gerais, as taxas itinerárias, imposto incidente sobre a circulação de pessoas e mercadorias, constituíram-se um dos principais instrumentos de receita do orçamento provincial. Em 1840, nota-se a existência de 23 recebedorias, órgão responsável pela cobrança das taxas itinerárias, sendo algumas destas situadas na divisa da província de Minas Gerais com o Rio de Janeiro. Essas taxas itinerárias, também denominadas de taxas de barreira, tiveram por finalidade, em determinados períodos, gerar receita para a conservação de estradas como, por exemplo, demonstra a cobrança da primeira taxa de barreira que entrou em vigor no ano fiscal de 1838/39. Observa-se que parte de tal receita seria destinada para a reconstrução da estrada do Paraibuna, compreendendo o trecho entre Barbacena e a divisa do Rio de Janeiro (RESTITUTTI, 2009, p. 120). Nesse sentido, a melhoria das condições de trânsito, mormente o aperfeiçoamento construtivo de pontes e estradas, representava para a província maior volume de receita para os orçamentos anuais.[20]

Ademais, o sal era um dos principais artigos de importação da província de Minas Gerais e havia se tornado, em 1821, isento do pagamento de direitos de entrada (*Ibidem*, 2009, p. 121-122). Tal mercadoria era um dos componentes das trocas comerciais entre a Vila de Ayuruoca e Resende. Daí o interesse em manter os fluxos de pessoas e mercadorias entre as localidades. Outro documento assinado por diversos moradores (lavradores, negociantes), provavelmente, do final da década de 1870 e início da década seguinte, fornece subsídios para compreender essas relações mercantis entre Ayuruoca e Resende:

> (...) lavradores e negociantes moradores no termo da Ayuruoca désta Prov[a] (...) procurão o mercado da Cidade de Rezende, para venda de seus productos e abastecimento do que lhes é mister dos generos de exportação para seu comsummo e especialmente do sal que forma a base do Commercio dos tropeiros que habitão estes lugares o que por elles commercião. (APM, SPOP 3/6, Caixa 47, doc. 22/01)

20 O Ato Adicional de 1834 permitiu uma relativa autonomia das províncias sobre a tributação, obras públicas, força policial, de tal modo que o governo provincial dispunha de autonomia financeira para decidir acerca dos investimentos em áreas estratégicas para a expansão econômica. O governo provincial tivera o papel de controlar o poder local, sobretudo, da Câmara Municipal, uma vez que todos os atos do órgão municipal deveriam ser aprovados pela Assembleia Provincial. Também instituída pelo Ato Adicional (1834), as Assembleias Legislativas Provinciais legislavam sobre os impostos e a distribuição das rendas arrecadadas. Em vista da autonomia tributária provincial, o governo central evitava o surgimento de movimentos separatistas, transferia para a província os impostos internos, tornava eficiente a arrecadação e o gasto (receita/despesa) e desonerava o tesouro central. Ver: DOLHNIKOFF, Miriam. *O pacto Imperial: origem do federalismo no Brasil do século XIX*. São Paulo: Globo, 2005.

A reconstrução da ponte do Vieira sobre o Rio Preto, na estrada da Bocaina, revela a conjectura de uma realidade entrecruzada dada a diversidade de componentes: I) a circulação mercantil e as trocas comerciais no âmbito interprovincial (Minas Gerais – Rio de Janeiro), mormente entre a Vila de Ayuruoca e Resende; II) o universo fiscal, responsável por gerar receitas para a província, presente nas solicitações do Administrador da Recebedoria da Bocaina e da Mesa das Rendas; III) uma estrutura organizacional da província, sobretudo, no que tange à atuação de diversos engenheiros.

A Engenharia, os engenheiros e a representação cartográfica de Aiuruoca e Resende, segundo um mapa de 1865

As múltiplas ligações comerciais entre as diferentes regiões de Minas Gerais e o Rio de Janeiro são aspectos já enfatizados pela historiografia econômica e demográfica.[21] Todavia, tais estudos pouco revelam sobre a dinâmica do universo construtivo de pontes e estradas interprovinciais, notadamente entre Minas Gerais e o Rio de Janeiro. Em face à ausência de trabalhos sobre as vias de comunicação em Minas Gerais, cabe ressaltar que no ano de 1835 foram definidas as atribuições técnicas e administrativas da Inspetoria Geral de Estradas, bem como a promulgação do já referido plano viário para a província (BARBOSA; GODOY, 2008).

Em 1866, a Inspetoria Geral de Estradas foi substituída pela Diretoria Geral das Obras Públicas, cuja finalidade era administrar, fiscalizar e executar obras públicas.[22] Segundo um relatório da Seção Técnica datado de 1866, a Diretoria Geral das Obras Públicas era composta pelo seguinte quadro de funcionários: [23]

21 LENHARO, Alcir. *As tropas da moderação*. São Paulo: Símbolo, 1979, p. 57-64; FRAGOSO, João Luís. *Homens de grossa aventura*. Rio de Janeiro: Civilização Brasileira, 1998, p. 123-134 e 208-209.

22 BARBOSA, Lidiany Silva. *Tropas e ferrovias em uma província não-exportadora: Estado, elites regionais e as contradições da política dos transportes no início da modernização – Minas Gerais, 1835-1889*. Tese de Doutorado – Instituto de Filosofia e Ciências Sociais – Universidade Federal do Rio de Janeiro, Rio de Janeiro, 2011.

23 Em 1846, por exemplo, a província de Pernambuco também criou um órgão destinado às obras públicas: a Administração Geral das Obras Públicas, que contava com dezoito

> 1 Engenheiro Chefe, 5 Engenheiros, 1 Desenhador copista, 2 Amanuenses e 1 Guarda archivista. O D[or] Henrique Gerber, nomeado Engenheiro Chefe (...) assumio a direcção d'esta Secção. (...) Os serviços prestados pelo D[or] Gerber á Provincia de Minas, especialmente na direcção da Secção Technica são bastante conhecidas por V.S.[a] que tem apreciado a inteligente dedicação com que tem desempenhado suas obrigações já como Engenheiro da Provincia, já como chefe da Secção Technica, mostrando se sempre profundo theorico e abalizado practico. (APM, SPOP 3-1 Caixa 2)

As atividades desenvolvidas pelo engenheiro Gerber, natural do Reino de Hanover, lhe proporcionaram prestígio junto ao corpo administrativo provincial dado à ascensão, em 1866, ao cargo de engenheiro-chefe da província de Minas Gerais. As atribuições dos engenheiros provinciais englobavam não somente a construção de estradas e pontes, mas também a confecção de mapas e plantas, a conservação e construção de igrejas, teatros, cadeias e câmaras municipais.

Para compreender e analisar a construção da ponte *lattice* sobre o Rio Preto optamos por utilizar uma representação cartográfica datada de 1865, cuja autoria é referendada ao engenheiro Aroeira e ao desenhador-copista João R. Duarte, visando salientar três aspectos: 1) o interesse em mapear as recebedorias da província de Minas Gerais; 2) as linhas dos Correios, mormente as linhas estabelecidas a partir da Vila de Ayuruoca e de Resende; 3) perceber as linhas dos Correios como expressivos indícios de ligações comerciais e da complexidade da circulação de pessoas e informações.[24]

---

funcionários (engenheiros, inspetores de estradas, desenhistas, almoxarife e escriturário). DOLHNIKOFF, *op. cit.*, p. 175-181. No ano de 1835, a província de São Paulo instituiu o Gabinete Topográfico, tendo por objetivo formar topógrafos e engenheiros de estradas no período de dois anos, nos quais eram lecionadas noções de Aritmética, Topografia, Trigonometria, Mecânica, Física e de construção de Pontes e Calçadas. TELLES, Pedro Carlos da Silva. *História da Engenharia no Brasil.* Rio de Janeiro: Clavero, v. 1, 1994, p. 114.

24 Segundo Mario Rodarte, na medida em que há relação econômica entre duas cidades, essas também são forçadas a outras formas de comunicação. No século XIX, a condução das cartas entre cidades eram efetivadas a cargo da iniciativa privada dado que os

A cartografia é uma importante fonte documental para a História. Contudo, deve-se atentar para a especificidade dessa fonte, posto que a representação cartográfica revela um conjunto de signos e símbolos:

> Ao longo do tempo, as técnicas de desenho, impressão e gravação variaram e seu estudo fornece inúmeras informações sobre as formas de produção, reprodução e distribuição desses documentos. Outro aspecto que o estudo da cartografia permite é a análise da formação e da consolidação de um território, como ele foi compreendido e ocupado ao longo do tempo, o que só pode se desvelar ao estudioso se ele estiver de posse de outras ferramentas de análise pertencentes a outras ciências como a História. (FURTADO, 2010, p. 25)

O termo território deve ser compreendido como um artefato cultural, produzido através de complexas interações econômicas e por diversos atores sociais. A cartografia se torna um conjunto documental, no qual se expressa distintos elementos constitutivos da territorialidade, ou seja, um artefato social, uma construção histórica, resultante da ação humana.[25] A produção cartográfica também envolve as concepções de mundo, as convenções, os códigos de representação de cada período, a utilização de instrumentos científicos. O Engenheiro se apropria do espaço, nomeia, indica a hierarquia de Vilas, Arraiais, Cidades e delimita as divisas e os limites do território:

---

serviços dos Correios eram subdivididos em "linhas" arrematadas em um sistema de leilão. As solicitações para a criação das agências de Correios eram feitas pelas Câmaras Municipais, que legitimavam a existência de uma agência local em vista do aumento da população e do comércio. O número de agências dos Correios apresentou uma tendência de crescimento entre o ano de 1830 e 1870, saltando, respectivamente, de 18 para 123 agências. Sobre os Correios em Minas Gerais, ver: RODARTE, Mario. *O caso das minas que não se esgotaram: a pertinácia do antigo núcleo central minerador na expansão da malha urbana da Minas Gerais oitocentista.* Dissertação de mestrado – Faculdade de Ciências Econômicas – Universidade Federal de Minas Gerais, Belo Horizonte, 1999.

25 BUENO, Beatriz; Vera Lúcia A. Ferlini; Iris Kantor. "Território em rede: cartografia vivida e razão de Estado no Século das Luzes". *Anais do Museu Paulista*. São Paulo. v. 17, p. 11-15, 2009.

Longe de serem uma reprodução fidedigna do real, mapas são representações. A transposição dos levantamentos de campo para o papel implica a representação gráfica da natureza por meio de uma série de convenções e códigos de representação. (BUENO, 2004, p. 194)

Mapa 15 – Colletorias, Recebedorias e seos estravios, Linhas de Correios e suas ramificações da Província de Minas Geraes, coordenado pela carta geographica da mesma Província e documentos obtidos nas respectivas Repartições, por João R. Duarte, dezenhador copista da Directoria Geral de Obras Públicas sob a imediata inspecção do Sr. Engr° Aroeira, em junho de 1865

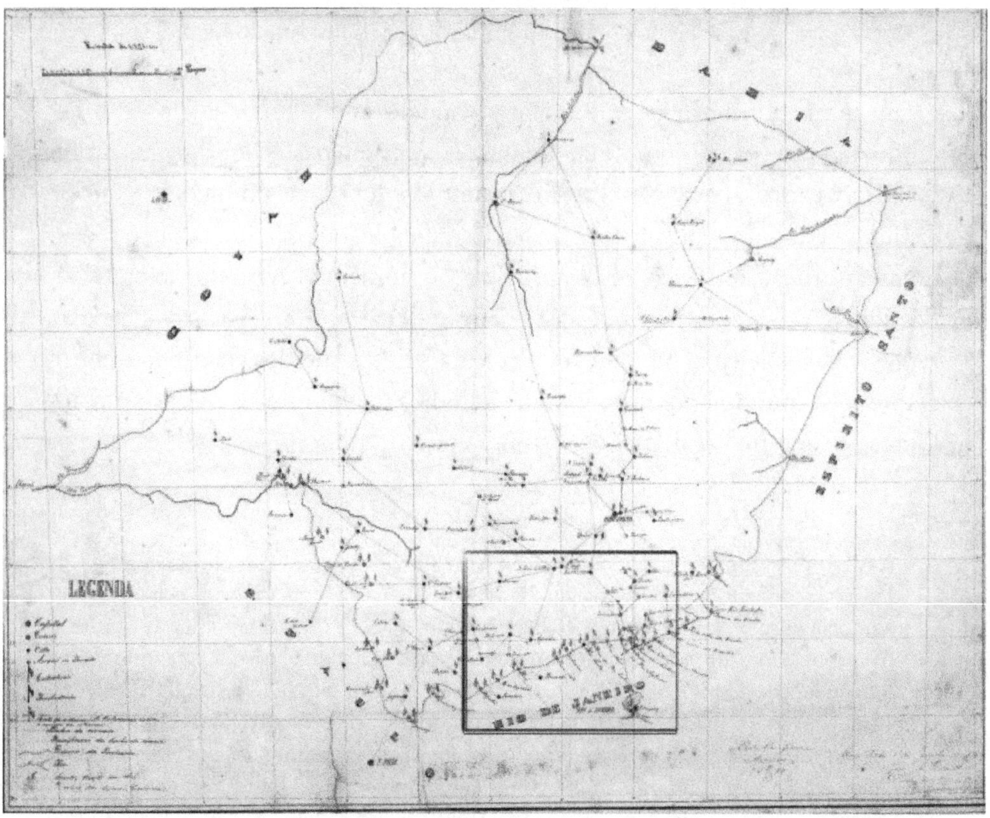

Fonte: Arquivo Público Mineiro (APM), OP-013.

Mapa 16 – Excerto do Mappa das Colletorias, Recebedorias e seos estravios, Linhas de Correios e suas ramificações da Província de Minas Geraes, coordenado pela carta geographica da mesma Província e documentos obtidos nas respectivas Repartições, por João R. Duarte, dezenhador copista da Directoria Geral de Obras Públicas sob a imediata inspecção do Sr. Engr° Aroeira, em junho de 1865.

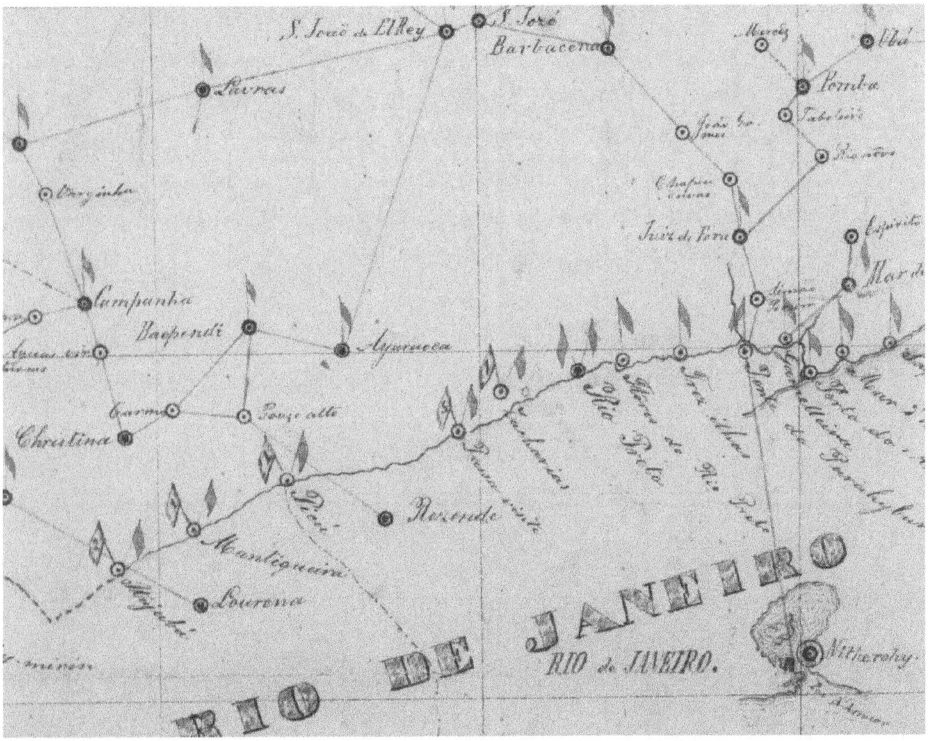

Fonte: Arquivo Público Mineiro (APM), OP-013.

Defrontamos com uma representação cartográfica extremamente singular, visto que a confecção do mapa revela um interesse do corpo técnico provincial em diagnosticar os principais traços da circulação de pessoas, mercadorias e informações da província de Minas Gerais. As linhas dos Correios foram delineadas e representadas pelos traços contínuos em cor vermelha. Deste modo, temos duas linhas dos Correios partindo da Vila de Ayuruoca: uma em direção à cidade de São João d'el Rey e outra para a Vila de Baependi. Por outro lado, nota-se uma linha do Correio entre a Vila de Resende, na província do Rio de Janeiro, e o Arraial de Pouso Alto em Minas Gerais. Embora não haja uma linha do Correio direta entre a Vila de Ayuruoca e a Vila de Resende, a solicitação elaborada pela Câmara Municipal de Ayuruoca devido à queda da ponte sobre o Rio Preto, em janeiro de 1861, revela a presença de trocas comerciais entre Resende e a Vila de Ayuruoca:

> A Camara compenetrada do interesse publico reconhece que a falta desta Ponte priva toda a comunicação do comercio com a Prov.ª do Rio, principalm.ᵉ com o municipio de Resende; e por que lhe faltam recursos pecuniários para remediar tão grande falta, recorre a VExª esperançoza de alguma providencia a prol do interesse publico. (APM, SPOP 3/6, Caixa 47, doc. 08-08)

Pode-se afirmar que as ligações dos correios fornecem indicativos que não tão somente a Vila Ayuruoca teria interesse em manter fluxos comercias e relações com a Vila de Resende.

Duas propostas para a reconstrução da ponte do Vieira sobre o Rio Preto

O primeiro parecer do engenheiro da província de Minas Gerais, Henrique Gerber, fornece um diagnóstico crítico acerca da relevância da ponte sobre o Rio Preto na estrada da Bocaina, assim como evidencia um relativo conhecimento da região e de determinado indivíduo hábil para analisar o estado de ruína da referida ponte. Tal conhecimento foi expresso na indicação do cidadão Antonio de Alcantara Fonseca Guimarães à época camarista da Vila de Ayuruoca:

> A ponte sobre o Rio Preto no lugar denominado o Vieira acha se collocada na estrada que dos Municipio da Ayuruoca se dirige ao do Rezende, passando pela recebedoria e arraial da Bocaina do Rio Preto. Fica esta estrada cerca de duas leguas distante da do Passa Vinte e parallela a esta; a queda da ponte do Vieira portanto não pode fazer tão grande falta; obriga apenas as tropas a abandonar essa estrada da

> Bocaina, que alem disso se acha em pessimo estado, e a procurar a do Passa Vinte, a qual – se bem comprehende as vistas do Exmo Governo – justamente foi construida com o fim de chamar a si todo o transito das estradas circumvisinhas, e era uma condição expressa dos respectivos contractos (celebrados já em 26 de Abril de 1859), que os emprezarios dessem transito nesta estrada no mais curto espaço de tempo possivel ou pelo alinhamento novo ou pela privada ja existente. (...) Consta-me que a ponte ja há algum tempo se achava bastante arruinada e é obra muito ordinaria. Se VEx^{a} julgar necessaria uma informação mais exacta, tomo a liberdade de propor a VEx de pedil-a do cidadão Antonio de Alcantara Fonseca Guimarães, o qual é morador da freguesia da Alagôa (uma das povoações mais interessadas na estrada da Bocaina) e camarista da Villa da Ayuruoca (...). (APM, SPOP 3-6 Caixa 47, doc. 08/01)

Contudo, neste primeiro parecer do engenheiro, datado de janeiro de 1861, não há nenhuma menção à possibilidade de construção da dita ponte através da técnica *lattice*, e sim uma indicação para a utilização da estrada do Passa Vinte em detrimento da estrada da Bocaina, na qual se encontrava a ponte sobre o Rio Preto.

Se, por um lado, nota-se que a dita ponte seria dispensável à medida que o fluxo mercantil apenas abandonaria a estrada da Bocaina e se dirigiria para a estrada do Passa Vinte, por outro, após a entrega da planta e orçamento para a reconstrução da referida ponte elaborada, em abril de 1861, pelo cidadão Antonio de Alcantara Fonseca Guimarães, o engenheiro Gerber assumiu uma posição completamente distinta. Segundo o orçamento de Antonio de Alcantara, o valor total da reconstrução alcançava a quantia de quatro contos de réis e também seria reconstruída a uma distância de quinze braças em relação à posição da antiga ponte:[26]

26 A ponte seria erguida a quinze braças de distância da antiga, ou seja, 33 metros. Sobre as transformações do sistema de pesos e medidas do século XIX, ver: BELLO, Modesto de Faria. *Tabellas do novo systema de pesos e medidas e principalmente da reducção das antigas medidas agrárias às do systema métrico e vice-versa.* Rio de Janeiro: Typographia de Adolpho de Castro & Cia, 1882.

> A Camara Municipal da Villa d'Ayuruoca tem a honra de passar as mãos de V. Exª o orçamento da ponte sobre o Rio Preto na estrada que da Bocaina se dirige a Cidᵉ de Resende, e bem assim a planta da mᵐᵃ ponte, que deve ser construida acima da antiga 15 braças. A quantia orçada de 4:000$000 é indispensavel, por que da antiga nada ficou que se possa approveitar. (APM, SPOP 3/6, Caixa 47, doc. 08-13)

Planta 6 – Vista frontal de ponte sobre o Rio Preto – 1861. Autor: Membro da Câmara Municipal Antonio de Alcantara Fonseca Guimarães.

Arquivo Público Mineiro, SPOP 3-6, Caixa 47, doc. 08/47.

Nota-se que junto ao orçamento também fora encaminhada ao presidente da província a planta confeccionada por Antonio de Alcantara. A planta e orçamento, por sua vez, chegaram ao conhecimento do engenheiro Gerber, permitindo-o analisá-las e, em decorrência de tal fato, propor a reconstrução da mesma através da técnica *lattice*:

O projecto da ponte feito pelo Cidadão Antonio da Alcantara Fonseca Guimarães é de solida construcção e os preços das madeiras por elle orçados acho razoaveis; todavia não é, no meo fraco entender, esta construção a mais propria, porque consume inutilmente uma immensa quantidade de madeiras grossas, cujo valor só no referido orçamento sobe a mais de 3:000$000. Não só para evitar este inconveniente, isto é: para economisar na despeza, como tambem no mesmo tempo ganhar outras não pequenas vantagens, tenho organisado um novo projecto, que ora tenho a honra de submetter á illustrada consideração de VExª. Comparando este meo plano com o do Senr Alcantara, devo apontar as seguintes differenças a favor do primeiro: 1º – Em lugar de descansar sobre 3 ordens de esteios que dividem a ponte em 4 lanços, acha-se no meo projecto a ponte construida de um lanço só de 132 palmos, deixando assim as aguas do rio correr desempedidamente. A construcção que foi preciso escolher para este grande lanço, é a de "engradamento" (em inglez: Lattice-work). 2º – As duas grades, que formão para assim dizer as duas vigas principaes da ponte, são somente construidas de pranchões de mui limitadas dimensões; e ao passo que o projecto do Sr. Alcantara exige 7350 palmos cubicos de madeira de um valor de 3:000$000, o meo apenas precisa de 3427 palm. cub., ou menos da metade, em um valor de 1:134$000. A ponte de engradamento alem disso não precisa de guarda-mãos especiaes, servindo as mesmas grades de parapeito. 3º – Para evitar o grande inconveniente que offerecem os encontros da ponte do Sr. Alcantara, os quaes não são senão baluartes de madeira, projectei dous encontros de pedra, que não deixarão de contribuir essencialmente para a solidez e duração da obra. 4º – A construcção das grades, que deve ser inteiramente feita em terra, é facillima, e sua collocação se faz por meio de tripeces ou esteios provisorios, e nada tem de embaraçado. Evita-se totalmente o difficil affincamento dos esteios. A construcção desta ponte de engradamento seria, se VExª ordenar a sua execução, a primeira nesta provincia (exceptuando-se as que se achão na estrada União e Industria), e poderia-se talvez encontrar o embaraço, de não achar-se carpinteiro, que se animasse a emprehendel-a. Considerando porem o progresso, que deve re-

> sultar da applicação de construções novas, que, sendo mais conformes ao preceito da arte, do que as pesadas e rusticas construcções de outr'ora, rendem o seu tributo simultaneamente á civilização e á economia dos dinheiros publicos, – considerando isto digo – não será fora de propósito, fazer pelo menos um ensaio, e julgo esta occasião uma das mais opportunas, porque o Sr. Alcantara, é profissional muito illustrado, e não duvido, que se prestará á execução da obra. Para prevenir porem a todas as duvidas, que podião nascer de um imperfeito entendimento da planta, tomo a liberdade de propor a VExª, que me ordene de mandar fazer um modello da ponte, que aqui no Juiz de Fora não pode custar mais de 50 a 60$000 réis, e em vista delle qualquer carpinteiro habil executará a ponte. (APM, SPOP 3-6, Caixa 47, doc. 08-18)

Quadro comparativo acerca de duas propostas de reconstrução da ponte sobre o Rio Preto

Proponente	Ocupação	Obra	Proposta	Quantidade de madeira	Vantagem comparativa	Capacidade
Antonio de Alcantara Fonseca Guimarães	Membro da Câmara da Vila de Ayuruoca	Ponte sobre o Rio Preto	4 vãos, sustentada por 3 esteios	78 metros cúbicos		
Henrique Gerber	Engenheiro da província de Minas Gerais	Ponte sobre o Rio Preto	Um grande vão de 132 palmos, em torno de 29 metros, edificado através da técnica lattice	34 metros cúbicos	Permite com que as águas do rio corram sem impedimentos	Suporta uma arroba por cada palmo quadrado do assoalho

Fonte: APM, SPOP 3-6, Caixa 47, doc. 08-18, doc. 08-23. BELLO, Modesto de Faria. *Tabellas do novo systema de pesos e medidas e principalmente da reducção das antigas medidas agrárias às do systema métrico e vice-versa*. Rio de Janeiro: Typographia de Adolpho de Castro & Cia, 1882.

A proposição de Henrique Gerber foi aceita e autorizada pela presidência da província. O engenheiro Gerber construiu um modelo da ponte *lattice* para ser entregue ao encarregado da obra. O referido modelo, assim como o orçamento, foram os meios utilizados para a transmissão do conhecimento técnico. Com o apoio do modelo e do orçamento e utilizando-os como referência, o encarregado Antonio de Alcantara Fonseca Guimarães iniciou a edificação da dita ponte.[27] Ao engenheiro ficou a incumbência de fiscalizar, acompanhar o andamento da obra e produzir pareceres técnicos a fim de mensurar e analisar o grau de adequação entre o projeto proposto (orçamento e planta) e a execução. De modo geral, os pareceres emitidos pelos engenheiros tiveram por objetivo não tão somente dimensionar o andamento das obras viárias, mas se posicionar a favor ou contra a liberação de verbas para o pagamento das obras, geralmente, divididas em três parcelas (APM, SPOP 3-6, Caixa 47, doc. 08-25). Ou seja, para a liberação de cada parcela era emitido um parecer técnico, fornecendo expressivos indícios das relações, conflitos e trocas estabelecidas entre os engenheiros e o encarregado da obra. Durante a reconstrução da ponte do Vieira dois engenheiros deslocaram-se em direção à obra e produziram pareceres: 1) engenheiro Henrique Gerber; 2) engenheiro Modesto de Faria Bello.

Reflexões sobre a dinâmica construtiva

Pretende-se, nesta última seção, ressaltar a dinâmica construtiva. Prioriza-se a investigação do processo de difusão de uma invenção mais do que as suas origens regionais e/ou nacionais, analisando o particular significado histórico da difusão de uma técnica, as correlações com a sociedade e a dinâmica do processo de trabalho. Nota-se que, apesar da presença dos engenheiros e das instruções técnicas fornecidas (planta, orçamento, contato oral entre engenheiro e encarregado), houve diferenciações entre o orçamento inicial e o custo final da obra, bem como alterações realizadas pelo encarregado da obra, Antonio

27 "O conhecimento técnico circulou regularmente. Ele foi compartilhado através de múltiplas redes e envolveu uma grande diversidade de estratégias (...). Foram utilizados diversos meios de comunicação: verbal ou não-verbal (por exemplo, produtos e artefatos, conhecimento prescritivo, como proto-tipos, padrões, modelos e moldes), oral ("speech contact"), e escrito (incluindo todos os tipos de desenhos, a partir de esboços)."HILAIRE-PÉREZ, Liliane; VERNA, Catherine. "Dissemination of technical knowledge in the Middle Ages and the early Modern Era: new approaches and methodological issues". *Tecnhnology and Culture*. v. 47, n. 3, 2006, p. 541.

de Alcantara, que não seguiram o projeto, efetuadas sem o consentimento e autorização dos engenheiros, como observou o engenheiro Gerber, tendo por base o relatório do engenheiro Modesto de Faria Bello:[28]

> (...) officio do Engenheiro Bello de 20 do mez passado, respeito da ponte do rio Preto no lugar chamado Vieira. Pelo dito officio collige-me quaes são as faltas que o emprezario commetteo na execução do meo plano, e outro estas são as mais essenciaes: 1° Deo elle ás cintas superiores apenas uma secção de 168 pollegadas quadradas em lugar de 192 como exige a planta; 2° Não trocou as juntas das cintas como se lembrou a elle na observação final do orçamento; 3° Não collocou as chapas de ferro nas juntas das cintas de baixo; 4° Deixou de acabar cada gradil com meia cruzeta em lugar de inteira; 5° Não colocou as tesouras de vento; 6° Parece que houve tambem uma falta na posição dos pés direitos. O estudo das construções de engradamento mostra quão prejudiciaes são as ditas omissões, mormente a 2°, 3° e 4°, e por conseguinte não é de admirar que a construção {abatesse}. Contudo assevera o Sr. Bello que o abatimento só teve lugar no gradil do juzante, o que prova ainda mais que defeito é da execução, a qual neste gradil se fez com menos esmero do que no outro. Lamento o incidente, porque estou certo que o emprezario o Sr. Acantara, muito probo e zeloso como é, procedendo de boa fé, nunca pensou, que essas faltas – aparentemente insignificantes – pudessem ter tido tão grave alcance, e falla muito em seo favor a inexperiência que tinha (como em toda parte desta Provincia ha) na execução de semelhantes pontes. Devendo-se agora tratar da reconstrucção da ponte segundo o plano, julgo prudente pôr no meio do rio um pilar de 3 esteios, porque é impossível que mesmo relevantada a ponte ella jamais tenha a resistência que exige o vão de 132 palmos, visto que muitos dos defeitos sem uma substituição completa do madeiramen-

28 Outros fatores contribuíram para a alteração do orçamento, tais como: o aumento do valor das ferragens vindas da Corte, do alcatrão e da alvenaria (APM, SPOP 3-6, Caixa 47, doc. 08-30). Ou seja, embora a ponte seja predominantemente de madeira era necessário para a reconstrução da mesma o acesso a diferentes recursos materiais.

> to dos gradis não possão ser remediados, o que importaria em uma despeza muito maior do que a construção desse pilar. (APM, SPOP 3/6, Caixa 47, doc. 08-36)

Tabela 57 – Orçamento inicial e o custo final da reconstrução da ponte do Vieira (em réis)

	Orçamento inicial (1861)	Custo final (1863/64)	Acréscimo em relação ao orçamento de 1861
Orçamento/ Custo da reconstrução da ponte	4:000$000	5:313$178	1:313$178
Despesa com a mão-de-obra de carpinteiros	200$000	694$228	494$228

Fonte: APM, SPOP 3-6, Caixa 47, doc. 08.

Os acréscimos, as alterações e distorções entre o projeto inicial e o resultado final da dita ponte não impediram a liberação do pagamento da obra ao encarregado da mesma. Em termos comparativos, segundo avaliação do engenheiro Gerber, a ponte havia se tornado a mais barata construída com tal sistema na província. Ao longo da análise comparativa elaborada pelo engenheiro Gerber nota-se a presença de projetos contrários à difusão e adoção da estrutura construtiva lattice.[29] Tal indício fica evidente quando Henrique Gerber afirma ter alcançado o seu objetivo ao edificar a dita ponte, isto é, "provar que a construção de pontes de engradamento é a mais econômica e mais adaptada para este paiz" (APM, SPOP 3/6, Caixa 47, doc. 08-44):

29 Sobre a relevância de análise do processo de negociação e de apropriação das ideias e das práticas científicas, ver: GAVROGLU, Kostas, *et al.* "Science and technology in the European periphery: some historiographical reflections". *History of science*, XLVI, n. 4, p. 153-175, 2008. Segundo Gavroglu, é fundamental mudar a perspectiva da transmissão para a apropriação, visto que a apropriação evidencia um processo de produção de conhecimento, que se entrelaça à circulação de pessoas, negociações/disputas e especificidades locais (GAVROGLU, Kostas, *et al.*, *op. cit.*, p. 159 e 161).

> A despeza (...) de 409$550 foi feito com uma alteração planejada pelo próprio emprezario antes de receber o Despacho de Vex. que mandou pôr uma ordem de esteios. Essa alteração consiste na collocação de mais duas fitas de pranchões nas cintas inferiores da ponte. Confesso francamente que esta obra foi supérflua, uma vez que os pussesse os esteios, mas tambem não pode ser prejudicial, antes contribue para a segurança. As intenções do emprezario erão as melhores, pois queria salvar a ponte de algum perigo na estação das chuvas. O facto é que a ponte ficou com estes dous accrescimos mui seguro e satisfaz a todas as exigências de uma boa construcção. A sua despeza que primitivamente eu tinha orçado em 4 contos, anda agora, é verdade, em $5:317$178, mas ainda assim é diminuitissima em comparação com outras pontes de igual extensão, e consegui sempre o fim que tive em vista com a apresentação do plano, isto é: provar que a construção de pontes de engradamento é a mais econômica e mais adaptada para este paiz. Tomo a liberdade de lembrar a VEx que a ponte do Carandahy ultimamente construida na estrada da Corte, tendo apenas uns 50 palmos de vão custou mais de 7 contos de reis, ao passo que a do Vieira com 140 palmos de vão somente custa 5 contos. Ainda outro exemplo mais palpavel! Com a ponte da Piedade construida ha pouco pelo finado Manuel Pereira J[or], a qual tem exactamente o mesmo vão de 140 palmos e é construída no mesmo systema, gastou a Provincia 13 contos de reis (...) hei de sustentar que a ponte do Vieira, comparativamente fallando, é a mais barata que foi feita na Provincia. (APM, SPOP 3-6, Caixa 47, doc. 08-44)

O processo construtivo da ponte *lattice* sobre o Rio Preto permitiu dimensionar e indicar os seguintes aspectos: I) a comunicabilidade da experiência, base para o avanço científico e tecnológico, à medida que engloba a transmissão do saber; II) dados para analisar a eficiência da iniciativa privada na edificação das obras públicas, a habilidade da mão de obra e os recursos materiais utilizados (madeira, ferragem, alcatrão e alvenaria); III) o aprimoramento de um sistema construtivo, em virtude da insuficiência das técnicas vigentes; IV) atores como os engenheiros postulam determinadas proposições como universais, mas são formuladas para resolver questões locais.

A especificidade da construção da ponte *lattice* situada sobre o Rio Preto, na divisa das províncias de Minas Gerais e do Rio de Janeiro, entre os anos de 1860 e 1864, mobilizou atores específicos. Os engenheiros e o encarregado da obra estabeleceram informações, negociações e conflitos através de intensas trocas de correspondências. Estas, por sua vez, revelaram que a reconstrução da ponte do Vieira convergiu para uma realidade entrecruzada da economia regional, do arranjo fiscal da província, da circulação de bens, pessoas e informações e, por fim, da técnica, da tecnologia e da ciência.

O estudo de caso em tela demonstra a diversidade e riqueza das informações consubstanciadas nos processos de pontes e estradas. Deste modo, o processo de difusão da técnica *lattice* é um caso emblemático das interações entre a vida cotidiana (circulação em estradas de bens, pessoas e informações) e a Engenharia, assim como evidencia que a transmissão do conhecimento técnico pode ser efetivada entre grandes distâncias, mas uma abordagem macro é insuficiente para revelar o constante diálogo entre a difusão e a escala local:

> (...) transferências de tecnologia dependem de múltiplas mediações. Além de tratados e todas as formas e canais de conhecimento codificado, artefatos e pessoas desempenham um papel crucial e interferem com descrições e prescrições (...). Intermediários (cidades, comunidades e sociedades) e os destinatários das técnicas sempre interpretaram a mesma de acordo com suas necessidades e recursos. Houve uma dialética constante entre difusão e localismo. Consequentemente, como decorrência da micro-história, estudos em escala local se tornaram uma tendência importante na história da difusão das técnicas e os resultados são ricos. (HILAIRE-PÉREZ; VERNA, 2006, p. 539 e 557)[30]

30 "(...) technology transfers relied on multiple mediations. Aside from treatises and all forms and channels of codified knowledge, artifacts and people played a crucial part and interfered with descriptions and prescriptions (...). Intermediaries (towns, communities, and societies) and recipients of techniques always interpreted them according to their own needs and resources. There was a constant dialetic between diffusion and

Por outro lado, a edificação da referida ponte revelou expressivos traços da intensa relação entre a formalização do conhecimento da Engenharia e a prática. As ações e as estratégias para a transmissão do conhecimento técnico produziram um espaço de negociação entre os engenheiros e o encarregado da obra, demonstrando que a organização administrativa da província de Minas Gerais era composta por um corpo de engenheiros capaz de conceber, dirigir e gerenciar a construção da ponte sobre o Rio Preto. Tal estrutura organizacional verificou-se extremamente dinâmica. Ora temos a manifestação do desempenho de Antonio Alcantara (encarregado da obra) e da justificativa para a seleção de determinada alteração no projeto proposto pelo engenheiro Gerber e, por outro, o discurso de ambos os engenheiros, Gerber e Modesto de Faria Bello, em constante contato com o responsável pela edificação da ponte. O diálogo nas correspondências são indícios da complexidade do processo de junção entre o "saber fazer" dos homens da técnica e da tecnologia e os homens letrados, dotados de uma linguagem abstrata, de instrumentos científicos, de conhecimento matemático, incorporados ao poder provincial sob o título de engenheiros.

Consideramos que a investigação a partir do *Banco de Dados dos Processos de Pontes e Estradas* produziu resultados inéditos para a História da Engenharia e dos engenheiros no Brasil do século XIX. A abordagem nos permitiu diferenciar os grupos sociais envolvidos na edificação da ponte, identificar a circulação de bens, pessoas e informações, bem como a participação de engenheiros na construção do modal não-ferroviário no Brasil oitocentista, mormente quando a historiografia sobre o período pouco conhece acerca da atuação dos engenheiros provinciais no âmbito da construção de pontes e estradas.

A construção da infraestrutura viária em uma região agroexportadora: engenheiros e artífices

A presente seção tem por objetivo mensurar e analisar a construção da infraestrutura viária edificada na região da Mata mineira durante o terceiro

localism. Consequently, echoing microhistory, local-scale studies have become a major trend in the history of technical dissemination, and the results are rich." (HILAIRE--PÉREZ; VERNA, 2006, p. 539 e 557).

quartel do século XIX. Para tanto, utiliza-se para análise os dados contidos no *Banco de Dados dos Processos de Pontes e Estradas*. Com base na divisão regional de Minas Gerais em dezoito regiões, optamos para a análise selecionar a região da Mata (GODOY, 1996, p. 54-55; GONZÁLEZ; ASSAD; ROJAS, 2005, p. 200)

Mapa 17 – Regionalização de Minas Gerais, destacando a região da Mata

A referida região apresentou evolução singular no que tange à infraestrutura viária tanto pela construção da estrada macadamizada, inaugurada no ano de 1861 pela Companhia União e Indústria, quanto pela inserção ferroviária na década de 1870 (BATISTA, 2010, p. 21-42).[31] O desenvolvimento da região da Mata esteve atrelado à expansão da cafeicultura e pela constante necessidade de escoamento da produção através de vias de comunicação de fácil e seguro acesso (MELO, 1995) (GENOVEZ, 2011, p. 245-246). O crescimento da produção cafeeira requereu a construção de novas e eficientes vias de comunicação. A melhoria da infraestrutura de comunicações foi condicionada pelos efeitos do crescimento da renda cafeeira na economia regional, assim como pela participação de fazendeiros locais em investimentos na infra-estrutura viária (BLASENHEIM, 1996, p. 86). Apesar dos pronunciados interesses locais e dos benefícios produzidos pelo aperfeiçoamento dos transportes, a historiografia econômica e social pouco conhece sobre as estradas e pontes edificadas na região da Mata, para além dos domínios geográficos da Companhia União e Indústria cuja estrada tinha alcance limitado até a cidade de Juiz de Fora.

Teria a abordagem da História Econômica e Social contribuído para compreender a dinâmica dos transportes na região da Mata mineira no período anterior a "era ferroviária mineira"? Para tentar responder essa questão pretende-se desenvolver os seguintes aspectos: Quais seriam os impulsos gerados pelo comércio interprovincial na edificação de pontes e estradas? Qual a importância da Engenharia e dos engenheiros na construção do modal não-ferroviário? Poderia o universo dos transportes da região da Mata ter apresentado possibilidades de aperfeiçoamento técnico na infraestrutura viária entre as décadas de 1850 e 1870?

---

31 A Estrada União e Indústria iniciou sua construção em abril de 1856. Obteve garantia de juros de 5% sobre o capital formado pela Companhia, de acordo com a lei provincial n. 51, de 25 de setembro de 1854. E, posteriormente, juros de 2% concedido pelo Governo Imperial através do Decreto n. 1785 de 19 de março de 1856. A construção da estrada foi dividida em duas seções: 1° Entre Petropólis e Pedro do Rio com extensão de 30 quilômetros; 2° ponte de Paraibuna a Juiz de Fora, totalizando cerca de 45 quilômetros. A estrada fora inaugurada em 1861. Em 1869, através do Decreto n° 2.325 de janeiro, a Companhia transferiu integralmente para a Estrada de Ferro D. Pedro II o transporte de cargas, que ficaria a partir de então centralizado em Entre-Rios. Cf. SILVA, Moacir. *Geografia dos transportes no Brasil.* Rio de Janeiro: Instituto Brasileiro de Geografia e Estatística, 1949, p. 83 e 88-90; SILVA, Moacir. *Kilometro zero. Caminhos antigos – estradas modernas.* Rio de Janeiro, 1934, p. 104-106.

Para tanto, divide-se o texto em três subseções. Na primeira seção, intitulada "Recebedorias e a construção da infraestrutura viária na região da Mata mineira: fiscalidade, Engenharia e trânsito mercantil", demonstra-se o impacto do arranjo institucional do Império na constituição de um aparato fiscal na província de Minas Gerais, no qual as estradas e pontes exerceram importante função para a geração de divisas através da circulação de bens e pessoas. Argumenta-se que os engenheiros provinciais atuaram como intermediários entre a necessidade de melhorias e aperfeiçoamentos em estradas e pontes e os interesses provinciais no âmbito administrativo. Ou seja, os engenheiros, como funcionários de segundo escalão nomeados pelo poder político, exerciam sua função em consonância com os interesses do aparato burocrático e fiscal da província de Minas Gerais. Daí a junção entre aspectos da técnica, da ciência, da economia provincial e de interesses escusos:

> Num país como o Brasil do século XIX, ser funcionário público era estar perto dos "donos do poder". Era ser um pouco dono do poder, de maneira crescente à medida que se dava a subida na escala (...). (...) Mas ser funcionário dependia de muita coisa. Dos favores, dos protetores, do parentesco e até da habilitação. Quando não havia família, nem padrinhos, nem dinheiro, nem diplomas – o que fazer? Seria de interesse para os historiadores avaliar qual era a proporção do esforço pessoal e do mérito inicialmente desajudado, assim como da competência lentamente adquirida, numa sociedade de prebenda e mercê, onde no fundo trabalhar era feio, o funcionário parecia não trabalhar e frequentemente não trabalhava mesmo. Ignoro se há estudos deste tipo. (...) Finalmente, a história de funcionários deste tipo pode ajudar a esclarecer um aspecto pouco conhecido da vida política e administrativa do Império: a relação entre o primeiro escalão, iluminado pelos faróis da história, e o segundo, geralmente perdido para a memória da posteridade. (CANDIDO, 2007, p. 15-18)

Em seguida, na segunda subseção, denominada "A patente de uma ponte pênsil no Brasil: a tentativa de difusão e construção sobre o Rio Paraíba", visa-se contribuir para a análise do sistema de patente do Brasil e identificar os fatores que conduziram ao fracasso a tentativa de construção de uma ponte pênsil sobre o Rio Paraíba.

Na subseção seguinte, "De madeira e pedra, uma ponte sobre o Rio Paraíba: engenheiros, trabalhadores e empreiteiro no aperfeiçoamento de uma 'velha' tecnologia", investiga-se a construção da dita ponte, ressaltando três aspectos: I) a construção da referida ponte implicou a formação de uma teia de relações entre engenheiros, empreiteiro, artífices e a administração provincial; II) a presença de expressivos fomentos para o aperfeiçoamento técnico na construção viária, desmistificando a tese propagada pela historiografia de pouquíssimas transformações e difusões técnicas que afetaram o sistema produtivo no terceiro quartel do século XIX (FURTADO, 1980, p. 110-111; PRADO Jr, 1970, p. 196-197; MOTOYAMA, 1994, p. 29-31) III) o aprimoramento de uma "velha" tecnologia, isto é, uma ponte de madeira e pedra, onde a disponibilidade de recursos materiais, conjuntamente com a atuação de engenheiros provinciais e de engenheiros de diferentes companhias ferroviárias, propiciaram especiais vantagens para o aperfeiçoamento da dita ponte (ROSENBERG, 1979, p. 223).

Fiscalidade, Engenharia e trânsito mercantil

O arranjo institucional do período Imperial permitiu a autonomia fiscal para o controle das rendas no âmbito da estrutura organizacional das províncias. As assembleias provinciais adquiriram a competência de decidir acerca dos aspectos relativos à infraestrutura viária.

Dentre os mecanismos de geração de receita na província de Minas Gerais havia a cobrança de taxas itinerárias (MENDES, 2007, p. 30). Os postos fiscais responsáveis pela arrecadação das taxas itinerárias eram denominados de Recebedorias (RESTITUTTI, 2008). Estas, por sua vez, situavam-se às margens de rios, em áreas limítrofes da província e em locais de intensa circulação de bens e pessoas. As Recebedorias ficaram incumbidas de efetuar cobranças sobre o trânsito interprovincial, incidindo taxas pecuniárias sobre muares importados e gêneros de exportação (café, suínos, bovinos, algodão, fumo, tecidos, toucinho, feijão etc) (MARTINS; MARTINS, 1984, p. 116-120). Por outro lado, a legislação isentava de tributação outros artigos, tais como: sal, instrumentos aratórios e objetos tendentes a desenvolver a indústria manufatureira (Livro da Lei Mineira (LLM), 1859, Lei 869: Art. 3, RESTITUTTI, 2008, p. 118). Em vista disso, defendia-se a necessidade de investimento em transporte como estratégia para o crescimento econômico (DOLHNIKOFF, 2005, p. 112):[32]

> A autonomia provincial incidia sobre a tributação, as decisões referentes a empregos provinciais e municipais, obras públicas, força policial, de modo que os governos das províncias dispunham de capacidade financeira para autonomamente decidir sobre investimentos em áreas vitais para a expansão econômica, o exercício da força coercitiva e o controle da máquina pública. (*Ibidem*, 2005, p. 18)

De acordo com o Regulamento de 1866, trinta e uma Recebedorias compunham o aparato fiscal e de geração de divisas para a receita da província. O Regulamento dividiu as Recebedorias em quatro classes diretamente proporcionais aos seus respectivos rendimentos:

---

32 Traço marcante do discurso da importância da infraestrutura de transporte como mecanismo de desenvolvimento econômico esteve presente na formulação política de planos viários que visavam integrar mercados e ampliar a arrecadação tributária. Em Minas Gerais foram promulgados três planos viários: 1835, 1864 e 1871: "Apreciados conjuntamente, os planos de viação da província de Minas Gerais parecem informados por duas ordens de preocupações. Se as determinações da hegemonia de modelo econômico primário-exportador são discerníveis na então considerada imperativa necessidade de articular a província ao exterior, mormente à cidade do Rio de Janeiro, também é constante a influência das determinações próprias à evolução histórica da economia de Minas Gerais. Os desenhos dos planos, os sentidos das articulações progressiva e reiteradamente definidas para o sistema de transportes em construção sugerem conflito entre a força de padrão de inserção periférica do Brasil no sistema capitalista mundial (ou os imperativos do desenvolvimento de atividades produtivas primárias orientadas para mercados externos) e as exigências de desenvolvimento econômico convergente para a 'independência' (ou os imperativos de economia essencialmente não exportadora)" (BARBOSA; GODOY, 2008, p. 343).

> Art 2° – São considerados de 1° classe as de: Paraibuna, Picu, Presidio do Rio Preto, Mar de Hespanha, Sapucaia. Art. 3° – São consideradas de 2° classe as de: Porto Novo do Cunha, Sapucahy-Merim, Passa Vinte, Barra Pomba, Caldas, Monte Santo, Itajubá, Três Ilhas, Flores do Rio Preto, Gameleira. Art. 4° – São consideradas de 3° classe as de: Patrocínio, Zacarias, Jaguary, Porto Velho do Cunha, Ponte Alta, Ouro Fino, Porto do Avellar, Porto da Rifana. Art. 5° – São consideradas de 4° classe as de: Cabo Verde, Campanha do Toledo, Santa Barbara, Salto Grande, Mantiqueira, Guaxupé, Pontal do Escuro, Rio Pardo. (LLM, 1866, R 55: Art. 2, 3 e 4)

Nota-se que doze Recebedorias, isto é, 38,7% se encontravam na região da Mata mineira, como se observa na tabela abaixo.

Tabela 58 – Recebedorias situadas na região da Mata mineira, segundo a classificação por classe

Classe	Região	Recebedoria
1°	Mata	Paraibuna
1°	Mata	Presídio do Rio Preto
1°	Mata	Mar de Espanha
1°	Mata	Sapucaia
2°	Mata	Porto Novo do Cunha
2°	Mata	Barra do Pomba
2°	Mata	Três Ilhas
2°	Mata	Flores do Rio Preto
2°	Mata	Gameleira
3°	Mata	Patrocínio
3°	Mata	Porto Velho do Cunha
3°	Mata	Porto do Avellar

Fonte: LLM, 1866, R 55: Art. 2, 3 e 4.

Nenhuma das Recebedorias da região da Mata mineira ocupava a categoria denominada 4° classe, composta pelas Recebedorias de menor rendimento. As doze Recebedorias se subdividiam da seguinte forma: quatro compunham a 1° classe (33,3%); cinco estavam na categoria 2° classe (41,6%); três foram classificadas na categoria 3° classe (25,1%). Revela-se, assim, que a divisão tributária estabelecida pelo Ato Adicional dotava a Assembleia Legislativa da província de Minas Gerais de mecanismos para a elaboração de uma política econômica fiscal. Para a composição desta política tributária a província se utilizou de um corpo técnico (engenheiros e desenhistas) para mensurar, mapear e identificar a circulação de bens, pessoas e ideias, como se pode vislumbrar na produção cartográfica *Mappa das Colletorias, Recebedorias e seos estravios, Linhas de Correios e suas ramificações da Província de Minas Geraes* (1865).[33] Através da representação cartográfica, observam-se: as cidades interligadas pelas linhas dos correios, a localização das Recebedorias e das Coletorias, os números de extravios e a presença de uma hierarquia urbana (Vilas, Cidades, Arraiais).

33 No século XIX, as representações cartográficas ampliaram e desenvolveram novas formas de representação do relevo (hachuras, sombreamento e o registro de cotas de altitude). Entretanto, na cartografia acerca do Brasil oitocentista há pouca consideração sobre a altitude e a declividade dada a falta de estudos da orografia do território (SANTOS, 2007, p. 65-67). É evidente a ausência de informações sobre o relevo no Mappa das Colletorias, Recebedorias e seos extravios, Linhas de Correios e suas ramificações da Provincia de Minas Gerais (1865). Privilegia-se nesse mapa o serviço público dos Correios, a composição fiscal e a hidrografia da província. Os engenheiros e desenhistas atuaram como mediadores dos interreses regionais, constituindo uma rede de profissionais atrelados ao poder provincial, que transmitiu através de uma escrita cartográfica saberes estratégicos para o controle do território, suas riquezas e sua população (KANTOR, 2010, p. 120-123).

Mapa 18 – Colletorias, Recebedorias e seos estravios, Linhas de Correios e suas ramificações da Província de Minas Geraes, coordenado pela carta geographica da mesma Província e documentos obtidos nas respectivas Repartições, por João R. Duarte, dezenhador copista da Directoria Geral de Obras Públicas sob a imediata inspecção do Sr. Engrº Aroeira, em junho de 1865

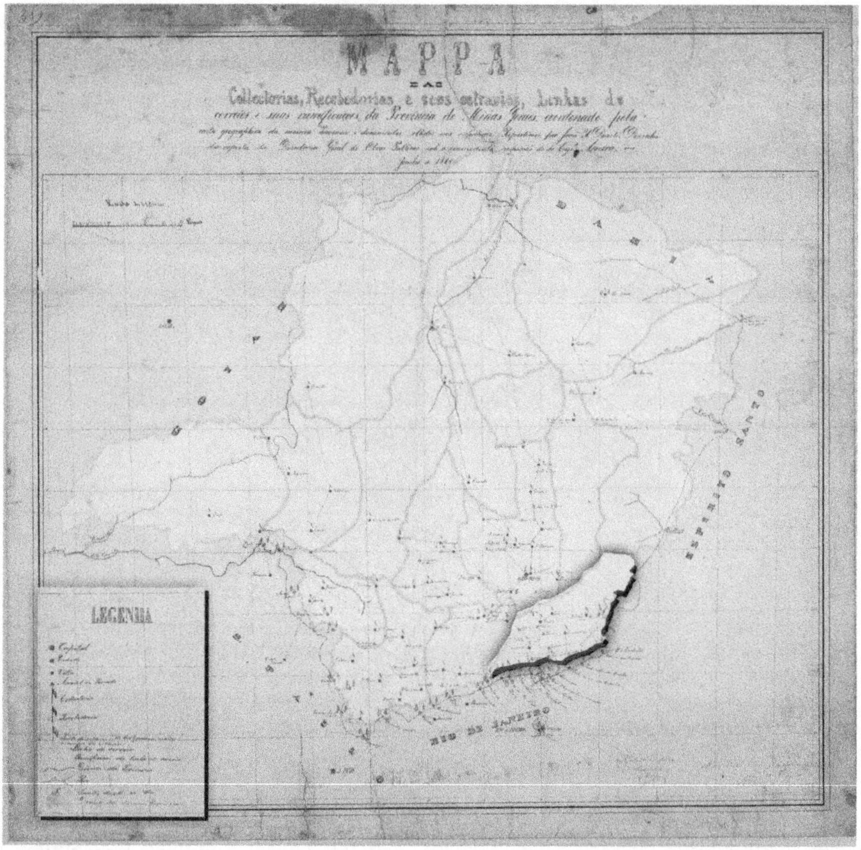

Fonte: Arquivo Público Mineiro, OP-013.

O registro cartográfico manifesta a representação de uma territorialidade específica. Se, de um lado, prevalecem informações acerca dos elementos que compõem a circulação mercantil e de ideias (correios, estradas, rios), de outro, temos a delimitação do espaço limítrofe da fronteira administrativa e do aparato fiscal (divisa da província, Recebedorias e Coletorias). Em linhas contínuas de cor vermelha estão representadas as ligações postais, as linhas dos correios, e, em bandeiras de cor verde a localização das Recebedorias. Tais características podem ser vislumbradas, através do excerto abaixo, que privilegia a região da Mata mineira.[34]

34 Acredita-se que uma abordagem sistemática da produção cartográfica sobre o espaço de Minas no século XIX, conjugada com outras fontes primárias, possa contribuir para a discussão sobre a especificidade das diversificadas regiões de Minas Gerais e, portanto, para o debate historiográfico acerca da regionalização. A dimensão da representação cartográfica e a interação com a demografia, as tendências econômicas e as relações sociais desempenhariam papel fundamental para uma abordagem das singularidades temporais e espaciais da província.

Mapa 19 – Excerto do Mappa das Colletorias, Recebedorias e seos estravios, Linhas de Correios e suas ramificações da Província de Minas Geraes coordenado pela carta geographica da mesma Província e documentos obtidos nas respectivas Repartições, por João R. Duarte, dezenhador copista da Directoria Geral de Obras Públicas sob a imediata inspecção do Sr. Engrº Aroeira, em junho de 1865.

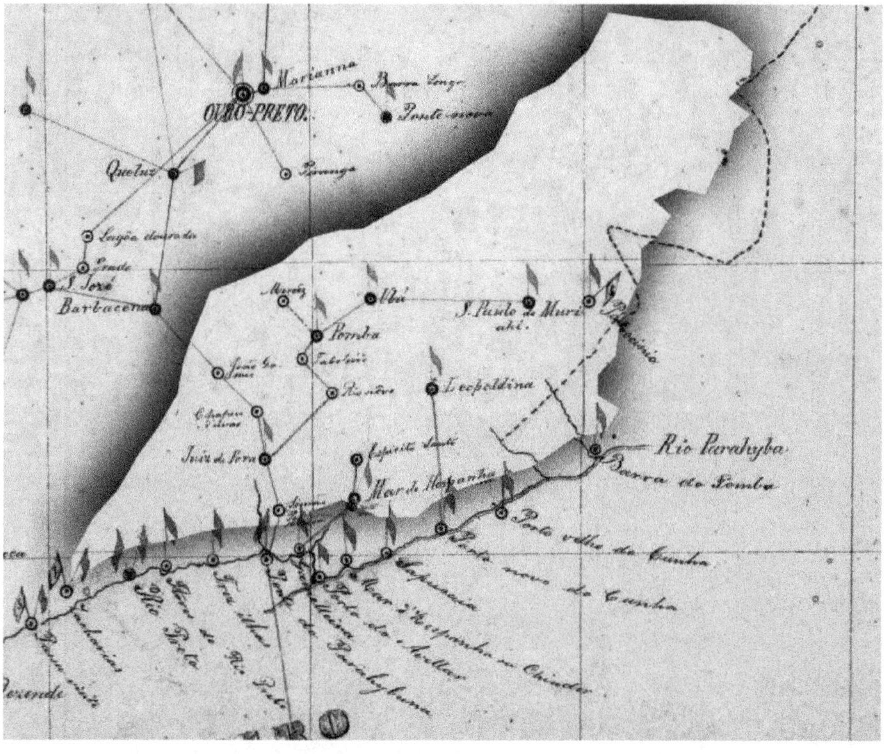

Fonte: Arquivo Público Mineiro, OP-013.

Em 1858, através da lei n. 957 de junho, a província de Minas autorizou a construção de um ramal de estrada ligando a Vila do Mar de Espanha à estrada da Companhia União e Indústria no ponto denominado Três Barras (LLM, 1858, Lei 957: Art. 1). No ano seguinte, em 1859, o engenheiro Henrique Gerber apresentou um extenso relatório com detalhes técnicos e econômicos sobre a edificação da estrada entre Mar de Espanha e o ponto de Três Barras na estrada da Companhia União e Indústria:[35]

> Todas as tropas que actualmente seguem para a Ponte do Chiador, e a maior parte das que vão para Sapucaia, passão pela Villa do Mar d' Hespanha, sendo pois aberta a referida estrada, todas estas cargas serão entregues aos carros já na Villa, e assim acaba-se immediatamente com a passagem do Chiador, reduz-se á metade a da Sapucaia, acabe-se com os terriveis caminhos que para lá conduzem com todas as suas calamidades e com os sacrificios que a Provincia faz e ha de fazer sempre com a sua conservação. A prova mais evidente da necessidade d'esta estrada está na lei N° 957 de 6 de junho de 1858 (...). (...)deve nos occupar mormente a seguinte questão: Serão sempre bastante freqüentadas e aumentadas as estradas, que vamos projectar, afim de que no caso de uma empresa possão pagar os interesses do capital pelas barreiras estabelecidas? É n'este sentido, que devemos {averiguar} a presumida frequencia n'essas estradas de rodagem (...). (...)Em um paiz novo, onde ate agora não existem importantes povoações, em que ainda não se sabe onde se formarão os centros de producção, etc, torna-se mais difficil determinar antecipadamente a melhor direcção de uma estrada que preenche um fim racional economico. Naturalmente se ha de procurar tocar as maiores povoações existentes, cidades, cabeças dos Municipios, etc, mas não deve ser esta uma questão de rigor. O primeiro ponto de vista deve ser sempre; obter um traçado que seja quanto a parte technica o mais perfeito; que corresponda inteiramente ao actual estado da arte, que facilite as communicações como convem a um paiz civilizado, e não obstante se concilie com a maior economia nas despesas. É claro, que em circumstancias d'esta ordem sempre se levantão vozes

35 O engenheiro Henrique Gerber realizou os exames técnicos com o auxílio do ajudante Gustavo Dodt. Uma das dificuldades apontadas eram os acentuados declives dos caminhos que partiam da Vila de Mar de Espanha para os Portos do Chiador ou Mar de Espanha, Porto Novo do Cunha, Sapucaia e Porto Velho do Cunha. Aconselharam o abandono das antigas estradas e a abertura de uma nova via de comunicação (Relatório de presidente de província, 1959, p. 27-28).

> no sentido de fazer crer que são feridos certos { } pela escolha de um ou outro traço, paciencia! A estrada não pode passar { } de cada interessado, não se pode satisfazer aos desejos de todos (...). (Arquivo Público Mineiro, SPOP 3-1, Caixa 1, doc. 05)

Henrique Gerber atentou para os fluxos comerciais de exportação de café e outros gêneros, assim como as taxas itinerárias incididas sobre muares, porcos, ovelhas e cabras (APM, SPOP 3-1, Caixa 1, doc. 05). O engenheiro efetuou uma extensa compilação estatística do volume de circulação em cinco Recebedorias: Ericeira, Mar de Espanha, Sapucaia, Porto Novo do Cunha e Porto Velho do Cunha. Para isso, utilizou os dados dos anos financeiros de 1854/55, 1855/56, 1856/57, bem como realizou estudos sobre a topografia e a hidrografia, visando atender aos preceitos técnicos de modo que a estrada nunca excedesse a declividade de 3% ao longo do percurso.[36] Por fim, apresentou a seguinte proposta de construção:[37]

---

36 "(...) é cousa ultimamente tão discutida que é quase supérfluo mencional-o ainda: que a largura deve ser de 32 palmos entre as fossas lateraes augmentando na vizinhança das povoações até 40 palmos, que os declives nunca devem exceder á 3% e assim como o raio das curvas nunca deve ser menor de 200 palmos, que a estrada seja construída, sobretudo á respeito das obras d'arte, com aquella solidez que prescrevem os princípios da arte moderna." (APM, SPOP 3-1, Caixa 1, doc. 05).

37 Para as transformações do sistema de pesos e medidas do século XIX (braça, palmo, légua etc) utilizamos a obra do engenheiro provincial Modesto de Faria Bello. Este atuou na província como engenheiro de Minas Gerais entre a década de 1860 até a aposentadoria em julho de 1886. Cf. BELLO, Modesto de Faria. *Tabellas do novo systema de pesos e medidas e principalmente da reducção das antigas medidas agrárias às do systema métrico e vice-versa*. Rio de Janeiro: Typographia de Adolpho de Castro & Cia, 1882.

Tabela 59 – Estrada entre ponte sobre o Rio Paraíba até a Vila de Mar de Espanha (1859)*

Trajeto	Distância (Km)**	Prazo de conclusão	Preço total
Início: ponte sobre o Rio Paraíba na estrada União e Indústria Término: Vila de Mar de Espanha	54,450 quilômetros	14 a 18 meses	1:188:000$000

Fonte: APM, SPOP 3-1, Caixa 1, doc. 05.
*A estrada seria construída em parceira com a província do Rio de Janeiro, posto que 4,950 quilômetros da estrada estavam na referida província. E o restante 54,450 quilômetros se encontravam em Minas Gerais, atingindo a distância total 59,400 quilômetros. Apenas consideramos nesse cálculo o trecho de Minas Gerais.
**Para a transformação de cada légua em quilômetro se utilizou a seguinte razão: 1 légua = 6.600 quilômetros.

O diagnóstico do fluxo de circulação elaborado pelo engenheiro Henrique Gerber contribuiu para a seleção do traçado.[38] Deste modo, cabe avaliar, separadamente, os dados obtidos pelo mesmo para a exportação de café, que englobam quatro Recebedorias: Ericeira, Sapucaia, Mar de Espanha e Porto Novo do Cunha.[39] Nota-se que somando o volume de exportação de café em

38 "As vantagens que immediatamente deve trazer a abertura d'este pedaço de estrada, são assas patentes, para que eu deva ainda enumeral-as. Todas as tropas que actualmente seguem para a Ponte do Chiador, e a maior parte das que vão para Sapucaia, passão pela Villa do Mar d' Hespanha, sendo pois aberta a referida estrada, todas estas cargas serão entregues aos carros já na Villa, e assim acaba-se immediatamente com a passagem do Chiador, reduz-se á metade a da Sapucaia, acabe-se com os terriveis caminhos que para lá conduzem com todas as suas calamidades e com os sacrificios que a Provincia faz e ha de fazer sempre com a sua conservação. A prova mais evidente da necessidade d'esta estrada está na lei n. 957 de 6 de junho de 1858 (...)" (APM, SPOP 3-1, Caixa 1, doc. 05).

39 Ao mensurar o fluxo de circulação mercantil e utilizá-lo como ponto de partida para a elaboração do projeto de construção e escolha do traçado, o engenheiro Gerber salientou a fragilidade dos dados fiscais: "(...) limitemo-nos aos dados que fornecem os registros das Recebedorias sobre a actual frequência, para depois podermos fundar n'ellas seguras conclusões. Apezar de que estes dados não são exactos, dando elles sempre algarismos inferiores á verdade por motivos bastante conhecidos; melhor é ficarmos aquém da verdade, do que exagerarmos em cousas que exigem a maior cautela." (APM, SPOP 3-1, Caixa 1, doc. 05).

cada Recebedoria, alcança-se a totalidade de 23.7 toneladas exportadas entre os anos financeiros de 1854 a 1857. Se considerarmos que toda a exportação de café se realizou por meio de mulas, temos a estimativa de uma circulação de 202.460 muares num intenso fluxo interprovincial para os três anos financeiros.

Tabela 60 – Exportação de café, recebedorias e estimativas de muares (1854-1857)

Ano Financeiro*	Recebedoria	Exportações de café		Muares equivalentes **
		Toneladas	%	N°
1854- 1855	Ericeira	1.8	2,7	1.606
	Mar de Espanha	2.5	36,8	21.891
	Sapucaia	2.0	30,0	17.860
	Porto Novo do Cunha	2.1	30,4	18.100
	Total	6.9	100,0	59.457
1855-1856	Ericeira	0.4	7,0	4.154
	Mar de Espanha	2.5	36,7	21.561
	Sapucaia	2.0	30,3	17.826
	Porto Novo do Cunha	1.7	25,8	15.172
	Total	6.8	100,0	58.713
1856-1857	Ericeira	0.6	6,8	5.735
	Mar de Espanha	3.2	32,3	27.313
	Sapucaia	3.3	33,8	28.573
	Porto Novo do Cunha	2.6	26,8	22.669
	Total	9.9	100,0	84.290
Total 1854-1857		23.7	100,0	202.460

Fonte: APM, SPOP 3-1, Caixa 1, doc. 05. As arrobas foram convertidas para quilogramas, tendo como base à razão de 1 arroba = 14,689 quilos.

*O ano financeiro se iniciava no dia 1° de julho e findava em 30 de junho.

** Para o cálculo do número dos muares em circulação utilizou-se como base de cálculo a capacidade média de transporte de 8 arrobas por animal. Cf. CRAVO, Télio A.; GODOY, Marcelo M. "Por estradas e caminhos do interior do Brasil oitocentista: viajantes e o desenvolvimento da infra-estrutura de transportes de Minas Gerais". *Anais do XIV Seminário Sobre Economia Mineira*. Diamantina: Cedeplar/UFMG, 2010, p. 14.

Temos, portanto, para o triênio 1854-1857 uma média de exportação de café e de circulação de muares, respectivamente, de 7.9 toneladas e 67.4 mil mulas em trânsito nos caminhos que seguiam em direção ao Rio de Janeiro. Constata-se que a Recebedoria de Mar de Espanha apresentava a maior quantidade exportada de café para o triênio: 8.3 toneladas e uma média anual de 2.7 toneladas. Em seguida, a Recebedoria de Sapucaia indicava uma totalidade de 7.5 toneladas exportadas, sendo a média anual de 2.5 toneladas de café. Em termos comparativos, a média de exportação de café em circulação na região da Mata compreendia 6.1% da produção total exportada pelo país entre os anos de 1854 e 1857.

Tabela 61 – Média de exportação de café, 1854-1857

Período	Brasil		Minas Gerais*	
	Toneladas	%	Toneladas	%
1854/57	128.1	100.0	7.9	6.1

Fonte: APM, SPOP 3-1, Caixa 1, doc. 05; SOARES, Sebastião Ferreira. *Notas estatísticas sobre a produção agrícola e carestia dos gêneros alimentícios no Império do Brasil*. Rio de Janeiro: IPEA/INPES, 1977, p. 17-31.
*Dados de exportação de café das seguintes Recebedorias: Ericeira, Mar de Espanha, Sapucaia e Porto Novo do Cunha.

A compilação estatística fornecida para as referidas Recebedorias não se restringia aos dados de exportação de café. Nota-se, deste modo, o trânsito de porcos, ovelhas e cabras na esfera interprovincial. Embora estejam em proporção reduzida em relação ao montante exportado de café, não se deve diminuir a importância deste fluxo interprovincial, que alcançou para o triênio financeiro um fluxo médio de 5.394 animais (porcos, ovelhas e cabras).

Infelizmente, através das indicações obtidas nas pesquisas realizadas na documentação coeva, não foi possível avaliar se a construção da referida estrada se concretizou. Contudo, pode-se concluir que o entrelaçamento entre a melhoria de uma via de comunicação e o incremento da renda pública pautou os trabalhos do engenheiro Gerber e do seu ajudante Gustavo Dodt, que intermediaram, assim, diversos interesses, anseios tributários da Assembleia Legislativa e pressupostos da técnica e da ciência para a seleção de um trajeto em um terreno menos acidentado. A seção seguinte privilegiará a análise do registro de patente de uma ponte pênsil, obtida no ano de 1858, e a proposta de construção da dita ponte em Porto Novo do Cunha, que registrava, em termos médios para os anos fiscais de 1854/57, a passagem de 2.2 toneladas de café e 18.647 de muares em trânsito interprovincial. Todavia, cabe ressaltar que parte desse fluxo mercantil interprovincial se utilizava de embarcações fluviais do Porto Novo do Cunha para a travessia de uma margem a outra do Rio Paraíba, como se observará a seguir.

A patente de uma ponte pênsil no Brasil: uma tentativa de difusão

Em 1808, James Finley patenteou nos Estados Unidos a moderna ponte pênsil. A inovação se difundiu rapidamente pela Grã-Bretanha e França. O francês Claude Navier publicou, em 1823, um tratado sobre as pontes suspensas (KRANAKIS, 1997).[40] Navier, engenheiro do *Corps des Ponts et Chaussées*, procurou adaptar a ponte suspensa às tradições e objetivos da arquitetura francesa. Assim, o design desenvolvido para a construção de ponte suspensa era elegante, monumental, requeria considerável quantia pecuniária e alto nível de conhecimento técnico. Por outro lado, o design proposto por Finley era dimensionado por três objetivos, que revelavam a interação entre inovação, tec-

40 O estudo de Eda Kranakis sobre a ponte suspensa na França e nos Estados Unidos analisa de forma comparativa o uso e produção do conhecimento tecnológico, levando em consideração a especificidade da sociedade e das instituições. Examina como o conhecimento tecnológico estava ligado às diferentes estruturas da França e das comunidades tecnológicas dos Estados Unidos, incluindo as suas relações com o Estado, os seus sistemas de recompensa, e os seus sistemas de ensino técnico (que moldaram metodologias de pesquisa e na produção de conhecimento). Demonstra que a comunidade tecnológica francesa era mais estratificada e hierárquica do que a americana e que cada estrato foi associado com uma forma distinta de ensino técnico, com foco predominantemente na matemática, experimento e treinamento. A ênfase no conhecimento matemático foi especificamente característica do estrato superior de técnicos franceses e de escolas técnicas de elite da França. Já as Escolas técnicas americanas não foram tão estratificadas, e seus currículos uniram as três formas de conhecimento (KRANAKIS, 1997, p. 4).

nologia e a sociedade dos Estados Unidos no século XIX: I) design econômico para construir e conservar; II) permitia ser construído e reparado por ferreiros e carpinteiros dado a facilidade de compreensão; III) reconhecia que o design da ponte deveria ser adaptado às condições locais existentes.

A ponte pênsil difundiu-se inserida em um contexto do sistema de patente americano, que concedeu ao inventor James Finley o direito de monopólio de dezessete anos para a exploração da inovação:

> Esse contexto institucional-econômico, envolvendo a concorrência através do sistema de patentes, teve várias implicações para o projeto de Finley. Em primeiro lugar, para aumentar o lucro, o *design* de Finley teria de ser vendido ou reproduzido, o mais amplamente possível, e isso fez-se essencial para que se tornasse economicamente importante entre seus concorrentes, padronizavel e universalmente aplicável. (*Ibidem*, 1997, p. 40)[41]

Observa-se que, no início do século XIX, havia poucos engenheiros civis formados nos Estados Unidos e, portanto, a difusão da ponte suspensa dependia da habilidade de artesãos locais:[42]

> Estima-se que não havia mais de 30 engenheiros em todo o país em 1815. Antes da fundação da West Point (1802), não haviam institutos na América que pudessem fornecer capacitação para engenheiros civis. A própria instituição não apresentava um treinamento consistente até 1816. Apesar de alguns artesãos, que eram especialistas

41 "This particular institucional-economic context, involving competition through the patent system, had several implications for Finley's design. First, to earn much profit, Finley's design would have to be sold, or reproduced, as widely as possible, and this made it essential for the design to be economical relative to its competitors, standardized, and universally applicable." (*Ibidem*, 1997, p. 40).

42 "O número preciso de pontes ('chain bridges') construídas a partir do projeto de James Finley não é conhecido. Em 1820, quando o engenheiro francês Joseph Cordier excursionou pelos Estados Unidos para aprender os avanços na tecnologia dos transportse, ele informou que 40 pontes ('chain bridges') haviam sido erguidas." (KRANAKIS, 1997, p. 61).

> na construção de pontes, apresentarem extraordinária capacidade e criatividade, não se podia esperar a realização de projetos muito grandes e/ou complexos por parte da maioria dos carpinteiros. Por exemplo, não poderia ser esperado por parte de um artesão, mais que um conhecimento básico de artimética. Como consequência, para que um projeto fosse aplicável, ele deveria ser relativamente simples. Finley foi cuidadoso em criar um projeto de fácil adaptação para diferentes locais, que não necessitaria de muito mais que conhecimentos básicos de aritmética e cálculos geométricos. Seu plano foi de habilitar qualquer pessoa a fazer uma estimativa aproximada em qualquer caso. (*Ibidem*, 1997, p. 41-42)[43]

Em Portugal, a construção da primeira ponte pênsil se realizou com o auxílio de engenheiros franceses. Em 1841, iniciou-se a construção da dita ponte e após dois anos foi inaugurada na cidade do Porto (MATOS, 1980, p. 217).

---

43 "It has been estimated that there were no more than 30 civil engineers in the entire country in 1815. Before the founding of West Point (in 1802) there was no institution in America that provided comprehensive training for civil engineers, and even West Point did not offer a solid course in the subject until 1816. (...) Although some craftsmen who specialized in bridge building were extraordinarily creative and capable, the average carpenter or blacksmith could not be expected to undertake very large or complex projects. For example, it could not be assumed that a local craftsman would have anything more than a rudimentary knowledge of arithmetic. As a consequence, for a design to be widely applicable it had to be relatively straightforward and uncomplicated to build. Finley took particular care to create a standard plan that could be adapted to a particular site with no need for any but the most trivial arithmetic or geometric calculations. His plan was supposed to enable any person to make a rough estimate for any particular case". (*Ibidem*, 1997, p. 41-42).

Figura 14 – Ao fundo, a primeira ponte pênsil construída em Portugal, na cidade do Porto – 1843.

Fonte: Câmara Municipal do Porto. *Centenário da Ponte Pênsil: exposição comemorativa inaugurada no dia 17 de fevereiro de 1943*. Porto: Câmara Municipal do Porto/Gabinete de História da Cidade, 1943.

Já no Brasil, em 1858, o português Antonio Joaquim Pereira de Carvalho adquiriu o privilégio para a exploração de construção de pontes e aquedutos pensis para o período de vinte anos.[44] A concessão da patente da ponte e aqueduto pênsil baseou-se nas normas jurídicas instituídas pela Lei de Patentes de 1830.[45] Esta, inúmeras vezes, concedia iguais condições de privilégio tanto aos

44 Decreto n° 2136 de 27 de março de 1858: "(...) hei por bem conceder-lhe por vinte anos para a sua invenção de construcção de pontes e aqueductos pensis constante das descrições e desenhos que apresentou, e que ficão competentemente archivado" (Colleção das Leis do Império do Brasil (CLIB), 1858, t. XIX, 2° parte, Decreto n°2136).

45 A Lei de Patentes de 1830 era composta por dez artigos, dentre esses destacaremos os seguintes: "Concede privilégio ao que descobriu, inventar ou melhorar uma industria util e um premio ao que introduziu uma industria estrangeira, e regula sua concessão. (...) Art 1°- A lei assegura ao descobridor, ou inventor de uma industria util a proprie-

inventores quanto aos introdutores de indústrias estrangeiras desconhecidas no Brasil, ou seja, na lei e no uso da norma prevalecia a indistinção entre inovador e introdutor, posto que, no caso deste último, o prêmio se tornava privilégio de anos. Certamente, esse era o caso da patente concedida ao português Antonio Joaquim Pereira de Carvalho. Não havia nenhum dispositivo que impedia aos introdutores obterem o direito de exclusividade de anos (MALAVOTA, 2011, p. 160-164). Havia duas possibilidades para recompensar o introdutor de um artefato estrangeiro desconhecido no país: I) concessão de prêmio pela introdução como, por exemplo, condecoração ou o pagamento pecuniário; II) o privilégio de exclusividade de duração variável (de cinco a vinte anos) de exploração sobre o objeto introduzido no Brasil. Geralmente, optava-se pela concessão do privilégio de anos: "Tal prática parece ter sido adotada por falta de verba orçamentária aos prêmios instituídos pela lei" (CERQUEIRA, 1946, t. 1, 1°vol, p. 32).[46]

Além disso, o § 5° do art. 10 da Lei de patente de 1830 previa que o privilégio de patente poderia cessar caso o beneficiário não colocasse em prática a invenção ou descoberta dentro do prazo de dois anos depois de concedido o direito de patente (CLIB, 1876, Lei de 1830, art. 10). Em vista disso, Antonio Joaquim apresentou uma proposta de edificação de uma ponte pênsil na província de Minas Gerais sobre o Rio Paraíba, nas proximidades do Porto Novo do Cunha. O referido Rio constituía-se em uma fronteira natural da divisa en-

dade e o uso exclusivo de sua descoberta ou invenção. Art 2° – O que melhorar uma descoberta, ou invenção, tem no melhoramento o direito de descobridor, ou inventor. Art 3°- Ao introductor de uma industria estrangeira se dará um prêmio proporcionado a utilidade, e difficuldade da introdução. (...) Art 5° – As patentes se concederão segundo a qualidade da descoberta, ou invenção, por espaço de cinco até vinte annos (...). Art 6° – Se o Governo comprar o segredo da invenção, ou descoberta, fal-o-ha publicar; no caso, porém, de ter unicamente concedido patente, o segredo se conservará occulto até que expire o prazo da patente. Findo este, é obrigado o inventor ou descobridor a patentear o segredo" (Colleção das Leis do Império do Brasil (CLIB), 1876, Lei de 1830, art 1°, 2°, 3°, 5° e 6°).

46 Deve se destacar que a ponte pênsil já havia sido construída no Brasil. O engenheiro francês Louis Léger Vauthier, que exerceu a função de chefe da Repartição de Obras Públicas na província de Pernambuco entre 1840 e 1846, ergueu, em 1842, a ponte pênsil de Caxangá sobre o Rio Capibaripe. Ver: FREYRE, Gilberto. *Um engenheiro francês no Brasil*. Rio de Janeiro: José Olympio, 1960, t. 1, p. 348-363.

tre o Rio de Janeiro e Minas Gerais.[47] E, dessa forma, um importante obstáculo natural a ser constantemente atravessado pelos animais, cargas e pessoas que realizavam o trânsito mercantil interprovincial em direção à província do Rio de Janeiro.

Diante disso, a proposta foi submetida para a avaliação e, após a análise da mesma, optou-se por empreender a construção da ponte pênsil. A província, em outubro de 1858, firmou contrato com Antonio Joaquim, após os pareceres de duas instâncias burocráticas da província: 1) Repartição de Obras Públicas;[48] 2) Contadoria da Mesa das Rendas. Ambas as instâncias demonstraram ser favorável à edificação da dita ponte, ressaltando pontos distintos e complementares. A Contadoria da Mesa das Rendas examinou o dito projeto e declarou o caráter de utilidade pública da ponte, já que incrementaria, através do crescimento do trânsito interprovincial, a arrecadação pública e, por outro, desoneraria os cofres da despesa média anual de 2:832$940 réis com barcas e barqueiros do Porto Novo do Cunha, que efetuavam a navegação de uma margem a outra do Rio Paraíba. Tal prática de transporte fluvial se constituía numa alternativa adequada às condições de deficiência e/ou ausência de ponte sobre o Rio Paraíba.

---

47 "A província de Minas Gerais que se distingue pela riqueza de suas águas (...). O mais meridional desses rios é o Paraíba do Sul (pará, rio, iba, água clara). (...) Ao sul da Serra da Mantiqueira, esse rio forma a fronteira entre a província de Minas Gerais e a do Rio de Janeiro e, mais ao leste, os limites entre esta província e a do Espírito Santo. De Minas Gerais ele recebe o tributo de dois caudais importantes, o Rio Paraibuna e o Rio Pomba. O curso total do Paraíba do Sul é estimado entre 140 e 145 léguas. É navegável apenas em sua porção leste, entre a Serra de São Fidélis e sua foz, em São João da Barra" (HALFELD; TSCHUDI, 1998, p. 75).

48 Em 1859, a Secretaria da Repartição de Obras Públicas era composta por um Inspetor Geral das Obras Públicas, um Oficial maior, dois 1° Oficiais, dois 2° Oficiais, dois Amanuenses titulados, dois Amanuenses extraordinários, dois responsáveis pelo Almoxarifado, um Porteiro, dois contínuos e um Administrador das obras públicas, totalizando dezesseis funcionários (APM, SPOP 3-4, Caixa 3, doc. 19). Sobre a evolução administração relativa, ver: BARBOSA, Lidiany Silva. Tropas e ferrovias em uma província não-exportadora: Estado, elites regionais e as contradições da política dos transportes no início da modernização – Minas Gerais, 1835-1889. Tese de Doutorado – Instituto de Filosofia e Ciências Sociais – Universidade Federal do Rio de Janeiro, Rio de Janeiro, 2011, p. 43-45.

Tabela 62 – Despesa da província com a barca e barqueiros do Porto Novo do Cunha (1854-1857)	
Ano financeiro (*)	Despesa (Réis)
1854-1855	2:210$000
1855-1856	3:900$695
1856-1857	2:380$170
Total	9:490$865
Despesa média anual	2:832$940

Fonte: APM, SPOP 3-6, Caixa 41, doc. 17-06.
*O ano financeiro iniciava-se no dia 1° de julho e findava em 30 de junho.

O Inspetor Geral das Obras Públicas, José Rodrigues Duarte, dissertou sobre diversos aspectos: I) o local onde se edificaria a ponte; II) a dimensão e os materiais que se utilizariam na obra; III) o modelo de cálculo para alcançar o custo total da obra; IV) a hipoteca geral dos bens ofertada por Antonio Joaquim como garantia para a realização da obra; V) a importância da passagem do Rio Paraíba e a possibilidade de crescimento do rendimento da Recebedoria de Porto Novo do Cunha.[49] E, por fim, ressaltou a utilidade da obra, assim como a viabilidade de execução da ponte pênsil:

> Resta porem resolver um problema, e é, se será exequível a construcção de uma ponte pênsil pelo systhema do proponente á isso respondo que a exequibilidade se deve considerar demonstrada pelos termos em que é concebida a Carta Patente que o Governo Imperial

49 O rendimento da Recebedoria do Porto Novo havia sido de 9:115$000 réis para o ano financeiro de 1853-1854. No ano seguinte, 1854-1855, atingiu o valor de 16:158$098 réis, e no ano de 1855-1856 alcançou 12:748$924 réis. O Inspetor Geral, como se pode observar, projetava o crescimento da arrecadação: "(...) sendo que estas sommas não são senão o producto de 3 e 6 pr% que pagão na exportação certos generos, e do imposto de passagem como V. Exa poderá verificar nas tabellas da Meza das Rendas Provinciaes por que o imposto de 4 pr % sobre o Café, que alli deve avultar consideravelmente, vista a escalla em que este genero se cultiva na parte de leste do Municipio do Pomba e em todo o territorio dos do Mar d'Hespanha e Leopoldina por virtude do convenio existente vae apparecer na Directoria das Rendas da Provincia do Rio, onde a de Minas o recebe todos os mezes" (APM, SPOP 3-6, Caixa 41, doc. 17-02).

> lhe expedio em 31 de março deste anno (...). O Imperador por bem, nos termos do art 11 da lei de 28 de Agosto de 1830, conceder ao proponente privilegio por vinte annos (é o Maximo da dita lei) para sua invenção de construcção de pontes e aqueductos pensis, constante da descripção e dezenhos que apresentou e que ficão competentemente archivados. Ora devendo se suppor que as disposições da lei forão cumprida segue-se que sobre a exequibilidade não pode haver duvidas. (APM, SPOP 3-6, Caixa 41, doc. 17-02)

Contudo, ainda havia o desconhecimento parcial sobre a largura do rio, componente essencial do cálculo de custo da obra:

> Não sei qual seja a largura do Rio Parahyba no lugar designado, se me regular pelo mappa junto que contem a planta imperfeita do projectado Caes devo suppor que o rio tem ahi a largura de cento e vinte palmos. Se assim for, uma ponte pelo systema do proponente tendo 120 palmos de comprimento e vinte de largura, contem 24 braças quadrada que á rasao de 2:200$000 r[s] importão em 52:800$000 r[s] preço em verdade rasoavel para uma ponte sobre o Rio Parahyba (...). (APM, SPOP 3-6, Caixa 41, doc. 17-02)

Tabela 63 – Ponte pênsil sobre o Rio Paraíba

Ano	Localização	Dimensão (*)	Material	Orçamento
1858	Próximo ao Cais do Porto Novo do Cunha	26,4 metros de comprimento e 4,4 metros de largura = 116,16 metros quadrados	pedra, cal, madeira e ferro	Cada metro quadrado multiplicado por 454$000 réis, sendo o custo total de 52:800$000 réis

Fonte: Arquivo Público Mineiro, SPOP 3-6, Caixa 41, doc. 17-02.
*Utiliza-se a seguinte razão: 10 palmos = 2,2 metros; cada braça quadrada = 100 palmos quadrados.

Além do desconhecimento exato sobre a largura do Rio Paraíba, a construção da ponte estava condicionada pela seleção do lugar onde seria edificada. O início da dita obra somente se realizaria após designação do local exato para construí-la. A responsabilidade de tal escolha ficou sob a tutela de uma Comissão local nomeada pelo presidente da província. Temos, assim, uma autonomia concedida pela presidência da província a uma Comissão de locais. Foram nomeados para compô-la três moradores daquela região: 1) Comendador Manoel Jose Monteiro de Castro; 2) Miguel Eugenio Monteiro de Barros (proprietário de fazenda na região de São Paulo do Muriaé e encarregado da obra de construção do Cais do Porto Novo do Cunha); 3) Barão de Aiuruoca (proprietário de fazendas em Mar de Espanha).[50]

Em carta enviada ao presidente da província, o Comendador Manoel Jose Monteiro de Castro agradecia a escolha presidencial para ocupar a Comissão, mas argumentava em prol da construção da ponte pênsil na localidade denominada Ilha dos Pombos, situada entre o Porto Novo do Cunha e Porto Velho do Cunha. Para tanto, salientou duas motivações para a edificação da dita ponte naquela localidade: I) o Rio era mais estreito, sendo apenas de 15,4 metros; II) a Ilha dos Pombos se situava na mesma direção da estrada do Sumidouro que seguia para a província do Rio de Janeiro (Arquivo Público Mineiro, SPOP 3-6, Caixa 41, doc. 17-18). Porém, segundo o Inspetor Geral de Obras Públicas, o empreiteiro português Antonio Joaquim havia descartado erguer uma ponte na Ilha dos Pombos pelos seguintes motivos: I) na localidade da Ilha dos Pombos seria mais difícil adquirir materiais provenientes do Rio de Janeiro; II) teria de erguer duas pontes em vez de uma; III) a extensão das duas pontes equivaleria a de uma feita em outro lugar.

Os trabalhos realizados em conjunto entre a Comissão e o Inspetor Geral de Obras Públicas concluíram que a dita ponte iria alcançar um valor exorbi-

50 Segundo Alcir Lenharo, a família Teixeira Leite, da qual fazia parte o Barão de Aiuruoca, havia se enriquecido na região de São João del Rey através do comércio, mineração e pela concessão de empréstimos para a compra de escravos (LENHARO, 1977/78, p. 37): "(...) Custódio Ferreira Leite (futuro Barão de Aiuruoca) (...). De família mineira de São João Del Rey, aventurou-se na região de Vassouras, para onde fez convergir grande número de parentes seus. Antes que se convertesse num dos primeiros cafeicultores de Mar de Espanha, na Zona da Mata mineira, passou longo tempo dedicando-se ao serviço de obras públicas, rasgando estradas, construindo pontes etc. Trouxe dessa etapa os cabedais que lhe permitiriam ligar-se à construção dos trechos finais da estrada da Polícia, já em solo mineiro; disso traria partido, empregando lucrativamente seus escravos nos trabalhos da estrada"(LENHARO, 1979, p. 68).

tante, visto que os estudos demonstraram que a largura do rio era extremamente superior a largura que servira de base para a elaboração do contrato, como se vislumbra em correspondência enviada, em 1859, ao presidente da província pelo Inspetor Geral:

> (...) pelos exames a que procederão o Barão da Ayuruoca, o Com^{dor} Manoel José Monteiro de Castro e Antonio Joaquim Pereira de Carvalho, os dous primeiros membros da Commissao nomeada para a designação do lugar em que no Rio Parahyba se devia collocar a ponte pênsil, e o ultimo encarregado de sua execução (...), reconheceu se que nem no Porto Novo do Cunha em que se projectava collocar a ponte, nem em qualquer outro lugar do dito Rio tem elle uma largura menor de oitenta a cem braças, não se verificando por tanto a hypothese que sérvio de base do dito contracto, pelo qual se contava, ter de construir uma ponte sobre uma largura de doze braças, ou cento e vinte palmos, importando neste caso o seu custo na quantia de cincoenta e dous contos, e oitocentos mil reis R^s 52:800$ indicada na base 5° do dito contracto. (APM, SPOP 3-6, Caixa 41, doc. 17-24)

A partir de então, as cartas enviadas pelo português Antonio Joaquim ao presidente da província passaram a questionar as atitudes e a honestidade do Inspetor Geral e da Comissão em relação à medição da largura do rio:[51]

> Ninguem acreditará que aquelles illustres Membros da Commissão, revestidos do seu caráter official, desempenhassem um perfeito papel

51 O encarregado de construir a ponte pênsil argumentava que o melhor local para a edificação da mesma era nas proximidades da Capella de Santa Anna. A localidade foi selecionada por ele quando em viagem conjunta com todos os membros da Comissão e do Inspetor Geral das Obras Públicas. O empreiteiro alegava que quando selecionou aquela localidade nenhum membro da comissão levantou voz contrária e ainda ressaltou que todos permaneceram em silêncio. Porém, quando retornaram ao Arraial de São José do Paraíba para lavrar a Ata de escolha os membros da Comissão negaram fazê-la. Ademais, salientava que não havia nenhuma ordem expressa pelo Inspetor Geral para que o engenheiro Gerber e seu ajudante Gustavo Dodt realizassem a medição do Rio Paraíba, bem como relatava que já estavam encomendados da Inglaterra os ferros necessários para a construção da ponte pênsil (APM, SPOP 3-6, Caixa 41, doc. 17-55).

> de medo ou comparças por esse silencio completo que {V.Sa} lhe quer atribuir. (...) eu convidando aquelles illustres membros para a confecção da acta, um d'elles o Ilmo Comendador Manoel Jose Monteiro de Castro pretendia começar a discutir o meu Contracto, e eu, com os termos mais convenientes e atenciosos lhe observei que as attribuições da Commissao se limitavam á simples designação do lugar, mas nunca nunca exercer faculdade, que o Governo Provincial, na sua especial nomeação, lhe não havia dado. (APM, SPOP 3-6, Caixa 41, doc. 17-55)

Por fim, sob a alegação de que o contrato vigorava em base falsa em virtude do desconhecimento da largura real do Rio Paraíba e, portanto, orçado num valor inverídico, o contrato foi cancelado. Em Minas Gerais, a tentativa de introdução da técnica pênsil não se fez sem querelas: "(...) a influência da técnica estrangeira não se faz sentir (...) sem atritos, ressentimentos, em consequência da competição com agentes de outras culturas e principalmente com os técnicos nacionais e com burocratas e políticos oposicionistas da terra" (FREYRE, 1960, t. 1, p. 229). Estranhamente, não há, ao longo do processo, nenhum parecer assinado por um engenheiro relativo à medição da largura do Rio Paraíba. Conclui-se que a tentativa de introduzir a técnica pênsil, mediada e protegida pelo sistema de patente de 1830, possivelmente se deparou com interesses que estavam inseridos no âmbito da infraestrutura viária da província. Não se trata de abordar o inventor como um herói, impossibilitado de realizar uma grande benfeitoria e, muito menos, em confundir mudança tecnológica e transformação socioeconômica. Trata-se de revelar a diversidade de elementos que compõem o espectro cultural, político e econômico fundamentais para o ritmo de difusão de uma tecnologia (ROSENBERG, 2006, p. 25). Além disso, é necessário reconhecer que, para patentear a ponte pênsil, o empreiteiro português Antonio Joaquim Pereira de Carvalho estava em consonância e atento à tecnologia viária produzida externamente seja em Portugal, em França ou nos Estados Unidos (BASALLA, 2001, p. 61/82):

> As competências básicas envolvidas na invenção e uso da técnica na Europa setecentista têm mais a ver com o saber-fazer, com o con-

> trole empírico de processos mecânicos, a habilidade, imaginação, originalidade, teimosia do que com a capacidade de compreender de forma sistemática e planificada conjuntos de causas e relações. Apenas a partir de 1850 o papel da ciência passa a ser mais efectivo na criação de progresso técnico, sem, contudo, eliminar o inventor engenhoso, o autodidacta ou o homem prático. (MADUREIRA; MATOS, 2005, p. 125)

De madeira e pedra: engenheiros, trabalhadores e empreiteiro no aperfeiçoamento de uma "velha" tecnologia

Havia já diversas solicitações para a construção de uma ponte sobre o Rio Paraíba na Ilha dos Pombos. As reivindicações remetiam à década de 1850, mas somente em 1871 que a presidência da província autorizaria a construção da ponte sobre o rio Paraíba, no lugar denominado Ilha dos Pombos (LLM, 1871, Lei n. 1765).[52] Esta, por sua vez, localizava-se, aproximadamente, a uma distância de doze quilômetros de Porto Novo do Cunha. O contratante da referida obra, o cidadão José Maria de Souza Passos, segundo o Engenheiro Bruno Von Sperling, apresentava interesse econômico para que a ponte fosse edificada:

> O snr Passos nunca havia querer sujeitar se a esta empreza se elle não tivesse em vista que elle por meio d'esta ponte realisara grande interesse de sua propriedade da ilha que tem área de 80 Alqueires, e da qual elle pretende transformar grande parte em pasto (APM, SPOP 3-6, Caixa 41, doc. 18-44).

52 A Câmara Municipal de Leopoldina representou em correspondências, dos meses de julho e outubro de 1857, endereçadas ao presidente da província de Minas, a importância de uma ponte na Ilha dos Pombos. Em uma das cartas, afirmava o interesse de três fazendeiros do município de Cantagalo em se encarregarem da obra mediante a concessão de privilégios (garantia de determinado número de anos sobre os rendimentos provenientes da dita ponte). Além disso, destacava que o vereador Tenente Coronel José Garcia Mattos forneceria gratuitamente madeira e também animais para o auxílio da obra. Ressaltava, por fim, a conveniência da obra em vista do trânsito interprovincial e afirmava que as tropas com grande demora e prejuízo procuravam a Barra do Porto Novo do Cunha (APM, SPOP 3-6, Caixa 41, doc. 18-05, 18-07, 18-10, 18-11).

Mapa 20 – Comparativo da Viação férrea ao norte da província do Rio de Janeiro e a leste da de Minas Gerais. Organizada por Edmundo C. Meinicke, 1878.

Fonte: Arquivo Público Mineiro, PP-014.

Mapa 21 – Excerto do mapa comparativo da Viação férrea ao norte da província do Rio de Janeiro e a leste da de Minas Gerais. Organizada por Edmundo C. Meinicke, 1878.

Fonte: Arquivo Público Mineiro,PP-014.

Em maio de 1871, a província de Minas Gerais celebrou o contrato de construção da dita ponte, no qual expressava as condições técnicas e as diretrizes que deveriam ser adotadas pelo empreiteiro José Maria de Souza Passos:

> 1°Seguirá o projecto levantado em 15 de janeiro de 1870 pelos Engenheiros Clemente de Novelleto Sptzler e Francisco Pereira Passos sendo o local da construção o indicado no perfil n° 3 da planta (...). 2° Empregará somente braúna, ipé, sucupira, sapucaia e peroba, mas no engradamento e vigamento somente braúna e ipe.(...) 5° As pedras deverão ser assentadas em cimento puro de Portland não

> apresentando juntas superiores de 0,^{m}005 (cinco millimetros) (...). 7° A provincia pagará ao contractante a quantia de 31:220$000 r^{s} em duas prestações iguaes, sendo a primeira logo que tiverem começo as obras o que poderá ser provado por meio de attestado da Camara Municipal do Mar de Hespanha, ou das autoridades da Freguesia de S. Jose d'Alem Parahyba. A 2° logo que forem aceitas as obras depois de examinadas e approvadas por Engenheiro da Provincia.(...) 12° Si durante a construção das obras, julgar-se necessario fazer alguma alteração no projecto, de modo que lhes dê maior segurança ou facilite a execução, poderá o arrematante recorrer a algum engenheiro da estrada de ferro de Pedro 2° para indicar o modo mais consciente de realizar essa modificação que so será levada a effeito por autorização da Exma Presidência.(...) 14° O contratante obriga-se por ultimo a conservar gratuitamente as obras que fizer por espaço de um anno contado do dia em que as pontes forem abertas ao transito publico. (APM, SPOP 3-6, Caixa 41, doc. 18-59)

Para alcançar a formulação do dito contrato, atores específicos, mormente engenheiros, atuaram no exame e escolha do local para edificar a ponte, confecção de planta e orçamento. Diante disso, pode-se afirmar a existência de duas lacunas na historiografia sobre os transportes no Brasil do século XIX: 1) pouco se considera acerca da coexistência entre as modalidades de transporte na década de 1870 e da permanência do uso dos muares numa de região de penetração ferroviária; 2) se desconhece a participação de engenheiros em atividades construtivas do modal não-ferroviário.[53] Em relação ao primeiro aspecto,

53 O trabalho de Edmundo C. Coelho enfatiza o processo de legitimação técnica e social da Engenharia no século XIX sob a tutela do Estado, privilegiando uma abordagem na qual se evidencia a forte presença do setor ferroviário como principal empregador dos formados em Engenharia (COELHO, 1999, p. 198). A partir de tal constatação, argumenta-se que os engenheiros brasileiros na década de 1860 e 1870 eram, majoritariamente, absorvidos pela burocracia do Estado que encaminhava-os para o setor ferroviário. Ver: COELHO, Edmundo Campos. *As profissões imperiais: Medicina, Engenharia e Advocacia no Rio de Janeiro (1822-1930)*. São Paulo: Editora Record, 1999. Em outro trabalho, prevalece a afirmação de que os engenheiros civis tiveram na construção das ferrovias uma "escola prática", e que o exercício da Engenharia esteve vinculado à expansão da produção agrário-exportadora. Neste estudo o engenheiro é abordado como

predomina na historiografia a concepção de que um dos efeitos da construção do sistema ferroviário foi a substituição quase imediata dos muares. Segundo Hebert Klein, o advento ferroviário demarcou a substituição das mulas pelas ferrovias (KLEIN, 1989, p. 356/357). Para Alfredo Ellis Junior, a década de 1870 culminou no fim do "ciclo econômico do muar": "O ciclo do muar nasceu com o ouro, na madrugada, do século XVII e depois de uma vigência de mais de século e meio, morreu em 1875 mais ou menos, com o advento da ferrovia" (ELLIS JUNIOR, 1950, p. 73). Dessa forma, ambos os autores traçam uma relação direta entre a introdução das ferrovias em uma região agroexportadora e o fim do uso de mulas para o transporte, privilegiando uma ideia de ruptura e descontinuidade tecnológica:

> A afirmação de que o principal mercado para as mulas era o da exportação de café fica corroborada pelo rápido declínio do mercado de mulas de Sorocaba a partir da chegada das ferrovias originárias do litoral (KLEIN, 1989, p. 366).

Por outro lado, em seu estudo Rômulo Andrade indicou a presença, na segunda metade do século XIX, de animais de tração nos *inventários post-mortem* e sugeriu a permanência dos muares na região da Mata mineira, atuando no fluxo comercial de caráter local, nas décadas de 1870 e 1880:

> Nos anos 50 e 60, a média de burros/bestas por proprietário era de 34 cabeças, diminuindo para apenas 9 nas duas décadas, seguintes. Seu valor médio acompanha esse decréscimo numérico, reduzindo-se de 89$000 por volta de 1850 e 1860, para 60$000 no período de 1870/80. Nota-se entretanto, que mesmo dentro deste quadro de variação (quantidade e preço), permanece sua frequência em todo

um "técnico modernizador" que, condicionado pela formação escolar e prática profissional, encontrava-se apto para "desenvolver e manter o complexo agroexportador", sobretudo ao estabelecer diretrizes para as políticas públicas ferroviárias. Cf. MARINHO, Pedro Eduardo M. de Monteiro. "Porta-vozes em uma era de incertezas: o Clube de Engenharia e a concepção de uma inspetoria geral das estradas de ferro". *Revista Brasileira de História da Ciência*, Rio de Janeiro, v. 3, n. 2, p. 170-183, jul/dez 2010.

> o período, em praticamente todas as propriedades, o que demonstra sua grande utilidade, mesmo após o advento da rodovia União e Indústria em 1861 e da ferrovia, nos anos setenta, quando então passam a ser utilizados, juntamente com os bois atrelados a carros (carros de boi), no transporte local de mercadorias. (ANDRADE,1991, p. 101)

No que tange ao segundo aspecto, a historiografia considera a introdução das ferrovias como ponto nodal para a compreensão da atividade da Engenharia no Brasil, porém sem qualquer menção ou consideração acerca da relevância da participação de engenheiros na construção viária de pontes e estradas:

> A construção das estradas de ferro foi o primeiro grande desafio que a engenharia teve de enfrentar aqui no Brasil. Até então, pode-se dizer, que a atuação dos engenheiros no Brasil tinha, principalmente, motivações de ordem política: eram engenheiros militares construindo fortificações e edifícios públicos, realizando levantamentos estratégicos ou demarcação de fronteiras etc. Com a construção das estradas de ferro a situação modificou-se completamente, já que os motivos eram, agora, basicamente econômicos, e enorme foi o impacto dessas construções na economia do país e na sociedade em geral. (TELLES, 1994, p. 227)

A expansão ferroviária, certamente dinamizou e barateou a circulação de bens e pessoas, permitindo, como se observa na tabela abaixo, a redução do preço do frete e o deslocamento em menor tempo.[54] Portanto, não se deve desconsiderar o impacto das ferroviárias, mormente quando se trata de uma região interiorana com vínculos externos importantes, como se evidencia na região da Mata mineira.

54 É necessário atentar para o desenvolvimento férreo no Brasil em comparação com os padrões convencionais de desenvolvimento de estradas de ferro, assim como o impacto direto das ferrovias em nações industrialmente avançadas. Sobre esses aspectos, os benefícios da nova tecnologia e as consequências das estradas de ferro em economias ditas atrasadas. Cf. SUMMERHILL, William R. "Big social savings in a small laggard economy: railroad-led growth in Brazil". *The Journal of Economic History*, v. 65, n. 1, 2005, p. 72-102.

Tabela 64 – Valor do frete (ferrovias e muares)		
Meio de transporte	Preço de cada arroba por légua (réis)	Distância regular percorrida por dia (léguas)
Muares	0$40	3 e 4 léguas
Ferrovias	0$20	5 léguas

Fonte: APM, SPOP 3-1, Caixa 1, doc. 05; QUEIROZ, João Ramos de. *Ligação da província de São Paulo ao Rio São Francisco*. Rio de Janeiro: Typografia do Globo, 1875, p. 18-31; KLEIN, Hebert. "A oferta de muares". *Estudos Econômicos*, São Paulo, mai./ ago. 1989, p. 347-372.

No entanto, o avanço ferroviário se realizou sem articulação intermodal (ferrovia-rodovia). A introdução das ferrovias alterou traçados de estradas já projetadas por engenheiros; contribuiu para o decréscimo das rendas geradas pelas Recebedorias fundamentais para o aperfeiçoamento de pontes e estradas. Em vista dessa perspectiva, compreende-se que a ponte da Ilha dos Pombos seja um caso emblemático, dada a singularidade do avanço ferroviário na região. A construção da dita ponte somente foi decidida após ser resolvido que os trilhos da E.F. D. Pedro II alcançariam a localidade de Porto Novo do Cunha. As ligações comerciais de diversas localidades de Minas Gerais, mormente com a cidade de Cantagalo, impunham a necessidade de uma ponte cuja construção, apesar do alto valor de 31:231$000 réis (em torno de 7.800 libras esterlinas), seria justificável, visto que a diversidade do fluxo mercantil não seria atendida pelas ferrovias em expansão na região da Mata mineira. O engenheiro Bruno Von Sperling enfatizou as relações comerciais dos municípios de Mar de Espanha, Leopoldina, São Paulo do Muriaé, Ponte Nova e Abre Campo com o município cafeicultor de Cantagalo:[55]

> (...) não é so a grande exportação do café que vem a questão; existe hoje um comércio muito ativo entre o rico municipio de Cantagalo e

55 Para a conversão de réis para libra esterlina, utilizamos a cotação mensal da libra esterlina em relação ao réis referente ao mês de abril de 1871 (Pence/mil réis = 25,25). Cf. FRANCO, Gustavo H. Barroso. "Setor Externo". In: *Estatísticas históricas do Brasil: séries econômicas, demográficas e sociais de 1550 a 1988*. 2 ed. rev. Rio de Janeiro: IBGE, 1990, p. 557-598.

> a Provincia de Minas Gerais para que concorrem não so os municipios de Mar d'Hespanha, Leopoldina e São Paulo do Muriahe (...) mas sim tambem aqueles mais ao Norte até a Ponte Nova e Abre Campo sendo quasi exclusivamente por ali para onde exporta este ultimo e a respeito de estrada tão mal aquinhoado Distrito. Milhares de arrobas de toucinho, açucar,{ }, tecidos, solla # e igualmente milhares de cabeças de porcos, gado vacum, bestas bravas e arreiadas atravessão anualmente o Parahyba achando sempre um favorável mercado no Distrito de Cantagalo, entregue exclusivamente, como V.S. bem sabe, a cultura de café. Esta exportação por ali em todo tempo há de continuar por que torna-se mais seguro e lucrativo ao exportador, de que demandar o grande mercado do Rio de Janeiro por via da Estrada de Ferro. E isso está provado, pois o que sustenta ainda hoje as Recebedorias do Porto Novo e Velho do Cunha e da Pirapetinga é este mesmo comercio, pois o café já todo se dirige a estação do Chiador. Em consequência a utilidade e mesmo a necessidade d'uma ponte por aqueles lugares é e será sempre patente, assim como, creio eu, a renda d'esta ponte será suficiente não só para a despesa d'arrecadação como para dar um bom juro do capital empregado, acrescendo, para isso a circunstancia de assim que se abrir a estação do Porto Novo do Cunha e assim que constar que existe uma ponte, único meio seguro e regular de transpor um rio tão caudaloso e largo como é o Parahyba, todos os exportadores das vertentes do Parahyba na Provincia do Rio até a Aldea das Pedras hão de procurar a estrada de Ferro de D. Pedro 2° e por conseguinte as suas tropas atravessara a ponte, dando assim não so uma renda prospera como m^{mo} um importante lucro à Provincia. (APM, SPOP 3-6, Caixa 41, doc. 18-44)

Para a composição do orçamento da ponte da Ilha dos Pombos participaram três engenheiros, que debateram sobre os valores e os materiais a serem utilizados na obra: 1) Engenheiro Francisco Pereira Passos (Chefe da Secção da E.F.D. Pedro II); 2) Engenheiro Clemente de Nevelleto (1° ajudante da E.F.D. Pedro II); 3) Engenheiro Bruno Von Sperling (província de Minas Gerais). O primeiro orçamento foi projetado pelos engenheiros da E.F.D. Pedro

II e logo chegou ao conhecimento do Engenheiro provincial Bruno Von Sperling, que tratou de avaliá-lo e apresentar um relatório técnico favorável ao orçamento feito pelos engenheiros da E.F. D. Pedro II: "O projecto me parece bem concebido, recommenda-se por sua singelesa e offerece toda a segurança (...)". (APM, SPOP 3-6, Caixa 41, doc. 18-44).

Organograma 1 – Engenheiros e a elaboração do orçamento da ponte sobre o Rio Parahyba

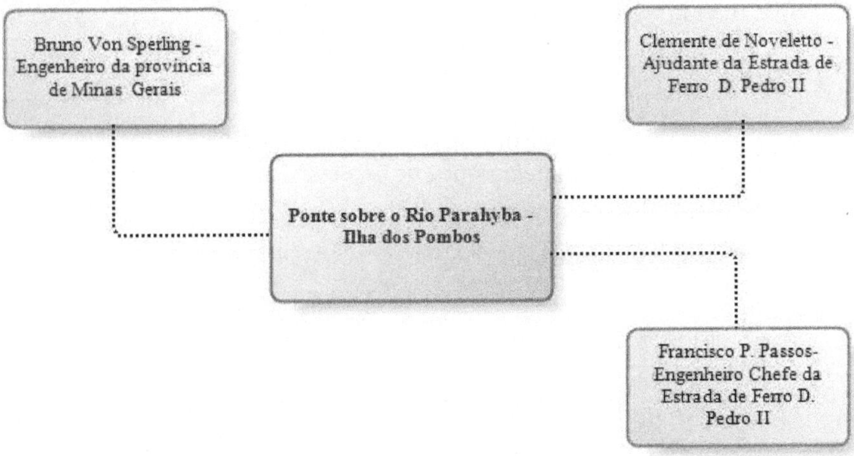

Fonte: APM, SPOP 3-6, Caixa 41, doc. 18. Elaboração própria.

Após a conclusão da obra, em 1873, o empreiteiro José Maria apresentou um requerimento, solicitando uma indenização de 13:978$205 réis, resultante da diferença entre o custo final e o orçamento inicial. Tal requerimento era composto por um parecer técnico, que constava da assinatura de três engenheiros e pretendia justificar o valor acrescido na obra e, portanto, legitimar o pagamento da indenização: 1) João Gomes do Val (Engenheiro Chefe da Estrada de Ferro Leopoldina); 2) Joaquim Vieira Ferreira (Engenheiro da Estrada de Ferro Leopoldina); 3) José Ribeiro da S. Pirajá (Engenheiro da Estrada de Ferro D. Pedro II):

> (...) em consequência do exame a que procederão na ponte sobre o Parahyba denominada das Ilha dos Pombos, á pedido do Snr Jose

> Maria de Souza Passos (...) attestão (...): 1° Que os pilares e as testas dos encontros são de cantaria rústica, como se acha descripto nos § 4° e 5° das especificações do seu contracto, e que nem convinha que fossem de alvenaria ordinária, como vem indicado no orçamento, porque no lugar em que foi levantada a ponte o rio corre em cachoeira { } rápido, a sujeitando a choques violentos de troncos e arvores. 2° que as {alas} dos encontros são de alvenaria conforme os desenhos e orçamentos, sendo porem mais compridas do que se acha indicado no projecto, o que, no logar em que está a ponte, convem para dar maior segurança aos aterros que lhe dão acesso. 3° que em geral os pilares tem maior cubação do que a que vem mencionado no orçamento sobretudo a n°1 por não existir a pedra indicada no projecto (perfil n°3), o que verificou-se por meio de sondagem, como reclamou o empreteiro que afirmar ter sido obrigado a fundar a 2,80 metros abaixo do nivel da maior seca.(...)Os abaixo assignados achão que será de justiça que o empreteiro seja indennizado da quantia que reclama como excesso de despesas, a qual, conforme as contas que verificão, montão em quarenta e cinco contos, duzentos e nove duzentos e cinco reis. Devemos acrescentar que há alguma differença nos comprimentos dos vãos entre os pilares que em nada prejudicão a vazão da ponte porque conservão livre os canaes principais do rio. (APM, SPOP 3-6, Caixa 41, doc. 18-127)

Tabela 65 – Orçamento inicial e o custo final da ponte sobre o Rio Paraíba

Orçamento inicial	Custo final	Acréscimo em relação ao orçamento inicial
31:231$000	45:209$205	13:978$205

Fonte: APM, SPOP 3-6, Caixa 41, doc. 18.

A fim de obter o pagamento da verba indenizatória, o empreiteiro José Maria apresentou diversos recibos, notas, folhas mensais de trabalhadores (nome, ocupação, valor do jornal) etc. Segundo as informações prestadas pelo empreiteiro, temos um número mensal médio de vinte e oito trabalhadores envolvidos na edificação da ponte entre os meses de dezembro de 1871 e agosto de 1872. Compunha ainda a despesa da obra o custo de materiais como, por exemplo, ferro, cimento, cal, verniz, madeira, carvão, assim como os trabalhos de construção: derrubada da mata e aterro. Para a aquisição de parte dos materiais empregados, o empreiteiro estabeleceu relações mercantis com diversos estabelecimentos comerciais na cidade do Rio de Janeiro. Assim, parte do ferro e cimento, aproximadamente 42% do valor total gasto na compra do referido item, foram adquiridos no Armazém Silva Monteiro & Cia, as ferragens na loja Monteiro & Correia, e os cabos no estabelecimento Rebello & Cia; todas as três casas comerciais situadas na cidade do Rio de Janeiro (APM, SPOP3-6, Caixa 41 doc. 18-85, 18-92, 18-96).

Tabela 66 – Despesas com a construção da ponte sobre o Rio Paraíba

Despesa	Valor (Réis)	%
Derrubada na margem esquerda do Rio	48$000	0.1
Ferragem	53$040	0.1
Três Barris de Verniz	92$000	0.2
Carvão	254$800	0.5
Vinte dúzias de tabuas para andaimes (cada dúzia valor de 0$15)	300$000	0.6
Cabos	490$860	1.0
Despesas em viagens ao Rio de Janeiro	314$800	0.7
Aterro da ponte	575$000	1.3
Vinte e nove dúzias de pranchões para soalho (cada dúzia valor de 0$36)	1:044$000	2.1
Materiais	1:220$480	2.7
Cal	1:330$000	3.0
Ferro e Cimento	3:506$180	7.8
Madeira	6:100$000	13.4
Carpinteiro	7:092$850	16.0
Pedreiros*	24:007$675	53.0
Total	45:209$205	100.0

Fonte: APM, SPOP 3-6, Caixa 41, doc. 18-11.
(*) A denominação pedreiro aparece como algo genérico na documentação. Nesta categoria estão englobadas as seguintes ocupações: Mestre, Contramestre, Canteiro, Cavouqueiro, Servente, Ajudante, Cozinheiro, Ferreiro.

Observa-se que na despesa geral os artífices representaram 69% do custo total da obra.[56] Dentre os trabalhadores, notamos a superioridade numérica e a constante presença dos artífices denominados canteiros. Este artífice, "official, que lavra pedras de cantaria" (SILVA, 1831, p. 333), era responsável por transformar as pedras brutas em pedras retangulares, como ressalta o engenheiro Bruno Von Sperling:

> Os canteiros, como se designa aquelles officiaes de pedreiro que com o emprego do martello, picão e escopo transformao as pedras brutas á formas retangulares com as faces, leitos e subleitos talhados e faceados, não se preciza para a alvenaria, se não para a de classes superiores, e exigindo aquella somente um terço de aparelhamento a martello, para que qualquer official pedreiro serve, emquanto torna-se necessario para a qualificação de canteiro muito mais pratica no officio, ganhando por este motivo estes operários jornaes mais altos e gastando tambem cerca de duas partes de tempo mais n'este modo de construcção do que na alvenaria simples, ficando justificado deste modo a grande differença nos preços do jornal. (APM, SPOP 3-6, Caixa 41, doc. 18-165)

Por outro lado, apesar de se encontrarem em termos numéricos inferiores, os artífices de mestre, contramestre e ferreiro apresentavam altos jornais e presença em todos os meses.

56 Os jornais pagos permitem situar os artífices numa hierarquia em razão da renda. Deve-se atentar que a ocupação também se entrelaça a faixa etária, a condição social (livre e/ou escravo) e as variáveis demográficas. Porém, as fontes primárias em análise não permitem maiores asserções sobre as idades e a condição social dos artífices: "Entre todas as variáveis que conferem a cada profissão seu nível na hierarquia social, os salários e vencimentos são os mais discriminantes (...) mas também os mais difíceis a serem avaliados sem erro" (HÉLIN, 1977, p. 194).

Tabela 67 – Ocupação e jornal dos trabalhadores na construção da ponte sobre o Rio Paraíba (Dezembro de 1871 a agosto de 1872)

Ocupação	Jornal	Número de trabalhadores empregados em cada mês									
		Nov.	Dez.	Jan.	Fev.	Mar.	Abr.	Mai.	Jun.	Jul.	Ago.
Mestre	6$000	1	1	1	1	1	1	1	1	1	1
Contramestre	3$800	1	1	1	1	1	1	1	1	1	1
Ferreiro	4$000	1	1	1	1	1	1	2	1	1	2
Carpinteiro	3$500	2	2	1							
Canteiro	3$500	14	16	19	21	21	20	18	21	10	9
Cavouqueiro	3$000	5	2	3	4	2	4	4	1	1	1
Ajudante	3$000	1	1	1	1	1	1	2	1	2	1
Carreiro	2$500		2							2	2
Servente	2$500	3	1	5	1	2	2	1	2		1
Cozinheiro	3$000	1	1	1	1	1	1	1	1	1	1
Total		29	28	33	31	30	31	30	29	19	19

Fonte: APM, SPOP 3-6, Caixa 41, doc. 18-71, 18-72, 18-76, 18-79, 18-80, 18-87, 18-88, 18-91, 18-93, 18-94, 18-111.

Porém, o então Diretor interino das Obras Públicas, o Engenheiro Bruno Von Sperling, questionava a validade das despesas apresentadas pelo empreiteiro para o cálculo da indenização, sobretudo as contas relativas aos trabalhadores da obra:

> Toda mais despeza não está provada pelas assignaturas do passado receberão as importâncias. É verdade que as férias dos pedreiros e carpinteiro trazem as assignaturas dos respectivos mestres, porem em signal de terem sido pagas as quantias vencidas não encontra-se a assignatura de cada um individuo que recebeu, como alias em todas as occaziões análogas com todo o fundamento é exigido pela Thesouraria Provincial – mas sim só a simples declaração (...). Longe de mim por em duvida a veracidade das contas apresentadas e da despesa feita, mas perante a lei creio que não podem ser consideradas como documentos.(...)Por isso penso que no caso presente a única prova em face da Lei, de que houve excesso na obra e consequentemente prejuizos reaes, só pode-se encontrar nos pareceres e cálculos feitos por pessoas profissionaes, e que por demais se acharão

> ao serviço da Provincia, cujos interesses tinhao de zelar por força de um juramento prestado. (...) Emfim estabelecer-se um calculo daquellas differenças seria muito fallivel, e provavelmente, o resultado não attingiria a realidade. É verdade que como V. Exa. observa, a obra feita com alvenaria exigiria tambem o mestre, porem o exigiria talvez somente pela 3° parte do tempo, que se havia gastar e executando as obras em {autoriza}. Quando ao contramestre cuja obrigação especial é escolher as pedras próprias, determinar as suas formas, e dimensões, riscal-as como technicamente se diz, para obra de alvenaria, tornara-se dispensável. (...) Quanto aos carroceiros, se bem que para transporte de volume de uma obra, seja em cantaria ou alvenaria, é precizo empregar-se o mesmo numero de vehiculos, tenho de notar que somente a differença de tempo no carregar e descarregar das peças muito mais volumosos que exige a cantaria, produz um excesso na despesa. Os cavouqueiros, operários que por meio da broca e pólvora, arrebentão a rocha nativa para reduzil-a a dimensões próprias, são tambem necessarios tanto para alvenaria como para a cantaria e porem é inegável que grande numero de tiros as vezes se dão sem bom resultado, reduzindo de rocha a estilhaços, sem poder-se obter uma peça própria para cantaria, resultando assim em excesso de mao de obra, pólvora, estopim e aço por conseguinte em dinheiro. Quanto ao que toca nos cozinheiros resta-me dizer que eliminei essa verba por achar que os operários trabalhando a secco como vulgarmente se diz, devião carregar com tal despeza. (...) Em minha humilde opinião será justo pagar-se a indenização resultante do meu calculo, baseado sobre os volumes da obra, único verdadeiro documento. (APM, SPOP 3-6, Caixa 41, doc. 18-165)

Apesar das ressalvas do Diretor interino de Obras Públicas, os relatórios dos engenheiros provinciais Rodrigo Ribeiro e Antonio Horta Barbosa avaliaram que a construção da dita ponte deveria ser aceita. Em fevereiro de 1873, o engenheiro Rodrigo Ribeiro ressaltava que as modificações feitas pelo empreiteiro não afetavam "(...) três principais requisitos de – estabilidade, solidez e durabilidade" e que a ponte encontrava-se "(...) em boas condições e em estado de ser aceita pela província" (APM, SPOP 3-6, Caixa 41, doc. 18/104):

> As construcções do genero da que constitue o objeto deste parecer, como toda e qualquer construcção, para preencher os fins, a que se destinão e acharem-se em harmonia com o principio de economia, que rege todas as producções da engenheria devem ficar em condições de satisfazerem os três principais requisitos de – estabilidade, solidez e durabilidade – satisfeitas as condições especiaes inherentes ao uso a que se destina a construcção, ou que alguma causa exterior, ou circunstancias extraordinárias possao tornar necessarias ou esseciaes, será sempre aceitável a construcção que satisfizer aquelles 3 principios.
>
> (...)
>
> A lei provincial n° 1765 de 4 de abril de 1871, authorizando a construcção da ponte de que se trata, attendeu a uma palpitante necessidade e promoveu um importante melhoramento, alem de favorecer o augmento das rendas, desonerou o publico da incommoda travessia de Porto Velho do Cunha, proporcionando-lhe uma passagem mais commoda, mais rápida e mais segura pela Ponte da Ilha dos Pombos.
>
> Noticia topographica – Essa Ilha como é sabido, acha-se a cerca de 12 k, 0 de Porto Novo do Cunha, descendo o Parahyba. Tem ella uma superfície de pouco mais de $3,^{k2},0$ sendo a sua extensão logitudinal de cerca de $3^{k},0$ e a transversal de $1^{k},0$ approximadamente.
>
> O rio – Parahyba – que nessas paragens corre mais ou menos na direcção. E N. E., é dividida pela Ilha em dois longos braços, sensivelmente rectilineos, de cerca de $3^{k},0$ de extensão cada um. Esses 2 braços, depois de reunidos, seguem o alinhamento, apparentemente recto, do braço esquerdo, de modo que, a visada tirada por cima da Ilha, a partir do ponto de bifurcação do rio, apanha uma extensão, talvez superior a $15^{k},0$.
>
> (...)Descripção e exame da ponte – Essa ponte é mesta de alvenaria e madeira. Compõe-se de 2 encontros e 3 pegões de alvenaria rusticamente canteada, sobre fundamentos naturaes da rocha (gneiss);

e de 3 taboleiros de madeira convenientemente travados, formando um systema solido e satisfactoriamente invariável. Apresenta a ponte 3 vãos, sendo um central abarcando toda a largura do canal do braço e 3 auxiliares, ficando um destes entre o vão central e o encontro mineiro e os outros dois, entre o vão central e a ilha.
1° comprimento total da ponte, sobre o estrado ....79,40 metros
2° comprimento do vão total da ponte (contada entre { } oppostos dos encontros......74,90 metros
3° Comprimento do 1° vão auxiliar (vão mineiro .....16,90 metros
4° Comprimento do 2° vão (vão central)........30,50 metros
5° Comprimento do 3° vão (auxiliar da ilha) ......10,60 metros
6° Comprimento do 4° vão (2° auxiliar da ilha) ....13,90 metros
(...) Pela leitura de uma copia do contracto, que se achava em poder do arrematante e q nos foi facilitada, parece-nos, à vista do exame que fizemos que a ponte não foi construida rigorosamente segundo as prescripções do contracto ou do projeto n'elle mencionado. Assim notão-se, por exemplo, as seguintes differenças principaes.

	Prescripto (metros)	Executado (metros)
1° vao total da ponte	77,45	74,9
2° vao central	39,8	31,5
1° vao auxiliar	14,2	17,4
2° vao auxiliar	9,2	11,6
3° vao auxiliar	14,25	14,4
altura total do 1° pegão	8,43	9,5
altura total do 3° pegão	5,05	5,5

(...) Essas diferenças e alterações acconselharão nos a proceder a um exame comparativo entre o que fora prescripto e o que se achava realmente construido.
Para esse a 1° questão que se apresentava era a seguinte: Estará a ponte construida no perfil n° 3 prescripta pelo contracto, isto é, não haveria desvio para montante, nem para jusante d'esse perfil? (...)

> A vista de tudo quanto fica exposto, julgamos: 1° que a ponte está em boas condições e em estado de ser aceita pela Provincia. 2° Que o arrematante (...) desempenhou perfeitamente o encargo. (APM, SPOP 3-6, Caixa 41, doc. 18-104)

Em relação ao valor indenizatório solicitado, o engenheiro Antonio Horta declarava estar de acordo com o pedido de indenização do empreiteiro, mas propunha um valor um pouco abaixo do requerido, sendo, portanto, favorável ao pagamento da quantia de 12:266$200 réis. Após os pareceres dos engenheiros, a província de Minas Gerais, através da Lei n. 2323 de julho de 1876, sancionou o pagamento indenizatório ao cidadão José Maria de Souza Passos em vista dos "(...) dos prejuízos que provou haver soffrido por accrescimo de obras e erros de calculo na confecção da planta e orçamento da ponte sobre o Parahyba na Ilha dos Pombos (...)" (LLM, 1876, Lei 2323: Art. 1).

Organograma 2 – Engenheiros que elaboraram pareceres acerca da ponte sobre o Rio Paraíba

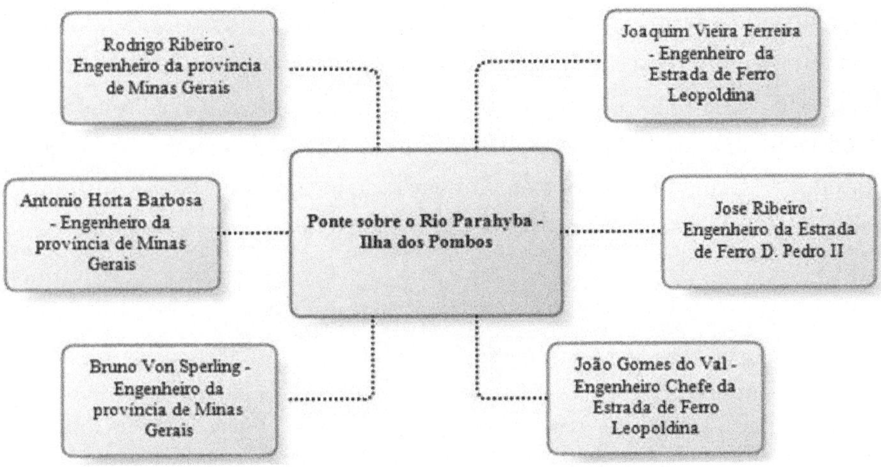

Fonte: APM, SPOP 3-6, Caixa 41, doc. 18. Elaboração própria.

A construção da ponte da Ilha dos Pombos, nas décadas de 1860 e 1870, revela-nos o dinamismo do mercado interprovincial e a singularidade da construção da dita ponte numa região agroexportadora em plena expansão ferroviária.[57] Além disso, defronta-se com a singular presença de engenheiros provinciais (Bruno Von Sperling, Antonio Horta e Rodrigo Ribeiro) e engenheiros ferroviários (José Ribeiro, João Gomes do Val, Francisco Pereira Passos, Clemento Novelleto e Joaquim Vieira) na projeção orçamentária, na confecção de planta e execução de uma ponte mista (madeira e pedra). Ao longo do processo construtivo da ponte, a intensa presença de engenheiros é expressivo indício do aperfeiçoamento de um "velho" artefato tecnológico: uma ponte de madeira e pedra.

Na historiografia dos transportes predomina a ideia de ruptura e de descontinuidade tecnológica provocada pela introdução das ferrovias (BASALLA, 2001, p. 61-65). Deve-se observar que não devemos confundir história da invenção e inovação com história da tecnologia. A história da tecnologia inclui a conservação, o reparo, o alcance do uso e adoção de novas tecnologias e o aperfeiçoamento de "velhas" tecnologias. A "velha" tecnologia não deve ser vista como algo obsoleto e meramente persistente sem qualquer possibilidade de aprimoramento (EDGERTON, 1999, p. 112 e 126-127). A ponte de pedra e madeira da Ilha dos Pombos, erguida no período de expansão ferroviária, é um caso de melhoramento de uma "velha" tecnologia. Por outro lado, o processo de difusão de uma nova tecnologia, a ponte pênsil sobre o Rio Paraíba revelou os obstáculos, a presença de conflitos entre o Inspetor Geral e o empreiteiro português e os desejos escusos da Comissão de locais. Isso pode ser justificado pela recusa em designar um local para efetivar a construção da ponte pênsil

57 Em Minas Gerais a expansão ferroviária encontrou na concessão de juros de 7% ao ano, ou subvenção de 9 contos por quilômetro, e na isenção de imposto sobre as importações de máquinas e materiais para ferrovias, subsídios para o empreendimento ferroviário. Em 1869, a linha férrea D. Pedro II inaugurou o primeiro trecho ferroviário de Minas Gerais entre Entre Rios e Chiador: "As regiões produtores de café eram responsáveis por 80% desse sistema no final do século XIX. (...) Minas Gerais, em 1880, ainda era relativamente atrasada no transporte ferroviário. Em 1871, os trilhos da Pedro II tinham alcançado Porto Novo, o que permitiu que o café mineiro descesse diretamente para o Porto do Rio de Janeiro. (...) Em 1905 este estado tinha quase 4 mil km de linhas em tráfego. Esta rede tinha tido crescimento de 8,73% a.a., ligeiramente abaixo da média nacional que havia sido de 8,8% a.a." (MELO, 1995, p. 342).

e a alegação "técnica" do alto custo da obra decorrente do erro de cálculo da largura do Rio Paraíba.

Se, por um lado, a análise evidenciou que para construir pontes e estradas eram necessários exames prévios da configuração do terreno e do movimento do comércio, por outro, se dimensionou os impactos e os limites da infraestrutura ferroviária em expansão na região da Mata mineira, mormente no processo construtivo da ponte da Ilha dos Pombos na década de 1870.

Os processos construtivos de pontes e estradas analisados reafirmam a presença de vínculos comerciais da região da Mata mineira com a província do Rio de Janeiro (PAIVA; GODOY, 2002, p. 32-37). Os resultados alcançados permitiram matizar dois níveis de articulações mercantis com a província do Rio de Janeiro: I) o trânsito mercantil entre diversas localidades de Minas Gerais e a cidade de Cantagalo; II) as ligações do empreiteiro José Maria com três casas comerciais da cidade do Rio de Janeiro para o fornecimento de materiais construtivos para a obra da ponte da Ilha dos Pombos.

As informações coligidas contribuem para redimensionar a atuação dos engenheiros na construção de pontes e estradas do Brasil oitocentista, sobretudo, quando prevalece na historiografia uma associação entre modernização, ferrovias e o exercício da Engenharia (COELHO, 1999; MARINHO, 2010). Aponta-se que, em vista do conhecimento técnico e do território da província de Minas Gerais inerentes à atividade da Engenharia, os engenheiros intermediaram negociações entre pretensões particularistas e interesses políticos e econômicos da província. É fundamental inseri-los na dinâmica organizacional da burocracia provincial para compreender a formação da infraestrutura viária do século XIX (BARBOSA, 2011, p. 915-924).

CONSIDERAÇÕES FINAIS

Este trabalho analisou e descreveu o universo construtivo de pontes e estradas. Diversos atores atuaram na construção da infraestrutura viária. Transitamos em terrenos "interdisciplinares" da História, ora defrontando com a História Econômica e Demográfica, ora com a História da Ciência. Essa interface permitiu alcançar importantes resultados, embora possíveis caminhos não teriam sido explorados, uma vez que muitos desses fogem ao escopo e objetivo desse trabalho.

Os estudos precedentes sobre a infraestrutura no Brasil Império apresentam um quadro viário, no qual se explicita uma relação direta entre o vertiginoso crescimento ferroviário e a singular participação de engenheiros no ramo férreo. A historiografia afirma a convergência de três pilares: agroexportação, ferrovias e engenheiros. Tais aspectos constituem uma importante contribuição historiográfica, mas revelam apenas uma imagem parcial da complexa realidade brasileira.

Ao longo dos capítulos, esse trabalho intencionou redimensionar as assertivas difundidas pela produção historiográfica da inapetência de significativas transformações técnicas e tecnológicas na construção de pontes e estradas. A historiografia defende a ideia de que as condições financeiras das províncias, a fragilidade do mercado interno e externo e a baixa oferta de engenheiros teriam destituído a burocracia provincial da capacidade de aperfeiçoamentos viários. A formulação de Caio Prado sustenta a ausência de imperativos racionais na construção de estradas no Brasil oitocentista, robustecendo a crença de que as vias de comunicação passaram parte do século dezenove submetidas a uma passividade construtiva e "aos azares da natureza".

O objetivo principal foi demonstrar alguns aspectos da experiência de uma outra face dos transportes, privilegiando o modal não-ferroviário e a constante presença de engenheiros, trabalhadores (livres, escravos, africanos livres, imigrantes, indígenas e galés), instrumentos científicos e ferramentas. Deparamos com uma rede de relações científicas e comerciais estabelecidas entre engenheiros da província, livreiros e uma oficina de venda e reparo de instrumentos científicos e, ao mesmo tempo, com a intensa circulação física dos engenheiros pelo território mineiro a fim de orçar consertos e construções de pontes e estradas, bem como produzir as plantas das mesmas e relatórios acerca das condições viárias.

A abordagem permitiu mapear a coexistência de diferenciados grupos sociais envolvidos na edificação de pontes e estradas, tais como: livres, cativos, imigrantes, índios, galés, emancipados, engenheiros, fazendeiros, proprietários escravistas, arrematantes e administradores.

No âmbito da engenharia, objetivou-se inserir engenheiros nacionais e estrangeiros na construção de pontes e estradas através da análise de novas fontes documentais e da proposição de outras hipóteses e questões. A estrutura burocrática da província mineira incorporou diversos engenheiros com origens e formações distintas. Engenheiros egressos da Escola Central, Escola de Minas de Ouro Preto e da Escola Politécnica do Rio de Janeiro escolheram, diante das parcas alternativas de emprego no setor privado, o cargo de engenheiro da província de Minas Gerais. A distribuição dos cargos de engenheiro provincial perpassava por aspectos políticos, visto que as leis vigentes não forneciam estabilidade ao dito cargo de modo que os direitos e os méritos dos engenheiros não eram assegurados plenamente. Decorrente disso, está atrelada a alta rotatividade presenciada no caso de alguns engenheiros que ocuparam o cargo de engenheiro provincial. Além da oferta de cargos na função de engenheiro, a província demonstrou capacidade financeira para o investimento na infraestrutura viária. As construções de pontes e estradas constituem uma chave primordial para se interpretar os movimentos modernizantes que encontraram entraves para interligar os diferentes modais de transporte (estrada/navegação/ferrovia), apesar de todo progresso técnico, da presença de engenheiros e dos investimentos provinciais.

Pontes e estradas desejaram integrar circuitos mercantis internos e externos, dependeram de interesses fiscais, políticos e econômicos e, sobretudo, de engenheiros e da coexistência de diferentes formas coercitivas de trabalho (livres, libertos, escravos, africanos livres, imigrantes, indígenas e galés). As evidências sobre a infraestrutura viária reforçam a fusão de engenheiros, trabalhadores, livreiros e outros atores no processo de circulação e apropriação do conhecimento científico e da formação das vias de comunicação. Portanto, expressam e ajudam a retratar uma outra face dos transportes.

O arranjo fiscal em prática no Brasil, a partir do Ato Adicional de 1834, tornou inequívoca a necessidade de aperfeiçoamento viário (pontes e estradas) como mecanismo para o aumento da receita das províncias. O desejo de aumento da arrecadação provincial, proveniente de tributos cobrados sob a circulação de bens e pessoas, propiciou que os circuitos mercantis estabelecidos entre Minas Gerais, São Paulo, Rio de Janeiro e Espírito Santo obtivessem aporte de recursos financeiros para a construção de pontes e estradas. Como salientamos, a associação entre a circulação de bens e pessoas e a arrecadação de divisas para a conservação e construção viária permearam também os manuais portugueses de estradas dos séculos XVIII e XIX.

Tanto a proposição construtiva de uma ponte pênsil, em 1858, quanto a construção da ponte *lattice* situada sobre o Rio Preto, na divisa das províncias de Minas Gerais e do Rio de Janeiro, entre os anos de 1860 e 1864, mobilizaram atores específicos. Engenheiros, fazendeiros locais e responsáveis pelas obras trocaram informações, estabeleceram negociações e resolveram conflitos por meio de uma intensa troca de correspondência. As missivas, por sua vez, revelaram uma realidade entrecruzada da economia regional, do arranjo fiscal da província de Minas Gerais, da circulação de bens, de pessoas e de informações e, por fim, da técnica, da tecnologia e da ciência. O processo de difusão da técnica *lattice* evidenciou as interações entre a vida cotidiana (circulação em estradas de bens, de pessoas e de informações) e a Engenharia, assim como o fato de que a transmissão do conhecimento técnico pode ser efetivada entre grandes distâncias, mas que uma abordagem macro é insuficiente para revelar o constante diálogo entre o difundido e a escala local.

Apesar da magnitude dos fluxos mercantis entre Minas Gerais e Rio de Janeiro, a existência desta rota mercantil não resultou na difusão e construção da ponte pênsil sobre o Rio Paraíba. A tentativa de implementação da ponte pênsil em território mineiro, pelo português Antonio Joaquim Pereira de Carvalho, revelou obstáculos diversos: a presença de conflitos entre o Inspetor Geral das Obras Públicas e o português; os interesses escusos da Comissão de locais; a recusa da mesma Comissão em designar um local para efetivar a construção da ponte pênsil; a falsa alegação "técnica" do alto custo da obra decorrente do erro de cálculo da largura do Rio Paraíba.

Construir pontes e estradas exigia exames prévios da configuração do terreno e do movimento do comércio. Se, por um lado, o fracasso da ponte pênsil denota a incapacidade de modernização, através do sistema de patente de 1830, por outro, o êxito da ponte de madeira e pedra da Ilha dos Pombos indica tanto o aperfeiçoamento técnico em face à presença de diversos engenheiros, quanto da combinação de interesses do setor exportador de café e abastecedor de gêneros alimentícios e do Estado no processo de modernização da infraestrutura viária.

A infraestrutura ferroviária, em expansão e construção na região da Mata, apresentou limites no que refere à capacidade das linhas férreas em atender a diversidade dos circuitos mercantis, que se direcionavam de Minas Gerais em direção à província do Rio de Janeiro. A diversificada circulação mercantil oriunda de Minas Gerais (tecido, açúcar, toucinho, porcos, muares, sola e gado vacum), que se deslocava em direção à cidade de Cantagalo, exigiu o aperfeiçoamento das edificações viárias (pontes e estradas). A singularidade da ponte da Ilha dos Pombos, orçada em, aproximadamente, 7.800 mil libras, edificada com a finalidade de integrar o circuito mercantil interregional entre as diversas localidades da província de Minas Gerais e a cidade cafeicultora de Cantagalo, revela um largo espaço para o desenvolvimento de atividades econômicas não vinculadas, diretamente, à grande lavoura. A construção de pontes e estradas ensejou o desenvolvimento das atividades de diversos artífices e, portanto, da vigência de variadas formas de trabalho, bem como uma ampliação das atividades econômicas internas.

A região da Mata mineira comportou uma modernização delineada tanto pelo incremento da produção cafeeira e dos laços desta atividade com o mercado internacional, quanto pela presença de um mercado intermediário, interregional, entrelaçado ao setor cafeeiro, que oferecia aos produtores de gêneros alimentícios de primeira necessidade de Minas Gerais um mercado lucrativo na localidade fluminense de Cantagalo.

Portanto, os resultados revelaram uma face pouco conhecida da historiografia: a participação de engenheiros nacionais e estrangeiros na construção do modal não-ferroviário no Brasil oitocentista. Em vista da atuação dos engenheiros provinciais, desmitifica-se a tese de uma modernização assentada na tríade "modernização, ferrovia e engenharia". Foram significativos os resultados produzidos a partir do uso e consulta do *Banco de Dados dos Processos de Pontes e Estradas*, demonstrando a viabilidade e a necessidade de uma agenda futura de pesquisa para o aprofundamento de questões aqui parcialmente exploradas como, por exemplo, o debate no âmbito econômico e dos transportes dos impactos de uma modernização periférica. Também se ressalta a importância em reavaliar as relações centro/periferia no que se refere ao desenvolvimento da racionalidade científica da Engenharia, redimensionando o papel desempenhado pela dita periferia na ciência do século dezenove.

FONTES E REFERÊNCIAS BIBLIOGRÁFICAS

Fontes Manuscritas

Arquivo Público Mineiro (APM), Seção Provincial, Obras Públicas, 3/6. Caixas 2 a 28 e 32 a 57. Banco de Dados dos Processos de construção de pontes e Processos de construção de estradas.

Arquivo Público Mineiro (APM), Seção Provincial, Obras Públicas, 3/1. Caixas 1 a 5.

Arquivo Público Mineiro (APM), Seção Provincial, Obras Públicas, 3/3. Caixas 1 a 8.

Arquivo Público Mineiro (APM), Seção Provincial, Obras Públicas, 3/4. Caixas 1 a 15.

Arquivo Público Mineiro (APM), Seção Provincial, Obras Públicas, 3/5. Caixas 1 a 24.

Arquivo Público Mineiro (APM), Seção Provincial, Obras Públicas, 3/7. Caixa 1.

Arquivo Público Mineiro (APM), Seção Provincial, Obras Públicas, OP – 205, 215, 216, 253, 254.

Arquivo Público Mineiro (APM), Fundo Presidência da Província, PP 1/42, caixa 49.

Listas nominativas da década de 1830, organizadas em banco de dados pelo Núcleo de Pesquisas em História Econômica e Demográfica do Cedeplar/UFMG, sob a coordenação de Clotilde Andrade Paiva, Marcelo Magalhães Godoy, Maria do Carmo Salazar Martins e Roberto Borges Martins. Disponível em: Http://www.poplin.cedeplar.ufmg.br. Acesso em: abr. 2013.

Fontes Impressas

AZEVEDO, Cornélio Carneiro de Barros; MARQUES, Alfredo de Azevedo. *Auxiliar do constructor: contendo a nomenclatura technologica e alphabetica da construção, os detalhes para a organisação dos orçamentos, preços correntes, etc.* [1° edição 1882]. 3° ed. rev., melhorada e augmentada. Rio de Janeiro: Francisco Alves, 1908.

BARBOSA, Waldemar de Almeida. *Dicionário Histórico-Geográfico de Minas Gerais.* Belo Horizonte: Editora Itatiaia, 1995.

BLAKE, Augusto Vitorino A. Sacramento. *Diccionário Bibliográphico Brasileiro.* Rio de Janeiro. 7 volumes, 1883 a 1902.

BELLO, Modesto de Faria. *Tabellas do novo systema de pesos e medidas e principalmente da reducção das antigas medidas agrárias às do systema métrico e vice-versa.* Rio de Janeiro: Typographia de Adolpho de Castro & Cia, 1882.

Collecção das Leis do Império do Brasil.

Departamento Nacional de Estatística. *Estatística dos meios de transporte no Brasil.* Rio de Janeiro: Tipografia do Departamento Nacional de Estatística, 1933.

ESCHWEGE, Barão d'. *Odologia dos engenheiros constructores ou guia para a construção e conservação das estradas em Portugal e no Brasil.* Lisboa: Typ. da Sociedade Propagadora dos conhecimentos Úteis, 1843.

Escola de Minas. A *Escola de Minas. Centenário da Independência.* Ouro Preto: Editora Mineira, 1922.

Escola Polytechnica do Rio de Janeiro. *Jubileu da Escola Polytechnica do Rio de Janeiro. Comemoração do 50° aniversário da sua fundação.* Rio de Janeiro: Typ. do Jornal do Commercio, de Rodrigues & C, 1926.

GUIMARÃES, Arthur da Costa. *As estradas de rodagem em Minas Gerais.* Belo Horizonte: Imprensa Oficial do Estado de Minas Gerais, 1916.

HALFELD, H.G.F e TSCHUDI, J.J. Von. *A província brasileira de Minas Gerais*. Belo Horizonte: Fundação João Pinheiro: Centro de Estudos Históricos e Culturais, 1998.

KLUMB, Revert Henry. Doze Horas em Diligência. "Guia do viajante de Petropólis a Juiz de Fora" [Rio de Janeiro: Tip. de J.J. da Costa Pereira Braga, 1872]. In: *Cidade de Petropólis, Reedição de quatro obras raras*. Petropólis: Museu Imperial, 2007.

MASCARENHAS NETO, Joze Diogo. *Methodo para construir as estradas em Portugal*. Porto: Officina de Antonio Alvarez Ribeiro, 1790.

OLIVEIRA, Jose Gonçalves de. *Traçado das estradas de ferro no Brazil*. [1°edição 1886]. 2° edição. São Paulo: Ed. Vanorden, 1912.

QUEIROZ, João Ramos de. *Ligação da província de São Paulo ao Rio São Francisco*. Rio de Janeiro: Typografia do Globo, 1875.

LIVRO da Lei Mineira. Coleção do Arquivo Público Mineiro. Livros relativos aos anos de 1835 a 1889.

SANT'ANNA, Francisco. *As pontes do Estado de Minas Gerais*. Rio de Janeiro: Jornal do Commercio, 1929.

SILVA, Antonio de Moraes. *Diccionario da língua portugueza*. [1° edição 1789]. 4.ed. Lisboa: Impressão Regia, 1831.

SOARES, Sebastião Ferreira. *Notas estatísticas sobre a produção agrícola e carestia dos gêneros alimentícios no Império do Brasil*. Rio de Janeiro: IPEA/INPES, 1977.

Relatórios de Presidente de Província

FALLA Dirigida à Assembléa Legislativa Provincial de Minas Geraes, na sessão ordinária do anno de 1837 pelo presidente da província Antonio da Costa Pinto. Ouro Preto: Typ. do Universal, 1837.

FALLA Dirigida à Assembléa Legislativa Provincial de Minas Geraes, na sessão ordinária do anno de 1840 pelo presidente da província Bernardo J. da Veiga. Ouro Preto: Typ. do Correio de Minas, 1840.

FALLA Dirigida à Assembléa Legislativa Provincial de Minas Geraes, na sessão ordinária do anno de 1842, pelo vice-presidente da província Herculano Ferreira Vianna. Ouro Preto: Typ. Correio de Minas, 1842.

FALLA Dirigida à Assembléa Legislativa Provincial de Minas Geraes, na sessão ordinária do anno de 1844, pelo presidente da província Francisco José de Souza Soares d'Andrea. Rio de Janeiro: Typ. Imp. e Const. de J. Villeneuve e comp., 1844.

FALLA Dirigida à Assembléa Legislativa Provincial de Minas Geraes, na sessão ordinária do anno de 1846 pelo presidente da província José da Silva. Ouro Preto, 1846.

FALLA Dirigida à Assembléa Legislativa Provincial de Minas Geraes, na sessão ordinária do anno de 1847, pelo presidente da província Quintiliano José da Silva. Ouro Preto: Typ. Imparcial de B. X. Pinto de Souza, 1847.

FALLA Dirigida à Assembléa Legislativa Provincial de Minas Geraes, na sessão ordinária do anno de 1848 pelo presidente da província Bernardino José de Queiroga. Ouro Preto: Typ. Social, 1848.

FALLA Dirigida à Assembléa Legislativa Provincial de Minas Geraes, na sessão ordinária do anno de 1849 pelo presidente da província José Ildefonso de Sousa Ramos. Ouro Preto: Typ. Imp. de B.X. de Pinto de Souza, 1849.

RELATÓRIO do Presidente da Província de Minas Geraes o ilmo e exmo de Alexandre Joaquim de Siqueira na abertura da sessão extraordinário da Assembléa Legislativa Provincial. Ouro Preto: Typ. Social, 1850.

RELATÓRIO que a Assembléa Legislativa Provincial da Província de Minas Geraes apresentou na sessão ordinária de 1851 o Doutor Jose Ricardo de Sá Rego, presidente da mesma província. Ouro Preto: Typ. Social, 1851.

RELATÓRIO que a Assembléa Legislativa Provincial de Minas Geraes apresentou na sessão ordinária de 1852, o Doutor Luiz Antonio Barboza, presidente da mesma província. Ouro Preto: Typ. do Bom Senso, 1852.

RELATÓRIO que a Assembléa Legislativa Provincial de Minas Geraes apresentou na sessão ordinária de 1853 o Doutor Luiz Antonio Barboza, presidente da mesma província. Ouro Preto: Typ. do Bom Senso, 1853.

RELATÓRIO que a Assembléa Legislativa Provincial de Minas Geraes apresentou na sessão ordinária de 1854 o presidente da província Francisco Diogo Pereira de Vasconcellos. Ouro Preto: Typ. do Bom Senso, 1854.

RELATÓRIO que a Assembléa Legislativa Provincial de Minas Geraes apresentou na 2.a sessão ordinaria da 10.a legislatura de 1855 o presidente da provincia, Francisco Diogo Pereira de Vasconcellos. Ouro Preto, Typ. do Bom Senso, 1855.

RELATÓRIO que a Assembléa Legislativa Provincial de Minas Geraes apresentou na abertura da sessão ordinaria de 1856 o conselheiro Herculano Ferreira Penna, presidente da mesma província. Ouro Preto: Typ. do Bom Senso, 1856

RELATÓRIO que a Assembléa Legislativa Provincial de Minas Geraes apresentou na abertura da sessão ordinaria de 1857 o conselheiro Herculano Ferreira Penna, presidente da mesma província. Ouro Preto: Typ. Provincial, 1857.

RELATÓRIO que ao illmo e exmo Sr. Conselheiro Carlos Carneiro de Campo apresentou no acto de passar-lhe a administração da província o vice-presidente Joaquim Delfino Ribeiro da Luz. Ouro Preto: Typ. Provincial, 1857.

RELATÓRIO que a Assembléa Legislativa Provincial de Minas Geraes apresentou na abertura da sessão ordinaria de 1858 o conselheiro Carlos Carneiro de Campos, presidente da mesma provincia. Ouro Preto, Typ. Provincial, 1858.

RELATÓRIO que ao Illmo Exm Sr. Dr. Joaquim Delfino Ribeiro da Luz entregou o Illm e Exm Sr. Conselheiro Carlos Carneiro de Campos de seguir para a Vila de Lavras a fim de assistir as arrematações da estrada do Passa Vinte. Ouro Preto, Typographia Provincial, 1859.

RELATÓRIO que ao Illmo e Exmo Sr. Comendador Manoel Teixeira de Souza, 2° vice-presidente da província de Minas Gerais, apresentou no acto de passar a administração o Conselheiro Carlos Carneiro de Campos. Ouro Preto: Typ. Provincial, 1860.

RELATÓRIO que a Assembléa Legislativa Provincial de Minas Geraes apresentou na abertura da sessão ordinaria de 1861 o illmo e exmo Sr. Conselheiro Vicente Pires da Motta, presidente da mesma província. Ouro Preto: Typ. Provincial, 1861.

RELATÓRIO que a Assembléa Legislativa Provincial de Minas Geraes apresentou no acto da abertura da sessão extraordinária de 1864 o Doutor Fidelis de Andrade Botelho, quarto vice-presidente da mesma província. Ouro Preto: Typ. do Minas Geraes, 1864.

RELATÓRIO que a Assembléa Legislativa Provincial de Minas Geraes apresentou no acto da abertura da sessão ordinaria de 1865 o desembargador Pedro de Alcantara Cerqueira Leite, presidente da mesma provincia. Ouro Preto, Typ. do Minas Geraes, 1865.

RELATÓRIO que a Assembléa Legislativa Provincial de Minas Geraes apresentou no acto da abertura da sessão ordinaria de 1866 o 2° vice-presidente Joaquim José de Sant'Anna. Ouro Preto: Typ. J.F. de Castro, 1866.

RELATÓRIO que apresentou ao exmo Sr. Vice-presidente da província de Minas Geraes, Dr. Elias Pinto de Carvalho por occasião de lhe passar a administração o conselheiro Joaquim Saldanha Marinho, presidente da mesma província. Rio de Janeiro: Typ. Perseverança, 1867.

RELATÓRIO que a Assembléa Legislativa Provincial de Minas Geraes apresentou no acto da abertura da sessão ordinaria de 1870 o vice-presidente, dr. Agostinho José Ferreira Bretas. Ouro Preto, Typographia Provincial, 1870.

RELATÓRIO apresentado à Assembléa Legislativa da Provincia de Minas Geraes na sessão extraordinaria pelo presidente, o illm. e exm. sr. doutor Antonio Luiz Affonso de Carvalho. Ouro Preto, Typ. de J.F. de Paula Castro, 1871.

RELATÓRIO que a Assembléa Legislativa Provincial de Minas Geraes apresentou no acto da abertura da sessão ordinaria de 1874 o vice-presidente Francisco Leita da Costa Belem. Ouro Preto: Typ. J.F. de Castro, 1874.

RELATÓRIO apresentado à Assembléa Legislativa da Provincia de Minas Geraes por occasião de sua instalação pelo Ilmo e Exmo Sr. Dr. Pedro Vicente de Azevedo presidente da mesma província. Ouro Preto: Typ. J.F. de Castro, 1875.

REFERÊNCIAS BIBLIOGRÁFICAS

ALVES, Isidoro Maria da S. "Modelo Politécnico, Produção de Saberes e a Formação do Campo Científico no Brasil". In: DANTES, Maria A.; PATY, Michel; PETITJEAN, Patrick (org). *A ciência nas relações Brasil-França* (1850-1950). São Paulo: Edusp, 1996, p. 65-75.

ANDRADE, Rômulo Garcia. "Escravidão e Cafeicultura em Minas Gerais: o caso da Zona da Mata". *Revista Brasileira de História*, São Paulo, v. 11, n. 22, mar/ago. 1991.

BARBOSA, Lidiany Silva. "Os esforços político-administrativo do Governo Provincial para o provimento da infra-estrutura de transportes de Minas Gerais, 1835-1889". *Anais do XV Seminário Sobre Economia Mineira*. Diamantina: Cedeplar/UFMG, 2012.

______. "Os provedores da técnica: os engenheiros provinciais e a edificação da infraestrutura viária de Minas Gerais". *Hist. cienc. saude-Manguinhos* [online]. v. 18, n. 3, p. 907-928, 2011.

______. *Tropas e ferrovias em uma província não-exportadora: Estado, elites regionais e as contradições da política dos transportes no início da modernização – Minas Gerais, 1835-1889*. Tese de Doutorado – Instituto de Filosofia e Ciências Sociais – Universidade Federal do Rio de Janeiro, Rio de Janeiro, 2011.

______; GODOY, Marcelo Magalhães. Uma outra modernização: transportes em uma província não exportadora – Minas Gerais, 1850-1870. *Economia e sociedade*, Campinas, v. 17, n. 2, p. 331-358, 2008.

______; GODOY, Marcelo M.; MENDES, Philipe. "Transporte e finanças públicas". In: FILHO, Alcides G.; CIMÓ, Paulo Roberto (org). *Transporte e formação regional: contribuições à história dos transportes no Brasil*. Dourados: Ed UFGD, 2011.

BASSALA, George. A *Evolução da Tecnologia*. Porto: Porto Editora, 2001.

______. "The Spread of western science". In: RESTIVO, S.; VANDERPOOL, C. K. (eds). *Comparative Studies in Science and Society*. Columbus: Charles Merrill Publishing, 1974. Disponível em: http://pt.scribd.com/doc/30327564/1-6-a-The-Spread-of-Western-Science

BASTOS, Wilson de Lima. *O caminho novo dos Campos Gerais a atual Br-135*. Juiz de Fora: Imprensa Universitária da Universidade Federal de Juiz de Fora, 1975a.

______. *O engenheiro Henrique Guilherme Fernando Halfeld: sua vida, sua obra, sua descendência*. Juiz de Fora: Editora Paraibuna, 1975.

BATISTA, Felipe de Alvarenga. *O mito da modernização pelos trilhos: a "era ferroviária" em Minas Gerais, 1850-1940*. Monografia de Bacharelado – Face-UFMG, Belo Horizonte, 2010.

BATISTA, Felipe de Alvarenga; BARBOSA, Lidiany Silva; GODOY, Marcelo Magalhães. "Transportes, modernização e formação regional. Subsídios a história da era ferroviária em Minas Gerais, 1870-1940". *Revista de História Regional*, v. 17, 2012, p. 162-203.

BLASENHEIM. Peter L. "As ferrovias de Minas Gerais no século dezenove". *Locus: Revista de História*. Juiz de Fora, v. 2, n. 2, jul./dez. 1996, p. 81-110.

BLONDEL, Christine. "Electrical instruments in nineteenth century France, between makers and users". *History and Technology*, v. 13, n. 3, 1997, p. 157-182.

BERNARDO, Luís Manuel. *O projecto cultural de Manuel de Azevedo Fortes. Um caso da recepção do cartesianismo na ilustração portuguesa*. Lisboa: Imprensa Nacional-Casa da Moeda, 2005.

BIJKER, Wiebe E.; PINCH, Trevor J. "The social construction of facts and artifacts: or how the sociology of science and the sociology of technology might benefit each other". In: BIJKER, Wiebe E.; HUGHES, Thomas P.; PINCH, Trevor J (org). *The social construction of technological systems: new directions in the sociology and history of technology*. Cambridge: Massachussetts, MIT Press, 1989.

BORDIEU, Pierre. "A ilusão biográfica". In: AMADO, Janaína; FERREIRA, Marieta de Moraes (org). *Usos e abusos da história oral*. 3° edição. Rio de Janeiro: Editora Fundação Getúlio Vargas, 2000.

BUENO, Beatriz Piccolotto de Siqueira. *Desenho e Desígnio: o Brasil dos Engenheiros Militares (1500-1822)*. Tese de Doutorado – Faculdade de Arquitetura e Urbanismo da Universidade de São Paulo, 2001.

BUENO, Beatriz; Vera Lúcia A. Ferlini; Iris Kantor. FERLINI, V. L. A; KANTOR, I. "Território em rede: cartografia vivida e razão de Estado no Século das Luzes". *Anais do Museu Paulista*. São Paulo. v. 17, 2009, p. 11-15.

CÂMARA MUNICIPAL do PORTO. *Centenário da Ponte Pênsil: exposição comemorativa inaugurada no dia 17 de fevereiro de 1943*. Porto: Câmara Municipal do Porto/Gabinete de História da Cidade, 1943.

CANDIDO, Antonio. *Um funcionário da monarquia. Ensaio sobre o segundo escalão*. Rio de Janeiro: Ouro sobre Azul, 2007.

CANO, Wilson; LUNA, Francisco Vidal de. "A reprodução natural de escravos em Minas Gerais (século XIX): uma hipótese". In: CANO, Wilson. *Ensaios sobre a formação econômica regional do Brasil*. Campinas: Editora da Unicamp, 2002.

CARDOSO, Ciro Flamarion. "História da agricultura e história regional: perspectivas metodológicas e linhas de pesquisa". In: CARDOSO, Ciro Flamarion. *Agricultura, Escravidão e Capitalismo*. Petrópolis: Vozes, 1979.

CARNEIRO, A.; KLEMUN, M. "Instruments of science – geology of instruments; introduction to seeing and measuring, constructing and judging: instruments in the history of the earth sciences". *Centaurus*, v. 53, n. 2, p. 77-85, 2011.

CARRARA, Angelo Alves. *Estruturas agrárias e capitalismo: contribuição para o estudo de ocupação do solo e de transformação na zona da Mata mineira (séculos XVIII e XIX)*. Núcleo de História Econômica e Demográfica, Série de estudos n° 2, Mariana: Universidade Federal de Ouro Preto, 1999.

CARVALHO, José Murilo de. *A construção da ordem: a elite política imperial*. Rio de Janeiro: Campus, 1980.

______. *Escola de Minas de Ouro Preto*. O peso da glória. Belo Horizonte: Editora UFMG, 2002.

CECHIN, José. *A Construção e Operação das Ferrovias no Brasil do Século XIX*. 130f. Dissertação de mestrado em Economia, IE-Unicamp, Campinas, 1978.

CERQUEIRA, João da Gama. "Evolução Histórica da Propriedade Intelectual no Brasil". In: CERQUEIRA, João da Gama. *Tratado de Propriedade industrial*. Rio de Janeiro: Edição Revista Forense, 1946, t. 1, v. 1.

CHALHOUB, Sidney. *Visões da liberdade: uma história das últimas décadas da escravidão na Corte*. São Paulo: Companhia das Letras, 2011.

COELHO, Edmundo Campos. *As profissões imperiais: Medicina, Engenharia e Advocacia no Rio de Janeiro (1822-1930)*. São Paulo: Editora Record, 1999.

COIMBRA, Creso. *Visão Histórica e Análise Conceitual dos transportes no Brasil*. Rio de Janeiro: Centro de Documentação e Publicações, Ministério dos transportes, 1974.

COMTE, Auguste. "Curso de filosofia positiva (1830)". In: COMTE, Auguste. *Os pensadores*. 5° ed. São Paulo: Nova Cultural, 1991.

CRAVO, Télio A. "Scientific instruments, booksellers and engineers in Imperial Brazil: building bridges and roads in Minas Gerais, 1835-1889". In: GRANATO, Marcus; LOURENÇO, Marta C. (Org.). *Scientific instruments in the history of science: studies in transfer, use and preservation*. 1ed. Rio de Janeiro: MAST, 2014.

______; GODOY, Marcelo M. "Por estradas e caminhos do interior do Brasil oitocentista: viajantes e o desenvolvimento da infra-estrutura de transportes de Minas Gerais". *Anais do XIV Seminário Sobre Economia Mineira*. Diamantina: Cedeplar/UFMG, 2010.

CRESPI, Francisco; FORNARI, Fabrizio. "As teorias da sociologia do conhecimento". In: CRESPI, Francisco; FORNARI, Fabrizio. *Introdução à sociologia do conhecimento*. Bauru: Edusc, 2000.

______. "A sociologia da ciência". In: CRESPI, Francisco; FORNARI, Fabrizio. *Introdução à sociologia do conhecimento*. Bauru: Edusc, 2000.

CUNHA, Alexandre Mendes; SIMÕES, Rogrigo Ferreira; PAULA, João Antônio de. "História econômica e regionalização: contribuição a um desafio teórico-metodológico". *Estudos Econômicos*, São Paulo, v. 38, n. 3, jul./set. 2008, p. 493-524.

DANTES, Maria Amélia M. "Os positivistas brasileiros e as ciências no final do século XIX". In: DANTES, Maria A.; PATY, Michel; PETITJEAN, Patrick (org). *A ciência nas relações Brasil-França (1850-1950)*. São Paulo: Edusp, 1996.

DARNTON, Robert. *O beijo de Lamourette: mídia, cultura e revolução*. São Paulo: Ed. Companhia das Letras, 2010.

DIAS, Maria Odila Silva. "A interiorização da metrópole (1808-1853)". In: MOTTA, C.G. 1822: *Dimensões*. São Paulo: Perspectiva, 1972.

DREICER, Gregory K. "Building bridges and boundaries. The Lattice and the Tube, 1820-1860". *Technology and Culture*, v. 51, n. 1, jan. 2010, p. 126-163.

DOLHNIKOFF, Miriam. "O lugar das elites regionais". *Revista USP*, São Paulo, jun./ago. 2003, p. 116-133.

______. *O pacto Imperial: origem do federalismo no Brasil do século XIX*. São Paulo: Globo, 2005.

______. "O poder provincial: política e historiografia". *Revista de História*, São Paulo, n. 122, jan./jul. 1990, p. 71-95.

EDGERTON, David. "From innovation to use: ten ecletic theses on the historiography of technology". *History and technology*, v. 16, Issue 2, 1999, p. 111-136.

______. "Innovation, technology, or history what is the historiography of technology about?". *Technology and culture*, v. 51, n. 3, 2010, p. 680-697.

EISENBERG, Peter. "Escravidão e proletário na história do Brasil". In: EISENBERG, Peter. *Homens esquecidos: escravos e trabalhadores livres no Brasil – século XVIII e XIX*. Campinas: Editora Unicamp, 1989.

ELLIS JUNIOR, Alfredo. "O ciclo do muar". *Revista de História*, ano I, jan./mar. 1950, p. 73-81.

ENGELS, Friedrich. *A situação da classe trabalhadora na Inglaterra*. [1°edição 1845]. São Paulo: Boitempo, 2010.

ESTEVES, Albino. "O centenário de Mariano Procópio". *Revista do Arquivo Público Mineiro*, Belo Horizonte, n° 19, 1921, p. 121-141.

FRAGOSO, João Luís. "Economia brasileira no século XIX: mais do que uma 'plantation' escravista-exportadora". In: LINHARES Maria Yedda (org). *História Geral do Brasil*. 9a edição. Rio de Janeiro: Campus, 2000.

______. *Homens de grossa aventura*. Rio de Janeiro: Civilização Brasileira, 1998.

———; FLORENTINO, Manolo Garcia. *O Arcaísmo como projeto: mercado atlântico, sociedade agrária e elite mercantil no Rio de Janeiro, c. 1790-c. 1840*. 4.ed. Rio de Janeiro: Civilização Brasileira, 2001.

FRANCO, Gustavo H. Barroso. "Setor Externo". In: *Estatísticas históricas do Brasil: séries econômicas, demográficas e sociais de 1550 a 1988*. 2 ed. rev. Rio de Janeiro: IBGE, 1990.

FREITAS FILHO, Almir Pita. "José Maria dos Reis e José Hermida Pazos: fabricantes de instrumentos científicos no Brasil, séculos XIX e XX". *Revista de História Econômica e Economia Regional Aplicada (HEERA)*, v. 6, n. 10, 2011, p. 138-159.

FREYRE, Gilberto. *Um engenheiro francês no Brasil*. Rio de Janeiro: José Olympio, 1960, t. 1.

FURTADO, Celso. *Análise do modelo brasileiro*. 6° edição. Rio de Janeiro: Civilização Brasileira, 1978.

———. *Formação Econômica do Brasil*. 17 ed. São Paulo: Editora Nacional, 1980.

FURTADO, Junia Ferreira. Mapa das Minas. *Revista do Arquivo Público Mineiro*, v. XLVI, n. 2, 2010, p. 24-25.

GALVÃO, Olimpio. J. de Arroxelas. "Os Transportes como um Problema de Política Pública: Uma Perspectiva Histórica". *Planejamento e Políticas Publicas (IPEA)*, Brasília, v. 13, 1996, p. 183-213.

GAMA, Ruy. *A tecnologia e o trabalho na história*. São Paulo: Ed. da Universidade de São Paulo, 1986.

GAMA, Ruy. "História de la técnica en Brasil: el campo de investigación y los conceptos básicos". In: LAFUENTE, Antonio; SALDAÑA, Juan J. *Historia de las ciencias*. Madri: Consejo Superior de Investigaciones Científicas, 1987.

GARCÍA, Francisco Joaquín Cortés. "La importancia de las redes de infraestructuras y del industrialismo en el pensamiento politécnico". *Revista Transportes, Servicios y Telecomunicaciones*. n. 11, 2006, p. 94- 115.

GARDNER, Denis P. *Wood, concrete, stone and steel: Minnesota's historic bridges*. Minnesota: University of Minnesota Press, 2008.

GAVROGLU, Kostas, *et al.* "Science and technology in the european periphery : some historiographical reflections". *History of science*, XLVI, n. 46, 2008, p. 153-175.

GENOVEZ, Patrícia Falco. "A viagem enquanto forma de poder: D. Pedro II e a inauguração da Estrada União e Indústria, em Juiz de Fora – 1861". *Tempo*, Rio de Janeiro, v. 3, n. 5, 1998, p. 161-180.

———. "Barões numa perspectiva reticular: análise de redes sociais, poder e nobreza na Zona da Mata Mineira no segundo Reinado". *Tempo. Revista do Dep. de História da UFF*, v. 15, 2011, p. 243-266.

GODOY, Marcelo Magalhães. "Intrépidos viajantes e a construção do espaço: uma proposta de regionalização para as Minas Gerais do século XIX". *Texto para discussão n.º 109*. Belo Horizonte: Cedeplar/UFMG, 1996.

GONZÁLEZ, Luis González y; ASSAD, Carlos Martínez; ROJAS, Carlos Aguirre. "Microhistoria Mexicana, Microhistoria Italiana e História Regional". *Relaciones*, ano/v. XVI, n. 101, 2005, p. 193-204.

GORENSTEIN, Riva. Comércio e política: o enraizamento de interesses mercantis portugueses no Rio de Janeiro. In: MARTINHO, Lenira Menezes; GORENSTEIN, Riva. *Negociantes e caixeiros na sociedade da Independência*. Rio de Janeiro: Departamento Geral e Informação cultural, 1993.

GOULART, José Alípio. *Meios e instrumentos de transportes no interior do Brasil*. Rio de Janeiro: MEC, Serviço de Documentação, Departamento de Imprensa Oficial, 1959.

GUIMARAES, Carlos Magno; REIS, Liana Maria. "Agricultura e caminhos de Minas (1700/1750)". *Revista do Departamento de História*, Universidade Federal de Minas Gerais. Belo Horizonte, n. 4, 1987, p. 85-99.

———. "Agricultura e escravidão de Minas (1700/1750)'. *Revista do Departamento de História*, Universidade Federal de Minas Gerais, Belo Horizonte, Universidade Federal de Minas Gerais n. 2, 1986, p. 32-41.

HALLEWELL, L. "Baptiste Louis Garnier". In: HALLEWELL, L. *O livro no Brasil: sua história*. São Paulo: Editora Universidade de São Paulo, 1985.

HEIZER, Alda. "O tratado, o astrônomo e o instrumento". *Revista Brasileira de História da Ciência*, v. 1, n. 2, 2008, p. 167-177.

HÉLIN, Etienne. "Profissão e estatuto social". In: MARCÍLIO, Maria Luiza (org). *Demografia Histórica*. São Paulo: Livraria Pioneira Editora, 1977.

HILAIRE-PÉREZ, Liliane; VERNA, Catherine. "Dissemination of technical knowledge in the Middle Ages and the early Modern Era: new approaches and methodological issues". *Tecnhnology and Culture*. v. 47, n. 3, 2006, p. 536-565.

IGLÉSIAS, Francisco. *Política econômica do Governo Provincial Mineiro (1835-1889)*. Rio de Janeiro: Instituto Nacional do Livro, 1958.

KANTOR, Iris. "Mapas em circulação: projeções cartográficas e processo de emancipação política do Brasil (1799-1822)". *Revista Iberoamericana de Filosofía, Política y Humanidades*, ano 12, n. 24, 2010, p. 110-123.

KLEIN, Hebert. A oferta de muares no Brasil central: o mercado de Sorocaba, 1825-1880. *Estudos Econômicos*, v. 19, n. 2, mai./ago. 1989, p. 347-372.

KRANAKIS, Eda. *Constructing a bridge: an exploration of engineering culture, design, and research in nineteenth-century France and America*. Cambridge: MIT Press, 1997.

KUHN, Thomas. "As relações entre a história e a história da ciência". In: KUHN, Thomas. A *tensão essencial*. Lisboa: Edições 70, 1977.

LAMOUNIER, Maria Lúcia. *Ferrovias e Mercado de Trabalho no Brasil do Século XIX*. São Paulo: Editora da Universidade de São Paulo, 2012.

LANDES, David. *Prometeu desacorrentado: transformação tecnológica e desenvolvimento industrial na Europa ocidental, desde de 1750 até a nossa época*. Rio de Janeiro: Nova Fronteira, 1994.

LEFF, Nathaniel H. "A emergência do Estado desenvolvimentista brasileiro: o final do século 19". *Estudos Econômicos*, São Paulo, v. 13, n° 3, 1983, p. 629-645.

LENHARO, Alcir. *As tropas da moderação: o abastecimento da Corte na formação política do Brasil, 1808-1842*. São Paulo: Símbolo, 1979.

______. "Rota menor: o movimento mercantil da economia de subsistência no centro-sul do Brasil (1808-1831)". *Anais do Museu Paulista*. São Paulo, v. XXVIII, 1977/78, p. 29-49.

LEVI, Giovanni. Usos da biografia. In: AMADO, Janaína; FERREIRA, Marieta de M. (org). *Usos e abusos da história oral*. 3° edição. Rio de Janeiro: Editora Fundação Getúlio Vargas, 2000.

LE GOFF, Jacques. 'Antigo e Moderno". In: LE GOFF, Jacques. *História e Memória*. 5°edição. Campinas: Editora Unicamp, 2003.

LIBBY, Douglas Cole. "Eschwege e os primeiros anos no Brasil". In: ESCHWEGE, Barão Von. *Jornal do Brasil, 1811-1817: ou relatos diversos do Brasil*. Belo Horizonte: Fundação João Pinheiro, 2002, p. 19-23.

______. "Novas considerações sobre a protoindustrialização mineira dos séculos XVIII e XIX". *Revista do Departamento de História*, Universidade Federal de Minas Gerais, Belo Horizonte, v. 9, 1989, p. 149-160.

______. *Trabalho escravo e capital estrangeiro no Brasil. O caso de Morro Velho*. Belo Horizonte: Editora Itatiaia, 1984.

______. *Transformação e trabalho em uma economia escravista: Minas Gerais no século XIX*. São Paulo: Brasiliense, 1988.

LlOYD, Sampson; PAY, I.; WALDEGRAVE, K. *London's bridges: crossing the royal river*. London: Artists' and Photographers' Press, 2009.

MADUREIRA, Nuno Luís Moreira; MATOS, Ana Cardoso de. A tecnologia. In: LAINS, Pedro; SILVA, Álvaro Ferreira da. (org). *História Ecónomica de Portugal*, 1700-2000. Lisboa: Imprensa de Ciências Sociais, 1° v., 2005.

MAGALHÃES, Gildo. *Força e Luz: eletricidade e modernização na República Velha*. São Paulo: Unesp / Fapesp, 2000.

MALAVOTA, Leandro Miranda. *Inovar, modernizar, civilizar: considerações sobre o sistema de patentes no Brasil (1809-1882)*. 391f. Tese de Doutorado em História – Universidade Federal Fluminense – Instituto de Ciências Humanas e Filosofia – Departamento de História, Niterói, 2011.

MARTINS, Roberto Borges. "A economia escravista de Minas Gerais no século XIX". *Texto para discussão n° 10*. Belo Horizonte: Cedeplar/UFMG, 1980.

______. "Tschudi, Halfeld, Wagner e a geografia de Minas Gerais no século XIX". In: HALFELD, H.G.F e TSCHUDI, J.J. Von. *A província brasileira de Minas Gerais*. Belo Horizonte: Fundação João Pinheiro: Centro de Estudos Históricos e Culturais, 1998,

______. "Minas e o tráfico de escravos no século XIX, outra vez". In: SZMRECSÁNYI, Tamás; LAPA, José Roberto do Amaral (orgs). *História econômica da independência e do Império*. São Paulo: Hucitec, Fapesp, ABHE, 1996.

______; MARTINS, Maria do Carmo Salazar. "As exportações de Minas Gerais no século XIX". *Revista Brasileira de Estudos Políticos*. n. 58, 1984, p. 105-120.

MARINHO, Pedro Eduardo M. de Monteiro. "Porta-vozes em uma era de incertezas: o Clube de Engenharia e a concepção de uma inspetoria geral das estradas de ferro". *Revista Brasileira de História da Ciência*, Rio de Janeiro, v. 3, n. 2, jul./dez. 2010, p. 170-183.

MATOS, Artur Teodoro de. *Transportes e comunicações em Portugal, Açores e Madeira (1750-1850)*. Ponta Delgada [Portugal]: Universidade dos Açores, 1980.

MAURO, Frédéric. "Las empresas francesas y América latina, 1850-1930". In: MARICHAL, Carlos (org). *Las inversiones extranjeras en América Latina, 1850-1930: nuevos debates y problemas en historia economica comparada*. México: Fondo de Cultura Economica, 1995.

MELLO, Pedro Carvalho; SLENES, Robert W. "Análise econômica da escravidão no Brasil". In: NEUHASS, Paulo (coord). *Economia brasileira: uma visão histórica*. Rio de Janeiro: Editora Campus, 1980.

MELO, Hildete Pereira de. "Café e Ferrovias: Rio de Janeiro e Minas Gerais 1850/1910". *Anais do VI I Seminário sobre Economia Mineira*. Diamantina: Cedeplar/UFMG, 1995.

MERTON, Robert King. "Estrutura burocrática e personalidade". In: COELHO, Edmundo Campos. *Sociologia da burocracia*. Rio de Janeiro: Editora Zahar, 1966.

MOTOYAMA, Shozo (org). *Tecnologia e Industrialização no Brasil*. São Paulo: Unesp, Centro Estadual de Educação Tecnológica Paula Souza, 1994.

MUNDIM, Luis Gustavo Molinari. "Sob o signo do moderno". *Revista do Arquivo Público Mineiro*, v. XLVI, n. 2, 2010, p. 60-73.

NAGAMINI, Marilda. "Engenharia e Técnica de construções ferroviárias e portuárias no Império". In: VARGAS, Milton (org). *História da Técnica e da Tecnologia no Brasil*. São Paulo: Unesp: Centro Estadual de Educação Tecnológica Paula Souza, 1994, p. 131-161.

OLIVEIRA, Bernardo Jefferson. *Francis Bacon e a fundamentação da ciência como tecnologia*. 2000. 388 f. Tese de Doutorado em Filosofia – Departamento de Filosofia – Universidade Federal de Minas Gerais, Belo Horizonte. 2000.

OLIVEIRA, Monica Ribeiro de. *Negócios de famílias: mercado, terra e poder na formação da cafeicultura mineira, 1780-1870*. Juiz de Fora: Edusc, 2005.

PAIVA, Clotilde Andrade. *População e economia nas Minas Gerais do século XIX*. 229 f. Tese de Doutorado em História – Faculdade de Filosofia, Letras e Ciências Humanas – Universidade de São Paulo, 1996.

______; GODOY, Marcelo Magalhães. "Território de contrastes: economia e sociedade das Minas Gerais do século XIX". *Anais do X Seminário sobre Economia Mineira*. Belo Horizonte: Cedeplar, 2002.

PAULA, João Antônio. "O mercado e o mercado interno no Brasil: conceito e história". *História Econômica e História de Empresas*, São Paulo, v. 5, n. 1, 2002, p. 7-39.

PEREIRA, Potiguara. "Engenharia Militar". In: VARGAS, Milton (org). *História da Técnica e da Tecnologia no Brasil*. São Paulo: Unesp: Centro Estadual de Educação Tecnológica Paula Souza, 1994, p. 163-178.

PESTRE, Dominique. "Por uma nova história social e cultural das ciências: novas definições, novos objetos, novas abordagens". *Cadernos IG/ Unicamp*, Campinas, v. 6, n. 1, 1996.

PETRONE, Maria Theresa Schorer. "O afluxo de gado a Sorocaba e a importância econômica do caminho do sul na década da independência". *Revista de História*, São Paulo, n. 94, 1973, p. 383-406.

PETROSKI, Henry. Pontes. In: PETROSKI, H. Inovação: da ideia ao produto. São Paulo: Blucher, 2008.

PICON, Antoine. "Engineers and engineering history: problems and perspectives". *History and Technology*, v. 20, n. 4, p. 421-436, 2004.

______. "La creátion du corps et de l'Ecole des Pont et Chaussées". In: PICON, Antoine. *L'Invention de L'ingénieur moderne, L'Ecole des Ponts et Chaussées 1747-1851*. Presses de l'école nationale des ponts et chaussées, 1992.

PIMENTA, Demerval José. *Caminhos de Minas Gerais*. Imprensa Oficial. Belo Horizonte:1971.

PRADO Jr., Caio. *Formação do Brasil Contemporâneo*. 13.ed. São Paulo: Brasiliense, 1973.

PRADO Jr., Caio. *História Econômica do Brasil*. 12 ed. São Paulo: Brasiliense, 1970.

PREBISCH, Raúl. "La periferia latinoamericana en el sistema global del capitalismo". In: GURRIERI, Adolfo (selección). *La obra de Prebisch en la Cepal*. México: Fondo de Cultura Económica, 1982, p. 485-496.

QUEIROZ, Paulo R. Cimó. "Transportes e comunicações no Brasil: breves considerações sobre as fontes para sua história". *América Latina En La Historia Económica Boletín de Fuentes*, México, D.F., n. 13-14, p. 115-136, 2000.

RATTNER, Henrique. "Inovação tecnológica e progresso técnico nas teorias de desenvolvimento econômico". In: RATTNER, H. *Tecnologia e sociedade: uma proposta para os países subdesenvolvidos*. São Paulo: Editora Brasiliense, 1980.

REIS FILHO, Nestor Goulart. "Urbanização e modernidade: entre o passado e o futuro (1808-1945)". In: MOTA, Carlos Guilherme (org). *Viagem incompleta. A experiência brasileira (1500-2000)*. 2.ed. São Paulo: SENAC, São Paulo, 2000.

RENGER, Friedrich E. "Eschwege, o brasilianista". In: ESCHWEGE, Wilhelm Ludwig von. *Jornal do Brasil, 1811-1817: ou relatos diversos do Brasil*. Belo Horizonte: Fundação João Pinheiro, 2002, p. 11-19.

RESTITUTTI, Cristiano Corte. *As fronteiras da província: rotas de comércio interprovincial, Minas Gerais*, 1839-1884. 335f. Dissertação de Mestrado em Economia – Faculdade de Ciências e Letras de Araraquara – Universidade Estadual Paulista, Araraquara, 2006.

______. "Elementos da fiscalidade de Minas Gerais provincial. *Almanack Braziliense*. São Paulo, n°10, 2009, p. 115-129.

RODARTE, Mario Marcos Sampaio. *O caso das Minas que não se esgotaram: a pertinácia do Antigo Núcleo Central Minerador na expansão da malha urbana das Minas Gerais oitocentista*. 179f. Dissertação de Mestrado em Economia – Centro de Desenvolvimento e Planejamento Regional – Universidade Federal de Minas, Belo Horizonte, 1999.

______. *O trabalho do fogo: domicílios ou famílias do passado – Minas Gerais*, 1830. Belo Horizonte: Editora UFMG, 2012.

ROSENBERG, Nathan; VICENTI, Walter G. *The Britannia Bridge: the generation and diffusion of technological knowledge*. Cambridge: MIT Press, 1978.

ROSENBERG, Nathan. *Por dentro da caixa-preta: tecnologia e economia*. Campinas: Ed. Unicamp, 2006.

______. *Tecnología y Economia*. Barcelona: Editora Gustavo Gili, 1979.

SAES, Flávio A.M. de. *As ferrovias de São Paulo*, 1870-1940. São Paulo: Hucitec, 1981.

SANTOS, Márcia Duarte dos. "Técnicas e elementos da cartografia da América Portuguesa e do Brasil Império". In: COSTA, Antonio Gilberto (org). *Roteiro prático de cartografia: da América Portuguesa ao Brasil Império*. Belo Horizonte: Editora UFMG, 2007.

SCHATZBERG, Eric. "Technik comes to América: changing meanings of technology before 1930". *Technology and culture*, v. 47, n. 3, p. 486-512, 2006.

SCHUMPETER, Joseph Alois. *Teoria do desenvolvimento econômico: uma investigação sobre lucros, capital, crédito, juro e ciclo econômico*. São Paulo: Abril Cultural, 1982.

SILVA, Moacir. *Geografia dos transportes no Brasil*. Rio de Janeiro: Instituto Brasileiro de Geografia e Estatística, 1949.

______. *Kilometro zero. Caminhos antigos – estradas modernas*. Rio de Janeiro, 1934.

SLENES, Robert W. "Os Múltiplos de Porcos e Diamantes: A Economia Escrava de Minas Gerais no Século XIX". *Estudos Econômicos*, São Paulo, v. 18, n° 3, 1988, p. 449-495.

SOBOUL, Albert. "Descrição e medida em história social". *Revista de História*,. São Paulo, n° 75, 1968, p. 175-188.

SUMMERHILL, William R. "Big social savings in a small laggard economy: railroad-led growth in Brazil". *The Journal of Economic History*, v. 65, n. 1, 2005, p. 72-102.

SZMRECSÁNYI, Tamás. "Esboços de História Econômica da Ciência e da Tecnologia". In: SOARES, Luiz Carlos (org). *Da Revolução Científica à*

Big (Bussiness) Science: cinco ensaios de História da Ciência. São Paulo: Hucitec, 2001.

TAUB, L. "Reengaging with instruments". *Isis*, v. 102, n. 4, 2011, p. 689-696.

TELLES, Pedro Carlos da Silva. *História da Engenharia no Brasil*. Rio de Janeiro: Clavero, v. 1, 1994.

______. "Um pioneirismo em normalização técnica em 1876". *Revista da Sociedade Brasileira de História da Ciência*, Rio de Janeiro, n. 9, 1993., p. 77-78

TOLEDO, Benedito Lima de; BUENO, Beatriz S.; REIS FILHO, Nestor Goulart. "Antes da Politécnica: as aulas de arquitetura e os engenheiros militares". In: REIS FILHO, Nestor Goulart (org). *100 anos de ensino de arquitetura e urbanismo em São Paulo*. São Paulo: Fapesp, 1996.

VARGAS, Milton. *Para uma filosofia da tecnologia*. São Paulo: Editora Alfa Omega, 1994.

WARNER, Deborah J. "What is a scientific instrument, when did it become one, and why?". *The British Journal for the History of Science*, v. 23, n. 1, 1990, p. 83-93.

WEBER, Max. "Burocracia". In: *Ensaios de sociologia*. 3° ed. Rio de Janeiro: Zahar, 1974.

ZEMELLA, Mafalda. *O abastecimento da capitania de Minas Gerais no século XVIII*. São Paulo, 1951.

AGRADECIMENTOS

O livro que o leitor tem em mãos é resultante de dissertação de mestrado, defendida no Programa de Pós-Graduação em História Social da USP. O trabalho original foi modificado em alguns pontos, sem prejuízo para a compreensão do todo.

A elaboração deste livro só foi possível com a ajuda de diversas pessoas e instituições. Gostaria de agradecer, primeiramente, ao meu orientador professor Gildo Magalhães dos Santos Filho. Durante todo o período de elaboração, a sua orientação e os questionamentos simples e pontuais, permeados de complexos encadeamentos, foram decisivos. Sem essas indagações e outras sugestões esse trabalho cometeria grandes equívocos.

Sugestões valiosas também foram dadas pelos professores Júlio Katinsky e Marcelo Magalhães Godoy no momento da qualificação e da banca final.

Ao professor Marcelo Magalhães Godoy agradeço os ensinamentos no campo da História econômica e demográfica e as críticas elaboradas com pertinência e vigor. E também à Lidiany Silva Barbosa que compartilha interesse pela temática.

Sou inteiramente grato ao suporte oferecido pelo Núcleo de Pesquisa em História Econômica e Demográfica do Centro de Desenvolvimento e Planejamento Regional (Cedeplar/UFMG), que permitiu consultar alentado universo de fontes primárias e múltiplas bases de dados.

Sou grato aos colegas do Grupo de Estudos do Progresso da Tecnologia e Ciência (GEPTEC/USP) pelas discussões realizadas mensalmente, nas quais pude ampliar os conhecimentos sobre a História das Ciências.

Aos meus pais, José Antônio Cravo e Maria Cristina do Carmo Cravo, dedico este livro e agradeço imensamente pela paciência, o apoio incondicional e pelas palavras de incentivo que me deram alento quando necessário.

Aos meus irmãos, Túlio e Thaís, que acompanharam pacientemente a escrita desse trabalho. Agora, pronuncio o meu muito obrigado!

Gostaria de agradecer ainda ao CNPq pela ajuda financeira concedida durante os dois anos de mestrado e à Fundação de Amparo à Pesquisa do Estado de São Paulo (Fapesp) pelo apoio financeiro a esta publicação.

Alameda nas redes sociais:
Site: www.alamedaeditorial.com.br
Facebook.com/alamedaeditorial/
Twitter.com/editoraalameda
Instagram.com/editora_alameda/

Esta obra foi impressa em São Paulo no inverno de 2017. No texto foi utilizada a fonte Electra LH em corpo 10,5 e entrelinha de 15,5 pontos.